Real World HTTP

리얼월드 HTTP

| 표지 설명 |

표지의 동물은 넓적부리황새(학명 *Balaeniceps rex*)입니다. 넓적부리황새는 사다새목 넓적부리황새과 조류의 일종으로, 남수단에서 잠비아에 걸친 습지에서 생식합니다. 예전에는 황새목으로 분류되어 있었습니다.

넓적부리황새라는 이름은 이 새의 특징인 '넓적한 부리'에서 유래합니다. 키는 약 110~140센티미터 정도이며 큰 부리가 특징으로, 푸르스름한 회색 깃털을 가지고 있습니다. 태어난 지 2개월 정도면 걷기 시작해 3개월 반 후에는 스스로 사냥하지만, 그 후에도 얼마간 부모에게 먹이를 받습니다. '움직이지 않는 새'로 알려져 있는데, 이는 숨어 있다가 먹이를 잡을 때 먹이가 경계하지 않게 하려는 생태입니다. 실제로 먹이를 잡을 때 움직임은 평균 1초 이내로 신속하고 큰 힘을 발휘합니다. 황새와 마찬가지로 거의 울음이 아니라, 부리를 격렬하게 여닫으며 소리를 내는 플러터링이라는 행동을 합니다.

리얼월드 HTTP

역사와 코드로 배우는 인터넷과 웹 기술

초판 1쇄 발행 2019년 4월 19일

지은이 시부카와 요시키 / **옮긴이** 김성훈 / **펴낸이** 김태헌
펴낸곳 한빛미디어(주) / **주소** 서울시 서대문구 연희로2길 62 한빛미디어(주) IT출판사업부
전화 02-325-5544 / **팩스** 02-336-7124
등록 1999년 6월 24일 제25100-2017-000058호 / **ISBN** 979-11-6224-090-8 93000

총괄 전태호 / **책임편집** 이상복 / **기획** 이미연 / **편집** 이상복 / **교정** 김은미
디자인 표지 박정화 내지 김연정 조판 백지선
영업 김형진, 김진불, 조유미 / **마케팅** 송경석, 김나예, 이행은 / **제작** 박성우, 김정우

이 책에 대한 의견이나 오탈자 및 잘못된 내용에 대한 수정 정보는 한빛미디어(주)의 홈페이지나 아래 이메일로 알려주십시오. 잘못된 책은 구입하신 서점에서 교환해드립니다. 책값은 뒤표지에 표시되어 있습니다.

한빛미디어 홈페이지 www.hanbit.co.kr / 이메일 ask@hanbit.co.kr

지금 하지 않으면 할 수 없는 일이 있습니다.
책으로 펴내고 싶은 아이디어나 원고를 메일(writer@hanbit.co.kr)로 보내주세요.
한빛미디어(주)는 여러분의 소중한 경험과 지식을 기다리고 있습니다.

Real World
HTTP

리얼월드 HTTP

O'REILLY® 한빛미디어 Hanbit Media, Inc.

지은이·옮긴이 소개

지은이 **시부카와 요시키** 渋川 よしき

DeNA의 게임 개발팀이 사용하는 라이브러리와 도구를 개발하는 개발기반팀 소속 엔지니어. 가끔 다른 여러 팀에 용병으로 파견된다. 파이썬, C++, 자바스크립트, Go 언어를 업무 및 취미로 다룬다. 웹은 일보다는 취미에 가깝다. 저서로 『Mithril』(오라일리 저팬, 2015), 『군것질 공부법』, 『Mobage를 지탱하는 기술』(이상 기술평론사에서 공저), 역서로 『엑스퍼트 Python 프로그래밍』, 『포모도로 테크닉 입문』(이상 아스키 미디어 워크스에서 공역), 『아트 오브 커뮤니티』(오라일리 저팬, 2011) 등이 있다. 이외에 ASCII.jp 프로그래밍+ 코너에서 'Go 언어를 이용한 시스템 프로그래밍'을 연재했다.

옮긴이 **김성훈** openwide@naver.com

주로 IT 관련 서적을 번역하는 번역가. 주요 번역서로 『C가 보이는 그림책』, 『프로그래밍이 보이는 그림책』, 『게임 프로그래밍의 정석』, 『웹을 지탱하는 기술』, 『Objective-C 프로그래밍』, 『안드로이드 개발 레벨업 교과서』, 『실무에서 바로 통하는 자바』, 『C 이보다 쉬울 순 없다』, 『iOS 디버그 & 최적화 기법』, 『UML 모델링의 본질』, 『프로가 가르쳐주는 시퀀스 제어』, 『만화로 쉽게 배우는 선형대수』 등이 있다.

옮긴이의 말

웹은 우리 생활에 뿌리내려 이제 떼려야 뗄 수 없는 중요한 인프라가 되었습니다. 우리는 웹을 열람하는 브라우저를 이용해 쇼핑하고 뉴스를 읽고 필요한 정보를 찾거나 배포합니다. 사용자 환경 또한 데스크톱 애플리케이션에서 빠르게 모바일 및 웹으로 옮겨가고, 많은 소프트웨어와 데이터가 웹으로 제공되면서 점점 더 가능성을 넓혀가고 있습니다.

최초의 브라우저와 지금의 웹브라우저 기능에는 엄청난 차이가 있지만, 넓은 영역에 걸쳐 사용되는 웹의 구조와 설계 사상은 지금까지 거의 바뀌지 않았습니다. 웹의 구조는 그만큼 완성도가 높다고도 할 수 있겠지요. 그런 웹의 바탕이 되는 기술이 바로 HTTP, URI, HTML입니다. 그중에서 이 책은 HTTP 통신의 구조에 관해 자세하게 설명합니다.

이 책은 HTTP와 관련된 정보를 버전에 따라 설명하고 신택스와 시맨틱스 양면에서 파헤쳐가며 간단한 실습으로 동작을 확인할 수 있도록 구성되어 있습니다. HTTP/0.9부터 시작해서 현재에 이르기까지 추가된 기능이 왜 필요했는지 살펴봄으로써 HTML5나 REST API가 그 안에서 어떻게 구현되는지 좀 더 깊이 있게 이해할 수 있을 것입니다.

사실 HTTP에 특화된 내용을 설명하는 책은 의외로 적어서, 정보를 찾으려면 복잡한 RFC 문서를 일일이 찾아야 하는 경우가 많습니다. 이 책은 내용을 체계적으로 정리했을 뿐만 아니라, 저자가 본문 곳곳에 남긴 수많은 링크를 통해 관련 정보에 더 빠르게 접근할 수 있게 해줍니다. 책을 다 읽고 나서 나중에 참고할 때 많은 도움이 될 것이라고 생각합니다.

계속해서 새로운 웹 기술이 등장하고 있지만, 완전히 이전과 동떨어진 것은 아닙니다. 저자가 이 책을 집필한 목적 중 하나가 바로 이것입니다. 새로운 기술은 대부분 과거에 있던 기술의 연장선 위에 있으므로 기술 발전의 과거와 현재를 알면 미래를 따라잡기가 편해진다는 것이지요. 번역 작업을 마치고 원고를 다시 살펴보니, 집필 목적이나 책의 목차 구성, 저자의 자료 수집 노력이 더욱 선명하게 드러나는 느낌이 들었습니다.

번역 작업을 맡겨주신 한빛미디어와 번역 원고를 꼼꼼히 확인하시고 다듬어주신 편집자 분께 깊이 감사드립니다. 여러 가지 사정이 겹쳐지는 바람에 책의 출간이 많이 늦어졌지만, 이제라도 이 책이 세상에 나오게 되어 다행입니다. 이 책을 선택해주신 독자 여러분께 저자의 의도가 잘 전달돼 원하는 바를 얻으실 수 있게 된다면 무척 기쁘겠습니다.

김성훈

2019년 3월

이 책에 대하여

필자가 인터넷을 이용하기 시작할 무렵, 서점에 펄, PHP, CGI 같은 코너가 생겨나더니 그때까지 주류였던 데스크톱 애플리케이션 프로그램 코너를 계속 잠식해갔습니다. 그러다 자바와 루비가 웹 개발 언어로 널리 쓰이면서 CGI가 아닌 웹 애플리케이션 서버 방식이 널리 유행하게 됐습니다. 이런 흐름은 경량 언어의 보급으로도 이어졌습니다. 현재는 서점에 진열된 도서 절반 이상이 어떤 형태로든 웹과 관계가 있을 정도입니다.

CGI와 웹 애플리케이션 서버 또는 최근에 등장한 서버리스 아키텍처 등 웹 서비스를 구현하는데 사용하는 언어와 시스템은 지난 20년간 많이 달라졌습니다. 하지만 실제로 브라우저와 서버 간 통신에 관한 개념은 20년 가까이 별로 달라지지 않습니다.

이 책은 변화가 그다지 크지 않았던 영역인 HTTP^{Hypertext Transfer Protocol}라는 웹 전송 프로토콜[1]에 초점을 두고 소개합니다.

컴퓨터 업계에서는 하루가 다르게 새로운 기술이 나오니 끊임없이 배워야만 한다고 흔히들 말합니다. 그 말의 절반은 옳고 절반은 틀렸습니다. 물론 프로그래밍 언어 X의 최신 버전 Y에서 등장한 새로운 기능 Z라면 매번 배워야 할 필요가 있겠지요. 하지만 컴퓨터 과학, 업계 표준 프로토콜, 테스트하기 편리하고 읽기 좋은 코드 작성법, 알고리즘, 데이터베이스 등은 한번 배워두면 헛수고가 될 일이 없습니다.[2] HTTP는 그런 노후화되지 않는 기술 중 하나입니다.

웹 애플리케이션 개발자 입장에서 보더라도 HTTP와 관련된 새로운 주제가 높은 빈도로 등장하고 있습니다. 기초를 단단히 다지는 일은 다양하고 새로운 기술을 따라잡는 시간을 단축시킵니다. 그러므로 이 책을 읽는 시간 또한 단기간에 본전을 찾을 수 있을 것이라고 생각합니다.

HTTP는 쇠퇴하지 않을뿐더러 오히려 애플리케이션의 가능성을 더욱더 확장하고 있습니다. 이제 웹 브라우저로 할 수 있는 일이 점점 늘어나고 있습니다. 데스크톱 애플리케이션으로 하던 영역이 점차 웹으로 옮겨가고, 게다가 공동 작업의 편리함 등 이제까지 경험해보지 못한 부

---

1 약속을 말합니다.

2 물론 더는 사용되지 않는 기술도 있지만, 새롭게 등장하는 기술은 이전 기술을 바탕으로 개량한 것이 대부분입니다. 따라잡기가 어렵지 않겠지요.

가가치도 생겨났습니다. IoT와 같은 디바이스도 HTTP로 외부와 통신합니다. 구글이 2016년에 발표한 듀오^{Duo}처럼, VP9/SVC over WebRTC over QUIC 같은 브라우저 기술 스택을 적극적으로 이용해 브라우저의 보급보다 앞선 애플리케이션도 등장했습니다.

이 책을 HTTP 클라이언트 측(브라우저 등) 관점에서 쓴 데는 이유가 있습니다. 웹 서비스 개발자를 예상 독자에서 제외한 것이 아니라, 오히려 그쪽이 중심이라고 생각하기 때문입니다. 가령 서버를 개발하는 사람이라도 다른 외부 서비스를 서버 내에서 이용합니다. 웹 서비스 자체를 몇 개의 서브 시스템으로 나누는 '마이크로서비스 아키텍처' 또한 화제가 되는 일이 늘고 있습니다. 서비스 측은 각 언어용으로 제공되는 프레임워크 등에서 이미 고도로 추상화가 이루어졌습니다. 게다가 HTTP 레이어는 이미 격리돼 있어 직접 건드리지 않게 되어 있습니다. 반면 서비스를 이용하는 클라이언트의 경우는 좀 더 HTTP와 가깝습니다. 이 책에서 학습한 지식도 서비스 내에서 다른 서비스를 이용하는 상황에서 많이 활용할 수 있을 것입니다.

필자도 HTTP와 관련된 코드를 일이나 취미로 어느 정도 작성해왔지만, HTTP 주변의 정보를 모아놓은 서적을 별로 찾을 수가 없었습니다. 특히 브라우저의 동작에 관한 것은 그때그때 조사해 각각 다른 사이트에 소개된 정보를 찾아다니면서 학습하는 일이 많았습니다. 그래서 이 책은 HTTP에 관련된 내용을 한 권에 모으는 것을 목적으로 기획했습니다. 앞으로 웹 관련 개발을 할 사람 혹은 예전의 필자처럼 그때그때 학습해서 적당히 대처해온 사람이 이 책을 읽으면 좋겠습니다.

이 책에서 학습할 것

이 책에서는 HTTP 프로토콜의 기초부터 시작해 HTTP가 발전해온 여정을 더듬으면서, 브라우저 내부에서 어떤 일이 일어나는지 그리고 서버와 어떻게 상호작용하는지 등을 다룹니다. 이 책에서 살펴볼 네 가지 기본 요소는 다음과 같습니다.

- 메서드와 경로
- 헤더
- 바디
- 스테이터스 코드

HTTP는 확장성이 있는 프로토콜이며, 데이터의 신택스(문법/표현 방법)와 시맨틱스(의미) 두 개의 계층으로 나뉘어 있습니다. 신택스로는 데이터의 상자가 만들어지고, 상자에 담길 내용은 브라우저의 기능이 늘어나면 함께 늘어납니다.

HTTP에서는 클라이언트와 서버가 모두 규칙을 따라 이 상자에 데이터를 담고 요청(클라이언트 측이 보냄)과 응답(서버 측이 보냄)을 서로 주고받습니다. 우선은 이 기본을 먼저 학습합니다. 그다음, HTTP 발전의 역사를 따라 웹 브라우저 측이 사용자의 편의성 향상을 목표로 네 개의 상자를 어떻게 사용하고 개선해갔는지 설명합니다. 또한 웹 브라우저가 어떻게 서버와 통신하는지 학습합니다.

이 책은 여러 통신 규약으로 이루어진 RFC를 많이 참조해 집필했지만, 단순한 사양서 모음이 되지 않도록 현실에서 웹 브라우저의 움직임을 상상할 수 있게 되는 것을 목표로 삼았습니다. 물론 RFC는 중요하므로, 이 책이 계기가 되어 RFC를 찾아보는 사람이 늘어나는 것도 기쁘겠지요.

통신이 가능한 예제 측면에서는 curl이라는 도구로 송수신하는 방법도 함께 학습합니다. curl은 웹 개발을 하는 사람도 매우 편리하게 사용할 수 있는 도구입니다. 원하는 요청을 쉽게 만들어 낼 수 있어, 외부 서비스 문서에서도 요청을 전송하는 예를 curl 커맨드로 게재한 경우도 많습니다.

마지막으로 curl 커맨드를 사용한 송수신 내용을 프로그래밍 언어 코드로 바꾸는 방법을 배웁니다. 부수적으로 서비스 API를 만드는 아키텍쳐로서 널리 이용되는 REST^{representational state transfer}라는 아키텍처에 관해서도 배웁니다.

이 책에서 다루지 않는 것

이 책에서는 클라이언트인 브라우저 관점에서 바라본 HTTP 프로토콜과 웹 통신의 이면을 설명합니다. 서버의 코드 구현은 최소한에 그치고, REST API에 관해서도 아키텍처를 이론적으로 설명합니다. 즉, 밑바닥부터 서버 API를 설계할 수 있게끔 설명하진 않습니다. 사용자로서 서비스를 이용하는 가운데 '분위기를 이해할 수 있고, 자신이 개발할 때도 손이 움직이게 된다' 인 정도입니다. 또한 HTTP 아래의 TCP와 IP 계층 혹은 DNS, 와이파이 등의 계층도 거의 설명하지 않습니다.

이 책은 다음 두 권의 사이에 들어가는 책으로서 썼습니다.

- 『Web API: The Good Parts』(오라일리 저팬, 2014)
- 『High Performance Browser Networking』(O'Reilly Media, 2013)

또한 통신 후 콘텐츠 표시(해석, 렌더링 파이프라인, 자바스크립트, CSS)는 다루지 않고, 통신에 관한 주제로만 특화했습니다.

요즘은 서버와 클라이언트가 통신하는 프로그램을 쉽게 만들어주는 도구도 많아졌습니다. 아파치의 스리프트, 구글의 gRPC, Swagger UI 등 통신 미들웨어, 래퍼 제너레이터가 그런 도구에 해당하지만, 이런 도구에 관해서도 다루지 않습니다. 이런 도구는 지금도 정말 많은 사람에 의해 개선되는 중이므로, 사용법을 여기서 설명하더라도 금방 다시 변경될 가능성이 있습니다.

역사에서 배운다

복잡하게 보이는 것도 최초의 프로토타입은 대부분 단순합니다. 최초의 단순한 상태에서 발전하는 모습을 더듬어가면, 각 장면에서 어떤 니즈나 해결해야 할 문제가 있었는지, 어떤 기능이 필요했으며 어떻게 의사 결정이 되어 만들어졌는지 알 수 있습니다.

C++는 복잡한 언어의 대명사로, 알면 알수록 어려워진다고 농담 소재로 사용될 정도입니다.[3] 『The Design and Evolution of C++』(Addison-Wesley Professional, 1994)를 읽어보면, C++도 원래 콘셉트는 단순했습니다. C++는 기존 C 언어에 시뮬라가 가지고 있던 시뮬레이터 구현에 편리한 개념(에이전트 지향과 오브젝트 지향)을 추가하고, 시뮬라의 약점인 실행 속도를 개선해 실용적인 언어로 만든다는 설계 철학을 바탕으로 만들어졌습니다. C++의 각 기능에는 이 철학이 일관되게 반영돼 있습니다.

파이썬이라는 언어는 문법적 설탕(쓰는 사람이 편하기 위한 추가 언어 구문)이 적어, 같은 코드를 써도 다른 언어를 사용하는 편이 코드를 줄일 수 있다고 야유당하기도 합니다. 'The History of Python'[4]에는 ABC라는 교육용 언어를 바탕으로 코딩의 편의성보다 가독성을 우선해 구문을 유용[5]하거나 개발자가 의도적으로 생략해 간결함을 유지하면서도 다양한 기능을 추가해온 역사가 쓰여져 있습니다.

컴퓨터 업계는 서로 아이디어를 빌리거나 빌려주면서 발전해왔습니다. 언어가 아니라 아이디어별로 역사를 정리한 『코딩을 지탱하는 기술』(비제이퍼블릭, 2013)에서도 배울 수 있는 것이 많습니다.

역사를 이해하면 도구를 어떻게 해야 바르게 사용하는지 알 수 있습니다. 도구를 설계할 때는 반드시 '이렇게 사용하기 바란다'라는 의도가 논의되고 구현됩니다. 무엇이든 본래 의도에 맞게 사용하는 것이 가장 간단하며, 의도에서 벗어나면 고생하는 법입니다.

이 책의 구성

이 책은 크게 HTTP/1.0, 1.1, 2로 나눴습니다. 그리고 버전마다 당시의 HTML 계층과 브라

---

3 C++의 명예를 위해 써두지만, C++11 이후 람다와 auto를 이용한 형 추론 덕분에 코드 작성이 매우 편해졌습니다.

4 http://python-history.blogspot.jp

5 예를 들어, 함수 정의와 클래스 정의는 선두의 키워드 차이밖에 없고, 객체 생성과 함수 호출 구문은 구별하지 않습니다.

우저 계층에서 실현된 기능에 관한 장을 따로 준비했습니다. 이 책을 구성할 때 중요하게 생각한 것은 '현대 HTTP의 기능을 이해한다' 그리고 '이해를 돕기 위해 역사를 되돌아본다'이므로 시대순으로 엄격히 사실을 서술한 역사책은 아닙니다. 게다가 여러 기술이 나란히 발전한 면도 있어 엄밀하게 시대순으로 나눠 설명해도 이해하기가 쉽진 않습니다.

이 책은 HTTP/1.0장만 읽더라도 지금도 통용되는 지식을 얻을 수 있게 구성했습니다. HTTP/1.0 시대에 등장한 기능이 이후에 마이너 체인지를 거치며 달라진 점도 함께 설명했습니다. 이 책의 구성은 현대의 HTTP와 HTML 지식을 기능으로 나누고 다시 등장 순서에 따라 시간순으로 정렬한 후 각 장으로 묶어서 등장 배경을 추가했다고 생각해주세요.

이 책으로 이루고 싶은 것은 두 가지입니다. 한 가지는 HTTP에 대한 개념을 확실하게 잡아 향후 HTTP나 HTML에 새로운 기술이 나와도 쉽게 따라잡을 수 있는 기초를 쌓는 것입니다. 완전히 새로워 보이는 웹 기술이 등장해도 머리부터 발끝까지 모두 신기술은 아닙니다. 대부분 과거에 있던 기술을 재발견해서 새로운 기능으로 버무린 것이지요. 과거와 현재를 알면 미래를 따라잡기가 편해집니다. 이 책을 통해 콘퍼런스나 스터디 그룹 단상에서 이야기하던 고수처럼 생각할 수 있게 될 것입니다.

또 한 가지는 외부 웹 서비스를 이용하는 코드나 웹 서비스를 프로그래밍할 때 코드를 테스트할 수 있게 되는 것입니다. 바꿔 말하자면, 손을 움직일 수 있게 되는 것입니다. 각 부분에서 curl 커맨드를 사용한 HTTP 발행법을 소개했습니다. Go 언어로 HTTP에 접속하는 코드 작성법을 설명한 장도 따로 마련했습니다.

끝으로 시대 구분으로 이해하기 어려운 주제를 장마다 정리했습니다. 예를 들어, 보안은 다양한 HTTP 요소에 횡단적으로 나옵니다. 이를 기능별로 나눠버리면 각각의 토픽에서 소개할 수 있는 것은 '작은 구멍'뿐입니다. 큰 사고는 이런 작은 보안상의 구멍이 조합됐을 때 발생하므로 장으로 정리했습니다.

curl

curl은 1997년부터 개발이 계속되고 있는 도구입니다. 개발자는 스웨덴의 다니엘 스텐베리 Daniel Stenberg입니다. 커맨드 이름도 단순히 **curl**입니다. curl은 두 가지 구성 요소로 이루어져 있습니다.

- HTTP와 HTTPS뿐만 아니라 FTP와 SCP(파일 전송용 통신 프로토콜), IMAP과 SMTP, POP3(메일 전송 프로토콜), LDAP(주로 사용자나 그룹 관리에 사용되는 데이터 액세스 프로토콜) 등 다양한 통신 방식에 대응하는 라이브러리 libcurl
- libcurl을 사용해 다양한 통신을 하기 위한 커맨드라인 도구 curl

이 책에서는 후자의 커맨드라인 도구로서 curl을 이용합니다. curl은 다양한 프로토콜을 지원하지만, 여기서 다룰 것은 HTTP 프로토콜 부분입니다. 20년 가까이 개발되고 있지만 현재도 정력적으로 기능이 추가되고 있어, HTTP/2가 2015년 2월에 정식 사양이 되기 거의 1년 전부터 이미 HTTP/2 통신을 지원하기 시작했습니다.[6]

HTTP 통신을 하는 커맨드라인 도구로 curl 이외에 wget도 인기가 있습니다.[7] curl과 wget 모두 HTTP 헤더나 메서드를 설정하기도 하고, HTTP 통신으로 할 수 있는 것만 보면 거의 차이가 없습니다. 단, wget에는 다운로드한 HTML 파일을 해석해 링크된 이미지나 HTML 파일도 함께 재귀적으로 다운로드하는 기능이 있지만 curl에는 없습니다.

한편 통신을 명시적으로 기술할 수 있으므로, 웹 API 레퍼런스 등은 클라이언트의 동작을 설명할 때 curl 커맨드를 이용해서 예를 드는 경우도 많습니다. 마이크로소프트에서 발표한 웹 API 가이드라인 문서[8]에도 "curl 같은 간단한 HTTP 도구로 액세스할 수 있어야 한다"라고 강한 어조로 쓰여져 있습니다. curl은 웹 개발자의 파트너가 되는 도구입니다.

---

6 HTTP/2 지원에는 nghttp2라는 라이브러리를 이용합니다.

7 *http://postd.cc/curl-vs-wget*

8 *https://github.com/Microsoft/api-guidelines/blob/master/Guidelines.md*

Go 언어

일본에서 Go 언어는 필자가 지금까지 별로 본 적 없는 보급 방식을 택했습니다.

Go 언어는 구글에서 개발한 언어고, 착실하게 버전이 업데이트되면서 개선되고 있습니다. 필자가 이벤트 운영에 관여했던 애자일 소프트웨어 개발이나 LL 언어의 경우, '책이나 잡지에 소개된 이 기술을 업무에 어떻게 적용하는가? 어떻게 상사를 설득해야 하는가? 계약서는 어떻게 하는가?' 등 도입 방법에 관해서도 화제가 됐습니다. 그런데 Go 언어는 서점에서 진열대를 차지하지도 않고, 어떻게 보급시킬지 작전 회의가 커뮤니티에서 이루어지지도 않으며, 대규모 행사가 열리지도 않습니다. 그런데도 Go 언어는 조용하지만, 착실하게 기업 개발 업무에 사용되기 시작했고 실제로 몇몇 서비스를 지탱하고 있습니다. 일본 IT 커뮤니티에서 연말 행사가 된 어드벤트 캘린더 2015년 행사에서는 스위프트와 나란히 양대 인기 언어 중 하나가 됐습니다. 그러나 스위프트가 공개 직후부터 관련 서적이 쏟아져 나온 것과 비교하면, 이렇게 소리 없이 인기가 높아진 상황이 어쩐지 오싹하기까지 합니다.

Go 언어가 어떤 알력도 없이 개발 현장에 숨어들 수 있었던 이유는 언어로서 몇 가지 중요한 특징을 가진 덕분이라고 생각할 수 있습니다.

- 문법이 정통적이므로 다른 언어를 아는 사람은 읽기 쉽다.
- 라이브러리가 충실하고 특히 현대적인 애플리케이션에 필요한 기능을 갖추고 있다.
- 생성한 프로그램을 실행하는 데 런타임도 필요 없으므로 사용하기 편리하다.
- LL 언어와 비교하면 성능이 압도적으로 높고, 형 안전성도 있어 전환했을 때의 장점이 명확하다.

이 책에서는 HTTP를 학습하면서, 클라이언트 언어로 Go 언어를 사용합니다. Go 언어의 특징은 교육용으로도 아주 적합합니다. 특히 가독성이 좋고 컴파일로 오류를 발견하기 쉽다는 점이 훌륭합니다. 물론 HTTP는 언어에 의존하지 않는 규격이므로 다른 언어로 기술해도 이 책의 내용을 사용할 수 있지만, HTTP를 다루는 표준 라이브러리가 지나치게 추상화되지 않아 HTTP를 경험해보기에는 최적의 언어라고 생각합니다.

예를 들어, 오라일리 저팬의 신간 정보를 가져오는 코드는 아래와 같습니다. 절반 이상이 코드의 소속 패키지 선언이거나 필요한 라이브러리 선언입니다. 실제로 실행되는 코드는 단 네 줄입니다.[9]

```go
package main

import ( "io/ioutil"
    "log"
    "net/http"
)

func main() {
    resp, _ := http.Get("http://www.oreilly.co.jp/catalog/soon.xml")
    body, _ := ioutil.ReadAll(resp.Body)
    log.Print(string(body))
    resp.Body.Close()
}
```

비록 Go 언어를 사용해보지 않은 사람이라도, 코드의 의미를 파악하기가 어렵지 않을 것입니다. Go 언어 특유의 형 정보 등은 본문에서 설명합니다.

6장이나 9장의 예제쯤 되면 내용이 복잡해지므로 어려울지도 모르지만, 실용적으로 가장 중요한 3장 예제 정도라면, 파이썬 3의 http.client 모듈, 파이썬 2의 httplib 모듈, PHP의 fopen() 함수, Node.js의 http 모듈, C#의 System.Net.Http.HttpClient 클래스, 자바의 Java.net.HttpURLConnection 클래스, 오브젝티브-C와 스위프트의 NSURLSession 클래스, 루비의 net/http 라이브러리 같은 각 언어의 표준 라이브러리로 내용을 바꿔 읽기가 크게 어렵지 않을 것입니다. 멀티파트 폼 형식의 요청을 지원하지 않는 언어도 있지만, HTTP 송수신에는 문제가 없습니다.

---

9 오류 처리는 생략했습니다. 실제 코드에서는 오류 처리를 정확히 합시다.

HTTP 통신을 쉽게 다룰 수 있는 라이브러리도 있습니다. 파이썬의 **requests**, Node.js의 **request**, 자바의 **OkHttp**, 오브젝티브–C의 **AFNetworking**은 표준 라이브러리보다 자주 사용되지요.

루비에서 많이 사용되는 라이브러리 기능 비교표[10]도 있습니다. 이런 라이브러리를 사용해도 이 책에서 설명하는 내용을 이해하는 데 도움이 됩니다.

실습 준비

본격적인 학습을 시작하기에 앞서 실습 환경을 만들겠습니다.

curl 커맨드 설치

리눅스, 맥 OS에는 처음부터 설치되어 있습니다. 윈도우에서는 **chocolatey**를 사용해 설치할 수 있습니다.[11]

```
C:\> choco install curl
```

Cygwin과 msys2, Bash on Windows로 설치할 수도 있습니다. msys2는 **pacman**을 이용해 설치합니다. 파워셸을 쓴다면 curl이 Invoke–WebRequest 커맨들릿[cmdlet]의 에일리어스로 되어 있으므로 curl 커맨드를 설치하면서 다음 명령으로 에일리어스를 삭제할 필요가 있습니다.

```
> Remove-Item alias:curl
```

---

10 *http://www.slideshare.net/HiroshiNakamura/rubyhttp-clients-comparison*
11 역자주_ *https://chocolatey.org*

Go 언어 설치

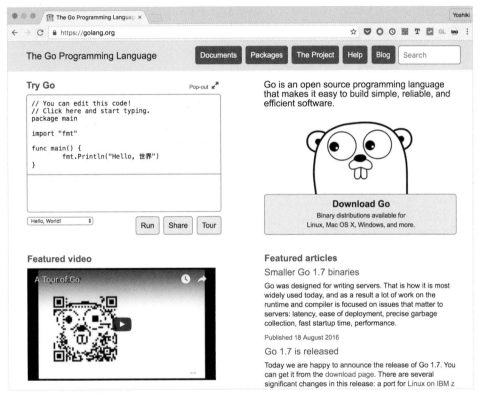

그림 1 Go 언어 웹사이트

*golang.org*에서 각자의 환경에 맞는 설치 파일을 다운로드해 설치하세요. OS별 설정 방법에 관한 자세한 설명은 생략합니다. Go 언어는 외부 라이브러리를 가져올 때 Git 커맨드를 사용합니다. Git 커맨드는 6장 이후의 코드를 실행할 때 필요합니다. 윈도우에선 *git-scm.com*에서 Git For Windows를 설치하세요. 리눅스와 BSD 계열 OS는 각 패키지 매니저에서, 맥 OS는 Xcode Command Line Tools를 설치하세요.

개발 환경은 무엇이라도 좋지만, 초보자에게 쉬운 것은 IntelliJ IDEA[12] (무료 Community 버전도 충분합니다)와 Go 언어용 플러그인[13]의 조합입니다.[14] 다양한 에디터에서 Go 언어의 코드 하이라이팅이나 입력 완성 기능을 지원합니다. 마음에 드는 에디터를 골라서 자신에게 맞게 설정합시다.

필자는 ASCII.jp에 올린 'Go라면 알 수 있는 시스템 프로그래밍'이라는 글에서 스크린샷과 함께 설치 방법을 소개했습니다.[15]

자세한 환경 설정은 생략하지만, 인터넷에서 검색하면 각 OS에 맞는 친절한 설명을 많이 나옵니다.

---

12 https://www.jetbrains.com/idea
13 https://plugins.jetbrains.com/plugin/9568-go
14 덧붙여 GoLand라는 Go 언어용 IDE를 사용해도 됩니다. https://www.jetbrains.com/go
15 http://ascii.jp/elem/000/001/234/1234843

감사의 말

이 책의 집필 및 품질 향상은 많은 사람의 협력 없이는 이룰 수 없습니다. 야마모토 가즈히코 씨는 집필에 있어서 가장 신중을 기할 필요가 있던 TLS 관련 내용을 상세하게 검토해주셨습니다.

파이썬 업계의 인센티브 여행에서 시작된 커뮤니티 PySpa에서는 우치다 히로키 씨, 야마구치 요시후미 씨, 볼룬타스Voluntas 씨, 니이누마 히로키 씨, 오다기리 아츠시 씨, 니시바야시 다카시 씨께도 도움을 받았습니다. 특히 야마구치 씨는 AMP, 볼룬타스 씨는 WebRTC, 니이누마 씨는 robots.txt에 관한 판례, 니시바야시 씨는 광고와 관한 현황을 가르치셨습니다.

필자도 소속되어 있는 DeNA에서는 세오 나오토시 씨, 시오다 데쓰야 씨, pospome 씨, 오카다 가즈마 씨, 이무라 고지 씨, 가와우라 유 씨, uupaa 씨, 시마다 유지 씨, hirose31 씨, 야마구치 도오루 씨, 하루야마 마코토 씨, 쓰나미 치히로 씨가 협력해주셨습니다. 특히 시오다 씨와 오카다 씨는 보안을, 가와우라 씨는 인가와 인증, uupaa 씨는 동영상 재생 포맷을 중심으로 폭넓게 검토해주셨습니다. 세오 씨는 이슈 등록 수가 가장 많았습니다. 또한 전 DeNA에서 현 Recruit Tchnologies의 후루카와 요스케 씨는 언제나 자바스크립트나 웹 관련 내용에 대해 채팅으로 의논하거나 정보를 교환하고 책 속의 여러 부분에서 힌트를 얻었습니다.

한 권 분량의 원고를 효율적으로 리팩터하거나 EPUB 및 PDF로 효율적으로 검토할 수 있었던 것은 도큐먼트 툴 Sphinx, 블록 다이어그램 작성 툴 blockdiag를 지원하는 @tk0miya 씨 덕분입니다. Sphinx 문서를 먼저 일본어로 번역해 일본 커뮤니티를 만든 것은 필자였지만, 그 후 릴리즈 관리부터 대량의 수정, PR 처리에서 Sphinx 자체를 지원해준 덕분에 집필에 최선을 기울일 수 있었습니다. 기획 상담부터 시작해 일상 대화에서 도표와 편집을 하나부터 열까지 지원해주신 오라일리 저팬의 다키자와 씨가 없었다면 이 책이 나올 수 없었습니다.

책에 대해 직접으로 공헌해주신 것은 위에 언급한 분들이지만, 이 책을 쓰는 과정에서 평소 직장이나 채팅에서 이뤄지는 기술적인 잡담, 트위터나 키타에서 답변과 댓글로 의견이나 정보를 주신 분들, 이 책에서 인용한 블로그 게시물을 평소 공개해주시는 분들에게도 도움을 받았습니다. 제가 많은 분들 덕분에 출판할 수 있었던 것처럼, 이 책이 앞으로 활약할 분들을 도와 출판이나 훌륭한 서비스 개발에 일조가 된다면 다행입니다.

마지막으로 밝고 활기찬 가정을 지탱해주는 아내 와카나와 아리나, 리오나, 엘레나 세 자매에게도 감사합니다.

CONTENTS

CHAPTER 1 HTTP/1.0의 신택스: 기본이 되는 네 가지 요소

CONTENTS

CHAPTER 3 Go 언어를 이용한 HTTP/1.0 클라이언트 구현

CONTENTS

CHAPTER 5 HTTP/1.1의 시맨틱스: 확장되는 HTTP의 용도

CONTENTS

CHAPTER 8 HTTP/2의 시맨틱스: 새로운 활용 사례

CONTENTS

CHAPTER 9 Go 언어를 이용한 HTTP/2, HTML5 프로토콜 구현

CHAPTER **10** 보안: 브라우저를 보호하는 **HTTP**의 기능

CONTENTS

<space>CHAPTER</space>**11 클라이언트 시점에서 보는 RESTful API**

APPENDIX A Go 언어의 JSON 파싱

HTTP/1.0의 신택스: 기본이 되는 네 가지 요소

이 장에서는 역사적인 변천과 함께 HTTP의 기본을 살펴보겠습니다. 지금은 인쇄하면 사전이 될 만큼 거대한 프로토콜(통신 규약)로 발전한 HTTP는 처음에는 매우 단순한 구조로 출발했습니다. 처음부터 현재 사양을 배우기보다는 그동안 발전해온 역사를 더듬어 '왜 HTTP가 지금의 모습이 됐는가?'를 아는 편이 HTTP의 모든 것을 이해하기 쉬워지겠지요.

HTTP를 데이터의 상자로서 보면 통신 내용을 몇 가지 요소로 나눌 수 있습니다. 이 장에서는 다음 네 가지 기본 요소에 초점을 맞춰 소개합니다.

- 메서드와 경로
- 헤더
- 바디
- 스테이터스 코드

HTTP를 다루는 도구로서 curl 커맨드 사용법도 소개합니다. curl 커맨드를 사용하면 원하는 대로 서버에 요청을 보낼 수 있습니다. 파이썬이나 루비, Node.js 같은 프로그래밍 언어를 써봤다면, 대화형 모드나 REPL로 불리는 모드의 도움을 받은 적이 있을 것입니다. 그와 마찬가지로 curl을 웹 API의 대화형 모드처럼 사용해, 서버의 동작을 검증하거나 통신 프로토콜을 설명할 수 있습니다.

1.1 HTTP의 역사

HTTP는 웹 브라우저와 웹 서버가 통신하는 절차와 형식을 규정한 것입니다. HTTP는 웹 브라우저로 웹페이지를 표시할 때 서버로부터 정보를 받아오는 약속이지만, 그 범위를 넘어서 번역 API나 데이터 저장 API 등 다양한 서비스의 인터페이스[1]로도 사용되면서 현재 인터넷의 기초가 됐습니다. HTTP는 1990년 최초로 실제 동작 가능한 구현과 개요가 공개된 이후 계속 버전 업이 이루어졌습니다.

- 1990년: HTTP/0.9
- 1996년: HTTP/1.0
- 1997년: HTTP/1.1
- 2005년: HTTP/2

최초 버전인 HTTP/0.9는 HTML 도큐먼트를 요청해서 가져오기만 하는 단순한 프로토콜이었습니다. 그 후로 폼을 전송하거나 정보를 갱신하기도 하고, 채팅 기능 구현에 사용되는 등 유연성을 보이면서 새로운 기능이 필요할 때마다 확장됐습니다.

지금은 이 최초 사양을 HTTP/0.9라고 부르지만, 그렇게 불리게 된 것은 HTTP/1.0 사양이 화제가 되고 나서부터입니다. 1.0 이전 버전이라는 의미로 0.9라고 불리게 됐습니다.

몇 가지 고유 명사가 등장하므로 HTTP 프로토콜 이해에 필요한 사전 지식을 [표 1-1]에 정리했습니다.

표 1-1 HTTP 프로토콜과 관련된 고유 명사

이름	정식 명칭	역할/의미
IETF	The Internet Engineering Task Force/ 인터넷 기술 태스크 포스	인터넷의 상호 접속성을 향상시키는 것을 목적으로 만들어진 임의 단체
RFC	Request For Comments	IETF가 만든 규약 문서
IANA	Internet Assigned Numbers Authority	포트 번호와 파일 타입(Content-Type) 등 웹에 관한 데이터베이스를 관리하는 단체
W3C	World Wide Web Consortium	웹 관련 표준화를 하는 비영리 단체

---

1 수많은 서비스가 제공하는 RESTful API 방식의 인터페이스가 HTTP를 이용합니다.

이름	정식 명칭	역할/의미
WHATWG	Web Hypertext Application Technology Working Group	웹 관련 규격을 논의하는 단체. W3C와 겸하는 멤버도 많다.

다양한 프로토콜이 RFC로 정의됐습니다. 새로운 웹 기능은 우선 브라우저 벤더나 서버 벤더가 독자적으로 구현하는 경우가 많지만, 이후에 상호접속성을 유지하고자 공통화 프로세스에 들어갑니다. 예를 들어 마이크로소프트의 엣지 브라우저로만 접속할 수 있는 사이트가 있다면 불편하겠지요. 서버와 브라우저의 조합이 무엇이 되었든 동작하는 것이 인터넷에서는 미덕입니다. 인터넷이 서로 연결되는 것도, 메일이 도달하는 것도 모두 RFC로 정해진 규칙을 따라 인터넷 세계의 시스템이 만들어졌기 때문입니다.

RFC는 IETF라는 조직이 중심이 되어 유지 관리하는 통신의 상호접속성 유지를 위한 공통화된 사양서 모음입니다. 'Request for Comments'라는 이름인데 사양서라고 하니 조금 어색한 느낌도 있지만, 여기에는 역사적 이유가 있습니다. 인터넷의 근간이 된 네트워크는 미국의 국방 예산으로 만들어져, 사양을 외부에 공개할 수 없었습니다. 그래서 품질 향상을 위한 의견을 전 세계로부터 폭넓게 수집한다는 명목으로 사양을 공개했던 흔적이 RFC라는 명칭으로 남았습니다.[2]

RFC에는 다양한 종류[3]가 있고, 개개의 RFC는 'RFC 1945'처럼 RFC+숫자로 표기합니다. 이미 정의된 포맷을 새로운 RFC에서 참조하기도 합니다. RFC에 문제가 있을 때는 새로운 버전의 RFC로 갱신되기도 하고, 완전히 새로운 버전이 완성되면 폐기obsolete되는 일도 있습니다. 이 책도 몇 가지 RFC 버전이 등장합니다. 숫자를 암기할 필요는 없지만, 흥미가 있으면 인터넷에서 찾아 조사해보십시오.

통신 프로토콜(알고리즘)이 아닌 파일 타입(데이터) 같은 공통 정보는 IANA에서 관리합니다. 그리고 통신 규격이 아니라 브라우저에 특화된 기능의 책정은 IETF에서 W3C로 이관됐습니다. 구체적으로는 HTML의 사양 책정이나 server-sent events, 웹소켓처럼 자바스크립트 API를 동반하는 통신 프로토콜이 대부분 W3C로 이관됐습니다. 최근에는 책정을 위한 논의 과정은 WHATWG에서 이루어지는 사례도 늘고 있습니다. 이 정도가 인터넷 사양을 알 수 있는 일차적인 정보원입니다. 정확한 사양을 알아야 할 경우는 이런 정보원부터 조사를 시작하게 됩니다.

---

2 『角川インターネット講座(1)インターネットの基礎』(角川学芸出版, 2014)

3 https://tools.ietf.org/rfc

RFC로 정해지기 전에 웹 브라우저와 웹 서버의 기능이 여러 소프트웨어로 구현되고 그다음에 RFC화된다고 설명했는데, 최초의 시스템이 이미 그런 것이었습니다. 유럽 입자 물리학 연구소 Conseil Européenne pour la Recherche Nucléaire(CERN)에 근무하던 팀 버너스리가 1990년 10월 최초의 웹 서버 CERN HTTPd를 구현했습니다. 1993년에 일리노이 대학교의 미국 국립 수퍼컴퓨팅 응용 연구소 National Center for Supercomputing Applications(NCSA)의 로버트 매쿨이 아파치 서버의 원조가 된 NCSA HTTPd[4]를 개발했고, 마크 앤드리슨이 오늘날 모든 브라우저의 조상[5]이 된 NCSA 모자이크를 개발했습니다. 마크 앤드리슨 등이 넷스케이프를 창업한 것은 1994년의 일입니다. 넷스케이프가 개발한 자바스크립트나 SSL 등 많은 기술은 이후에 표준으로 자리잡았습니다.

이 장에서 참조한 RFC를 상관관계와 함께 그래프화한 것이 [그림 1-1]입니다. 이 장을 읽다가 관계가 잘 이해가 되지 않으면 여기로 돌아와 관계를 확인하세요.

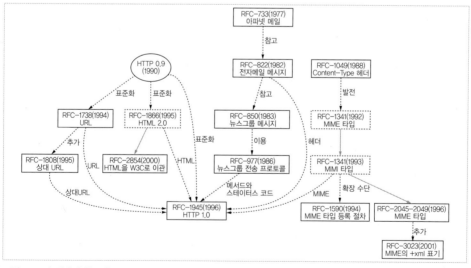

그림 1-1 이 장에서 참조하는 RFC

---

4 https://www.w3.org/Daemon

5 직계손은 넷스케이프 내비게이터지만, 위키피디아에 따르면 인터넷 익스플로러 개발에도 소스 코드가 이용됐다고 합니다.

1.1.1 테스트 에코 서버 실행

제대로 환경 구축이 됐는지 확인할 겸, Go 언어를 사용해 통신 내용을 그대로 콘솔에 표시하는 에코 서버를 만들어봅시다.

예제 1-1 Go 언어를 사용한 에코 서버

```
package main

import (
    "fmt" "log"
    "net/http"
    "net/http/httputil"
)

func handler(w http.ResponseWriter, r *http.Request) {
    dump, err := httputil.DumpRequest(r, true)
    if err != nil {
        http.Error(w, fmt.Sprint(err), http.StatusInternalServerError)
        return
        }
        fmt.Println(string(dump))
        fmt.Fprintf(w, "<html><body>hello</body></html>\n")
}

func main() {
    var httpServer http.Server
    http.HandleFunc("/", handler)
    log.Println("start http listening :18888")
    httpServer.Addr = ":18888"
    log.Println(httpServer.ListenAndServe())
}
```

함수가 두 개 있습니다. 우선 실행되는 것은 main() 함수입니다. 이 함수는 HTTP 서버를 초기화할 때 실행됩니다. 초기화 처리로 우선 톱의 경로 "/"에 접속이 있을 때 handler 함수가 호출되게 설정했습니다. 다음은 18888 포트로 시작하는 설정입니다. 원래 HTTP의 디폴트 포트는 80번을 이용하는데 낮은 번호는 잘 알려진 포트well-known port[6]로 취급됩니다. 번호마다 용

---

6 IANA의 데이터베이스에서 관리됩니다. *http://www.iana.org/assignments/service-names-port-numbers/service-names-port-numbers.xhtml*

도가 거의 정해져 있어, 웹이나 FTP 같은 네트워크 클라이언트는 따로 지정하지 않으면 잘 알려진 포트로 접속합니다. 그만큼 중요한 포트이므로 이미 시스템에서 사용 중이거나 일반 사용자는 해당 포트를 이용할 수 없게 권한이 제한되는 경우가 있습니다. 80번 포트의 대체 포트로서 8000, 8080, 8888 정도가 인기 있지만, 예제에서는 18888번을 사용했습니다.

두 번째 함수는 먼저 등록된 handler 함수입니다. 이 함수는 브라우저나 curl 커맨드 등 클라이언트가 접속했을 때 호출됩니다. 인수로 클라이언트의 요청 정보를 받아 서버에서 처리한 결과를 응답해 출력합니다. 일반적인 HTTP 서버의 동작은 요청 경로에서 클라이언트가 표시하고 싶은 파일명 정보를 받아서 디스크에서 읽고, 그 콘텐츠를 클라이언트에 전송합니다. 여기서는 별다른 처리를 하지 않고 표준 라이브러리에 있는 httputil.DumpRequest 함수를 써서 요청에 포함된 정보를 텍스트로 화면에 출력합니다.

다음과 같이 실행해 대기하는 포트 번호가 로그로 출력되면 성공입니다.

```
$ go run server.go
2016/03/04 22:18:47 start http listening :18888
```

1.1.2 도커 설치

예제 중 프록시 서버를 이용하는 것이 있습니다. 중요도는 높지 않으므로 설치하지 않아도 지장은 없지만, 모두 시험해보고 싶은 분은 설치하세요. 도커는 웹사이트(*https://www.docker.com*)에서 다운로드할 수 있습니다.

맥 사용자는 Docker Community Edition for Mac을 다운로드해 설치하세요. 윈도우 사용자 중 프로페셔널 에디션 윈도우 10 64비트 버전을 사용하면 Docker Community Edition for Windows를 설치하고, 그렇지 않으면 Docker Toolbox를 다운로드합니다.

1.2 HTTP/0.9로 할 수 있는 것을 시험하다

HTTP/0.9는 매우 단순한 프로토콜입니다. 텍스트 정보가 적힌 페이지 경로를 서버에 지정해서 해당 페이지를 가져오기만 하는 프로토콜입니다. curl 커맨드로 이 동작을 시뮬레이션해봅시다. 처음부터 말해두지만 이 실험은 다소 부정확한 곳이 있습니다. 0.9 버전은 현행 프로토콜과 하위 호환성^{backward compatibility}이 없으므로 송신 측, 수신 측 모두 0.9 버전의 프로토콜을 다룰 수 없습니다. 여기서는 1.0을 사용합니다. 1.0의 차이는 뒤에서 설명합니다.

```
# curl 실행 예
$ curl --http1.0 http://localhost:18888/greeting
<html><body>hello</body></html>

# 서버 측 로그
GET /greeting HTTP/1.0
Host: localhost:18888
Connection: close
Accept: */*
User-Agent: curl/7.52.1
```

0.9의 기본 기능은 이것뿐입니다. 웹사이트의 페이지를 서버에 요청하고, 그 응답으로 웹사이트의 내용을 받아옵니다(그림 1-2). Hyper Text Transfer Protocol이라는 이름 그대로입니다. 수신한 후에는 서버와 연결이 끊어집니다. 요청에는 호스트 이름(여기서는 localhost)또는 IP 주소와 포트 번호를 지정합니다. 포트 번호를 생략했을 때는 기본으로 80번이 됩니다. curl 커맨드는 호스트명과 경로가 함께 있는 URI^{Uniform Resource Identifier}를 사용하지만, 서버가받아들이는 것은 /greeting이라는 경로 부분뿐입니다.

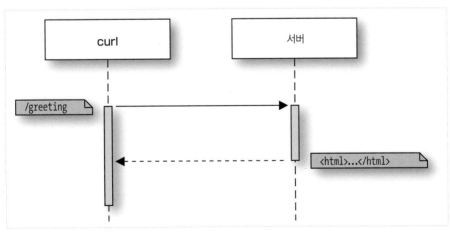

그림 1-2 HTTP/0.9 프로토콜

또 한 가지 현재 인터넷의 기초가 된 기능도 있습니다. 그것은 바로 '폼'과 '검색 기능'입니다. HTML 문장 내에서 <isindex> 태그를 사용하면 텍스트 입력란이 생겨 검색할 수 있었습니다. 거꾸로 말하면 <isindex> 태그가 없는 문서에는 검색 기능이 제공되지 않았습니다. 검색을 하면 주소 끝에 ? 기호와 단어(+로 구분)를 붙여 검색 요청을 보냅니다. 서버는 그 결과가 적힌 HTML을 생성해 돌려줍니다. 검색 방법은 지금과 마찬가지로 서버가 결정하고 요청하는 쪽은 검색할 단어를 입력받아 전송하는 기능만 있었습니다.

```
http://example.com/?search+word
```

<isindex> 태그는 현재 HTML에 없지만, URL에 검색 키워드를 부여해 요청하는 방식은 지금도 바뀌지 않았습니다.

이와 거의 같은 통신을 curl로 실현하려면 다음과 같이 합니다.

```
$ curl --http1.0 --get --data-urlencode "search word" http://localhost:18888
```

--get 대신에 단축형인 -G를 쓸 수도 있습니다. --data-urlencode는 --get의 유무로 동작이 달라집니다. --get이 있을 때의 --data-urlencode는 위와 같이 URL 끝에 쿼리를 붙입니다. --data-urlencode는 쿼리 안에 공백이나 URL로 사용할 수 없는 문자가 있으면 치환합니다. 치환 규칙은 브라우저마다 약간 다르지만, 거의 같아서 동작에 미치는 영향은 없습니다. 사용할 수 없는 문자가 없으면 더 짧은 --data 혹은 단축형인 -d도 쓸 수 있습니다.

--get이 없을 때의 -d, --data, --data-urlencode의 동작 및 변환 규칙의 세부적인 차이는 다음 장에서 설명합니다.

> **NOTE_** HTTP/0.9와 isindex에 관해서는 다음 URL을 참조하세요.
> • *https://www.w3.org/Protocols/HTTP/AsImplemented.html*
> • *https://developer.mozilla.org/ja/docs/Web/HTML/Element/isindex*

처음에 배워야 할 것으로 나열한 네 개 항목 중 HTTP/0.9에서 실현된 것은 바디 수신과 경로 뿐입니다.

1.3 HTTP/0.9에서 1.0으로의 여정

HTTP/0.9는 매우 단순했지만 '브라우저가 문서를 요청하면, 서버는 데이터를 반환한다'라는 웹의 기본 뼈대는 이미 이 시점에서 완성됐습니다. 그렇지만 이 프로토콜로는 할 수 없는 일이 많았습니다.

- 하나의 문서를 전송하는 기능밖에 없었다.
- 통신되는 모든 내용은 HTML 문서로 가정했으므로, 다운로드할 콘텐츠의 형식을 서버가 전달할 수단이 없었다.
- 클라이언트 쪽에서 검색 이외의 요청을 보낼 수 없었다.
- 새로운 문장을 전송하거나 갱신 또는 삭제할 수 없었다.

그 밖에도 요청이 올바른지 혹은 서버가 올바르게 응답했는지 아는 방법도 없었습니다.

0.9 버전이 문서화된 것은 1990년인데, 2년 후에는 앞서 사용되던 전자메일이나 뉴스그룹 같은 프로토콜의 기능을 도입해 대대적인 업데이트가 이루어졌습니다.[7] 1.0용으로 추가된 기능도 많습니다. 아직 1.0이 되기 전이라 버전 번호도 붙지 않았지만, 거의 현재 HTTP와 동일합니다. 조금 전 curl 커맨드에 더 자세한 정보를 표시하는 옵션 -v를 추가해보겠습니다. 우선 요청 쪽을 살펴봅시다.

```
$ curl -v --http1.0 http://localhost:18888/greeting

* Trying ::1...
* Connected to localhost (::1) port 18888 (#0)
> GET /greeting HTTP/1.0
> Host: localhost:18888
> User-Agent: curl/7.48.0
> Accept: */*
```

\>로 시작하는 행이 클라이언트에서 서버로 전송할 내용입니다.

1992년 버전에서는 단순 버전과 전 기능 버전으로 두 종류의 요청 형식이 있었습니다. 단순 버전은 0.9 호환 모드이고, 전 기능 버전은 1.0과 거의 같습니다. 요청의 변경된 점은 다음과 같습니다.

---

[7] https://www.w3.org/Protocols/HTTP/HTTP2.html

- 요청 시 메서드가 추가됐다(GET).
- 요청 시 HTTP 버전이 추가됐다(HTTP/1.0).
- 헤더가 추가됐다(Host, User-Agent, Accept).

1992년판에서는 0.9의 차이를 흡수하고자 HTTP 버전을 포함한 스테이터스를 처음에 반환합니다. 요청에 관해서는 큰 변경 사항이 두 가지 있습니다. 메서드와 요청 헤더입니다. 이에 관해서는 나중에 자세히 소개합니다.

그럼 응답의 상세한 내용도 살펴봅시다.

```
* HTTP 1.0, assume close after body
< HTTP/1.0 200 OK
< Date: Tue, 05 Apr 2016 13:58:43 GMT
< Content-Length: 32
< Content-Type: text/html; charset=utf-8
<
<html><body>hello</body></html>
* Closing connection 0
```

<로 시작되는 행이 서버에서 응답으로 돌아온 내용입니다. 0.9에서 변경된 점은 아래와 같습니다.

- 응답 선두에 HTTP 버전과 3행의 스테이터스 코드가 포함됐다.
- 요청과 같은 형식의 헤더가 포함되게 됐다.

이에 관해서도 이번 장에서 설명합니다.

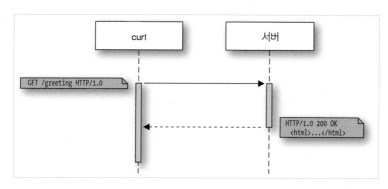

그림 1-3 HTTP/1.0의 프로토콜

1.4 HTTP의 조상 (1) 전자메일

HTTP의 헤더는 요청과 응답 양쪽에서 사용됩니다. 원래 이 아이디어는 인터넷이 보급되기 전부터 사용자 간 정보 교환으로 사용되던 메일 시스템에서 왔습니다. 현재 쓰는 전자메일이 표준으로 규격화된 것은 1982년의 **RFC 822**지만, 이런 시스템은 인터넷의 전신인 아파넷^{ARPAnet}에서도 1970년대부터 사용됐고, 헤더의 원형은 이보다 10년 가까이 앞선 1977년에 제정된 **RFC 733**에서 이미 명문화됐습니다.

예를 들어 지인이 보내준 편지의 원시 정보를 살펴봅시다.[8] 지메일을 사용하는 경우는 '원본 보기'로 확인할 수 있습니다. 전자메일의 경우 중계 서버가 중계 정보 등을 자꾸 추가해서 길어지므로 그 부분은 생략했습니다.

예제 1-2 메일의 원시 정보

```
Delivered-To: yoshiki@shibu.jp
(생략)
MIME-Version: 1.0
Received: by 10.176.69.212 with HTTP; Wed, 6 Apr 2016 06:26:27 -0700 (PDT)
From: Yoichi Fujimoto <wozozo@example.com>
Date: Wed, 6 Apr 2016 22:26:27 +0900
Message-ID: <CAAw3=wyHz1cH=D_8uNRLAo5e4VCCO+c2CGPeEd4jCk0gnJJkDg@mail.gmail.com>
Subject: hi
To: yoshiki@shibu.jp
Content-Type: text/plain; charset=UTF-8

hello
```

헤더는 '**파일명:값**' 형식으로 본문 앞에 부가됩니다. 각 헤더는 한 줄에 하나씩 기술되어 있고, 본문과의 사이에는 빈 줄이 하나 있습니다. 또한 헤더 이름은 대문자, 소문자를 구별하지 않습니다. 프로그램으로 다룰 경우는 받는 쪽 라이브러리가 다루기 쉽게 정규화하는 예가 많습니다. 헤더를 보면 보내는 곳, 메일 형식의 버전, 보낸 일시, 보낸 사람, 제목, 메일 본문에 포함되는 내용의 포맷이나 문자 코드 등 다양한 정보를 알 수 있습니다. 즉 헤더에는 본문 이외의 모든 정보가 포함돼 있습니다.

---

8 개인정보 보호를 위해 메일 주소 일부를 변경했습니다.

HTTP에도 이 전자메일과 똑같은 형식의 헤더가 도입됐습니다. 헤더는 서버와 클라이언트 사이에 필요한 추가 정보, 지시나 명령, 당부 등을 쓰는 장소입니다. 헤더는 종류가 많으므로 알기 쉬운 것을 일부 골랐습니다. 우선은 클라이언트가 서버에 보내는 헤더입니다.

- **User-Agent**: 클라이언트가 자신의 애플리케이션 이름을 넣는 곳. curl 커맨드를 사용하면 **curl/7.48.0**과 같은 문자열이 들어간다. 서버는 이곳의 이름을 보고 응답을 전환하기도 한다. 피처폰이나 스마트폰, PC의 경우도 브라우저의 종류나 버전을 구분할 수 있다. 다만 역사적 경위로 많은 브라우저가 '모질라 브라우저와 같고, 사파리와 같고, 크롬과 같은 엣지'와 같이 자신의 기능을 내포하는 다른 브라우저를 나열하는 식으로 이름을 댄다.
- **Referer**: 서버에서 참고하는 추가 정보. 클라이언트가 요청을 보낼 때 보고 있던 페이지의 URL을 보낸다. 페이지의 참조원을 서버가 참조하는 데 이용한다. 보안 때문에 사양이 당초보다 크게 변경됐다. 자세한 내용은 다음 장에서 소개한다.
- **Authorization**: 특별한 클라이언트에만 통신을 허가할 때 인증 정보를 서버에게 전달한다. RFC에서 몇 가지 표준 형식(Basic/Digest/Bearer)을 정했지만, 아마존 웹 서비스나 깃허브GitHub API 등에서는 웹 서비스 자체 표기를 요구하기도 한다.

서버에서 클라이언트로 보낼 때 부여하는 헤더는 다음과 같은 것이 있습니다.

- **Content-Type**: 파일 종류를 지정. 여기에는 MIME 타입이라는 식별자를 기술한다. MIME 타입은 전자메일을 위해 만들어진 식별자다.
- **Content-Length**: 바디 크기. 만약 다음 헤더에서 소개하는 압축이 이루어지는 경우는 압축 후의 크기가 들어간다.
- **Content-Encoding**: 압축이 이루어진 경우 압축 형식을 설명한다.
- **Date**: 문서 날짜

또한 이 밖에 **X-**로 시작되는 헤더는 각 애플리케이션이 자유롭게 사용해도 좋다고 되어 있습니다.

이 책은 역사와 실습을 통해 HTTP를 학습하는 것을 목표로 하고 있고 레퍼런스 매뉴얼이 아니므로, 모든 헤더를 소개하진 않습니다. HTTP 규격으로 정해진 헤더는 극히 일부이고, 다양한 헤더가 HTTP 밖에서도 추가되고 있으므로 모두 소개할 수는 없습니다. 등록된 헤더는

IANA 사이트[9]에서 찾아볼 수 있습니다. 2장 이후에 브라우저용 통신 규약으로 정해진 헤더를 소개하겠습니다.

1.4.1 헤더의 전송

curl 커맨드로 실제 헤더를 보내봅시다. 헤더를 보내기 위해선 --header="헤더행" 아니면 그 단축형인 -H 헤더행 옵션을 사용합니다. 이번에는 테스트용 독자 헤더로서 X-를 붙여서 보냅니다.

```
$ curl --http1.0 -H "X-Test: Hello" http://localhost:18888
```

수신하는 쪽에서는 다음과 같이 표시됩니다. 전송한 헤더가 마지막에 추가된 것을 확인할 수 있습니다. 아무것도 추가하지 않아도 curl 커맨드가 기본적으로 User-Agent와 Accept 헤더를 전송한다는 것도 알 수 있습니다.

```
GET / HTTP/1.0
Host: localhost:18888
Connection: close
Accept: */*
User-Agent: curl/7.48.0
X-Test: Hello
```

RFC에서는 같은 헤더를 여러 번 보내는 것도 허용합니다. 받는 쪽에서는 콤마로 구분되는 결합 문자열로 다루는가 하면, 배열의 개별 요소로 반환하기도 합니다. 서버 프로그램에서 사용하는 Go 언어의 표준 net/http 패키지는 배열로 처리합니다.

```
$ curl --http1.0 -H "X-Test: Hello" -H "X-Test: Ni" http://localhost:18888

"X-Test": []string{
    "Hello",
    "Ni",
}
```

---

9 http://www.iana.org/assignments/message-headers/message-headers.xhtml

Go 언어의 net/http 패키지는 -(하이픈)으로 구분되는 단어가 나열된 것으로 간주해, 단어의 시작은 대문자, 이후에는 소문자로 정규화합니다.

정규화 방법이나 복수의 동명 헤더를 처리하는 방법은 프로그래밍 언어 및 프레임워크에 따라 달라집니다. 예를 들어 파이썬에서 유명한 웹 애플리케이션 프레임워크 장고로 테스트 서버를 만들어 똑같은 요청을 curl 커맨드로 보내면, request.META라는 사전에 다음과 같은 형식으로 저장되어 애플리케이션 코드에 전달됩니다.[10] 필드 이름의 구분 문자는 _(언더스코어)로 치환되고 각 단어는 모두 대문자로 변환되며 선두에 HTTP_가 부여됩니다. 또한, 복수의 헤더는 콤마로 접속되어 하나의 문자열이 됩니다. 복수의 동명 헤더를 다룰 일이 별로 없어 신경 쓸 필요가 없을지도 모르지만, 필드 이름의 정규화 규칙에 관해서는 자신이 잘 쓰는 프레임워크의 변환 규칙을 파악해둔다고 손해 볼 일은 없겠지요.

```
{'HTTP_X_TEST': 'Hello,Ni'}
```

자주 사용되는 헤더는 curl 커맨드에서 타이핑 수를 줄일 수 있게 에일리어스를 준비했습니다. 예를 들어 --user-agent(단축형은 -A)를 사용하면, 서버에서 보는 클라이언트의 종류가 바뀝니다. 윈도우 7의 인터넷 익스플로러 10으로 보이게 하려면 아래와 같이 지정합니다.

```
$ curl -v --http1.0 -A "Mozilla/5.0 (compatible; MSIE 10.0; Windows NT 6.1;
Trident/6.0)" http://localhost:18888
```

다음과 같이 -H를 사용해 명시적으로 지정해도 결과는 같습니다.

```
$ curl -v --http1.0 -H "User-Agent: Mozilla/5.0
(compatible; MSIE 10.0; Windows NT 6.1; Trident/6.0)" http://localhost:18888
```

curl의 단축 커맨드는 HTTP의 기능과 연계될 때가 많으므로 각각 다른 항목으로 소개합니다.

----

10 파이썬은 WSGI라는 웹 애플리케이션 간 공통 사양이 있고 위와 같이 정해졌으므로, 파이썬으로 된 다른 프레임워크도 거의 같은 결과가 나올 것으로 생각됩니다. 2000년도 전후에 유행한 CGI 시스템상에서 동작시켜도, 단독 애플리케이션 서버로 동작시켜도 같은 결과를 얻을 수 있게 CGI 쪽에 맞춰 현재 사양이 정해진 것 같습니다.

1.4.2 헤더 수신

curl 커맨드에 자세한 로그를 표시하는 -v 옵션을 지정하면, 서버에서 반환하는 헤더도 표시됩니다. 클라이언트가 전송하는 헤더와 서버에서 반환하는 헤더의 형식은 완전히 같습니다. 단사용되는 필드 이름은 다릅니다. 헤더 중에는 요청에만 사용되는 것, 응답에만 사용되는 것, 양쪽 다 사용되는 것이 있습니다.

```
< Date: Tue, 05 Apr 2016 13:58:43 GMT
< Content-Length: 32
< Content-Type: text/html; charset=utf-8
```

여기서는 요청한 날짜와 시간, 응답으로 돌아온 콘텐츠의 바이트 수, 콘텐츠 유형이 서버로부터 돌아왔습니다.

Content-Type은 서버로부터 돌아온 파일의 형식을 나타내는 문자열, MIME 타입으로 불리는 문자열이 값으로 있습니다. 이 헤더 역시 전자메일에서 가져왔습니다. 이에 관한 자세한 설명은 나중에 하겠습니다.

일단 전송 방법은 학습했으므로, 좀처럼 정보를 구하기 힘든 RFC화되지 않은 헤더와 만들어지고도 사용되지 않는 헤더를 몇 개 소개합니다.

- Cost: 페이지 열람에 필요한 비용. 자세한 내용이 정해지지 않은 채 사양에서 탈락했다.

- Charge-To: 요금을 지불할 때 계정 이름 넣는 것을 가정했다.

- From: 송신자의 메일 주소. 일단 1.0 사양에는 들어 갔지만, 보안 우려가 있어 사용되지 않았다.

- Title: 문서 제목. 현재는 HTML 문서의 <title> 태그를 사용하는 방식이 주류이다.

- Message-id: 메일이나 뉴스그룹에서 도입된 듯하다. 전 세계 메시지 간에 중복이 있으면 안된다(인터넷이 존재하는 전 기간에 걸쳐서).

- Version: 문서 버전

- Derived-From: 문서의 변경을 지시할 경우에 과거의 버전 번호를 전달하기 위해 사용한다.

1.4.3 MIME 타입

MIME 타입은 파일의 종류를 구별하는 문자열로, 전자메일을 위해 만들어졌습니다. 처음 등장한 것은 1992년 **RFC 1341**입니다.

인터넷이 널리 보급된 시기는 데스크톱 OS를 기준으로 보면, MS-DOS나 윈도우 3.x, 맥 OS 7 등이 사용되던 때입니다. 윈도우는 주로 파일 확장자를 보고 파일 종류를 판단했고, 맥 OS는 리소스 포크^{resource fork}로 불리는 메타 정보로 파일 종류를 판단했습니다. 지금도 기본적으로는 변함이 없습니다. 각 파일에 더블클릭 등의 동작을 했을 때, 형식에 따라 어떤 애플리케이션을 실행할지는 OS가 관리합니다. 필자가 리눅스를 쓰기 시작한 시기는 2000년 전후인데, 당시 데스크톱의 포직스^{POSIX} 환경에서는[11] 파일의 확장자를 이용해 연결된 애플리케이션을 시작했던 적은 없었던 것으로 기억합니다.

일반적으로 보급된 웹사이트는 HTML 파일을 바탕으로 사진이나 음악을 붙인 것이 대부분입니다. 요즘 같으면 자바스크립트나 스타일시트를 사용한 풍부한 사용자 경험을 제공하는 것도 거의 필수지요. 브라우저는 OS와 별도로 파일 종류별로 어떤 동작을 할지 관리합니다. 파일 종류에 따라 브라우저 화면에 표시하거나 '저장' 대화창을 표시하는 기능을 제공합니다. 이때 파일 종류를 나타내는 식별자가 MIME 타입입니다.

MIME 타입 체계는 웹이 등장하기 훨씬 전부터 전자메일 규격으로 사용됐습니다. Content-Type 필드가 등장한 것은 1988년 **RFC 1049**입니다. 당시는 아직 POSTSCRIPT, TEX와 같은 문자열이 사용되는 것을 가정했지만, 지금처럼 미지의 유형을 기술할 목적으로 X-로 시작하는 키워드를 자유롭게 추가하는 것이 인정됐습니다. 1992년 **RFC 1341**에서는 지금과 같은 '대항목/상세'와 같은 표기 방식이 정해졌습니다. 아직 HTML은 없었지만, text/plain 포맷이나 image/jpeg 등의 이미지 포맷 식별자는 여기에서 정의됐습니다. 또한 다음 장에서 소개할 복수의 콘텐츠를 하나의 메시지에 포함하는 멀티파트도 이때 정의됐습니다.

현재 웹 서버에서 HTML을 보낼 경우는 서버의 응답 헤더에 다음과 같은 MIME 타입을 설정합니다.

```
Content-Type: text/html; charset=utf-8
```

---

[11] 필자는 터보 리눅스와 FreeBSD를 사용했습니다.

사진과 동영상의 경우는 브라우저나 환경에 따라 이용할 수 있는 포맷이 일부 다릅니다. 클라이언트와 서버는 다룰 수 있는 포맷에 관해 니고시에이션하고, 실제로 반환할 파일 포맷을 변경합니다. 니고시에이션에 대해서는 다음 장에서 설명하겠습니다.

MIME 타입의 RFC는 그 후에도 여러 가지가 추가되고 갱신됐습니다. 전자메일에서 미흡했던 다국어 지원도 그 연장선상에 정의됐습니다. **RFC 1590**에서는 새로운 종류의 MIME 타입을 IANA에 등록 신청하는 절차도 정해졌습니다. 또 인터넷에서는 JSON이나 XML 같은 범용 포맷을 특정 용도로 사용하는 경우가 있습니다. 이때 사용하는 접미사도 **RFC 3023**에서 추가되었습니다. 이로써 XML을 기반으로 한 SVG 이미지를 `application/xml`이 아니라 더욱 구체적으로 `image/svg+xml`로 표기할 수 있게 됐습니다.

1.4.4 Content-Type과 보안

브라우저 세계에서는 앞에서 소개한 것처럼 파일 종류를 특정할 때 `Content-Type` 헤더에서 지정된 MIME 타입을 사용합니다.

확장자를 쓰려고 해도 웹사이트에 따라선 확장자가 전송되지 않을 수도 있습니다. 15년 전까지는 CGI를 사용한 접속 카운터를 자주 사용했습니다. 접속 카운터는 숫자가 들어간 이미지를 생성하는 펄Perl 등의 스크립트 언어로 작성된 프로그램입니다. 이 카운터는 대개 .cgi라는 확장자를 달고 설치됩니다. HTML에서 CGI를 호출하려면 다음처럼 기술합니다.

```
<img src="/cgi-bin/counter.cgi">
```

하지만 이래서는 실제로 표시될 파일 종류는 알 수 없겠지요? 실제로는 CGI 프로그램이 `Content-Type: image/gif`와 같은 헤더를 생성하므로 브라우저에서 올바르게 이미지를 볼 수 있었습니다.

인터넷 익스플로러는 인터넷 옵션에 따라 MIME 타입이 아닌 내용을 보고 파일 형식을 추측하려고 합니다. 이런 동작을 콘텐트 스니핑content sniffing이라고 합니다. 이때 서버 설정이 잘못된 경우에도 제대로 표시되므로 얼핏 사용자에게 장점이 있는 것처럼 여겨질 수 있습니다. 하지만 원래 텍스트로만 표시돼야 하는 `text/plain` 파일인데도 HTML과 자바스크립트가 적혀 있으면 브라우저가 파일을 실행해버리는 일도 있었습니다. 뜻밖에 보안의 구멍이 될 수 있습니다.

서버에서 다음과 같은 헤더를 전송해 브라우저가 추측하지 않도록 지시하는 것이 현재 주류의 방법입니다.

```
X-Content-Type-Options: nosniff
```

1.4.5 전자메일과의 차이

헤더를 설명하면서 전자메일 포맷을 소개했습니다. HTTP와 비교해봅시다.

- '헤더+본문' 구조는 같다.
- HTTP 요청에서는 선두에 '메서드+패스' 행이 추가된다.
- HTTP 응답에서는 선두에 스테이터스 코드가 추가된다.

세세한 규칙을 보면 메일의 경우는 긴 헤더가 있을 때 줄바꿈 규칙이 정의되어 있습니다. 또한 원래 영어권 사용만 고려했기 때문에, 뒤늦게 다국어화되어 규칙이 난해하고 해석도 어렵다는 차이가 있습니다. 그러나 기본은 동일합니다. 간단하게 정리하면 HTTP 통신은 고속으로 전자 메일이 왕복하는 것이라고 할 수 있습니다.

> **NOTE_** HTTP도 헤더를 개행 코드로 줄바꿈을 허용했지만, 일부 브라우저에서 잘 작동하지 않고 응답 분할 공격이라는 악성 공격에 악용되는 경우도 있어, **RFC 7230**에서 권장하지 않게 됐습니다.

1.5 HTTP의 조상 (2) 뉴스그룹

처음 접한 컴퓨터가 윈도우 XP였거나 맥 OS X였던 사람은 만진 적도 어쩌면 들은 적도 없을지 모르지만, 뉴스그룹 또는 유즈넷으로 불리는 기사를 읽거나 투고하는 플랫폼이 있었습니다. 뉴스라는 이름이지만 매스미디어가 아닌 대규모 전자 게시판입니다. 주제별로 그룹이 만들어져, 논의가 이루어지거나 소프트웨어 공개에 사용되곤 했습니다. 예를 들어 루비도 fj.comp.oops, fj.lang.misc라는 그룹에 투고된 것이 최초의 공개라고 알려졌으며, 파이썬도 alt.sources 그룹에 1991년에 투고된 것이 최초의 공개라고 합니다. BBS/포럼으로 불린 PC 통신과 함께 인터넷 이전의 주요 미디어였습니다. 지금은 사용되지 않습니다.

뉴스그룹은 분산 아키텍처로 되어 있습니다. 사용자는 서버에 구독하는 최신 기사를 요청하고 기사가 있으면 가져옵니다. 웹처럼 모든 사용자가 한곳의 서버에 접속하러 가는 것은 아닙니다. 복수의 서버가 마스터/슬레이브 구조로 연결돼 있어, 슬레이브의 서버도 클라이언트처럼 마스터 서버에 접속하고, 정보를 가져와 로컬에 저장합니다. 스토리지 용량에 제한이 있어 모든 기사가 유지되는 것은 아니며 오래된 것부터 지워갑니다. 이 클라이언트 서버 간 통신과 마스터 서버와 슬레이브 서버 간 통신에 사용된 것이 NNTP^{Network News Transfer Protocol}라는 프로토콜입니다. 이 NNTP는 **RFC 977**에 정의되어 있습니다. HTTP/0.9보다 5년 전, HTTP/1.0보다 10년이나 앞선 1986년에 책정된 것입니다. 메시지 포맷은 다시 그보다 3년 전 **RFC 850**에서 제정됐습니다. 이 포맷도 또한 전자메일의 영향을 받아 책정됐습니다. 전자메일과 마찬가지로 헤더와 본문이 있고 사이에 빈 줄이 들어가는 구성입니다.

HTTP는 뉴스그룹으로부터 메서드와 스테이터스 코드라는 두 가지 기능을 도입했습니다.

> **NOTE_** 뉴스그룹에 관한 자세한 설명은 다음 URL을 참조하세요.
> *https://msdn.microsoft.com/ja-jp/library/cc400561.aspx*(일본어)

1.5.1 메서드

HTTP/1.0으로 통신할 때 전송되는 GET 부분은 메서드로 불립니다. 객체 지향 프로그래밍 언어의 메서드와 마찬가지로 지정된 주소에 있는 리소스에 대한 조작을 서버에 지시합니다. 뉴스그룹의 메서드로는 그룹 목록 취득(LIST), 헤더 취득(HEAD), 기사 취득(BODY), 투고(POST) 등이 있었습니다.

HTTP의 경우는 파일 시스템 같은 설계 철학으로 만들어졌습니다. 1992년 판에서는 수많은 메서드가 제안됐습니다. 아래 세 가지 메서드가 흔히 쓰이는 메서드입니다.

- **GET**: 서버에 헤더와 콘텐츠 요청
- **HEAD**: 서버에 헤더만 요청
- **POST**: 새로운 문서 투고

아래 두 메서드는 1.0 이후에도 살아남았지만, 1.0 단계에서는 필수가 아니라 구현에 따라 제공되기도 하고 제공되지 않기도 하는 옵션 기능입니다. 실제 브라우저가 표준 기능만으로 이들 메서드로 서버에 요청을 보낼 수 있게 된 것은 훨씬 나중의 일로, 자바스크립트에서 XMLHttpRequest가 지원되고 나서부터입니다. HTML의 폼에서는 GET과 POST만 지원됩니다.

- **PUT**: 이미 존재하는 URL의 문서를 갱신한다.
- **DELETE**: 지정된 URL의 문서를 삭제한다. 삭제에 성공하면 삭제된 URL은 무효가 된다.

아래 메서드는 1.0에는 남았지만, 1.1에서 삭제됐습니다.

- **LINK**: 문서 간의 링크를 만든다 .
- **UNLINK**: 문서 간의 링크를 삭제한다.

아래 메서드는 1992년 판에서 제안됐지만, 1.0의 제안에서는 삭제됐습니다.

- **CHECKOUT**: GET과 비슷하지만, 다른 사람의 쓰기를 금지한다. 체크아웃이라는 말은 다양한 버전 관리에 사용되지만, RCS나 비주얼 소스세이프라는 시스템의 용어와 같다.
- **CHECKIN**: PUT과 비슷하지만, CHECKOUT으로 설정된 락을 해제한다.
- **SHOWMETHOD**: 오브젝트가 독자 메서드를 제공하는 경우 그 목록을 반환한다.
- **TEXTSEARCH**: 0.9에도 있던 검색으로, 실제 구현도 0.9와 마찬가지로 GET이 사용된다.
- **SEARCHJUMP**: 지도의 좌표를 지정해, 그곳의 상세 정보를 검색하는 메서드. 검색 용어 대신에 수치를 인수로 받는다. 이 메서드도 GET이 사용된다.
- **SEARCH**: 제안만 되고 끝났다. 지정된 URL에 검색 인덱스가 있어, 인덱스에 대해 검색을 했던 것 같다.

curl 커맨드로 메서드를 전송할 때는 **--request=** 메서드 혹은 그 단축형인 **-X** 메서드를 사용합니다.

```
$ curl --http1.0 -X POST http://localhost:18888/greeting
```

-X HEAD의 단축형으로서 **--head** 혹은 **-I** 옵션이 있습니다. 이번 장의 바디 설명에서 데이터 전송을 위한 **-d**와 **-F** 옵션을 소개하는데, 이 전송 옵션이 사용되고 **-X**가 없는 경우에는 **POST**가 됩니다.

1.5.2 스테이터스 코드

스테이터스 코드도 뉴스그룹에서 가져온 기능 중 하나입니다. 이 세 자리 숫자를 보고 서버가 어떻게 응답했는지 한눈에 알 수 있습니다. 크게 아래 다섯 가지 카테고리로 나눌 수 있습니다.

- 100번대: 처리가 계속됨을 나타낸다. 1xx 계열은 특수한 용도로 사용한다. 4장 HTTP/1.0 설명에 등장한다.
- 200번대: 성공했을 때의 응답. 자주 사용되는 스테이터스 코드는 **200 OK**로 정상 종료를 나타낸다.
- 300번대: 서버에서 클라이언트로의 명령. 오류가 아니라 정상 처리의 범주. 리디렉트나 캐시 이용을 지시한다.
- 400번대: 클라이언트가 보낸 요청에 오류가 있다.
- 500번대: 서버 내부에서 오류가 발생했다.

REST API 범위 내에서 자주 이용되는 것은 11장에서 소개합니다.

1.6 리디렉트

300번대 스테이터스의 일부는 서버가 브라우저에 대해 리디렉트하도록 지시하는 스테이터스 코드입니다. 300 이외의 경우는 **Location** 헤더를 사용해 리디렉트할 곳을 서버에서 클라이언트로 전달합니다. 리디렉트에는 다섯 가지 종류가 있습니다.

표 1-2 리디렉트를 지시하는 스테이터스 코드

스테이터스 코드	메서드 변경	영구적/일시적	캐시	설명
301 Moved Permanently	○	영구적	한다.	도메인 전송, 웹사이트 이전, HTTPS
302 Found	○	일시적	지시에 따름[12]	일시적 관리, 모바일 기반 전송
303 See Other	허가	영구적	하지 않는다.	로그인 후 페이지 전환
307 Temporary Redirect		일시적	지시에 따름	RFC 7231에서 추가

스테이터스 코드	메서드 변경	영구적/일시적	캐시	설명
308 Moved Permanently		영구적	한다.	RFC 7538에서 추가

영구적인지 일시적인지는 이동하는 이전 페이지가 이후에도 존재하는지로 분류합니다. 새 도메인을 얻어 서버의 콘텐츠를 이동한 경우나 HTTP로 운영되던 페이지를 HTTPS로 전환한 경우에는 예전 페이지를 볼 일이 없습니다. 이때는 영구적인 리디렉트가 됩니다. 점검 기간에만 요청을 관리 화면으로 리디렉트할 경우는 점검이 끝나면 복구해 다시 활성화할 것이므로 일시적인 리디렉트를 사용합니다.

메서드 변경은 첫 번째 요청이 POST이고, 두 번째 이후에 GET이나 HEAD를 사용할 경우에 사용자에게 확인할 필요 없이 실시할 수 있는지입니다.

메서드 변경의 필요성 차이를 정리했습니다. 현재는 주로 다음과 같이 구분합니다.

- 301/308: 요청된 페이지가 다른 장소로 이동했을 때 사용한다. 영구적으로 이동한다. 검색 엔진도 이 응답을 받으면 기존 페이지의 평가를 새로운 페이지로 계승한다. 구글은 검색 엔진에 페이지 이동을 전하는 수단으로서 301을 사용할 것을 권장한다.[13]
- 302/307: 일시적인 이동이다. 모바일 전용 사이트로 이동하거나 관리 페이지를 표시한다.
- 303: 요청된 페이지에 반환할 콘텐츠가 없거나 혹은 원래 반환할 페이지가 따로 있을 때, 그쪽으로 이동시키려고 사용한다. 예를 들면, 로그인 페이지를 사용해 로그인한 후 원래 페이지로 이동하는 경우에 사용한다.

클라이언트는 Location 헤더 값을 보고, 다시 요청합니다. 재전송할 때는 헤더 등도 다시 보냅니다.

curl 커맨드에 -L을 부여하면, 응답이 300번대고 게다가 응답 헤더에 Location 헤더가 있으면 그 헤더에서 지정된 URL에 다시 요청을 보냅니다. 또한 스테이터스 코드가 301, 302, 303이고 GET 이외의 메서드인 경우에는 GET으로 리디렉트를 다시 보냅니다. 메서드를 바꿀 수 없게 하는 옵션(--post301, --post302, --post303)도 있습니다. 기본으로 최대 50번까지 리

---

12 Cache-Control 헤더나 Expires 헤더가 있으면 캐시합니다. 이들 헤더는 2장 캐시 부분에서 소개합니다.

13 역자주_ 서치 콘솔 도움말 '301 리디렉션으로 페이지 URL 변경' *https://support.google.com/webmasters/answer/93633?hl=kr*

디렉트합니다. 리디렉트 횟수도 **--max-redirs** 옵션으로 지정할 수 있습니다.

```
$ curl -L http://localhost:18888
```

역사적으로 HTTP/1.0에서 1.1사이에서 리디렉트 사양이 변경됐습니다. **RFC 2616**의 302 코드 설명에는 메서드 변경은 허가가 필요하지만, '현재 유저 에이전트(브라우저)는 대부분 리디렉트 시 GET으로 변경한다'라고 기술되어 있습니다. 이 사양이 표준화되어 1.1의 최신판 **RFC 7231**에서는 301처럼 메서드 변경이 허용됐고, 새롭게 메서드 변경에 허가가 필요한 307과 308이 추가됐습니다.

HTTP/1.0 최초의 RFC에는 리디렉트 횟수는 5회를 기준으로 한다고 되어 있었지만, **RFC 2616**의 HTTP/1.1에서 그 제한이 없어졌고, 그 대신에 클라이언트가 리디렉트 무한 반복을 탐지해야 한다고 했습니다. Go 언어 기본 설정에서 리디렉트는 10회로 제한되어 있습니다. 308 Moved Permanently에 따른 리디렉트는 버전 1.8에서 지원하기 시작했습니다.

리디렉트에는 단점도 있습니다. 리디렉트하는 곳이 다른 서버라면 리디렉트할 때마다 TCP 세션 접속, HTTP 송수신으로 두 번 왕복 통신이 발생합니다. 리디렉트 수가 늘어나면, 그만큼 표시에 걸리는 시간이 늘어납니다. 구글은 리디렉트 횟수는 5회 이하, 가능하면 3회 이하로 가이드라인을 제시했습니다.[14]

다음과 같은 스테이터스 코드도 있지만, 그다지 사용할 일은 없겠지요.

표 1-3

스테이터스 코드	메서드 변경	영구적/일시적	캐시	설명
300 Multiple Choices			한다.	선택 사항이 복수인 경우

추천할 것이 있는 경우는 Location 헤더를 가질 수도 있습니다. 대신에 200 OK, 406 Not Acceptable을 사용하고, 다른 선택 사항은 Link 헤더로 제시해서 대체할 수 있다고 **RFC 7231**에 써 있지만, 필자가 본 적은 없습니다. Link 헤더의 다른 용법은 11장에서 다룹니다.

----

14 서치 콘솔 도움말 'URL 변경으로 사이트 이전' *https://support.google.com/webmasters/answer/6033049*

1.7 URL

URL^{Uniform Resource Locator}은 **RFC 1738**에서, 상대 URL은 **RFC 1808**에서 정의됐습니다. 모두 HTTP/1.0보다 빠른 시기의 문서로, 'http'라는 글자가 들어간 공식 문서로는 HTTP/1.0의 RFC보다 먼저입니다. HTTP/1.0을 내다보고 먼저 규격화됐습니다. W3C의 페이지에 주소 부여^{addressing}에 관한 페이지가 있습니다.[15] 이 페이지를 보면 바로 HTTP/0.9 때 만들어진 사양을 기반으로 발전했음을 알 수 있습니다.

또한 **RFC 1738** 전에 **RFC 1630**에 URI의 일부로 URL이 등장하는데, 이 RFC는 표준화를 목적으로 한 것이 아니라 정보를 정리한 성격의 것입니다. URI와 URL을 자주 혼동하지만, URI에는 URN^{Uniform Resource Name}이라는 이름 부여 규칙도 포함됩니다. URL은 장소로 문서 등의 리소스를 특정하는 수단을 제공합니다. 요컨대 주소입니다. URN은 이름 그 자체입니다. 다음 샘플은 **RFC 1738**을 나타내는 URN입니다.

```
urn:ietf:rfc:1738
```

예를 들어 '아즈사2호'라는 전철이 있다고 하면, '**urn:JR:**아즈사2호'라는 규칙으로 붙인 이름이 URN입니다. '전차://신주쿠역/9번홈/아즈사2호'는 URL입니다.[16] 전차가 달려서 나가노현으로 가버리면, URL로는 아즈사2호에 접속할 수 없습니다. URN은 이름밖에 없으므로 어디에 있는지 알려면 따로 정보가 필요합니다.

웹 시스템을 다루는 한 URN이 등장할 일은 없으므로 URL과 URI는 거의 같습니다. 이후에 **RFC 3305**에서 URL은 관용 표현으로, 공식 표기는 URI가 됐지만 URL이 일반적으로 널리 사용됩니다. HTML5에 관해 논의하는 W3C는 세부적인 사양이나 자바스크립트 API 사양을 정한 표준화를 시행하고 있지만,[17] 이쪽에서의 이름은 URL로 됐습니다. 프로그래밍 언어에서도 루비, C#은 URI라는 이름을 사용하지만, Go 언어와 파이썬, Node.js는 URL을 사용합니다. 자바는 URI와 URL 양쪽 클래스를 갖추고 있습니다.

URL은 HTTP를 위해 만들어졌지만, 당시까지 있던 FTP, 뉴스그룹, 메일 등도 지원하는 규격

---

15 *https://www.w3.org/Addressing*
16 물론, JR 같은 URN 이름 공간은 현실에는 존재하지 않습니다. 전차라는 URL 스키마도 없습니다.
17 *https://www.w3.org/TR/url*

이 됐습니다.

1.7.1 URL의 구조

일반적으로 자주 보는 URL은 다음과 같은 형식입니다.

```
https://www.oreilly.co.jp/index.shtml
```

이 URL은 아래와 같은 요소로 구성됩니다.

스키마://호스트명/경로

이 규칙을 따라 요소를 분해하면, 각 항목은 다음과 같은 요소가 됩니다.

- 스키마: `https`
- 호스트명: `www.oreilly.co.jp`
- 경로: `index.shtml`

URL 사양에 포함되는 모든 요소가 들어간 예제는 다음과 같은 형식이 됩니다.

스키마://사용자:패스워드@호스트명:포트/경로#프래그먼트?쿼리

자주 보는 스키마로는 `http` 외에 통신 경로가 암호화되는 `https`, 메일러를 시작하는 `mailto`가 있습니다. 로컬 파일을 브라우저로 열면 `file`이 표시됩니다. 또한 파일 서버에서 프로그램 소스 코드를 다운로드해본 사람은 `ftp`도 본 적이 있을지도 모릅니다.

스키마 해석은 브라우저의 책임입니다. 브라우저는 스키마를 보고 적절한 접속 방법을 선택해야 합니다. 실제로 통신하는 곳은 **호스트명**으로 지정된 서버입니다. 포트는 아파트 등의 현관 우편함 같은 것입니다. 주소(호스트명으로 찾아온 IP 주소)마다 65,535개의 포트가 있습니다. 같은 주소라도 포트가 다르면 독립적으로 복수의 서버를 운영해 서비스를 제공할 수 있습니다. 포트가 생략되면 스키마별 기본 포트를 사용합니다. HTTP라면 80번 포트, HTTPS라면 443번 포트입니다.

사용자 이름과 패스워드는 FTP 등에서 사용되곤 하는데, 여기에 기술하는 방식은 Basic 인증으로 불리며 통신 내용이 보이거나 접속 로그에 URL이 남으면 패스워드가 누출됩니다. 요즘 웹 시스템에서 사용되는 일은 없겠지요.

프래그먼트는 HTML에서는 페이지 내 링크의 앵커를 지정하는 데 쓰입니다.

쿼리는 검색 용어를 지정하거나 표시하고 싶은 웹페이지에 대해서 특정 파라미터를 부여하는 데 사용합니다.

URL은 주소를 지정하는 데 사용하지만, 동시에 '사용자가 읽는 문장'이기도 합니다. 예를 들어 다음과 같은 URL이 있다고 합시다.

```
http://www.oreilly.co.jp/books/9784873114958/
```

이 URL을 읽은 사람은 우선은 호스트명을 보고, 오라일리 저팬 사이트라고 파악합니다. 다음으로 경로에 있는 **books**를 보고 서적 관련 페이지라고 알 수 있습니다. 마지막 경로인 **9784873114958**은 잘 모르겠지만, 서적 관련 페이지였으니 아마도 ISBN 코드일 것이라고 추측할 수 있겠지요. 왼쪽에서 오른쪽으로 갈수록 정보가 서서히 상세화되어 갑니다. 또한 각 항목이 명사로 구성됐다는 것도 알 수 있습니다.

구글의 검색 엔진도 URL에 단어가 포함된 경우는 그 단어가 검색 순위에 조금 플러스되는 효과가 있다고도 합니다.[18] 브라우저에서 링크 위로 마우스 커서를 가져갔을 때 혹은 검색 결과 화면 등에서 URL이 표시됐을 때, 기호적인 URL보다는 사람이 읽을 수 있는 URL이 사용자에게 조금이라도 많은 정보를 사전에 전달할 수 있습니다. 어떤 블로그 엔진은 페이지 제목을 그대로 URL의 일부로서 생성하기도 합니다. URL을 구성하는 문자는 ASCII 문자열로, 영문자와 숫자 그리고 몇 개의 기호만 그대로 표시할 수 있지만, **RFC 2718**에서는 UTF-8로 URL을 인코딩함으로써 다국어 문자도 다룰 수 있게 되었습니다. 다만 얼마 전까지도 브라우저는 인코딩된 URL을 '%E6%9D%B1%E6%80%A5%E7%9B%AE%E9%BB%92%E7%B7%9A'처럼 표현해, 일본에서 URL에 페이지 타이틀을 포함하는 경우는 그렇게 많지 않았습니다. 이들은 최근에 와서 제대로 디코딩돼 표시되게 되었습니다.

....

18 검색 엔진 쪽에서도 순위 조작을 없애고자 검색 엔진 최적화에 대응해 나날이 개선하고 있습니다. 결국 사용자에게 의미 있는 콘텐츠 순위가 높아지는 방향으로 개선될 것이므로, 이해하기 쉬운 것 자체도 의미가 있습니다.

의미가 있는 URL을 만드는 것은 브라우저를 사용해 웹에 접근하는 사용자뿐만 아니라, HTTP 기반 웹 API를 이용하는 프로그래머가 보더라도 프로그램을 이해하기 쉬워진다는 장점이 있습니다. 프로그래밍 관점에서의 자세한 설명은 11장에서 설명합니다.

URL은 위키피디아의 일본어 항목처럼 확장된 일본어를 포함하거나 쿼리를 갖아 길어지기 쉽습니다(한자 한 글자가 UTF-8로 3바이트, URL 인코딩으로 9바이트가 됩니다). HTTP 사양상 URL 길이에 제한은 없지만, 인터넷 익스플로러에서는 2083자까지만 다룰 수 있어 '대체로 2000자'가 기준이 됐습니다. 최신 브라우저 엣지에서도 이 제약이 사라진 건 아니므로[19] 계속해서 같은 기준을 가지고 있는 편이 좋겠지요. HTTP/2 시대가 되면서(**RFC 7231**), URL이 지나치게 길 때 반환되는 스테이터스 코드 **414 URI Too Long**이 추가됐습니다.

1.7.2 URL과 국제화

처음엔 URL의 도메인 이름으로 영숫자와 하이픈만 쓸 수 있었지만, 2003년 **RFC 3492**에서 국제화 도메인 네임^{Internationalized Domain Name}(IDN)을 표현하는 인코딩 규칙 퓨니코드^{Punycode}가 정해져, 퓨니코드가 구현된 브라우저에서는 다국어를 사용할 수 있게 됐습니다. 실제 웹 시스템에서 UTF-8 등 문자가 지원되는 게 아니라, 한글이나 중국어 등 반각 영숫자 이외의 문자를 정해진 규칙에 따라 반각 영숫자로 치환해 요청을 보냅니다. 이 규칙을 퓨니코드라고 합니다.

퓨니코드는 다음 사이트에서 시험해볼 수 있습니다.

- *https://www.punycoder.com*

예를 들어 '한글도메인.kr'이라는 사이트는 xn--bj0bj3i97fq8o5lq.kr가 됩니다.

퓨니코드는 반드시 xn--으로 시작되는 문자열을 생성합니다. 또한 일본어의 경우 반각 가타카나는 전각으로, 전각 영숫자는 반각 영숫자로 문자 종류가 사전에 통일됩니다.

---

19 @kinuasa 씨의 블로그 'Microsoft Edge의 URL 제한은 2083자인가 조사해봤다' 참고. *https://www.ka-net.org/blog/?p=6187*(일본어)

1.8 바디

HTTP/0.9 사양에서는 요청에 데이터를 포함할 수 없었습니다. 응답은 파일 콘텐츠 자체였지만, 1.0에서는 요청과 응답 양쪽에 헤더가 포함돼 바디와 헤더를 분리할 필요가 있습니다. 또한 요청에도 콘텐츠를 포함할 수 있게 돼 새로운 역할이 늘어났습니다.

헤더 끝에 빈 줄을 넣으면 그 이후는 모두 바디가 됩니다. 이 구조는 전자메일과 똑같지만, 전송할 때 데이터를 저장하는 포맷이 두 종류로 용도에 맞게 구분할 필요가 있습니다.

이 절에서 살짝 언급할 압축, HTML의 폼, XMLHttpRequest를 사용한 바디의 전송은 2장과 5장에서 각각 설명합니다. 또한 청크 형식의 바디 송신은 4장에서 소개합니다.

```
헤더1: 헤더 값1
헤더2: 헤더 값2
Content-Length: 바디의 바이트 수

여기부터 지정된 바이트 수만큼 바디가 포함된다
```

HTTP에서 응답의 바디는 단순합니다. 한 번 응답할 때마다 한 파일만 반환하기 때문입니다. HTTP의 바디를 다루는 프로그램을 작성할 때도 응답의 본체를 지정한 바이트 수만큼 읽어 오면 그만입니다. 또 폼이나 XMLHttpRequest를 사용해 클라이언트에서 서버로 데이터를 전송하는 경우도 있습니다. 이 경우에도 요청에 바디가 포함된다는 것뿐이지 응답과 큰 차이가 없습니다. 읽어 올 바이트 수는 Content-Length 헤더로 지정합니다.

자세한 것은 다음 장에서 소개하지만, 속도를 위해 바디를 압축하는 경우가 있습니다. 이때는 Content-Encoding에서 지정된 압축 알고리즘으로 읽어 온 바디의 데이터를 전개할 필요가 있습니다. 이 경우 Content-Length는 압축 전 콘텐츠 길이가 아니라 압축 후 통신 데이터 크기입니다. 서버와 통신이 확립된 소켓에서 클라이언트가 읽는 바이트 수는 Content-Length에 적힌 데이터 길이로 압축되지 않았을 때와 다르지 않습니다.

조금 오해받기 쉬운 점은 헤더만을 요구하는 HEAD 메서드에서 요청 시 움직임입니다. 이때도 GET 메서드가 원래 반환해야 할 Content-Length 헤더를 반환할 필요가 있습니다. 또한 다음 장에서 소개할 캐시용 ETag 등도 바르게 전송해야 한다고 되어 있습니다.

curl 커맨드에서는 수신 시의 바디 획득은 모두 자동으로 이루어집니다. 특별히 무엇을 할 필요는 없습니다. 이 절에서는 요청의 기본적인 전송에 초점을 맞춰 설명합니다.

표 1-4 curl 커맨드의 바디 획득 옵션

옵션	용도
-d, --data, --data-ascii	텍스트 데이터(변환 완료)
--data-urlencode	텍스트 데이터(변환은 curl 커맨드로 실시)
--data-binary	바이너리 데이터
-T 파일명 혹은 -d @파일명	보내고 싶은 데이터를 파일에서 읽어온다.

송신 시에 바디를 서버에 보내려면 -d 옵션을 사용합니다. 기본적으로 ContentType이 application/x-www-form-urlencoded이 됩니다. JSON을 전송하고 싶은 경우에는 다음과 같이 합니다.

```
$ curl -d "{\"hello\": \"world\"}" -H "Content-Type: application/json"
http://localhost:18888
```

정확히는 -d는 --data 혹은 --data-ascii의 줄임말입니다. 이름 그대로 텍스트 데이터용입니다. URL에 사용할 수 없는 문자라도 변환하지 않습니다. 이미 변환됐다고 전제합니다. curl 커맨드로 변환하는 경우는 --data-urlencode를 사용합니다. 이진 데이터^{binary data}를 전송할 경우는 --data-binary를 사용합니다.

로컬에 test.json이라는 이름의 JSON 파일이 있을 경우, 파일명 앞에 @을 붙임으로써 파일에서 읽은 내용을 송신할 수 있습니다

```
$ curl -d @test.json -H "Content-Type: application/json" http://localhost:18888
```

다음 장에서 소개하지만 application/x-www-form-urlencoded와 같은 형식은 HTTP/1.0의 기능이 아닙니다. HTTP/0.9에서 파생해서 HTTP/1.0보다 먼저 표준화된 HTML 2.0의 사양이고, **RFC 1866**에서 표준화됐습니다. 그 뒤로도 기능 추가 RFC가 몇 개 추가됐지만, RFC로서 정의된 HTML은 이게 처음이자 마지막입니다. **RFC 2854**의 결정으로 HTML 사양 책정은

W3C로 이관됐습니다.

1.8.1 GET 요청 시의 바디

HTTP의 메서드 중에는 바디를 포함하는 것이 '기대되지 않는' 메서드가 있습니다.

GET 메서드와 그 응답이 없는 버전의 HEAD 메서드라도 curl 커맨드로 --get 대신에 -X GET으로 강제로 메서드를 바꾸면 바디를 송신할 수 있습니다.

```
$ curl -X GET --data "hello=world" http://localhost:18888
```

RFC로서는 '예상 범위지만, 추천하지 않는 사용법'입니다. 이에 관한 스택 오버플로stack overflow의 질문[20]에 인용된 HTTP/1.1의 저자 중 한 사람인 로이 필딩[21]의 메시지를 인용합니다.[22]

> 그렇습니다. 다시 말해서 어떤 HTTP 요청 메시지라도 메시지 바디 포함이 허용되며 이를 염두에 두고 해석할 필요가 있습니다. 그러나 서버는 GET의 바디가 있어도 요청에 대해 뭔가 의미를 얻지 못하게 제한됩니다. 해석 여부와 메서드의 시맨틱스는 별개입니다.
>
> GET과 함께 바디를 보낼 수 있지만, 그렇게 하는 것이 결코 유용하진 않습니다.

필딩이 관여한 HTTP/1.1의 **RFC 2616**에서는 '서버는 메시지 바디를 읽어올 수 있어야 하지만, 요청된 메서드가 바디의 시맨틱스를 정하지 않은 경우는 요청을 처리할 때 메시지 바디는 무시돼야 한다SHOULD be ignored'라고 쓰여 있습니다.

HTTP/1.1의 최신판 **RFC 7231**에서는 GET, HEAD, DELETE와 HTTP/1.1에서 추가된 OPTIONS와 CONNECT의 각 메서드는 페이로드 바디를 가질 수는 있지만, 구현에 따라서는 서버가 이를 받아들이지 않고 거부하는 경우가 있을 수 있다고 되어 있습니다. 이는 HTTP/1.1의 '바디의 시맨틱스를 정하지 않은 메서드'입니다. HTTP/1.1에서 추가된 TRACE 메서드만은 '페이로드 바디를 포함해선 안 된다'라고 강한 어조로 쓰여 있습니다.

---

20 http://stackoverflow.com/questions/978061/http-get-with-request-body
21 로이 필딩은 이 책의 마지막 장에도 등장합니다.
22 https://groups.yahoo.com/neo/groups/rest-discuss/conversations/messages/9962

1.9 마치며

1996년, **RFC 1945**로서 HTTP/1.0이 정의됐습니다. 이 장에서 설명했듯이 과거의 다양한 통신 시스템에서 잘 작동하는 요소들을 한껏 도입하면서도, 이전 시스템의 결점을 잘 극복해 단순한 프로토콜로서 자리잡았습니다.

이 장에서는 특히 과거와의 연결을 중시하면서 HTTP의 기초가 되는 다음 네 가지의 데이터 상자에 관해 설명했습니다.

- 메서드와 경로
- 헤더
- 바디
- 스테이터스 코드

이는 현재 최신 버전인 HTTP/2에서도 바뀌지 않았습니다. HTTP나 브라우저의 동작을 자세히 알려면 우선 이 네 가지 요소를 이해할 필요가 있겠죠. 또 이들 데이터를 자유롭게 송수신하기 위한 curl 커맨드 사용법도 살펴봤습니다. curl 커맨드는 웹 서버를 개발할 때 디버깅을 일괄 처리로 자동화하거나 자세한 동작을 조사하는 단계별 실행 수단으로서 이용할 수 있습니다.

HTTP/1.0에 포함된 기능은 여기서 설명한 것이 전부가 아닙니다. 이런 요소를 조합한 더 높은 수준의 제어가 내부에서 정의되어 있습니다. 다음 장에서는 여러분이 평소 이용하고 있는 브라우저가 이들 네 가지 요소를 어떻게 조합해 복잡한 동작을 실현하는지를 살펴봅니다.

## CHAPTER 2

HTTP/1.0의 시맨틱스: 브라우저 기본 기능의 이면

1장에서는 HTTP의 기본 네 요소를 설명했습니다.

- 메서드와 경로
- 헤더
- 바디
- 스테이터스 코드

웹 브라우저는 이 상자에 데이터를 넣어 송신하거나 혹은 서버의 응답으로 보내온 상자에서 데이터를 꺼내 서버와 통신을 합니다. 웹의 고도화에 따라 다양한 기능이 추가됐지만, 특히 헤더라는 시스템 안에서 많은 기능이 실현됐습니다. 이 장에서는 브라우저가 기본 요소들을 어떻게 응용하고 기본 기능을 실현하는지 살펴봅니다. 이 장에서도 앞에서처럼 필요에 따라 curl 커맨드를 이용해 브라우저의 동작을 이해하겠습니다.

2.1 단순한 폼 전송(x-www-form-urlencoded)

우선은 앞에서 별로 다루지 못한 바디 관련 지식을 탄탄히 해봅시다. HTTP/1.0의 바디 수신은 특별히 어렵거나 하진 않습니다. 클라이언트가 지정한 콘텐츠가 그대로 저장될 뿐입니다. 기본적으로 한 번 HTTP가 응답할 때마다 한 파일밖에 반환하지 못하기 때문입니다. 즉 응답의 본체를 지정한 바이트 수만큼 읽어오면 그만입니다. HTTP/1.1에는 범위 액세스라는 특수한 요청 방법이 생겼습니다. 이에 관해서는 HTTP/1.1장에서 소개합니다.

폼을 사용한 POST 전송에는 몇 가지 방식이 있습니다. 우선 가장 단순한 전송 방식을 소개합니다.

```
<form method="POST">
    <input name="title">
    <input name="author">
    <input type="submit">
</form>
```

일반적인 웹에서 볼 수 있는 폼입니다. method에는 POST가 설정돼 있습니다. 다음처럼 curl 커맨드를 사용하면 폼과 같은 형식으로 전송할 수 있습니다.

```
$ curl --http1.0 -d title="The Art of Community" -d author="Jono Bacon"
http://localhost:18888
```

curl 커맨드의 -d 옵션을 사용해 폼으로 전송할 데이터를 설정할 수 있습니다. curl 커맨드는 -d 옵션이 지정되면 브라우저와 똑같이 헤더로 Content-Type:application/x-www-form-urlencoded를 설정합니다. 이때 바디는 다음과 같은 형식이 됩니다. 키와 값이 '='로 연결되고, 각 항목이 &으로 연결된 문자열입니다.

```
title=The Art of Community&author=Jono Bacon
```

단 실제로는 이 커맨드가 생성하는 바디는 브라우저의 웹 폼에서 전송한 것과는 약간 차이가 있습니다. -d 옵션으로 보낼 경우 지정된 문자열을 그대로 연결합니다. 구분 문자인 &와 =이 있어도 그대로 연결해버리므로, 읽는 쪽에서 바르게 원래 데이터 세트로 복원할 수 없습니다. 예를 들어 『Head First PHP & MySQL』이라는 서적명을 넣어보면, 어디서 구분해야 할지 알기 어려워집니다.

```
title=Head First PHP & MySQL&author=Lynn Beighley, Michael Morrison
```

브라우저는 **RFC 1866**에서 책정한 변환 포맷[1]에 따라 변환을 실시합니다. 이 포맷에서는 알파

---

1 *https://tools.ietf.org/html/rfc1866#section-8.2.1*

벳, 수치, 별표, 하이픈, 마침표, 언더스코어의 여섯 종류 문자 외에는 변환이 필요합니다. 공백은 +로 바뀌므로 실제로는 다음과 같이 됩니다.

```
title=Head+First+PHP+%26+MySQL&author=Lynn+Beighley%2C+Michael+Morrison
```

이 방식에서는 이름과 값 안에 포함되는 =와 &은 각각 %3D와 %26으로 변환됩니다. 실제 구분 문자는 변환되지 않으므로 읽는 쪽에서는 바르게 구분할 수 있습니다. curl에는 이와 가까운 기능을 하는 --data-urlencode가 있습니다. 이를 -d 대신에 사용해서 변환할 수 있는데, 이때 **RFC 3986**에서 정의된 방법으로 변환됩니다.[2] **RFC 1866**과 다루는 문자 종류가 다소 다르며, 또한 공백이 +가 아니라 %20이 됩니다.

이번 결과에 대해 사용하면 다음처럼 됩니다.

```
$ curl --http1.0 --data-urlencode title="Head First PHP & MySQL" --data-urlencode
author="Lynn Beighley, Michael Morrison" http://localhost:18888
title=Head%20First%20PHP%20%26%20MySQL&author=Lynn%20Beighley%2C%20Michael%20
Morrison
```

다만 어떤 변환 방법을 써도 같은 알고리즘으로 복원할 수 있으므로 문제가 되지 않습니다. 프로그래머들의 대화에서도 어느 방식이든 'URL 인코딩'으로 부르며 하나로 취급하는 경우가 대부분입니다.

웹 폼의 GET의 경우 바디가 아니라 쿼리로서 URL에 부여된다고 **RFC 1866**에 정의되어 있습니다. 형식은 앞 장에서 HTTP/0.9 시대의 검색 기능을 소개한 것과 같습니다.

2.2 폼을 이용한 파일 전송

HTML의 폼에서는 옵션으로 멀티파트 폼 형식이라는 인코딩 타입을 선택할 수 있습니다. 조금 전에 소개한 포맷보다도 복잡하지만, 옵션을 사용해서 파일을 보낼 수 있습니다. **RFC 1867**에 정의되어 있습니다.

---

2 자바스크립트의 변환용 함수 encodeURLComponent()는 이보다 더 오래된 RFC 2396 형식으로 변환합니다.

```
<form action="POST" enctype="multipart/form-data">
</form>
```

보통 HTTP 응답은 한 번에 한 파일씩 반환하므로, 빈 줄을 찾아 그곳부터 Content-Length로 지정된 바이트 수만큼 읽기만 하면 데이터를 통째로 가져올 수 있습니다. 파일의 경계를 신경 쓸 필요가 없습니다. 하지만 멀티파트를 이용하는 경우는 한 번의 요청으로 복수의 파일을 전송할 수 있으므로 받는 쪽에서 파일을 나눠야 합니다. 다음 코드는 구글 크롬 브라우저의 멀티파트 폼 형태로 출력했을 때의 헤더입니다. Content-Type은 확실히 multipart/form-data이지만, 또 하나의 속성이 부여되어 있습니다. 이것은 경계 문자열입니다. 경계 문자열은 각 브라우저가 독자적인 포맷으로 랜덤하게 만들어냅니다.

```
Content-Type: multipart/form-data; boundary=----WebKitFormBoundaryyOYfbccgoID172j7
```

바디는 다음과 같이 되어 있습니다. 경계 문자열로 두 개의 블록으로 나뉜 것을 알 수 있습니다. 또한 맨 끝에는 경계 문자열 +--라고 되어 있는 줄이 있습니다. 각각의 블록 내부도 HTTP와 같은 구성으로, 헤더+빈 줄+콘텐츠로 되어 있습니다. 헤더에는 Content-Disposition이라는 항목이 포함됩니다. Disposition은 기질, 성질이란 뜻으로, 대체로 Content-Type과 같은 것입니다. 여기서는 항목의 이름을 붙이고 폼의 데이터라고 선언했습니다.

```
------WebKitFormBoundaryyOYfbccgoID172j7
Content-Disposition: form-data; name="title"

The Art of Community
------WebKitFormBoundaryyOYfbccgoID172j7
Content-Disposition: form-data; name="author"

Jono Bacon
------WebKitFormBoundaryyOYfbccgoID172j7--
```

이것만 보면 구분 문자가 화려해진 x-www-form-urlencoded 형식과 다를 바 없지만, 파일을 전송해보면 다릅니다. 흔히 있는 파일 선택 입력을 추가해봅시다.

```
<input name="attachment-file" type="file">
```

이 폼을 전송하면 다음과 같은 결과가 표시됩니다. x-www-form-urlencoded는 이름에 대해서 그 콘텐츠라는 1:1 정보밖에 가질 수 없지만, multipart/form-data는 항목마다 추가 메타정보를 태그로 가질 수 있습니다. 표시된 결과를 보면 파일을 전송할 때 이름, 파일명(test.txt), 파일 종류(text/plain), 그리고 파일 내용이라는 세 가지 정보가 전송되는 것을 알 수 있습니다. 파일을 전송하고 싶었는데, enctype에 multipart/form-data를 지정하지 않아서 실패한 경험이 있거나 무언가로 읽은 적이 있는 사람도 있겠지요. x-www-form-urlencoded에서는 파일 전송에 필요한 정보를 모두 보낼 수가 없어, 파일 이름만 전송해버리기 때문입니다.[3]

```
------WebKitFormBoundaryX139fhEFk4BdHACC
Content-Disposition: form-data; name="attachment-file"; filename="test.txt"
Content-Type: text/plain

hello world

------WebKitFormBoundaryX139fhEFk4BdHACC--
```

-d 대신에 -F를 사용하는 것만으로 curl 커맨드는 enctype="multipart/form-data"가 설정된 폼과 같은 형식으로 송신합니다. -d와 -F를 섞어 쓸 수는 없습니다. 파일 전송은 @를 붙여 파일 이름을 지정하면, 그 내용을 읽어와서 첨부합니다. 아래와 같이 전송할 파일명과 파일 형식을 수동으로 설정할 수도 있습니다. type과 filename은 동시에 설정할 수 있습니다.

```
#파일 내용을 test.txt에서 취득. 파일명은 로컬 파일명과 같다. 형식도 자동 설정.
$ curl --http1.0 -F attachment-file@test.txt http://localhost:18888

#파일 내용을 test.txt에서 취득. 형식은 수동으로 지정.
$ curl --http1.0 -F "attachment-file@test.txt;type=text/html" http://localhost:18888

#파일 내용을 test.txt에서 취득. 파일명은 지정한 파일명을 이용.
$ curl --http1.0 -F "attachment-file@test.txt;filename=sample.txt"
http://localhost:18888
```

이 @파일명 형식은 -d의 x-www-form-urlencoded에서도 사용할 수 있습니다. 이 경우 파일명은 전송되지 않은 채 파일 내용이 전개되어 전송됩니다. -F일 때 파일 첨부가 아니라 내용만 보

---

3 RFC에서 x-www-form-urlencoded를 사용한 파일 전송 시의 동작은 정의되지 않았습니다.

내고 싶을 때는 -F "attachment-file=< 파일명"을 이용합니다.

2.3 폼을 이용한 리디렉트

1장의 '1.6 리디렉트'에서는 300번대 스테이터스 코드를 사용한 리디렉트를 소개했습니다. 하지만 이 방법에는 몇 가지 제한이 있습니다.

- 1장의 URL 항목에서 설명한 것처럼 URL에는 2천 자 이내라는 기준이 있어, GET의 쿼리로 보낼 수 있는 데이터양에 한계가 있다.
- 데이터가 URL에 포함되므로, 전송하는 내용이 액세스 로그 등에 남을 우려가 있다.

이런 문제를 피하고자 종종 이용되는 방법이 HTML의 폼을 이용한 리디렉트입니다. 서버로부터는 리디렉트할 곳으로 보내고 싶은 데이터가 <input type="hidden"> 태그로 기술된 HTML이 되돌아옵니다. 폼에서 보내는 곳이 리디렉트할 곳입니다. 브라우저가 이 HTML을 열면, 로드 직후 발생하는 이벤트로 폼을 전송하므로 즉시 리디렉트해 이동하게 됩니다.

---

4 '초절기교 CSRF' *https://speakerdeck.com/mala/shibuya-dot-xss-techtalk-number-7*(일본어)

이 방법의 장점은 인터넷 익스플로러에서도 데이터양에 제한이 없다는 점입니다. 물론 단점도 있는데, 순간적으로 빈 페이지가 표시된다는 것과 전환 버튼이 표시되긴 하지만 자바스크립트가 비활성화되어 있으면 자동으로 전환되지 않는다는 것입니다.

> **NOTE_** 이 방법은 5장에서 소개할 SOAP 형식의 조금 큰 XML 데이터를 암호화한 후 리디렉트할 필요가 있는 SAML 인증 프로토콜과 OpenID Connect 등에서 사양의 일부로 이용됩니다.

예제 2-1 자동으로 POST하는 폼을 사용해 리디렉트하기

```
HTTP/1.1 200 OK
Date: 21 Jan 2004 07:00:49 GMT
Content-Type: text/html; charset=iso-8859-1

<!DOCTYPE html>
<html>
<body onload="document.forms[0].submit()">
<form action="리디렉트하고 싶은 곳" method="post">
<input type="hidden" name="data"
value="보내고 싶은 메시지"/>
<input type="submit" value="Continue"/>
</form>
</body>
```

2.4 콘텐트 니고시에이션

서버와 클라이언트는 따로 개발되어 운용되므로 양쪽이 기대하는 형식이나 설정이 항상 일치한다고 할 수는 없습니다. 통신 방법을 최적화하고자 하나의 요청 안에서 서버와 클라이언트가 서로 최고의 설정을 공유하는 시스템이 콘텐트 니고시에이션입니다. 콘텐트 니고시에이션에는 헤더를 이용합니다. 니고시에이션할 대상과 니고시에이션에 사용하는 헤더는 아래 네 가지입니다.

표 2-1 콘텐트 니고시에이션 대상과 헤더

요청 헤더	응답	니고시에이션 대상
Accept	Content-Type 헤더	MIME 타입
Accept-Language	Content-Language 헤더 / html 태그	표시 언어
Accept-Charset	Content-Type 헤더	문자의 문자셋
Accept-Encoding	Content-Encoding 헤더	바디 압축

2.4.1 파일 종류 결정

```
Accept: text/html,application/xhtml+xml,application/xml;q=0.9,image/webp,*/*;q=0.8
```

이 헤더는 필자의 구글 크롬의 요청 헤더에서 가져왔습니다. 전반은 HTML에 관한 내용이므로, 이해하기 쉬운 이미지 항목(**image/webp** 이하 부분)에 집중해 설명합니다. 우선 콤마로 항목을 나눕니다.

- image/webp
- */*;q=0.8

q는 품질 계수라는 것으로 0에서 1까지의 수치로 설정합니다. 기본은 1.0이고 이때는 q가 생략됩니다. 이 수치는 우선 순위를 나타냅니다. 즉, 웹 서버가 WebP(구글이 권장하는 PNG보다 20% 파일 크기가 작아지는 이미지 형식)를 지원하면 WebP를, 그렇지 않으면 PNG 등 다른 포맷(우선 순위 0.8)을 서버에 보낼 것을 요구하고 있습니다.

서버는 요청에서 요구한 형식 중에서 파일을 반환합니다. 우선 순위를 해석해 위에서부터 차례로 지원하는 포맷을 찾고, 일치하면 그 포맷으로 반환합니다. 만약 서로 일치하는 형식이 없으면 서버가 **406 Not Acceptable** 오류를 반환합니다.

2.4.2 표시 언어 결정

클라이언트가 지원하는 언어 종류를 나타냅니다. 표시 언어도 기본은 같습니다. 영어로 우선 설정이 된 크롬은 다음 헤더를 각 요청에 부여합니다.

```
Accept-Language: en-US,en;q=0.8,ko;q=0.6
```

다시 말해, **en-US**, **en**, **ko**라는 우선 순위로 요청을 보냅니다. 언어 정보를 담는 상자로서 **Content-Language** 헤더가 있지만, 대부분 이 헤더는 사용하지 않는 것 같습니다. 다음과 같이 HTML 태그 안에서 반환하는 페이지를 많이 볼 수 있습니다.

```
<html lang="ko">
```

2.4.3 문자셋 결정

문자셋 설정도 아래와 같은 헤더를 송부합니다.

```
Accept-Charset: windows-949,utf-8;q=0.7,*;q=0.3
```

그러나 어느 모던 브라우저도 **Accept-Charset**를 송신하지 않습니다. 아마도 브라우저가 모든 문자셋 인코더를 내장하고 있어, 미리 니고시에이션할 필요가 없어졌기 때문으로 여겨집니다. 문자셋은 MIME 타입과 세트로 **Content-Type** 헤더에 실려 통지됩니다.

```
Content-Type: text/html; charset=UTF-8
```

HTML의 경우 문서 안에 쓸 수도 있습니다. 이 방식은 **RFC 1866**의 HTML/2.0으로 이미 이용할 수 있습니다. HTML을 로컬에 저장했다가 다시 표시하는 경우도 많으므로, 이 방식도 함께 많이 사용합니다.

```
<meta http-equiv="Content-Type" content="text/html; charset=UTF-8">
```

HTML의 **<meta http-equiv>** 태그는 HTTP 헤더와 똑같은 지시를 문서 내부에 삽입해서 반환하는 상자입니다. HTML5에서는 다음과 같이 표기할 수도 있습니다.

```
<meta charset="UTF-8">
```

사용할 수 있는 문자셋은 IANA에서 관리됩니다.

• *http://www.iana.org/assignments/character-sets/character-sets.xhtml*

이 페이지의 표에서 Name 부분이 사용할 수 있는 이름입니다. 몇 가지 별명(에일리어스)을 가진 것도 있습니다. 별명이 여러 개일 땐 가장 왼쪽 부분에 권장하는 별명이 적혀 있습니다.

구분 기호는 항상 개발자를 헷갈리게 하는데, UTF-8에는 하이픈을 쓰고 Shift_JIS에는 언더스코어로 쓰는 등 일관성이 없어 혼동하기 쉽습니다.

2.4.4 압축을 이용한 통신 속도 향상

콘텐츠 압축은 전송 속도 향상을 위한 것으로, 1992년 사양에서도 이미 정의되어 있었습니다.

콘텐츠 내용에 따라 다르지만, 현재 일반적으로 사용되는 압축 알고리즘을 적용하면 텍스트 파일은 1/10 크기로 압축됩니다. 같은 기호가 반복해서 나오는 JSON이라면 1/20 정도로 압축할 수 있습니다. 통신에 걸리는 시간보다 압축과 해제가 짧은 시간에 이루어지므로, 압축을 함으로써 웹페이지를 표시할 때 걸리는 전체적인 처리 시간을 줄일 수 있습니다. 다시 말해 브라우저 사용자에게는 전송 속도가 향상된 것처럼 보입니다.

콘텐츠 압축은 전송 속도 향상뿐만 아니라 이용 요금에도 영향을 미칩니다. ADSL과 광케이블이 보급되기 전에는 다이얼업 회선으로 인터넷에 액세스하는 사용자도 많았습니다. 그런 경우 일반적으로 통신료는 시간 단위로 과금했습니다. 현재 모바일 통신 또한 데이터 사용량에 따라 종량제 과금이 이루어집니다. 이때 콘텐츠를 압축하면 비용 부담 줄어듭니다. 더구나 모바일 단말은 전파 송수신에 전력을 많이 소비하므로, 전력 소비가 줄어드는 효과도 기대할 수 있습니다.

콘텐츠 압축 니고시에이션은 모두 HTTP의 헤더 안에서 완료합니다. 우선 클라이언트가 수용 가능한 압축 방식을 헤더에서 지정합니다. 여기에서는 **deflate**와 **gzip** 두 가지를 지정했습니다.

```
Accept-Encoding: deflate, gzip
```

curl 커맨드에서 **--compressed** 옵션을 지정하면, **-H** 옵션으로 위 헤더를 기술한 것과 같습니다.

```
$ curl --http1.0 --compressed http://localhost:18888
```

서버는 전송받은 목록 중 지원하는 방식이 있으면, 응답할 때 그 방식으로 압축하거나 미리 압축된 콘텐츠를 반환합니다. 서버가 gzip을 지원하면, 조금 전에 받은 요청에 대한 응답으로 다음과 같은 헤더가 부여됩니다. 콘텐츠의 데이터양을 나타내는 Content-Length 헤더는 압축된 파일 크기입니다.

```
Content-Encoding: gzip
```

구글은 gzip보다 효율이 더 좋은 새로운 압축 포맷 브로틀리[Brotli][5]를 공개했습니다. 현시점에서 파이어폭스, 크롬, 엣지 브라우저가 지원하고, 역시 같은 방식으로 이용할 수 있습니다. 인코딩으로 받아들일 수 있는 포맷으로 br을 지정해 요청을 보내고, 서버도 지원할 경우 브로틀리 압축으로 고속화가 이루어집니다. 클라이언트가 지원하지 않으면 br은 전송되지 않고, 서버가 지원하지 않으면 양쪽에서 다 지원하는 다른 인코딩(아마도 gzip)으로 대체됩니다. 이처럼 HTTP 헤더라는 틀을 이용해 1 왕복의 짧은 요청과 응답 속에서 하위 호환성을 유지하면서도 서로 최적의 통신을 할 수 있게 시스템이 정비됐습니다.

클라이언트에서 서버로 업로드할 때 또한 압축을 이용하는 방법이 논의되고 있습니다. 현재 제안된 방식은 한 번의 통신으로 완결되진 않지만, 기본은 같습니다. 서버에서 클라이언트로 첫 번째 웹페이지를 반환할 때 Accept-Encoding 헤더를 부여하고, 그런 다음 클라이언트에서 무언가 업로드할 때 Content-Encoding을 부여합니다. 지금의 고속화 방식과는 대조적으로 헤더가 이용됩니다. 요청, 응답 양쪽에서 똑같이 헤더 구조가 이용되므로 이처럼 간단하게 구현할 수 있습니다.

무압축을 뜻하는 identity도 사용할 수 있습니다. [표 2-2]에 압축 알고리즘의 목록을 나타냈습니다.

---

5 *https://en.wikipedia.org/wiki/Brotli*

표 2-2 웹 브라우저에서 이용할 수 있는 주요 압축 알고리즘

이름	별명	알고리즘	IANA 등록
br		브로틀리	○
compress	x-compress	유닉스에 탑재된 compress 커맨드	○
deflate		zlib 라이브러리에서 제공되는 압축 알고리즘(RFC 1951)	○
exi		W3C Efficient XML Interchange	○
gzip	x-gzip	GZIP 커맨드와 같은 압축 알고리즘(RFC 1952)	○
identity		무압축을 선언하는 예약어	○
pack200-gzip		자바용 네트워크 전송 알고리즘	○
sdch		Shared Dictionary Compressing for HTTP. 미리 교환한 사전을 이용하는 방법	

sdch는 크롬에 탑재된 공유 사전을 이용하는 알고리즘입니다. sdch는 조금 특수한 압축 방식이므로 어떤 것인지 소개하겠습니다.

흔히 압축 알고리즘(슬라이드 사전)은 파일의 일부와 '○바이트 앞의 내용을 여기에 ○바이트만큼 전개한다'라는 지시를 함께 저장합니다. '경기도안양시안양동안양아트센터'라는 문자열은 다음처럼 됩니다.

경기도안양시[3글자 앞에서2글자 복사]동[3글자 앞에서 2글자 복사]아트센터

문자열을 앞에서부터 읽다가 지시 부분에 다다르면 지시를 따라 앞의 내용을 복사합니다. 두 번째 지시는 첫 번째 지시로 복원된 부분 이후의 텍스트를 다시 복사합니다. 이렇게 해서 원문을 완전하게 복원할 수 있습니다. 이 사례에서는 오히려 길어진 것처럼 보이지만, 전체 텍스트에서 중복된 부분을 대량으로 찾아내면 데이터양을 줄일 수 있습니다.

공유 사전은 압축 데이터 앞에 있는 것으로서 알고리즘에서 이용됩니다. 공유 사전으로 '경기안양'이 저장되어 있다면, 압축 텍스트는 다음과 같이 됩니다.

[4글자 앞에서 2글자 복사]도[5글자 앞에서 2글자 복사]시[3글자 앞에서 2글자 복사]동
[3글자 앞에서 2글자 복사]아트센터

올바른 사전이 공유되지 않으면 복원할 수 없지만, 자주 사용되는 문구가 사전으로 만들어진다면 통신량을 대폭 줄일 수 있습니다. sdhc는 **RFC 3284**의 **VCDIFF**를 사용합니다. 이런 공유 사전 압축 방식은 7장에서 소개하는 HTTP/2의 헤더 부분 압축에도 사용됩니다.

압축을 이용한 통신량 절감에는 Content-Encoding으로 콘텐츠 크기를 줄이는 방법 말고도, Transfer-Encoding 헤더로 통신 경로를 압축하는 방법도 규격에 있지만, 그다지 사용되진 않습니다.

2.5 쿠키

쿠키란 웹사이트의 정보를 브라우저 쪽에 저장하는 작은 파일입니다. 일반적으로 데이터베이스는 클라이언트가 데이터베이스 관리 시스템에 SQL을 발행해서 데이터를 저장하지만, 쿠키의 경우는 거꾸로 서버가 클라이언트(브라우저)에 '이 파일을 보관해줘'라고 쿠키 저장을 지시합니다.

쿠키도 HTTP 헤더를 기반으로 구현됐습니다. 서버에서는 다음과 같이 응답 헤더를 보냅니다. 이 서버는 최종 액세스 날짜와 시간을 클라이언트에 저장하려고 합니다.

```
Set-Cookie: LAST_ACCESS_DATE=Jul/31/2016
Set-Cookie: LAST_ACCESS_TIME=12:04
```

각각 '이름 = 값' 형식으로 회신했는데, 클라이언트는 이 값을 저장해둡니다. 다음번에 방문할 때는 다음과 같은 형식으로 보냅니다. 서버는 이 설정을 읽고, 클라이언트가 마지막으로 액세스한 시간을 알 수 있습니다.

```
Cookie: LAST_ACCESS_DATE=Jul/31/2016
Cookie: LAST_ACCESS_TIME=12:04
```

예를 들어, 다음 코드는 첫 방문인지 아닌지 판단해서 표시 내용을 바꿉니다.

```
func handler(w http.ResponseWriter, r *http.Request) {
    w.Header().Add("Set-Cookie", "VISIT=TRUE")
```

```
    if _, ok := r.Header["Cookie"]; ok {
        // 쿠키가 있다는 것은 한 번 다녀간 적이 있는 사람
        fmt.Fprintf(w, "<html><body>두 번째 이후 </body></html>\n")
    } else {
        fmt.Fprintf(w, "<html><body>첫방문</body></html>\n")
    }
}
```

서버 프로그램이 볼 땐 마치 데이터베이스처럼 외부에 데이터를 저장해두고, 클라이언트가 액세스할 때마다 데이터를 로드하는 것과 같습니다. HTTP는 스테이트리스^{stateless}(언제 누가 요청해도 요청이 같으면 결과가 같음)를 기본으로 개발됐지만, 쿠키를 이용하면 (중단 지점부터 작업을 재개하는 등) 서버가 상태를 유지하는 스테이트풀^{statefull}처럼 보이게 서비스를 제공할 수 있습니다.

브라우저에서도 자바스크립트로 쿠키를 읽어내거나 서버에 보낼 때 쿠키를 설정할 수 있습니다. 페이스북 등 로그인이 필요한 웹사이트에 접속한 다음, 개발자 도구를 열고 document.cookie 속성을 보면 쿠키가 문자열 형식으로 들어 있는 것을 알 수 있습니다.

```
> console.log(document.cookie);
"_ga=GA1.2....; c_user=100002291...; csm=2; p = 02; act=147--2358...;..."
```

쿠키는 헤더를 바탕으로 만들어졌으므로 curl 커맨드를 사용할 때도 헤더로서 받은 내용을 Cookie에 넣고 재전송함으로써 실현할 수 있지만, 쿠키를 위한 전용 옵션도 있습니다. -c/--cookie-jar 옵션으로 지정한 파일에 수신한 쿠키를 저장하고, -b/--cookie 옵션으로 지정한 파일에서 쿠키를 읽어와 전송합니다. 브라우저처럼 동시에 송수신하려면 둘 다 지정합니다. -b/--cookie 옵션은 파일에서 읽기만 하는 게 아니라 개별 항목을 추가할 때도 사용할 수 있습니다.

```
$ curl --http1.0 -c cookie.txt -b cookie.txt -b "name=value"
http://example.com/helloworld
```

2.5.1 쿠키의 잘못된 사용법

쿠키는 편리한 기능이지만, 몇 가지 제약이 있어 적절하지 않은 사용법이 있습니다.

우선 영속성 문제가 있습니다. 쿠키는 어떤 상황에서도 확실하게 저장되는 것은 아닙니다. 비밀 모드 혹은 브라우저의 보안 설정에 따라 세션이 끝나면 초기화되거나 쿠키를 보관하라는 서버의 지시를 무시하기도 합니다. 방문 기록 삭제 메뉴나 개발자 도구 등으로 삭제되는 경우도 있습니다. 다시 말해 서버가 쿠키를 데이터베이스 대신으로 쓸 수는 없습니다. 쿠키가 초기화되면 저장된 데이터는 사라집니다. 그러므로 사라지더라도 문제가 없는 정보나 서버 정보로 복원할 수 있는 자료를 저장하는 용도에 적합합니다.

또한 용량 문제도 있습니다. 쿠키의 최대 크기는 4킬로바이트 사양으로 정해져 있어 더 보낼 수는 없습니다. 쿠키는 헤더로서 항상 통신에 부가되므로 통신량이 늘어나는데, 통신량 증가는 요청과 응답 속도 모두에 영향을 미칩니다. 제한된 용량과 통신량 증가는 데이터베이스로 사용하는 데 제약이 됩니다.

마지막은 보안 문제입니다. secure 속성을 부여하면 HTTPS 프로토콜로 암호화된 통신에서만 쿠키가 전송되지만, HTTP 통신에서는 쿠키가 평문으로 전송됩니다. 매 요청 시 쿠키가 송수신되는데, 보여선 곤란한 비밀번호 등이 포함되면 노출될 위험성이 있습니다. 암호화된다고 해도 사용자가 자유롭게 접근할 수 있는 것도 문제입니다. 원리상 사용자가 쿠키를 수정할 수도 있으므로, 시스템에서 필요한 ID나 수정되면 오작동으로 이어지는 민감한 정보를 넣는 데도 적합하지 않습니다. 정보를 넣을 때는 서명이나 암호화 처리가 필요합니다.

기본적으로는 다음 절에서 설명하는 것처럼 인증 정보나 사라져도 문제가 없는 정보만 쿠키에 넣는 편이 좋겠지요.

2.5.2 쿠키에 제약을 주다

클라이언트는 서버가 보낸 쿠키를 로컬 스토리지에 저장하고, 같은 URL로 접속할 때 저장된 쿠키를 읽고 요청 헤더에 넣습니다. 쿠키는 특정 서비스를 이용하는 토큰으로 이용될 때가 많아 쿠키가 필요하지 않은 서버에 전송하는 것은 보안이 위험해질 뿐입니다. 그러므로 쿠키 보낼 곳을 제어하거나 쿠키의 수명을 설정하는 등 쿠키를 제한하는 속성이 몇 가지 정의되어 있습니다. HTTP 클라이언트는 이 속성을 해석해 쿠키 전송을 제어할 책임이 있습니다.

속성은 세미콜론으로 구분해 얼마든지 나열할 수 있습니다. 속성은 대문자와 소문자를 구별하지 않으므로 모두 소문자로 써도 유효합니다. 이 책에서는 **RFC 6265**에 따라 표기했습니다.

```
Set-Cookie: SID=31d4d96e407aad42; Path=/; Secure; HttpOnly
Set-Cookie: lang=en-US; Path=/; Domain=example.com
```

- Expires, Max-Age 속성: 쿠키의 수명을 설정한다. Max-Age는 초 단위로 지정. 현재 시각에서 지정된 초수를 더한 시간에서 무효가 된다. Expires는 Wed, 09 Jun 2021 10:18:14 GMT 같은 형식의 문자열을 해석한다.

- Domain 속성: 클라이언트에서 쿠키를 전송할 대상 서버. 생략하면 쿠키를 발행한 서버가 된다.

- Path 속성: 클라이언트에서 쿠키를 전송할 대상 서버의 경로. 생략하면 쿠키를 발행한 서버의 경로다.

- Secure 속성: https로 프로토콜을 사용한 보안 접속일 때만 클라이언트에서 서버로 쿠키를 전송한다. 쿠키는 URL을 키로 전송을 결정하므로, DNS 해킹으로 URL을 사칭하면 의도치 않은 서버에 쿠키를 전송할 위험이 있다. DNS 해킹은 기기를 조작하지 않고도 무료 와이파이 서비스 등으로 속여 간단히 할 수 있다. Secure 속성을 붙이면 http 접속일 때는 브라우저가 경고를 하고 접속하지 않아 정보 유출을 막게 된다.

- HttpOnly 속성: 쿠키를 소개할 때 쿠키를 자바스크립트로 다룰 수 있다고 설명했지만, 이 속성을 붙이면 자바스크립트 엔진으로부터 쿠키를 감출 수 있다. 크로스 사이트 스크립팅 등 악의적인 자바스크립트가 실행되는 보안 위험에 대한 방어가 된다.

- SameSite 속성: 이 속성은 RFC에는 존재하지 않는다. 크롬 브라우저 버전 51에서 도입한 속성으로, 같은 오리진(출처)의 도메인에 전송하게 된다.

쿠키의 기능 추가 역사는 웹 보안의 역사이기도 합니다. 구체적으로 어떤 보안 위험이 있고, 어떻게 대처했는지 알아봅시다. 서드파티 쿠키 등에 관해서는 보안을 다루는 10장에서 소개합니다.

2.6 인증과 세션

최근 웹 서비스는 페이지를 열면 먼저 로그인이 필요한 경우가 많아졌습니다. 일부는 볼 수 있지만, 서비스가 제한된 경우가 많습니다. 이런 사이트에는 유저명와 패스워드를 넣고 로그인함으로써 서비스하는 쪽에서 누가 접속했는지 파악할 수 있습니다. 인증된 사용자에게는 특별한 정보를 보여줍니다. 예를 들어 SNS라면 친구가 올린 최신 게시물을 알려줄 수도 있습니다.

역사를 돌이켜보면 인증에는 몇 가지 방식이 있습니다. 유저명과 패스워드를 매번 클라이언트에서 보내는 방식 두 가지를 먼저 소개합니다.

2.6.1 BASIC 인증과 Digest 인증

가장 간단한 것이 BASIC 인증입니다. BASIC 인증은 유저명과 패스워드를 BASE64로 인코딩한 것입니다. BASE64 인코딩은 가역변환이므로 서버로부터 복원해 원래 유저명과 패스워드를 추출할 수 있습니다. 추출된 정보를 서버의 데이터베이스와 비교해서 정상 사용자인지 검증합니다. 단 SSL/TLS 통신을 사용하지 않은 상태에서 통신이 감청되면 손쉽게 로그인 정보가 유출됩니다.

```
base64(유저명 + ":" + 패스워드)
```

curl 커맨드로 BASIC 인증을 할 경우, -u/--user 옵션으로 유저명과 패스워드를 보냅니다. --basic이라고 해서 BASIC 인증을 사용한다고 명시할 수도 있지만, 기본 인증 방식이 BASIC 이므로 생략해도 별다른 문제는 없습니다.

```
$ curl --http1.0 --basic -u user:pass http://localhost:18888
```

이 옵션을 붙이면 다음과 같은 헤더가 부여됩니다.

```
Authorization: "Basic dXNlcjpwYXNz"
```

이보다 더 강력한 방식이 Digest 인증입니다. Digest 인증은 해시 함수[hash function](A→B는 쉽게 계산할 수 있지만, B→A는 쉽게 계산할 수 없다)를 이용합니다. 방대한 계산 리소스를 사용하면 출력 B가 나오는 A 후보를 몇 개 찾아낼 수 있지만, 단시간에 문자열을 복원하기는 쉽지 않습니다. 브라우저가 보호된 영역에 접속하려고 하면, 401 Unauthorized라는 스테이터스 코드로 응답이 돌아옵니다. 이때 아래와 같은 헤더가 부여됩니다.

```
WWW-Authenticate: Digest realm="영역명", nonce="1234567890", algorithm=MD5, qop="auth"
```

realm은 보호되는 영역의 이름으로, 인증창에 표시됩니다. nonce는 서버가 매번 생성하는 랜덤한 데이터입니다. qop은 보호 수준을 나타냅니다. 클라이언트는 이곳에서 주어진 값과 무작위로 생성한 cnonce를 바탕으로 다음처럼 계산해서 response를 구합니다.

```
A1 = 유저명 ":" realm ":" 패스워드"
A2 = HTTP 메서드 ":" 콘텐츠 URI
response = MD5( MD5(A1) ":" nonce ":" nc ":" cnonce ":" qop ":" MD5(A2) )
```

nc는 특정 nonce값을 사용해 전송한 횟수입니다. qop가 없을 때는 생략합니다. 8자리 16진수로 표현합니다. 같은 nc값이 다시 사용된 것을 알 수 있으므로, 서버가 리플레이 공격을 탐지할 수 있습니다.

클라이언트에서는 생성한 cnonce와 계산으로 구한 response를 부여해 한데 모으고, 다음과 같은 헤더를 덧붙여 재요청을 보냅니다.

```
Authorization: Digest username="유저명", realm="영역명",
    nonce="1234567890", uri="/secret.html", algorithm=MD5,
    qop=auth, nc=00000001, cnonce="0987654321",
    response="9d47a3f8b2d5c"
```

서버 측에서도 이 헤더에 있는 정보와 서버에 저장된 유저명, 패스워드로 같은 계산을 실시합니다. 재발송된 요청과 동일한 response가 계산되면 사용자가 정확하게 유저명과 패스워드를 입력했음을 보증할 수 있습니다. 이로써 유저명과 패스워드 자체를 요청에 포함하지 않고도 서버에서 사용자를 올바르게 인증할 수 있게 됩니다.

curl에서는 다음과 같이 --digest와 -u/--user 옵션으로 Digest 인증을 사용할 수 있지만, 테스트 서버는 401을 반환하지 않으므로 지금 상태로는 접속이 그대로 종료됩니다. 동작을 확인할 경우에는 401 Unauthorized을 반환하도록 하겠습니다. /digest라는 패스에서

Authorization 헤더가 없을 때 **401**을 반환하도록 테스트 서버에 핸들러 함수를 추가합니다.

예제 2-2 Digest 인증을 하는 서버

```
import (
    // import 섹션에 아래 2줄 추가
    "io/ioutil"
    "github.com/k0kubun/pp"
)

func handlerDigest(w http.ResponseWriter, r *http.Request) {
    pp.Printf("URL: %s\n", r.URL.String())
    pp.Printf("Query: %v\n", r.URL.Query())
    pp.Printf("Proto: %s\n", r.Proto)
    pp.Printf("Method: %s\n", r.Method)
    pp.Printf("Header: %v\n", r.Header)
    defer r.Body.Close()
    body, _ := ioutil.ReadAll(r.Body)
    fmt.Printf("--body--\n%s\n", string(body))
    if _, ok := r.Header["Authorization"]; !ok {
        w.Header().Add("WWW-Authenticate", `Digest realm="Secret Zone",
                    nonce="TgLc25U2BQA=f510a2780473e18e6587be702c2e67fe2b04afd",
                    algorithm=MD5, qop="auth"`)
        w.WriteHeader(http.StatusUnauthorized)
    } else {
        fmt.Fprintf(w, "<html><body>secret page</body></html>\n")
    }
}
```

main 함수의 핸들러 등록 부분에 지금 만든 함수를 등록합니다.

```
    :
http.HandleFunc("/", handler)
http.HandleFunc("/digest", handlerDigest)
    :
```

import 섹션에 추가한 *github.com/k0kubun/pp*는 서드파티 라이브러리입니다.

서드파티 라이브러리나 준표준 라이브러리는 따로 다운로드해야만 사용할 수 있습니다. go get 명령어로 가져옵니다.

```
$ go get golang.org/x/net/idna
```

다음 커맨드로 조금 전과는 다른 응답(secret page)이 반환되는 것을 확인할 수 있습니다. -v 를 붙여 보면, 한 번 401로 거부된 후에 다시 보낸다는 것을 알 수 있습니다.

```
$ curl --http1.0 --digest -u user:pass http://localhost:18888/digest
```

2.6.2 쿠키를 사용한 세션 관리

지금은 BASIC 인증과 Digest 인증 모두 많이 사용되지 않습니다. 그 이유는 몇 가지 생각해 볼 수 있습니다.

- 특정 폴더 아래를 보여주지 않는 방식으로만 사용할 수 있어, 톱페이지에 사용자 고유 정보를 제공할 수 없다. 톱페이지에 사용자 고유 정보를 제공하려면 톱페이지도 보호할 필요가 있어, 톱페이지 접속과 동시에 로그인 창을 표시해야 한다. 처음 방문하는 사용자에게 친절한 톱페이지는 아니다.
- 요청할 때마다 유저명과 패스워드를 보내고 계산해서 인증할 필요가 있다. 특히 Digest 인증 방식은 계산량도 많다.
- 로그인 화면을 사용자화할 수 없다. 최근에는 피싱 대책으로 (미리 가지고 있는) 사용자 ID에 대응하는 이미지를 표시하는 등 가짜 사이트가 아님을 사용자가 인지할 수 있는 시스템을 제공하는 사이트가 있다.
- 명시적인 로그오프를 할 수 없다.
- 로그인한 단말을 식별할 수 없다. 게임 등 동시 로그인을 막고 싶은 서비스나 구글처럼 미등록 단말로 로그인할 때 보안 경고를 등록된 메일로 보내는 기능이 있는 웹 서비스도 있다.

최근 많이 사용되는 방식은 폼을 이용한 로그인과 쿠키를 이용한 세션 관리를 조합입니다. 이 방식으로는 처음에 설명한 폼과 쿠키를 이용하는 단순한 구조가 됩니다.

클라이언트는 폼으로 ID와 비밀번호를 전송합니다. Digest 인증과 달리, 유저 ID와 패스워드를 직접 송신하므로 SSL/TLS이 필수입니다. 서버 측에서는 유저 ID와 패스워드로 인증하고 문제가 없으면 세션 토큰을 발행합니다. 서버는 세션 토큰을 관계형 데이터베이스나 키 밸류형 데이터베이스에 저장해둡니다. 토큰은 쿠키로 클라이언트에 되돌아갑니다. 두 번째 이후 접속에서는 쿠키를 재전송해서 로그인된 클라이언트임을 서버가 알 수 있습니다.

클라이언트의 동작은 폼 전송과 쿠키라는 이미 나왔던 기술의 조합일뿐이므로 curl을 이용한 소개는 생략합니다. 웹 서비스에 따라서는 사이트 간 요청 위조cross-site request forgery (CSRF) 대책으로 랜덤 키를 보내는 경우도 있으므로, 랜덤 키도 잊지 말고 전송합시다. CSRF에 관해서는 10장에서 소개합니다.

2.6.3 서명된 쿠키를 이용한 세션 데이터 저장

쿠키는 통신량을 증가시키므로 조심하자고 설명했지만, 원래의 용도대로 스토리지로서 사용할 수 있습니다.

웹 애플리케이션 프레임워크는 영속화 데이터를 읽고 쓰는 OR 매퍼 등의 시스템과 함께 휘발성 높은 데이터를 다루는 세션 스토리지 기능을 갖추고 있습니다. 예전 세션 스토리지는 관계형 데이터베이스에 전용 테이블을 만들고, 전술한 세션 관리에서 작성한 ID를 키로 삼아 서버 측에서 데이터를 관리했습니다.

하지만 통신 속도가 빨라지고 웹사이트 자체의 데이터양도 많이 늘어나면서, 쿠키의 데이터양 증가는 걱정할 필요가 없어졌습니다. 그래서 쿠키를 사용한 데이터 관리 시스템도 널리 사용되기 시작했습니다.

현재 루비 온 레일즈Ruby on Rails의 기본 세션 스토리지[6]는 쿠키를 이용해 데이터를 저장합니다. 장고도 1.4부터 지원[7]하기 시작했습니다. 이 시스템에서는 변조되지 않도록 클라이언트에 전자 서명된 데이터를 보냅니다. 클라이언트가 서버로 쿠키를 재전송하면 서버는 서명을 확인합니다. 전자서명 시스템에 관해서는 4장 TLS 암호화에서 소개합니다. 서명하는 것도 서명을 확인하는 것도 서버에서 하므로, 클라이언트는 열쇠를 갖지 않습니다. 공개 키와 비밀 키 모두 서버에 있습니다.

이 시스템의 장점은 서버 측에서 데이터저장 시스템을 준비할 필요가 없다는 점입니다. 서버를 상세하게 기능 단위로 나누는 마이크로서비스라도 세션 스토리지 암호화 방식을 공통화해두면

---

6 `http://api.rubyonrails.org/classes/ActionDispatch/Session/CookieStore.html`
7 `http://docs.djangoproject.jp/en/latest/topics/http/sessions.html#id7`

따로 데이터스토어를 세우지 않고 세션 데이터를 읽고 쓸 수 있게 됩니다.

클라이언트 입장에서 보면 서버에 액세스해서 조작한 결과가 쿠키로 저장됩니다. 쿠키를 갖고 있는 한 임시 데이터가 유지됩니다. 다만 전통적인 멤캐시트Memcached라든지 관계형 데이터베이스를 이용하는 세션 스토리지와 달리, 같은 사용자라도 스마트폰과 컴퓨터로 각각 접속한 경우 데이터가 공유되지 않습니다.

2.7 프록시

프록시는 HTTP 등의 통신을 중계합니다. 때로는 중계만 하는 게 아니라 각종 부가 기능을 구현한 경우도 있습니다. 예를 들어 회사나 대학에서 구성원 중 누군가가 접근한 콘텐츠는 다른 구성원도 접근할 가능성이 큽니다. 그럴 때 캐시 기능이 있는 프록시를 조직의 네트워크 출입구에 설치하면, 콘텐츠를 저장한 웹 서버의 부담은 줄이고 각 사용자가 페이지를 빠르게 열람할 수 있게 하는 효과가 있습니다. 또한 프록시는 외부 공격으로부터 네트워크를 보호하는 방화벽 역할도 합니다. 저속 통신 회선용으로 데이터를 압축해(이미지 화질은 떨어집니다) 속도를 높이는 필터나 콘텐츠 필터링 등에도 프록시가 이용됩니다. 프록시의 역사는 오래돼 이미 HTTP/1.0 규격 곳곳에서 프록시 서버를 언급했고, 1997년에는 마이크로소프트가 서버 제품으로 판매했습니다.

프록시 구조는 단순해서 GET 등의 메서드 다음에 오는 경로명 형식만 바뀝니다. 메서드 뒤의 경로명은 보통 /helloworld처럼 슬래시로 시작되는 유닉스 형식의 경로명이 되지만, 프록시를 설정하면 스키마도 추가돼, http://나 https://로 시작되는 URL 형식이 됩니다. HTTP/1.1부터 등장한 Host 헤더도 최종적으로 요청을 받는 서버명 그대로입니다. Host 헤더에 관한 자세한 내용은 '4.6 가상 호스트 지원'을 참조하세요. 실제로 요청을 보내는 곳은 프록시 서버가 됩니다.

이번 테스트 서버는 프록시용 통신도 그 자리에서 응답해버리지만, 원래는 중계할 곳으로 요청을 리디렉트하고 결과를 클라이언트에 반환합니다.

```
GET /helloworld
Host: localhost:18888
```

```
GET http://example.com/helloworld
Host: example.com
```

프록시 서버가 악용되지 않도록 인증을 이용해 보호하는 경우가 있습니다. 이런 경우는 Proxy-Authenticate 헤더에 인증 방식에 맞는 값이 들어갑니다. 중계되는 프록시는 중간의 호스트 IP 주소를 특정 헤더에 기록해 갑니다. 예전부터 사용한 것은 X-Forwarded-For 헤더입니다. 이 헤더는 사실상의 표준으로서 많은 프록시 서버에서 이용됐지만, 2014년에 **RFC 7239**로 표준화되면서 Forwarded 헤더가 도입됐습니다.

```
X-Forwarded-For: client, proxy1, proxy2
```

프록시를 설정하려면 -x/--proxy 옵션을 사용합니다. 프록시 인증용 유저명과 패스워드는 -U/--proxy-user 옵션을 이용합니다.

```
$ curl --http1.0 -x http://localhost:18888 -U user:pass http://example.com/helloworld
```

--proxy-basic, --proxy-digest 등의 옵션으로 프록시 인증 방식을 변경할 수도 있습니다.

프록시와 비슷한 것으로는 게이트웨이가 있습니다. HTTP/1.0에서는 다음과 같이 정의되어 있습니다.

- **프록시**

  통신 내용을 이해한다. 필요에 따라서 콘텐츠를 수정하거나 서버 대신 응답한다.

- **게이트웨이**

  통신 내용을 그대로 전송한다. 내용의 수정도 불허한다. 클라이언트에서는 중간에 존재하는 것을 알아채서는 안 된다.

HTTPS 통신의 프록시 지원은 HTTP/1.1에서 추가된 CONNECT 메서드를 이용합니다. 이에 관해서는 HTTP/1.1을 다루는 4장에서 소개합니다.

2.8 캐시

웹사이트의 콘텐츠가 점점 풍부해지자 한 페이지를 표시하는 데도 수십 개의 파일이 필요해졌고, 전체 용량도 메가바이트 단위로 늘어났습니다. 이렇게 늘어난 파일을 접속할 때마다 다시 다운로드해야 한다면, 아무리 회선이 빨라졌다곤 해도 전부 표시하기까지 시간이 꽤 걸립니다. 그래서 콘텐츠가 변경되지 않았을 땐 로컬에 저장된 파일을 재사용함으로써 다운로드 횟수를 줄이고 성능을 높이는 '캐시' 메커니즘이 등장했습니다.

지금은 캐시 관련 규약이 상당히 복잡해졌지만, 최초 버전은 단순했습니다. 버전을 따라가면서 캐시 시스템을 이해해봅시다. GET과 HEAD 메서드 이외는 기본적으로 캐시되지 않습니다.

2.8.1 갱신 일자에 따른 캐시

우선 HTTP/1.0에서의 캐시를 설명합니다. 당시는 정적 콘텐츠 위주라서 콘텐츠가 갱신됐는지만 비교하면 충분했습니다. Go 언어로 작성한 테스트용 서버는 보내지 않지만, 웹 서버는 대개 다음과 같은 헤더를 응답에 포함합니다. 날짜는 **RFC 1123**이라는 형식으로 기술되고 타임 존에는 GMT를 설정합니다.

```
Last-Modified: Wed, 08 Jun 2016 15:23:45 GMT
```

웹 브라우저가 캐시된 URL을 다시 읽을 때는 서버에서 반환된 일시를 그대로 If-Modified-Since 헤더에 넣어 요청합니다.

```
If-Modified-Since: Wed, 08 Jun 2016 15:23:45 GMT
```

웹 서버는 요청에 포함된 If-Modified-Since의 일시와 서버의 콘텐츠의 일시를 비교합니다. 변경됐으면 정상 스테이터스 코드 200 OK를 반환하고 콘텐츠를 응답 바디에 실어서 보냅니다. 변경되지 않았으면, 스테이터스 코드 304 Not Modified를 반환하고 바디를 응답에 포함하지 않습니다.

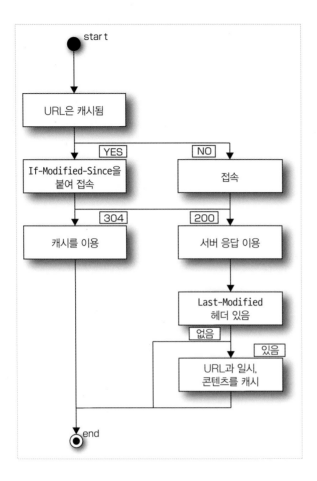

2.8.2 Expires

빛의 속도에는 물리적 한계가 있고, 석영유리의 굴절률 또한 고려하면 전혀 손실이 없다고 해도 지구 반대편을 돌아오는 데는 0.2초 가량 걸립니다. 게다가 다양한 회로를 거치고 서버에서 처리하는 시간까지 더해지면 실제 통신 시간은 더욱 길어지지요. 갱신 일시를 이용하는 캐시의 경우 캐시의 유효성을 확인하기 위해 통신이 발생합니다. 그런데 이 통신 자체를 없애는 방법이 HTTP/1.0에 도입됐습니다. 바로 Expires 헤더를 이용하는 방법입니다.

Expires 헤더에는 날짜와 시간이 들어갑니다. 클라이언트는 지정한 기한 내라면 캐시가 '신선'하다고 판단해 강제로 캐시를 이용합니다. 다시 말해 요청을 아예 전송하지 않는 것입니다. 캐시의 유효 기한이 지났으면 캐시가 신선하지 않다[stale]고 판단합니다.

```
Expires: Fri, 05 Aug 2016 00:52:00 GMT
```

도식화하면 다음처럼 됩니다. '서버 접속'은 전술한 **Last-Modified** 헤더를 이용한 캐시 로직이 들어갑니다.

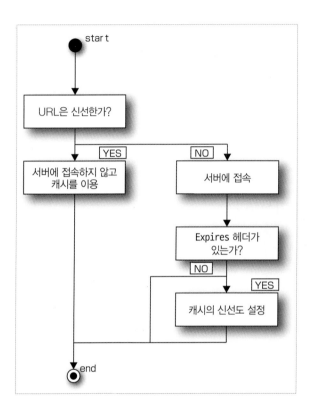

덧붙여 **Expires**라는 이름이 좀 혼동을 주는데, '3초 후 콘텐츠 유효 기간이 끝난다'라고 설정했어도 3초 후에 마음대로 리로드하지는 않습니다. 여기에 설정된 날짜와 시간은 어디까지나 접속을 할지 말지 판단할 때만 사용합니다. 또한 '뒤로 가기 버튼' 등으로 방문 이력을 조작하는 경우는 기한이 지난 오래된 콘텐츠가 그대로 이용될 수 있습니다.

Expires를 사용하면 서버에 변경 사항이 있는지 묻지 않게 되므로 SNS 톱페이지 등에 사용할 때는 주의해야 합니다. 지정한 기간 이내의 변경 사항은 모두 무시되어 새로운 콘텐츠를 전혀 볼 수 없기 때문입니다. 스타일시트 등 좀처럼 갱신되지 않는 정적 콘텐츠에 사용하는 것이 바람직합니다.

HTTP/1.0의 RFC에는 없지만 HTTP/1.1을 정의한 **RFC 2068**에서는 변경할 일이 없는 콘텐츠라도 최대 1년의 캐시 수명을 설정하자는 가이드라인이 추가됐습니다.

2.8.3 Pragma: no-cache

전항에서 프록시를 이용한 캐시 기능을 소개했습니다. 한편 클라이언트가 프록시 서버에 지시할 수도 있습니다. 지시를 포함한 요청 헤더가 들어갈 곳으로서 HTTP/1.0부터 Pragma 헤더가 정의되어 있습니다. Pragma 헤더에 포함할 수 있는 페이로드로 유일하게 HTTP 사양으로 정의된 것이 no-cache입니다.

no-cache는 '요청한 콘텐츠가 이미 저장돼 있어도, 원래 서버(오리진 서버)에서 가져오라'고 프록시 서버에 지시하는 것입니다. no-cache는 HTTP/1.1에 이르러 Cache-Control로 통합됐지만, 1.1 이후에도 하위 호환성 유지를 위해 남아 있습니다.

캐시 메커니즘에는 Pragma: no-cache처럼 클라이언트에서 지시하는 것이나 프록시에 대해 지시하는 것도 몇 가지 있지만, 그다지 적극적으로 사용되진 않습니다. HTTP는 스테이트리스한 프로토콜로 설계됐고, 이 책 마지막에 다룰 REST는 '클라이언트가 콘텐츠의 의미 등을 사전 지식으로 갖지 않는 것'을 목표로 합니다. 클라이언트가 정보의 수명과 품질을 일일이 관리하는 상태는 부자연스럽습니다.

게다가 프록시가 어느 정도 지시를 이해하고 기대한 대로 동작할지 보증할 수도 없습니다. 중간에서 프록시가 하나라도 no-cache를 무시하면 기대한 대로 동작하지 않습니다.

HTTP/2가 등장한 이후로는 보안 접속 비율이 증가했습니다(이에 관해서는 HTTP/2장에서 설명합니다). 보안 통신에서는 프록시가 통신 내용을 감시할 수 없고 중계만 할 수 있습니다. 프록시의 캐시를 외부에서 적극적으로 관리하는 의미가 이제 없다고도 말할 수 있습니다.

2.8.4 ETag 추가

날짜와 시간을 이용한 캐시 비교만으로 해결할 수 없을 때도 있습니다. 예를 들어 전자 상거래 사이트[8]의 웹 서비스를 상상해보세요. A 씨가 특정 상품 페이지를 보고 있다고 합시다. 다른 사용자인 B 씨, C 씨, D 씨, E 씨도 같은 페이지를 보고 있습니다. A 씨와 B 씨는 그 상품을 산 적이 있습니다. 구매 이력이 있으므로 화면 상단에 '구입함'이라고 표시됩니다. A 씨와 C 씨는 이 사이트의 프리미엄 회원입니다. B 씨와 D 씨는 프리미엄 회원이 아니라서 그 자리에 프리미엄 회원 가입 광고가 표시됩니다. 게다가 E 씨는 아직 일반 회원도 아닙니다. 이런 경우 서버는 다섯 가지의 HTML 파일을 준비해야 합니다.

이처럼 동적으로 바뀌는 요소가 늘어날수록 어떤 날짜를 근거로 캐시의 유효성을 판단해야 하는지 판단하기 어려워집니다. 따라서 하나의 수치로 귀착시키는 데 지혜를 모아야 합니다.

그럴 때 사용할 수 있는 것이 **RFC 2068**의 HTTP/1.1에서 추가된 ETag$^{\text{entity tag}}$입니다. ETag는 순차적인 갱신 일시가 아니라 파일의 해시 값으로 비교합니다. 일시를 이용해 확인할 때처럼 서버는 응답에 ETag 헤더를 부여합니다. 두 번째 이후 다운로드 시 클라이언트는 If-None-Match 헤더에 다운로드된 캐시에 들어 있던 ETag 값을 추가해 요청합니다. 서버는 보내려는 파일의 ETag와 비교해서 같으면 304 Not Modified로 응답합니다. 여기까지는 HTTP/1.0에도 있었던 캐시 제어 구조입니다.

ETag는 서버가 자유롭게 결정해서 반환할 수 있습니다. 예를 들어 아마존 S3의 경우 콘텐츠 파일의 해시 값이 사용되는 것 같습니다. 일시 외의 갱신 정보를 고려한 해시 값을 서버가 생성할 수 있습니다. ETag는 갱신 일시와 선택적으로 사용할 수 있습니다. 아파치 2.3.15 이후 엔진x, h2o 등의 서버가 정적 파일에 부여하는 ETag는 **갱신 일시-파일 크기**(갱신 일시의 유닉스 시간-파일 크기의 바이트를 각각 16 진수로 연결) 형식으로 되어 있습니다. 프로그램에서 동적으로 생성할 여지는 남아 있지만, 정적 파일의 경우 Last-Modified와 같습니다.

예전 아파치에서는 갱신 일시와 크기 이외에 inode 번호도 이용했습니다. inode는 디스크상의 콘텐츠를 나타내는 인덱스 값으로, 동일한 드라이브 안에서는 고유한 값이 됩니다. 그러나 서버를 여러 대 병렬시킨 경우에는 같은 콘텐츠인데도 ID가 달라져 ETag가 바뀌므로, 캐시가 낭비되는 일이 있었습니다. 게다가 이런 문제는 잠재적인 공격 기회를 허용하므로 기본 설정이

---

8 전자 상거래 사이트의 대표격인 아마존은 실제로는 각 페이지를 캐시하지 않습니다. 이는 액세스할 때마다 추천 정보를 변경해 되도록 많은 상품을 고객에게 노출시키려면 똑같은 콘텐츠를 보낼 일이 없기 때문이라고 생각합니다.

변경됐습니다. 그 밖에도 자식 프로세스의 ID가 멀티파트의 MIME 바운더리에서 유출될 수 있는 문제도 수정됐습니다.[9]

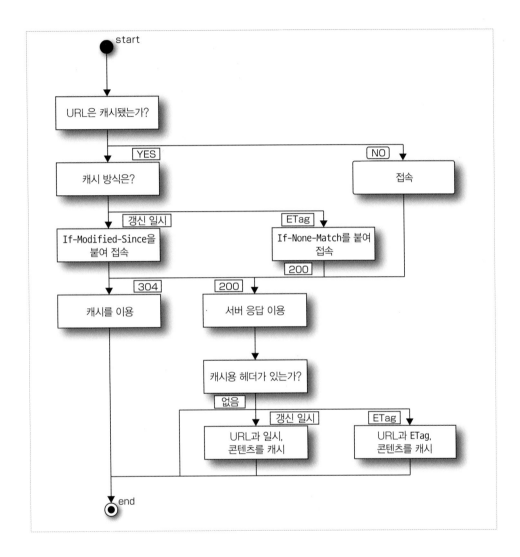

9 *https://www.rapid7.com/db/vulnerabilities/apache-httpd-cve-2003-1418*

2.8.5 Cache-Control (1)

ETag와 같은 시기에 HTTP/1.1에서 추가된 것이 Cache-Control 헤더입니다. 서버는 Cache-Control 헤더로 더 유연한 캐시 제어를 지시할 수 있습니다. Expires보다 우선해서 처리됩니다. 먼저 서버가 응답으로 보내는 헤더를 소개합니다. 대체로 아래와 같은 키를 사용할 수 있습니다.

- public: 같은 컴퓨터를 사용하는 복수의 사용자간 캐시 재사용을 허가한다.
- private: 같은 컴퓨터를 사용하는 다른 사용자 간 캐시를 재사용하지 않는다. 같은 URL 에서 사용자마다 다른 콘텐츠가 돌아오는 경우에 이용한다.
- max-age=n: 캐시의 신선도를 초단위로 설정. 86400을 지정하면 하루동안 캐시가 유효하고 서버에 문의하지 않고 캐시를 이용한다. 그 이후는 서버에 문의한 뒤 304 Not Modified가 반환됐을 때만 캐시를 이용한다.
- s-maxage=n: max-age와 같으나 공유 캐시에 대한 설정값이다.
- no-cache[10]: 캐시가 유효한지 매번 문의한다. max-age=0과 거의 같다.
- no-store: 캐시하지 않는다.

no-cache는 Pragma: no-cache와 똑같이 캐시하지 않는 것은 아니고, 시간을 보고 서버에 접속하지 않은 채 콘텐츠를 재이용하는 것을 그만둘 뿐입니다. 갱신 일자와 ETag를 사용하며, 서버가 304를 반환했을 때 이용하는 캐시는 유효합니다. 캐시하지 않는 것은 no-store입니다.

캐시와 개인 정보 보호 관계도 주의해야 합니다. Cache-Control은 리로드를 억제하는 시스템이고, 개인 정보 보호 목적으로 사용할 수 없습니다. private는 같은 URL이 유저마다 다른 결과를 줄 경우에 이상한 결과가 되지 않도록 지시하는 것입니다. 보안 접속이 아니면 통신 경로에서 내용이 보입니다. no-store도 캐시 서버가 저장하지 않을 뿐 캐시 서버가 통신 내용 감시를 억제하는 기능은 없습니다.

콤마로 구분해 복수 지정이 가능하지만, 내용면에서 다음과 같이 조합합니다.

- private, public 중 하나. 혹은 설정하지 않는다(기본은 private).
- max-age, s-maxage, no-cache, no-store 중 하나

그림으로 나타내면 다음처럼 됩니다. '서버에 접속' 부분에는 앞에서 설명한 날짜와 ETag를 이

---

10 캐시를 피해 매번 서버에서 읽게 하고 싶을 때, 이 헤더를 쓰지 않고 랜덤 값으로 된 쿼리를 말미에 붙이는(?random=15431) 방식이 가끔 보이지만, no-cache가 깔끔합니다.

용한 캐시 로직이 들어갑니다. s-maxage는 max-age와 대상이 다를 뿐이므로 생략합니다.

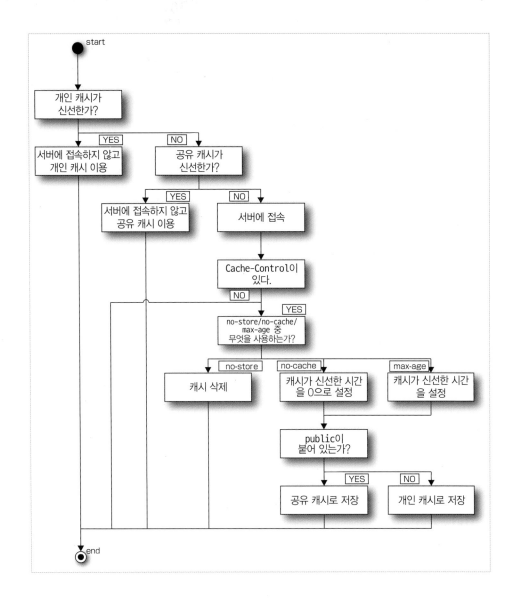

지금까지 설명에서 사용한 그림은 클라이언트가 어떻게 각 헤더의 설정값으로 동작을 변경하는지 대략적인 이미지를 전하기 위한 것입니다. 항상 맞다는 보증은 없습니다. 모순된 설정을 동시에 할 경우(no-cache와 max-age 등)의 우선순위까지는 RFC에 적혀 있지 않습니다. 어쩌면 Expires 및 Cache-Control: public과 같은 조합도 가능할지 모릅니다.

2.8.6 Cache-Control (2)

이미 Pragma: no-cache 부분에서 '별로 사용할 일이 없다'라고 설명한 프록시에 대한 캐시 관련 요청이지만, Cache-Control 헤더를 요청 헤더에 포함함으로써 프록시에 지시할 수 있습니다. 서버에서 프록시로 보내는 응답 헤더에 사용할 수 있는 지시도 있습니다. 여기서는 나머지 세부 설정을 소개합니다.

우선 클라이언트 측에서 요청 헤더에서 사용할 수 있는 설정값을 소개합니다.

- no-cache: Pragma: no-cache와 같다.
- no-store: 응답의 no-store와 같고, 프록시 서버에 캐시를 삭제하도록 요청한다.
- max-age: 프록시에서 저장된 캐시가 최초로 저장되고 나서 지정 시간 이상 캐시는 사용하지 않도록 프록시에 요청한다.
- max-stale: 지정한 시간만큼 유지 기간이 지났어도 클라이언트는 지정한 시간 동안은 저장된 캐시를 재사용하라고 프록시에 요청한다. 연장 시간은 생략할 수 있고, 그런 경우 영원히 유효하다는 의미가 된다.
- min-fresh: 캐시의 수명이 지정된 시간 이상 남아 있을 때, 캐시를 보내도 좋다고 프록시에 요청한다. 즉 적어도 지정된 시간만큼은 신선해야 한다.
- no-transform: 프록시가 콘텐츠를 변형하지 않도록 프록시에 요청한다.
- only-if-cached: 캐시된 경우에만 응답을 반환하고, 캐시된 콘텐츠가 없을 땐 504 Gateway Timeout 오류 메시지를 반환하도록 프록시에 요청한다. 이 헤더가 설정되면 처음을 제외하고 오리진 서버에 전혀 액세스하지 않는다.

응답 헤더에서 서버가 프록시에 보내는 캐시 컨트롤 지시에는 다음과 같은 것이 있습니다. 물론 이미 전항의 서버에서 클라이언트로 보내는 지시에서 소개한 명령은 모두 프록시에도 유효합니다.

- no-transform: 프록시가 콘텐츠를 변경하는 것을 제어한다.

- must-revalidate: no-cache와 비슷하지만 프록시 서버에 보내는 지시가 된다. 프록시 서버가 서버에 문의했을 때 서버의 응답이 없으면, 프록시 서버가 클라이언트에 504 Gateway Timeout이 반환되기를 기대한다.
- proxy-revalidate: must-revalidate와 같지만, 공유 캐시에만 요청한다.

2.8.7 Vary

앞서 ETag 설명에서 같은 URL이라도 개인마다 결과가 달라지는 경우를 소개했습니다. 같은 URL이라도 클라이언트에 따라 반환 결과가 다름을 나타내는 헤더가 Vary입니다.

예를 들어, 사용자의 브라우저가 스마트폰용 브라우저일 때는 모바일용 페이지가 표시되고, 사용하는 언어에 따라 내용이 바뀌는 경우를 들 수 있습니다. 이처럼 표시가 바뀌는 이유에 해당하는 헤더명을 Vary에 나열함으로써 잘못된 콘텐츠의 캐시로 사용되지 않게 합니다.

```
Vary: User-Agent, Accept-Language
```

로그인이 필요한 사이트라면 쿠키도 지시하게 되겠지요.

Vary 헤더는 검색 엔진용 힌트로도 사용됩니다. 브라우저 종류에 따라 콘텐츠가 바뀔 수 있다는 것은 모바일 버전은 다르게 보일 수도 있다고 판단할 수 있는 재료가 됩니다. 그리고 영어 버전, 한국어 버전 등 언어별로 바르게 인덱스를 만드는 힌트도 됩니다.

모바일 브라우저인지 판정하는 방법은 주로 두 가지입니다. 첫째는 이미 소개한 User-Agent입니다. [그림 2-1]처럼 크롬 브라우저 메뉴의 개발자 도구를 실행해 왼쪽 위에 있는 스마트폰처럼 생긴 아이콘을 클릭하세요.

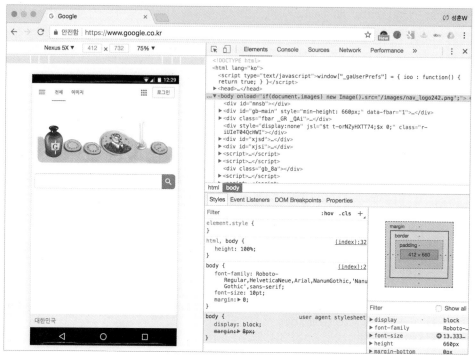

그림 2-1 개발자 도구로 본 모바일 버전 웹사이트

이 모드에서는 서버에 다음과 같은 유저 에이전트를 보냅니다.

```
User-Agent: Mozilla/5.0 (Linux; Android 6.0; Nexus 5 Build/MRA58N)
AppleWebKit/537.36 (KHTML, like Gecko) Chrome/55.0.2883.95 Mobile Safari/537.36
```

서버에서는 이 정보를 바탕으로 콘텐츠를 나눠 내보낼 수 있습니다. 다만 유저 에이전트 이름은 관례적인 것이지 정규화된 정보는 아닙니다. 유저 에이전트 '스니핑sniffing'으로 불리기도 하는 것처럼[11] 추측이므로 판정이 틀릴 수도 있습니다. 2017년 구글 가이드라인에서는 같은 콘텐츠(HTML, CSS, 자바스크립트)를 모든 브라우저에 배포하고, 브라우저가 필요한 설정을 선택하는 반응형 웹 디자인을 권장합니다.[12] 반응형 웹 디자인은 8장에서 소개합니다.

---

11 *https://developers.google.com/search/mobile-sites/mobile-seo/dynamic-serving?correctly-detecting-user-agents*

12 *https://developers.google.com/search/mobile-sites/mobile-seo/responsive-design*

2.9 리퍼러

리퍼러(헤더명: Referer)는 사용자가 어느 경로로 웹사이트에 도달했는지 서버가 파악할 수 있도록 클라이언트가 서버에 보내는 헤더입니다. 철자가 영어 referrer와 다른데, 그 이유는 **RFC 1945** 제안 당시의 오자가 그대로 남았기 때문이라고 합니다. 영문 위키피디아에는 철자를 틀린 사람의 이름도 나와 있습니다.

클라이언트가 *http://www.example.com/link.html*의 링크를 클릭해서 다른 사이트로 이동할 때, 링크가 있는 페이지의 URL을 목적지 사이트의 서버에 아래와 같은 형식으로 전송합니다. 웹페이지가 이미지나 스크립트를 가져올 경우는 리소스를 요청할 때 리소스를 이용하는 HTML 파일의 URL이 리퍼러로서 전송됩니다.

```
Referer: http://www.example.com/link.html
```

만약 북마크에서 선택하거나 주소창에서 키보드로 직접 입력했을 때는 Referer 태그를 전송하지 않거나 Referer:about:blank를 전송합니다.

예를 들어 검색 엔진은 검색 결과를 '?q=키워드' 형식의 URL로 표시합니다. 브라우저가 이 URL을 리퍼러로서 전송하면, 서버는 어떤 검색 키워드로 웹사이트에 도달했는지 알 수 있습니다. 웹 서비스는 리퍼러 정보를 수집함으로써 어떤 페이지가 자신의 서비스에 링크를 걸었는지도 알 수 있습니다.

웹 서비스 설계자는 개인 정보가 GET 파라미터로 표시되게 만들어선 안 됩니다. GET 파라미터는 리퍼러를 통해 외부 서비스로 전송되므로 바로 개인 정보 유출로 이어지기 때문입니다. 리퍼러를 보내지 않도록 웹 브라우저를 설정할 수도 있습니다.

방어적인 용도로 이미지에 직접 링크되는 것을 막고자 이미지 다운로드 시 리퍼러가 설정되지 않은 요청은 거절하는 경우도 있었습니다. 폼이 설정되지 않은 외부 사이트에서 요청을 보내는 공격(CSRF)을 막을 목적으로 사용하기도 했지만, 브라우저에서 전송하지 않도록 설정해버리면 정상적으로 동작하지 않아 현재는 이런 식으로 보안 대책을 세우는 경우는 없을 것입니다.

사용자의 통신 내용을 비밀로 하는 HTTPS가 HTTP/1.1에서 추가됐지만, 보호된 통신 내용이 보호되지 않은 통신 경로로 유출되는 것을 막고자 클라이언트가 리퍼러 전송을 제한하는 규약이 **RFC 2616**으로 제정됐습니다. 액세스 출발지 및 액세스 목적지의 스키마 조합과 리퍼러 전송 유무 관계는 다음 표와 같습니다.

표 2-3 스키마 조합과 리퍼러의 유무

액세스 출발지	액세스 목적지	전송하는가?
HTTPS	HTTPS	한다.
HTTPS	HTTP	하지 않는다.
HTTP	HTTPS	한다.
HTTP	HTTP	한다.

하지만 이 규칙을 엄격히 적용하면 서비스 간 연계에 차질이 생기는 일도 있어, 리퍼러 정책[13] 이 2014년에 제안됐지만 2017년에도 대기 상태였습니다. 현재 인터넷 익스플로러와 안드로 이드 4.4 이하의 안드로이드 브라우저 외 모든 브라우저는 이 규정을 따라서 구현됐습니다. 리퍼러 정책은 다음 중 한 가지 방법으로 설정할 수 있습니다. 이번에는 철자 오류가 수정된 점에 주의하세요.

- Referrer-Policy 헤더
- <meta name="referrer" content="설정값">
- <a> 태그 등 몇 가지 요소의 referrerpolicy 속성 및 rel="noreferrer" 속성

리퍼러 정책으로서 설정할 수 있는 값에는 다음과 같은 것이 있습니다.

- no-referrer: 전혀 보내지 않는다.
- no-referrer-when-downgrade: 현재 기본 동작과 마찬가지로 HTTPS→HTTP일 때는 전송하지 않는다.
- same-origin: 동일 도메인 내의 링크에 대해서만 리퍼러를 전송한다.
- origin: 상세 페이지가 아니라 톱페이지에서 링크된 것으로 해 도메인 이름만 전송한다.
- strict-origin: origin과 같지만 HTTPS→HTTP일 때는 전송하지 않는다.
- origin-when-crossorigin: 같은 도메인 내에서는 완전 리퍼러를, 다른 도메인에는 도메인 이름만 전송한다.

---

13 *https://www.w3.org/TR/referrer-policy*

- strict-origin-when-crossorigin: origin-when-crossorigin과 같지만 HTTPS →
  HTTP일 때는 송신하지 않는다.
- unsafe-url: 항상 전송한다.

이 밖에도 아래와 같이 Content-Security-Policy 헤더로 지정할 수도 있습니다.

```
Content-Security-Policy: referrer origin
```

Content-Security-Policy 헤더는 많은 보안 설정을 한꺼번에 변경할 수 있는 헤더입니다. 보안을 다루는 10장에서 소개합니다.

2.10 검색 엔진용 콘텐츠 접근 제어

인터넷은 브라우저를 이용해 문서를 열람하는 구조로 출발했지만, 점차 검색 엔진이 정보를 수집하는 자동 순회 프로그램이 많이 운용되게 됐습니다. 자동 순회 프로그램은 '크롤러', '로봇', '봇', '스파이더' 같은 이름으로 불립니다. 정확히 자동 순회 프로그램은 '봇'이지만, 대부분 검색 엔진에서 정보를 수집(크롤)하는 용도로 운용되므로 거의 같은 뜻으로 사용됩니다. 이 책에서는 크롤러라고 부르기로 합니다. 봇은 채팅에서 자동으로 응답하는 프로그램 이름으로도 쓰입니다.

이 크롤러의 접근을 제어하는 방법으로 주로 다음 두 가지가 널리 사용됩니다.

- robots.txt
- 사이트맵

8장에서는 이를 보완해 발전시킨 시맨틱 웹Semantic Web, 오픈 그래프 프로토콜Open Graph Protocol 등을 소개합니다.

2.10.1 robots.txt

robots.txt는 서버 콘텐츠 제공자가 크롤러에 접근 허가 여부를 전하기 위한 프로토콜입니다. 규칙을 기술한 파일명이고 사양 이름으로는 'Robots Exclusion Standard(로봇 배제 표준)'가 적당하지만, 인지도는 robots.txt 쪽이 더 높을 것입니다. robots.txt는 크롤러 개발자가 멤버로 참여한 메일링 리스트 내에서 논의되어 1994년 무렵에 정해졌습니다.[14] 이 규칙을 읽고 해석해 실제로 접근을 중단하는 것은 크롤러 쪽이므로, 크롤러 개발자들의 신사협정이라 할 수 있습니다. 현재는 구글이나 빙 등 많은 검색 엔진의 크롤러가 이 텍스트를 해석할 수 있습니다.

robots.txt는 다음과 같은 형식으로 읽기를 금지할 크롤러의 이름과 장소를 지정합니다.

```
User-agent: *
Disallow: /cgi-bin/
Disallow: /tmp/
```

여기서는 모든 크롤러에 대해 /cgi-bin 폴더와 /tmp 폴더 접근을 금지했습니다. User-agent 에 구글 봇처럼 개별적으로 지정할 수도 있습니다.

robots.txt와 비슷한 내용을 HTML의 메타 태그로도 기술할 수 있습니다. robots.txt가 우선하지만, 메타 태그로 더 자세히 지정할 수 있습니다.

예제 2-3 메타 태그로 크롤러를 거부

```
<meta name="robots" content="noindex" />
```

content 속성에는 다양한 디렉티브를 기술할 수 있습니다. 구글 봇이 해석하는 디렉티브에 관한 자세한 내용은 구글 사이트[15]에 기재되어 있습니다. 대표적인 것은 다음과 같습니다.

표 2-4 메타 태그에 쓸 수 있는 디렉티브

---

14 http://www.robotstxt.org/mailinglist.html
15 https://developers.google.com/webmasters/control-crawl-index/docs/robots_meta_tag

디렉티브	의미
noindex	검색 엔진이 인덱스하는 것을 거부한다.
nofollow	크롤러가 페이지 내의 링크를 따라가는 것을 거부한다.
noarchive	페이지 내 콘텐츠를 캐시하는 것을 거부한다.

같은 디렉티브는 HTTP의 **X-Robots-Tag** 헤더에도 쓸 수 있습니다.

예제 2-4 X-Robots-Tag

```
X-Robots-Tag: noindex, nofollow
```

2.10.2 robots.txt와 재판 결과

robots.txt는 1997년에 RFC 드래프트 단계까지 도달했지만[16] 현 시점에서 정식 RFC는 아닙니다. 그러나 사실상 표준으로 널리 인지되고 있고 HTML4 사양에서도 설명되고 있습니다.[17] 게다가 법적으로 효력이 있는 판례가 나오고 있고, 2014년 개정된 일본 저작권법 시행 규칙에도 'robots.txt'라고 명시되어 있습니다.

2006년에는 구글의 캐시가 저작권을 침해한다는 이유로 열린 유명한 소송 '필드 v. 구글 사건'이 있습니다.[18] 이는 작가이자 변호사였던 블레이크 필드[Blake Field]가 구글에 낸 소송이었는데, 결과적으로 구글의 주장이 인정되었습니다. 판결에 결정적인 것이 robots.txt였습니다. 원고인 필드는 robots.txt로 크롤러의 접속을 금지하는 방법을 알고 있었지만 그 방법을 쓰지 않았기 때문에 재판에서 저작권 침해를 주장할 수 없었습니다. 거꾸로 구글이 정의한 공정 이용 등이 인정됐습니다.

robots.txt 웹사이트에서는 관련 판례를 몇 가지 소개하고 있습니다.[19] 웹 서비스 제공자와 크

---

16 *http://www.robotstxt.org/norobots-rfc.txt*

17 *https://www.w3.org/TR/html4/appendix/notes.html#h-B.4.1.1*

18 *https://en.wikipedia.org/wiki/Field_v._Google,_Inc.*

19 *http://www.robotstxt.org/faq/legal.html*

롤러 제작자 사이에 계약서를 쓰진 않지만, robots.txt를 설치하면 웹 서비스 제공자가 명확히 의사를 표명한 것으로 봐야 하므로 크롤러는 이를 지켜야 합니다. 또한 robots.txt를 설치해 거부하지 않는 콘텐츠를 크롤러가 이용하는 것은 '금반언원칙'을 어기는 것으로 필드 v. 구글 사건처럼 소송이 기각됩니다.

일본에서도 웹사이트 아카이브 서비스인 Web 어탁ウェブ魚拓[20]이 이러한 해외 판례를 바탕으로 10년 정도 전부터 robots.txt로 금지된 경우 자발적으로 아카이브하지 않도록 되어 있습니다. 현재는 일본 법률도 robots.txt와 메타 태그에 따른 의사표시를 존중해야 한다고 되어 있으므로 일본 법에도 기준이 되고 있습니다.

2.10.3 사이트맵

사이트맵은 웹사이트에 포함된 페이지 목록과 메타데이터를 제공하는 XML 파일로, 2005년에 구글이 개발해 야후나 마이크로소프트에서도 이용하게 됐습니다. robots.txt가 블랙리스트처럼 사용된다면, 사이트맵은 화이트리스트처럼 사용됩니다. 크롤러는 링크를 따라가면서 페이지를 찾아내는데, (요즘은 적을지 몰라도) 플래시로 만든 콘텐츠나 자바스크립트를 잔뜩 써서 만들어진 동적 페이지의 링크처럼 크롤러가 페이지를 찾을 수 없는 경우라도 사이트맵으로 보완할 수 있습니다. 사이트맵은 구글, 야후, 마이크로소프트가 공동으로 운용하는 다음 사이트에 사양이 공개되어 있습니다

- https://www.sitemaps.org

사이트맵 사이트에는 기본 설정 항목이 정의되어 있지만, 해석하는 검색 엔진마다 다른 기능이 추가되기도 합니다. 다음 예제처럼 XML 형식으로 기술합니다.

예제 2-5 sitemap.xml

```xml
<?xml version="1.0" encoding="utf-8"?>
<urlset xmlns="http://www.sitemaps.org/schemas/sitemap/0.9"
    xmlns:xsi="http://www.w3.org/2001/XMLSchema-instance"
    xsi:schemaLocation="http://www.sitemaps.org/schemas/sitemap/0.9
        http://www.sitemaps.org/schemas/sitemap/0.9/sitemap.xsd">
```

---

[20] https://megalodon.jp(일본어)

```
    <url>
        <loc>http://example.com/</loc>
        <lastmod>2006-11-18</lastmod>
    </url>
</urlset>
```

이 `<url>` 태그를 등록하고 싶은 페이지 수만큼 작성합니다. `<loc>`는 절대 URL입니다. XML 형식이 가장 많이 사용되지만 단순히 URL이 나열된 텍스트 파일이나 RSS, 아톰 같은 블로그의 업데이트 정보 통지에 쓰이는 형식도 사이트맵으로 사용할 수 있습니다.

사이트맵은 [예제 2-4]처럼 robots.txt에 쓸 수도 있습니다. 또한 각 검색 엔진에 XML 파일을 업로드하는 방법이 있습니다. 구글의 경우는 '서치 콘솔 사이트맵 툴'[21]을 사용합니다.

예제 2-6 robots.txt

```
Sitemap: http://www.example.org/sitemap.xml
```

구글의 경우는 사이트맵을 사용해 웹사이트의 메타데이터를 검색 엔진에 전달할 수 있습니다.

- 웹사이트에 포함되는 이미지의 경로, 설명, 라이선스, 물리적인 위치
- 웹사이트에 포함되는 비디오 섬네일, 타이틀, 재생 시간, 연령 적합성 등급이나 재생 수
- 웹사이트에 포함되는 뉴스의 타이틀, 공개일, 카테고리, 뉴스에서 다루는 기업의 증권 코드

자세한 것은 서치 콘솔 도움말을 참조하세요.[22]

2.11 마치며

이 장에서는 브라우저가 사용자가 경험을 개선하기 위해 HTTP의 기본 네 가지 요소를 어떻게 사용하는지 살펴봤습니다. 이 장에서 소개한 사례는 다음과 같습니다.

---

21 *https://www.google.com/webmasters/tools/sitemap-list*
22 *https://support.google.com/webmasters/topic/4581190?ref_topic=4581352&hl=ko*

- 폼과 파일 전송
- 콘텐트 니고시에이션
- 캐시와 콘텐츠 압축에 따른 전송량 절감과 응답 개선
- 브라우저가 기대하는 언어의 콘텐츠와 기대하는 이미지 포맷의 파일을 취득
- 인증을 거쳐 사용자 고유의 콘텐츠를 표시하는 시스템
- 쿠키를 사용해 액세스할 때마다 로그인 조작을 하지 않아도 되는 시스템
- 프록시를 사용한 외부 캐시와 필터링 도입
- 리퍼러
- 검색 엔진용 액세스 제한

HTTP는 효율적으로 계층화되어 있습니다. 통신의 데이터 상자 부분은 변하지 않으므로, 규격에서 제안된 새로운 기능이 구현되지 않아도 호환성을 유지하기 쉽도록 되어 있습니다. 또한 압축 방식 선택 등 브라우저가 규격화되지 않은 방식을 새로 지원해도 가능하다면 사용할 수 있습니다. 토대가 되는 문법(신택스)과 그 문법을 바탕으로 한 헤더의 의미 해석(시맨틱스)이 분리되어 있으므로 상위 호환성과 하위 호환성이 모두 유지됩니다.

## CHAPTER 3

Go 언어를 이용한 HTTP/1.0 클라이언트 구현

HTTP의 기초가 되는 상자와 그 상자를 송수신하는 curl 커맨드 작성법을 1장에서 학습했습니다.

- 메서드와 경로
- 헤더
- 바디
- 스테이터스 코드

이 장에서는 Go 언어로 위의 내용을 송수신하는 코드 작성법을 학습합니다.

> **CAUTION_** 지금까지는 curl 커맨드에 HTTP/1.0으로 실행하는 옵션(--http1.0)을 붙였지만, 이 장에서는 생략했습니다. 실행 시에 'HTTP1.1'이라는 프로토콜 버전이 표시되지만, 동작에 큰 차이는 없습니다.

3.1 Go 언어를 이용하는 이유

구글이 2007년에 공개한 Go 언어는 다른 언어보다 다양한 유용성을 갖추고 있고 균형이 잘 잡혀 있어 폭넓게 사용됩니다.

- 다른 언어보다 간결한 언어 사양과 풍부한 표준 라이브러리를 갖추고 있다.

- 컴파일이 동적 스크립트 언어를 실행하는 만큼 빠르고 형 검사가 확실히 된다.
- 실행 속도도 빠르고 멀티 코어의 성능을 끌어내기 쉬우며 메모리를 절약한다.
- 크로스 컴파일이 간단하다.
- 아웃풋이 단일 바이너리로 되므로 배포하기 쉽다.

이런 특징에 더해 다음과 같이 교육용 언어로도 우수하므로, 이 책에서는 HTTP 예제 코드 구현에 Go 언어를 채용했습니다.

- 언어 사양이 다른 언어보다 작아, 다른 언어 사용자가 보더라도 동작을 이해하기 쉬우므로 의사pseudo 언어로서 뛰어나다.
- 컴파일 언어라서 구문과 형 검사가 이루어지므로 입력 실수를 깨닫기 쉽다.
- 표준 라이브러리만으로 HTTP 액세스를 하는 프로그램을 만들 수 있다.
- 실제로 다양한 웹 서비스의 CLI 클라이언트 구현 언어로서 사용된다.

개별적인 특징만 보면 다른 언어가 더 뛰어난 점도 있습니다. 예를 들어 C/C++는 실행 속도가 더 빠르며, 생성되는 바이너리도 더 작습니다. 하지만 크로스 컴파일러를 정비하는 시간이 걸리고, 빌드나 배포에 필요한 라이브러리를 준비해 컴파일 환경을 만들기까지가 어렵습니다. 패키지 매니저가 있는 파이썬이나 루비, Node.js 같은 스크립트 언어는 컴파일할 필요가 없고 라이브러리도 갖추고 있지만, 단일 바이너리가 되지 않고 속도나 메모리 소비량 면에서 취약합니다. 학생 시절에 수험 공부를 하면서 모의고사를 치른 경험이 있는 분은 절절히 느꼈을 것이라고 생각하지만, 취약한 과목을 잘하는 과목으로 보충하기란 꽤나 어렵습니다. 전 과목에서 꾸준히 좋은 점수를 받는 게 표준 점수를 올리기 쉽습니다. Go 언어는 골고루 다양한 과제를 해결해주는 언어입니다.

이 책에서는 Go 언어에 관해 자세히 설명하진 않습니다. 다른 언어를 경험한 사람이라면 "Tour of Go"[1]라는 온라인 튜토리얼을 학습하는 걸로 충분합니다. 최근에는 Go 언어 서적도 늘어나서 학습하기가 쉬워졌습니다.

---

1 https://tour.golang.org/welcome/1

3.2 Go 언어의 API 구성

Go 언어에서 제공되는 HTTP의 API는 크게 나눠 아래 세 가지로 분류됩니다.

- 기능이 제한적이지만, 간편하게 다룰 수 있는 API
- 쿠키도 이용할 수 있고 약간 컨트롤 가능한 API
- 모든 기능에 액세스할 수 있는 프리미티브 API

전자 쪽은 짧은 코드를 작성할 수 있지만, 더 세밀하게 처리하고 싶을 때는 후자를 이용할 필요가 있습니다. 전자의 간편한 API는 후자의 프리미티브 API를 바탕으로 구축됩니다. 이 책에서는 우선 간편한 API로 자주 사용되는 처리를 구현합니다. 그런 다음 프리미티브 API로 정밀하게 HTTP 액세스를 실현하는 방법을 학습합니다.

3.3 이 장에서 다룰 레시피

1장과 2장에서 HTTP의 기본 구성과 브라우저의 송수신 패턴을 살펴봤습니다. 그중에서 대표적인 패턴을 예로 들어 Go 언어로 구현해보겠습니다.

표 3-1 이 장에서 다룰 레시피

레시피	메서드	Go 언어 API
GET을 이용한 정보 획득	GET	http.Get
쿼리가 있는 정보 획득	GET	http.Get
HEAD를 이용한 헤더 획득	HEAD	http.Head
x-www-form-urlencoded로 폼 전송	POST	http.PostForm
POST로 파일 전송	POST	http.Post
multipart/form-data로 파일 전송	POST	http.PostFrom
쿠키 송수신	GET/HEAD/POST	http.Client
프록시	GET/HEAD/POST	http.Client
파일 시스템 접근	GET/HEAD/POST	http.Client
자유로운 메서드 전송	아무거나	http.Request/http.Client
헤더 전송	아무거나	http.Request/http.Client

이 중에서 앞의 여섯 개는 간단히 다룰 수 있는 API를 사용합니다. 그런 다음 쿠키와 프록시를 활성화해 사용하기 위한 http.Client 사용법을 소개하고, 마지막으로 모든 기능에 액세스할 수 있는 API인 http.Request와 http.Client의 조합을 소개합니다.

독자 중에는 다른 언어를 사용하는 분도 많을 것이라고 생각합니다. 어떤 언어의 라이브러리든지 기본으로 자주 사용하는 GET과 POST는 간이 API와 전용 메서드를 제공하고, 추가로 모든 기능에 액세스할 수 있는 API를 제공하는 2단 구성이 대부분입니다.

3.4 GET 메서드 송신과 바디, 스테이터스 코드, 헤더 수신

우선은 가장 간단한 GET 메서드를 전송하는 코드를 소개합니다. curl 커맨드로 나타내면 다음과 같습니다.

```
$ curl http://localhost:18888
```

[예제 3-1]은 GET 메서드를 전송하고 응답 바디를 화면에 출력하는 코드입니다. 길이는 짧지만 오류 처리까지 해주는 비교적 예의 바른 코드입니다.

예제 3-1 GET 메서드로 액세스해서 바디를 획득

```
package main                    // ❶

import (                        // ❷
    "io/ioutil"
    "log"
    "net/http"
)

func main() {                   // ❸
    resp, err := http.Get("http://localhost:18888")
    if err != nil {             // ❹
        panic(err)
    }
    defer resp.Body.Close()     // ❺
    body, err := ioutil.ReadAll(resp.Body)  // ❻
```

```
        if err != nil {                // ❹
                panic(err)
        }
        log.Println(string(body))   // ❼
}
```

❶ 라이브러리 외의 소스 코드는 반드시 package main으로 시작됩니다.

❷ 필요한 패키지를 도입합니다. Go 언어는 선언된 패키지 외는 사용할 수 없습니다.

❸ 모든 프로그램은 main 패키지(❶에서 작성한 것)의 main 함수가 처음에 호출됩니다.

❹ Go 언어의 오류 처리 코드입니다. Go 언어의 함수는 반환값으로 오류를 반환하므로, 반환값이 nil인지 확인합니다. 예외 처리는 없습니다. panic은 오류를 표시하고 프로그램을 종료합니다. 라이브러리가 멋대로 애플리케이션을 종료하면 곤란해지므로, 라이브러리화할 때는 http.Get()처럼 반환값의 마지막 항목으로 오류도 반환하는 것이 Go 언어 방식입니다.

❺ 후처리 코드입니다. defer를 사용하면 현재 함수에서 빠져나올 때 이 문을 실행합니다. 소켓에서 바디를 읽고난 후의 처리입니다.

❻ 바디의 내용을 바이트열로 읽어옵니다.

❼ 바이트열을 UTF-8 문자열로 변환해서 화면에 출력합니다.

NOTE_ ❺에서 등장한 defer는 실행되는 시점이 달라도 리소스가 생성된(받아들인) 스코프와 되도록 가까이에 종료 처리를 기술하거나 반드시 자동으로 실행되게 하는 기법으로서 언어를 불문하고 이용됩니다. C++에서는 스택을 폐기할 때 로컬의 소멸자가 호출되는 점을 이용해 스마트 포인터를 이용해 폐기합니다. 루비에서는 File.open 메서드처럼 블록을 사용하고, 파이썬에서는 with 구문을 사용합니다. 예외 처리에서 오류 유무에 상관없이 반드시 호출되는 finally 블록이 있는 언어에선 finally를 사용할 수도 있습니다.

simpleget 폴더 안에 main.go라는 이름으로 파일(파일 이름은 무엇이라도 상관없다)을 만듭니다. 이 파일에 위 예제 코드를 입력하고 저장한 후 다음과 같이 simpleget 폴더 안에서 빌드합니다. 폴더 이름과 같은 이름으로 실행 파일이 생성되면 실행해봅시다.

```
$ go build
$ ./simpleget
```

윈도우 환경에서는 다음과 같이 실행합니다.

```
> go build
> simpleget.exe
```

스크립트 언어처럼 컴파일을 의식하지 않고 실행할 수도 있습니다.

```
$ go run main.go> go build
```

오류 체크를 하지 않는 더 작은 코드는 [예제 3-2]와 같습니다.

예제 3-2 오류 체크를 생략한 더 작은 코드

```go
package main

import (
    "io/ioutil"
    "log"
    "net/http"
)

func main() {
    resp, _ := http.Get("http://localhost:18888")
    defer resp.Body.Close()
    body, _ := ioutil.ReadAll(resp.Body)
    log.Println(string(body))
}
```

resp 변수에 들어 있는 요소는 http.Response형 오브젝트입니다. 이 오브젝트는 서버에서 오는 다양한 정보를 모두 담고 있습니다. 바디는 Body 멤버 변수에 저장되고, StatusCode에는 200과 같은 수치로, Status에는 "200 OK"과 같은 문자열 표현으로 스테이터스 코드가 저장됩니다. [예제 3-3]의 코드를 resp 변수를 정의한 행 다음에 삽입하면 스테이터스를 콘솔에 표시합니다.

예제 3-3 스테이터스 코드 가져오기

```go
// 문자열로 "200 OK"
log.Println("Status:", resp.Status)
// 수치로 200
log.Println("StatusCode:", resp.StatusCode)
```

마찬가지로 resp.Header에는 헤더 목록이 저장됩니다. 헤더는 문자열 배열을 저장하는 map 형입니다. 아래 코드는 콘솔에 응답 헤더 목록을 출력합니다.

```
log.Println("Headers:", resp.Header)
```

다음과 같이 특정 항목의 첫 번째 요소만 가져오는 Get 메서드도 있습니다.

```
log.Println("Content-Length:", resp.Header.Get("Content-Length"))
```

실행한 결과는 다음과 같습니다.

```
2016/06/08 01:43:38 <html><body>hello</body></html>
2016/06/08 01:43:38 Status: 200 OK
2016/06/08 01:43:38 StatusCode: 200
2016/06/08 01:43:38 Headers: map[Date:[Tue, 07 Jun 2016 16:43:38 GMT] Content-
Length:[32] ContentType:[text/html; charset=utf-8]]
2016/06/08 01:43:38 Content-Length: 32
```

http.Get() 함수는 아무것도 지정하지 않아도 10회까지 리디렉트를 따라가는 등 브라우저와의 동작 차이를 신경쓰지 않고 사용할 수 있는 높은 레벨의 API입니다.

3.4.1 io.Reader

조금 전 살펴본 예제에는 아래와 같은 코드가 있었습니다.

```
body, err := ioutil.ReadAll(resp.Body)  // ❻
```

Go 언어에서는 데이터의 순차적인 입출력을 io.Reader, io.Writer 인터페이스로 추상화했습니다. 이 인터페이스는 파일이나 소켓 등 다양한 곳에서 사용됩니다. http.Response형 변수 resp의 Body도 io.Reader 인터페이스를 가진 오브젝트입니다.

io.Reader를 그대로 다루려면 바이트 배열 버퍼를 준비하고, Read() 메서드를 호출하는 방법이 있습니다. io.Writer()도 마찬가지로 바이트 배열을 만든 후 Write() 메서드를 호출할 수 있습니다. 단 모두 프리미티브 API라서 실제로 이렇게 사용하면 코딩양이 늘어납니다. Go 언어는 상대가 파일이든 소켓이든 모두 다룰 수 있는 다양한 높은 수준의 기능을 제공합니다.

- io.Reader의 내용을 모아서 바이트 배열로 읽어온다.

  ```
  func ioutil.ReadAll(reader io.Reader) ([]byte, error)
  ```
- io.Reader에서 io.Writer로 통째로 복사한다.

  ```
  func Copy(dst io.Writer, src io.Reader) (written int64, err error)
  ```
- io.Reader를 래핑해 버퍼 기능을 추가하고, 편리한 메서드를 다수 추가하는 오브젝트를 만든다.

  ```
  bufio.NewReader(reader io.Reader) *bufio.Reader
  ```
- 메모리에 읽고 쓰는 io.Reader와 io.Writer로 사용할 수 있는 오브젝트

  ```
  bytes.Buffer
  ```
- 문자열을 읽어들이는 io.Reader로 사용할 수 있는 오브젝트

  ```
  strings.Reader
  ```

이 장에서 소개하는 것 이외에는 아래 함수를 자주 사용합니다.

- 형식을 지정한 문자열을 io.Writer로 내보낸다.

  ```
  fmt.Fprintf(writer io.Writer, format string, ... variant{})
  ```

Go 언어의 언어 요소는 단순하지만, 인터페이스 조합으로 코드의 추상도를 높이는 구조를 갖고 있습니다. 어느 정도 라이브러리를 기억할 필요가 있어서 처음엔 어렵게 느껴지지만, 익숙해지면 모든 입출력에 수준 높은 조작을 할 수 있게 됩니다.[2]

3.5 GET 메서드+쿼리 전송

GET 메서드로 쿼리를 전송하는 방법을 소개합니다. 아래 curl 커맨드와 거의 같은 처리를 하는 코드를 작성합니다.

---

2 필자가 ASCII.jp 프로그래밍+ 코너에 연재한 기사 2~4회에 자세한 설명과 예제가 있습니다. *http://ascii.jp/elem/000/001/ 235/1235262*(일본어)

[curl 커맨드로 쿼리 전송하기]

```
$ curl -G --data-urlencode "query=hello world" http://localhost:18888
```

쿼리 안에 스페이스나 URL에 사용할 수 없는 문자가 없으면, --data-urlencode 대신에
--data 혹은 단축형인 -d도 사용할 수 있습니다. -G는 --get의 단축형입니다.

[예제 3-4]은 Go 언어로 구현한 코드입니다. 조금 전 살펴본 **GET** 메서드 전송 코드에서 두 곳
을 변경했습니다.

예제 3-4 GET 메서드로 쿼리 전송하기

```go
package main

import (
    "io/ioutil"
    "log"
    "net/http"
    "net/url"
)

func main() {
    values := url.Values{     // ❶
        "query": {"hello world"},
    }
    // ❷
    resp, _ := http.Get("http://localhost:18888" + "?" + values.Encode())
    defer resp.Body.Close()
    body, _ := ioutil.ReadAll(resp.Body)
    log.Println(string(body))
}
```

❶ 쿼리 문자열을 만듭니다. 쿼리 문자열은 url.Values형을 사용해 선언하고, values.Encode()를 호출해 문자열로
  만듭니다. 이 메서드는 RFC와 호환성이 높은 변환 방식으로 쿼리 문자열을 만들어냅니다. 문자열 변환도 모두 이
  함수로 처리합니다.

❷ URL 끝에 문자열로 만든 결과를 추가합니다.

서버 쪽 로그(아래)를 보면, URL에 쿼리가 붙은 것을 알 수 있습니다. 그리고 올바르게 해석
돼서 문자열 배열인 맵이 된 것 또한 알 수 있습니다.

예제 3-5 쿼리를 받은 서버 쪽 로그

```
URL: "/?query=hello+world"
Query: {
    "query": []string{
    "hello world",
    },
}
```

3.6 HEAD 메서드로 헤더 가져오기

HEAD 메서드는 간단히 구현할 수 있습니다. http.Get 대신에 http.Head()를 이용하기만 하면 됩니다. 다음 curl 커맨드와 같습니다.

```
$ curl --head http://localhost:18888
```

예제 3-6 HEAD 메서드로 헤더 가져오기

```
package main

import (
    "log"
    "net/http"
)

func main() {
    resp, err := http.Head("http://localhost:18888")
    if err != nil {
        panic(err)
    }
    log.Println("Status:", resp.Status)
    log.Println("Headers:", resp.Header)
}
```

HEAD의 정의대로 바디를 가져올 수는 없습니다. Get과 똑같이 읽어와도 오류가 되진 않지만,

길이가 0인 바이트 배열이 반환됩니다.

3.7 x-www-form-urlencoded 형식의 POST 메서드 전송

처음에 일반적인 웹브라우징과 같은 GET을, 다음으로 검색 폼 등에서 사용되는 GET 쿼리 전송을 설명했습니다. 이 절부터 다음다음 절까지는 HTTP/1.0의 나머지 POST형 전송을 소개합니다. 이 절에서는 인코딩을 변경하지 않았을 때의 기본 x-www-form-urlencoded 형식의 폼 전송을 소개합니다.

앞장에서 이미 설명했지만, curl 커맨드로 x-www-form-urlencoded의 폼 형식으로 전송할 때는 다음과 같이 기술합니다.

```
$ curl -d test=value http://localhost:18888
```

실제 Go 언어 코드는 [예제 3-7]이 됩니다. 이 코드는 오로지 전송만 하므로, 전송 결과를 확인하기 위해 바디에 접근하는 처리 등은 다른 코드를 참조해주세요.

예제 3-7 x-www-form-urlencoded 형식의 POST 메서드 전송

```go
package main

import (
    "log"
    "net/http"
    "net/url"
)

func main() {
    values := url.Values{
        "test": {"value"},
    }

    resp, err := http.PostForm("http://localhost:18888", values)
    if err != nil {
        // 전송 실패
        panic(err)
```

```
    }
    log.Println("Status:", resp.Status)
}
```

쿼리를 지정한 GET 액세스에서 나왔던 url.Values가 다시 나왔지만, url.Values.Encode()
메서드를 호출하지 않고 http.PostForm() 함수에 전달하고 있습니다. 2장 처음에 x-www-
formurlencode 폼 전송을 설명할 때 이른바 URL 인코딩 방식에 두 종류가 있다고 했는데,
Go 언어는 이 방식으로 호출하면 **RFC 3986**에 따라 변환합니다.

3.8 POST 메서드로 임의의 바디 전송

POST 메서드를 사용하면 임의 콘텐츠를 바디에 넣어 보낼 수 있습니다. HTTP/1.0 브라우저
로 보낼 수는 없었지만, HTTP/1.1 이후에 등장한 XMLHttpRequest를 이용해서 실현할 수 있
습니다. 멀티파트 폼을 전송하는 코드를 소개하는 데 필요하므로 앞당겨 소개합니다.

curl 커맨드로 파일에서 읽어 들인 임의의 콘텐츠를 전송하려면 다음과 같은 커맨드를 실행합
니다.

```
$ curl -T main.go -H "Content-Type: text/plain" http://localhost:18888
```

이를 Go 언어 코드로 나타내면 [예제 3-8]과 같습니다.

예제 3-8 Go 언어로 임의의 바디를 POST로 전송하기

```
package main

import (
    "log"
    "net/http"
    "os"
)

func main() {
    file, err := os.Open("main.go")
```

```
    if err != nil {
        panic(err)
    }
    resp, err := http.Post("http://localhost:18888", "text/plain", file)
    if err != nil {
        // 전송 실패
        panic(err)
    }
    log.Println("Status:", resp.Status)
}
```

Content-Type 헤더의 내용은 http.Post() 메서드의 두 번째 인수로 지정합니다. 이때 전송할 내용은 텍스트화하지 않고 io.Reader 형식으로 전달합니다. os.Open() 함수에서 생성되는 os.File 오브젝트는 io.Reader 인터페이스를 만족하므로 그대로 http.Post()에 넘길 수 있습니다.

파일이 아니라 프로그램 안에서 생성한 텍스트를 http.Post에 전달할 경우는 [예제 3-9]처럼 bytes.Buffer나 strings.Reader를 사용해 문자열을 io.Reader 인터페이스화합니다.

예제 3-9 Go 언어로 임의의 문자열을 POST로 전송하기

```
package main

import (
    "log"
    "net/http"
    "strings"
)

func main() {
    reader := strings.NewReader("텍스트")
    resp, err := http.Post("http://localhost:18888", "text/plain", reader)
    if err != nil {
        // 전송 실패
        panic(err)
    }
    log.Println("Status:", resp.Status)
}
```

3.9 multipart/form-data 형식으로 파일 전송

HTTP/1.0의 HTML에서 가장 복잡한 전송 처리가 multipart/form-data를 이용한 파일 전송입니다. curl 커맨드로는 아래와 같이 됩니다.

```
$ curl -F "name=Michael Jackson" -F "thumbnail=@photo.jpg" http://localhost:18888
```

여기서는 텍스트 데이터와 파일이라는 두 가지 종류의 데이터를 전송하고 있습니다. Go 언어 코드로는 [예제 3-10]과 같습니다.

예제 3-10 Go 언어로 멀티파트 폼을 POST로 전송하기

```go
package main

import (
    "bytes"
    "io"
    "log"
    "mime/multipart"
    "net/http"
    "os"
)

func main() {
    var buffer bytes.buffer                            // ❶
    writer := multipart.NewWriter(&buffer)             // ❷
    writer.WriteField("name", "Michael Jackson")       // ❸
    // ❹
    fileWriter, err := writer.CreateFormFile("thumbnail", "photo.jpg")
    if err != nil {
        panic(err)
    }
    readFile, err := os.Open("photo.jpg")    // ❺
    if err != nil {
        // 파일 읽기 실패
        panic(err)
    }
    defer readFile.Close()
    io.Copy(fileWriter, readFile)            // ❻
    writer.Close()                           // ❼
```

```
    resp, err := http.Post("http://localhost:18888", writer.FormDataContentType(),
&buffer)
    if err != nil {
        // 전송 실패
        panic(err)
    }
    log.Println("Status:", resp.Status)
}
```

❶ 멀티파트부를 조립한 뒤 바이트열을 저장할 버퍼를 선언합니다.

❷ 멀티파트를 조립할 라이터를 만듭니다.

❸ 파일 이외의 필드는 WritefField() 메서드로 등록합니다

❹ 여기서부터 6번까지가 파일을 읽는 조작입니다. 우선 개별 파일을 써넣을 io.Writer를 만듭니다.

❺ 파일을 엽니다.

❻ io.Copy()를 사용해 파일의 모든 콘텐츠를 io.Writer에 복사합니다.

❼ 마지막으로 멀티파트의 io.Writer를 닫고 버퍼에 모두 출력합니다.

나머진 이전처럼 http.Post()로 버퍼를 전송하면 폼을 보낼 수 있습니다.

라인 수가 조금 길지만, 처음에 io.Reader인 bytes.Buffer에 멀티파트 폼이 전송할 콘텐츠를 작성하고 있습니다. 이 콘텐츠를 만드는 데 사용하는 것이 multipart.Writer 오브젝트입니다. 이 오브젝트를 통해 폼의 항목이나 파일을 써넣으면 multipart.NewWriter()의 인수로 전달한 bytes.Buffer에 기록됩니다. 이 bytes.Buffer는 io.Reader인 동시에 io.Writer이기도 합니다.

Content-Type에는 경계 문자열을 넣어야 합니다. 경계 문자열은 multipart.Writer 오브젝트가 내부에서 난수로 생성합니다. Boundary() 메서드로 취득할 수 있으므로 다음과 같이 써서 Content-Type을 만들어낼 수도 있습니다. FormDataContentType() 메서드는 이 코드의 지름길입니다.

[FormDataContentType()와 같은 코드]

```
"multipart/form-data; boundary=" + writer.Boundary()
```

3.9.1 전송할 파일에 임의의 MIME 타입을 설정한다

앞에서 소개한 코드로 이제 파일 전송을 할 수 있게 됐지만, 각 파일의 Content-Type은 사실상 void형이라고 할 수 있는 application/octet-stream형이 됩니다. 이때 textproto. MIMEHeader로 임의의 MIME 타입을 설정할 수 있습니다.[3] 앞서 살펴본 예제의 ❹에서 ❻까지의 범위를 변경해 MIME 타입으로 image/jpeg를 설정합시다. 변경할 부분은 [예제 3-11]과 같습니다.

예제 3-11 전송할 파일에 임의의 MIME 타입 설정하기

```
import (
    "net/textproto"
)

    :

part := make(textproto.MIMEHeader)
part.Set("Content-Type", "image/jpeg")
part.Set("Content-Disposition", `form-data; name="thumbnail"; filename="photo.jpg"`)
fileWriter, err := writer.CreatePart(part)
if err != nil {
    panic(err)
}
readFile, err := os.Open("photo.jpg")
if err != nil {
    panic(err)
}
io.Copy(fileWriter, readFile)

    :
```

앞에서 사용한 multipart.Writer.WriteField()와 multipart.Writer.CreateFormFile() 메서드는 멀티파트의 구성 요소인 파트 자체를 건드리지 않고도 콘텐츠를 작성할 수 있는 고도의 API입니다. 각 파트의 헤더도 자동으로 설정됐습니다. 이번 코드는 각 메서드 안에서 이루어지는 세부 처리를 밖으로 꺼내 임의의 Content-Type을 지정할 수 있게 했습니다.

---

3 mattn의 블로그에서 소개된 내용을 이 책에 맞게 변경했습니다. *http://mattn.kaoriya.net/software/lang/go/20140310125915.htm*

3.10 쿠키 송수신

지금까지 소개한 코드는 HTTP 전송을 1회 요청하는 코드였습니다. HTTP는 스테이트리스이므로 각 전송에서 사용하는 함수끼리 부작용은 없습니다. 서버가 상태를 갖지 않으면 함수의 순서를 바꿔도 결과는 같습니다.

하지만 쿠키는 브라우저 내부에서 상태를 유지해야만 합니다. 이 경우는 지금까지 소개했던 함수가 아니라 http.Client 구조체를 이용합니다.

예제 3-12 http.Client 구조체로 쿠키를 전송한다

```go
package main

import (
    "log"
    "net/http"
    "net/http/cookiejar"
    "net/http/httputil"
)

func main() {
    jar, err := cookiejar.New(nil)    // ❶
    if err != nil {
        panic(err)
    }
    client := http.Client{            // ❷
        Jar: jar,
    }
    for i := 0; i < 2; i++ {          // ❸
        // ❹
        resp, err := client.Get("http://localhost:18888/cookie")
        if err != nil {
            panic(err)
        }
        dump, err := httputil.DumpResponse(resp, true)
        if err != nil {
            panic(err)
        }
        log.Println(string(dump))
    }
}
```

❶ 쿠키를 저장할 cookiejar(쿠키 통) 인스턴스를 만듭니다.

❷ 쿠키를 저장할 수 있는 http.Client 인스턴스를 만듭니다.

❸ 쿠키는 첫 번째 액세스에서 쿠키를 받고, 두 번째 이후의 액세스에서 쿠키를 서버에 보내는 구조이므로 두 번 액세스합니다.

❹ http.Get() 대신 작성한 클라이언트의 Get() 메서드로 액세스합니다.

net/http/cookiejar는 내장 라이브러리로서 구현된 쿠키의 기능 중 하나입니다.

Go 언어의 http.Client는 http.CookieJar 인터페이스를 구현하는 임의의 오브젝트를 쿠키 처리의 백엔드로서 사용할 수 있습니다. 기본적으로 메모리에만 저장하므로 프로그램을 재시작하면 쿠키가 지워집니다. 파일로 저장해 영속화하는 기능은 표준 라이브러리에서 제공되지 않으므로, 서드파티 구현을 사용하거나 자체적으로 구현할 필요가 있습니다. 다음 라이브러리는 영속화하는 CookieJar로서 사용할 수 있습니다.

• https://github.com/juju/persistent-cookiejar

http.Client 구조체에는 http 패키지와 마찬가지로 Get(), Head(), Post(), PostForm() 이 구현돼 있으며 지금까지 소개한 방법 그대로 사용할 수 있습니다. http 패키지의 함수는 대부분 내부적으로 http.Client 구조체 인스턴스의 각 메서드에 대한 에일리어스로 되어 있습니다. [예제 3-13]처럼 기본 클라이언트를 변경해 쿠키를 유효화할 수 있습니다. 물론 그 프로세스 내 net/http 패키지의 동작에 영향을 주므로, 일괄 처리로 바로 끝나는 프로그램으로 제한하는 등 영향 범위에 주의하면서 사용해야 합니다.

예제 3-13 쿠키 송수신을 위해 기본 클라이언트를 치환한다

```
http.DefaultClient = &http.Client{
    Jar: jar,
}

:

resp, err := http.Get("http://localhost:18888/cookie")
```

예제 3-14 Go 언어의 오브젝트 생성

```
// 초깃값을 지정해서 생성
a := Struct{
    Member: "Value",
}

// new 함수로 초기화
a := new(Struct)

// make 함수로 초기화
// 배열의 슬라이스, map, 채널 전용
a := make(map[string]string)

// 라이브러리가 준비한 빌더 함수로 생성
// 내부에서는 이 중 어느 하나를 이용
a := library.New()
```

3.11 프록시 이용

프록시도 http.Client를 이용합니다. 쿠키의 경우는 Jar 멤버 변수에 설정함으로써 유효해졌지만, 이번에 사용할 것은 Transport입니다. Transport는 실제 통신을 하는 백엔드입니다. 아래 동작에 해당하는 curl 커맨드를 소개합니다.

```
$ curl -x http://localhost:18888 http://github.com
```

이에 해당하는 코드가 [예제 3-15]입니다.

예제 3-15 Go로 프록시 설정

```
package main

import (
    "log"
    "net/http"
    "net/http/httputil"
    "net/url"
)

func main() {
    proxyUrl, err := url.Parse("http://localhost:18888")
    if err != nil {
        panic(err)
    }
    client := http.Client{
        Transport: &http.Transport{
            Proxy: http.ProxyURL(proxyUrl),
        },
    }
    resp, err := client.Get("http://github.com")
    if err != nil {
        panic(err)
    }
    dump, err := httputil.DumpResponse(resp, true)
    if err != nil {
        panic(err)
    }
    log.Println(string(dump))
}
```

`client.Get()`의 대상은 외부 사이트이지만, 프록시의 방향은 로컬 테스트 서버입니다. 이 코드를 실행하면 외부로 직접 요청을 날리지 않고, 로컬 서버가 일단 요청을 받습니다. 그러나 로컬 서버가 직접 응답을 반환하므로 *github.com*에 대한 액세스가 일어나지 않습니다.

위 코드 속의 프록시 URL을 아래와 같이 바꾸면, BASIC 인증에서 사용자 이름과 패스워드를 지정할 수 있습니다.

```
http://유저명:패스워드@github.com
```

http.Client에서 사용되는 프록시 파라미터는 환경 변수에서 정보를 가져와 프록시를 설정하는 처리로 되어 있으므로, 다양한 프로그램에서 함께 사용하는 환경 변수 HTTP_PROXY, HTTPS_PROXY가 설정되어 있을 때는 그곳에 설정한 프록시에 요청을 보냅니다. NO_PROXY에 설정을 무시할 호스트 이름을 적어 두면, 그 호스트와는 프록시를 거치지 않고 직접 통신할 수 있습니다.

쿠키와 마찬가지로 [예제 3-16]처럼 코드를 추가해 http 패키지의 DefaultTransport에 설정하면, http.Get() 등 글로벌 함수에서도 프록시가 사용됩니다.

예제 3-16 프록시에 BASIC 인증 정보 설정하기

```
http.DefaultTransport = &http.Transport{
    Proxy: http.ProxyURL(proxyUrl),
}
```

NOTE_ 윈도우에 한정되지만, 인터넷 익스플로러에 설정된 프록시 정보를 Go 언어에서 사용하는 방법이 mattn의 블로그에서 소개되어 있습니다.
http://mattn.kaoriya.net/software/lang/go/20141202173521.htm(일본어)

3.12 파일 시스템 액세스

HTTP/1.0을 다룬 1장에서는 URL의 구조로서 스키마를 소개했습니다. 지금까지 프로그램에서 소개한 것은 http와 https 스키마에 대한 액세스입니다. file 스키마는 로컬 파일에 액세스할 때 사용하는 스키마입니다. curl에서는 다음 명령을 실행하면 작업 폴더 내 해당 파일 내용을 콘솔에 출력할 수 있습니다.

```
$ curl file://main.go
```

통신 백엔드 http.Transport에는 이 밖의 스키마용 트랜스포트를 추가하는 Register

Protocol 메서드가 있습니다. 이 메서드에 등록할 수 있는 파일 액세스용 백엔드 http.NewFileTransport()도 있습니다. 이 메서드를 사용함으로써 로컬 파일에 액세스할 수 있게 됩니다. 위 사례와는 URL 표기법이 조금 다르지만, 로컬 파일의 내용이 응답 바디에 담겨서 돌아옵니다.

예제 3-17 Go 언어로 로컬 파일에 액세스하는 file 스키마를 유효화한다

```go
package main

import (
    "log"
    "net/http"
    "net/http/httputil"
)

func main() {
    transport := &http.Transport{}
    transport.RegisterProtocol("file", http.NewFileTransport(http.Dir(".")))
    client := http.Client{
        Transport: transport,
    }
    resp, err := client.Get("file://./main.go")
    if err != nil {
        panic(err)
    }
    dump, err := httputil.DumpResponse(resp, true)
    if err != nil {
        panic(err)
    }
    log.Println(string(dump))
}
```

3.13 자유로운 메서드 전송

지금까지의 살펴본 코드는 http 모듈의 함수나 http.Client 구조체의 메서드를 사용했습니다. 이들 메서드가 지원하는 것은 GET, HEAD, POST뿐입니다. 다른 메서드를 요청할 때는 http.

Request 구조체의 오브젝트를 사용할 필요가 있습니다. curl 커맨드로는 다음과 같이 하면 DELETE를 전송할 수 있습니다.

```
$ curl -X DELETE http://localhost:18888
```

이와 같은 처리를 Go 언어로 구현한 것이 [예제 3-18]입니다.

예제 3-18 Go 언어로 DELETE 메서드 전송하기

```go
package main

import (
    "log"
    "net/http"
    "net/http/httputil"
)

func main() {
    client := &http.Client{}
    request, err := http.NewRequest("DELETE", "http://localhost:18888", nil)
    if err != nil {
        panic(err)
    }
    resp, err := client.Do(request)
    if err != nil {
        panic(err)
    }
    dump, err := httputil.DumpResponse(resp, true)
    if err != nil {
        panic(err)
    }
    log.Println(string(dump))
}
```

http.Request 구조체는 http.NewRequest()라는 빌더 함수를 사용해서 생성합니다. 함수의 인수는 메서드, URL, 바디입니다. 바디에는 Post와 마찬가지로 io.Reader를 사용할 수 있습니다. 따라서 이 장에서 소개한 파일 전송, 멀티파트 폼 전송에 썼던 코드를 그대로 사용할 수 있습니다. PostForm 전송 형식으로 변환하려면 [예제 3-19]처럼 url.Values를 io.Reader

인터페이스에 준거한 오브젝트로 변환할 필요가 있습니다.

예제 3-19 url.Values를 io.Reader로 변환

```
import (
    "strings"    //이것들을 추가
    "net/url"
)

values := url.Values{"test": {"value"}}
reader := strings.NewReader(values.Encode())
```

3.14 헤더 전송

마지막은 헤더 전송입니다. curl 커맨드로 헤더를 전송할 때는 -H 옵션을 지정합니다.

```
$ curl -H "Content-Type=image/jpeg" -d "@image.jpeg" http://localhost:18888
```

임의의 메서드를 전송할 때 사용한 http.Request 구조체에는 Header라는 필드가 있습니다. 이는 http.Response 구조체의 Header 필드와 같습니다. GET 메서드 예제에서는 Get() 메서드로 헤더 값을 가져왔습니다. 헤더를 추가할 때는 Add() 메서드를 사용합니다.

```
// 헤더 추가
request.Header.Add("Content-Type", "image/jpeg")
```

curl에는 특정 헤더를 사용하는 데 편리하도록 준비한 옵션이 있습니다. BASIC 인증용 '--basic -u 유저명:패스워드' 옵션이나 쿠키용 '-c 파일' 옵션 등이 그것입니다. Go 언어에서도 아래와 같이 똑같은 헬퍼 메서드가 http.Request 구조체의 메서드로서 제공됩니다.

```
// BASIC 인증
request.SetBasicAuth("유저명", "패스워드")
// 쿠키를 수동으로 하나 추가한다
request.AddCookie(&http.Cookie{Name:"test", Value:"value"})
```

쿠키는 헤더에 설정하지 않아도 `http.Client`의 Jar에 `cookiejar.Jar`의 인스턴스를 설정해 송수신하게 됩니다. 수동으로 헤더에 설정하면 받지 않은 쿠키도 자유롭게 전송할 수 있습니다.

3.15 국제화 도메인

1장에서는 URL의 국제화를 소개했습니다. 앞에서 변환 규칙을 시험할 수 있는 서비스도 함께 소개했지만, Go 언어로도 URL을 변환할 수 있습니다.

변환 처리는 `idna.ToASCII()`와 `idna.ToUnicode()` 함수로 시행합니다. 요청을 보내기 전에 도메인 이름을 `idna.ToASCII()`로 변환함으로써 지금까지 설명해온 API로 한글 도메인의 사이트 정보를 가져올 수 있게 됩니다.

예제 3-20 국제화 도메인을 아스키로 변환

```go
package main

import (
    "fmt"
    "golang.org/x/net/idna"
)

func main() {
    src := "악력왕"
    ascii, err := idna.ToASCII(src)
    if err != nil {
        panic(err)
    }
    fmt.Printf("%s -> %s\n", src, ascii)
}

// 라이브러리 오류 시: go get -u golang.org/x/net/idna
```

3.16 마치며

이 장에서는 HTTP/1.0에서 등장하는 요청 패턴을 Go 언어로 구현하는 방법을 소개했습니다. Go 언어에 관해서는 의사 코드로서 읽을 때 어렵다고 생각되는 인스턴스 생성과 문법을 조금 본 정도로는 사용법을 이해하기 어려운 `io.Reader`, `io.Writer`의 취급에 관해서만 보충했습니다.

많은 패턴을 소개했지만, 다음 그림을 보면 어떤 기법이 필요한지 알 수 있습니다.

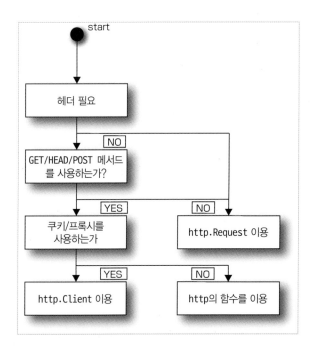

curl 커맨드로 네 가지 요소를 다루는 방법은 1장에서 설명했고, 이 장에서는 프로그래밍 언어로 다루는 방법을 설명했습니다. 앞 장에서도 설명했듯이 많은 기능이 기본 네 가지 요소를 구사해 실현됐습니다. 예를 들면 캐시 구조를 브라우저대로 실현하려면 상당한 코딩량이 필요한데, 적어도 서버와 직접 통신하는 것은 이 장의 내용으로도 꾸려나갈 수 있습니다. 여기서 소개한 API는 HTTP/2도 지원하고, 웹 API를 이용하는 정도는 이 장의 내용을 이해하면 충분합니다.

CHAPTER 4

HTTP/1.1의 신택스: 고속화와 안전성을 추구한 확장

1장에서는 HTTP/1.0의 기본이 되는 네 가지 요소를 설명했습니다. 2장에서는 이 구성 요소 조합으로 이루어지는 브라우저의 다양한 처리 이면을 설명했습니다. HTTP는 상위 호환성 forward compatibility을 지키므로, HTTP의 틀과 구조는 1.1 이후에도 크게 변하지 않습니다. 4장에서는 1.1 이후에 추가된 새로운 기능을 설명하겠습니다.

HTTP/1.1은 HTTP/1.0이 나온 이듬해인 1997년에 **RFC 2068**로 최초 버전이 책정됐습니다. 그 후 **RFC 2616**에서 개정, **RFC 2817**(TLS), **RFC 5785**(URI), **RFC 6266**(Content-Disposition), **RFC 6285**(추가 스테이터스 코드)로 기능이 확장됐습니다.

2014년에는 구현을 우선해서 규격화가 더딘 부분 등을 정리해, 지금까지의 집대성으로 현실 구현에 깊이 뿌리내린 형태로 버전 업이 이루어졌습니다. **RFC 7230**(메시지 문법), **RFC 7231**(시멘틱스와 내용), **RFC 7232**(조건부 요청), **RFC 7233**(범위 지정 요청), **RFC 7234**(캐시), **RFC 7235**(인증) 등으로 나뉘고 정리됐습니다. 이것이 최신 사양입니다.

가장 새로운 HTTP/2의 현재 사양은 주로 통신 고속화 등 저수준 커뮤니케이션 신택스에 특화됐으므로, 통신 내용이나 브라우저와 서버 간의 커뮤니케이션 시멘틱스 사양으로는 지금도 HTTP/1.1에서 정한 내용이 현역입니다.

이 장에서 다룰 프로토콜 신택스로서 HTTP/1.1의 변경 사항은 다음과 같습니다.

- 통신 고속화
  - Keep-Alive가 기본적으로 유효하다.

- 파이프라이닝
- TLS에 의한 암호화 통신을 지원한다.
- 새 메서드 추가
  - PUT과 DELETE가 필수 메서드가 됐다.
  - OPTION, TRACE, CONNECT 메서드가 추가됐다.
- 프로토콜 업그레이드
- 이름을 사용한 가상 호스트를 지원
- 크기를 사전에 알 수 없는 콘텐츠의 청크 전송 인코딩 지원

4.1 통신 고속화

HTTP/1.1 시대에 규격화된 것 가운데 가장 큰 주제는 TLS을 통한 안전한 통신 제공입니다. 이 기능은 인증서 등 각종 설정이 필요합니다. 그 밖에 HTTP/1.1만 사용했을 때 얻을 수 있는 혜택으로는 통신 고속화를 들 수 있습니다. 2장의 캐시 항목에서 이미 설명한 ETag와 Cache-Control도 HTTP/1.1의 기능입니다. 캐시는 콘텐츠 리소스마다 통신을 최적화하는 기술이지만, 이 장에서 소개하는 Keep-Alive와 파이프 라이닝은 좀 더 범용적으로 모든 HTTP 통신을 고속화하는 기능입니다.

브라우저에서 서버로 동시에 접속할 때 HTTP/1.0에서 권장하는 값은 4였습니다. 병렬로 동시에 접속하는 이 값이 HTTP/1.1에서는 2로 내려갔는데, Keep-Alive나 파이프라이닝의 효과를 고려한 결과라고 생각합니다. 프로토콜 버전 업으로 속도가 개선되고 서버의 부하도 내려갑니다.

4.1.1 Keep-Alive

Keep-Alive는 HTTP의 아래층인 TCP/IP 통신을 효율화하는 구조입니다. Keep-Alive를 사용하지 않으면 하나의 요청마다 통신을 닫아야 하지만, Keep-Alive를 사용하면 연속된 요청에는 접속을 다시 이용합니다. 이로써 TCP/IP는 접속까지의 대기 시간이 줄어들고, 통신 처리량이 많아지므로 속도가 올라간 것처럼 느껴집니다. 모바일 통신에서는 배터리 낭비도 줄어들겠지요.

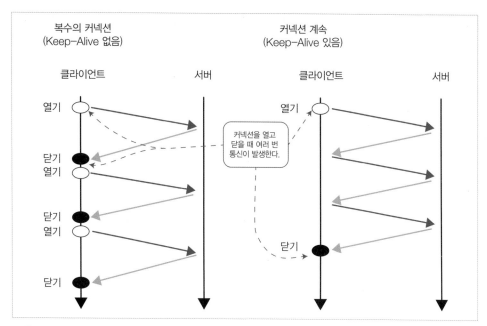

그림 4-1 Keep-Alive

이 기능은 HTTP/1.0 사양에는 들어가지 않았지만, 몇몇 브라우저에서 이미 지원하고 있었습니다. HTTP/1.0에서는 요청 헤더에 다음 헤더를 추가함으로써 Keep-Alive를 이용할 수 있었습니다.

```
Connection: Keep-Alive
```

이 헤더를 받아들인 서버가 Keep-Alive를 지원하면, 같은 헤더를 응답 헤더에 추가해서 반환합니다.

HTTP/1.1에서는 이 동작이 기본으로 되어 있습니다. 이는 뒤에 소개할 TLS 통신을 이용할 경우, 특히 통신 시간을 많이 줄여줍니다. HTTP 아래 계층의 프로토콜인 TCP/IP도 접속할 때는 1.5회 왕복의 통신을 필요로 합니다. 패킷이 1회 왕복하는 시간을 1RTT[round-trip time]로 부르며, TLS에서는 서버/클라이언트가 통신을 시작하기 전에 정보를 교환하는 핸드셰이크[handshake] 과정에서 2RTT만큼 시간이 걸립니다. 이때 Keep-Alive를 이용하면, 핸드셰이크 횟수를 줄일 수 있습니다. 여러 번 반복되는 핸드셰이크를 줄임으로써 응답 시간을 개선할 수 있습니다.

게임 에셋을 다운로드할 때 1회 요청의 HTTP 통신을 반복한다고 가정하면, 두 번째 이후의 에셋 다운로드 시간을 최대 4RTT에서 1RTT로 줄일 수 있습니다.

Keep-Alive를 이용한 통신은 클라이언트나 서버 중 한 쪽이 다음 헤더를 부여해 접속을 끊거나 타임아웃될 때까지 연결이 유지됩니다.

```
Connection: Close
```

통신 종료가 규정되어 있긴 하지만, 모든 통신이 확실히 끝났는지를 서버가 판정할 수 없습니다. 자바스크립트를 이용하면 동적으로 요청을 발신할 수도 있으므로, HTML을 정적으로 해석하는 것만으로는 클라이언트 측에서 모든 통신의 완료를 탐지할 수 없습니다. 그 때문에 서버에서 Keep-Alive 종료를 명시적으로 보내는 것이 간단하지 않고, 실제로는 타임아웃으로 접속이 끊어지기를 기다리게 됩니다.

Keep-Alive 지속 시간은 클라이언트와 서버 모두 가지고 있습니다. 한쪽이 TCP/IP 연결을 끊는 순간에 통신은 완료되므로, 어느 쪽이든 짧은 쪽이 사용됩니다. 인터넷 익스플로러는 60초, 파이어폭스는 115초, 서버 엔진 x는 75초가 기본 타임아웃 시간입니다.[1] 아파치는 버전 1.3과 2.0에서 15초, 버전 2.2 이후는 5초입니다.

통신이 지속되는 동안 OS의 자원을 계속 소비하므로, 실제로 통신이 전혀 이루어지지 않는데 접속을 유지하는 것은 바람직하지 않습니다. 짧은 시간에 접속을 끊는 것에 의미가 있습니다.

curl 커맨드는 복수의 요청을 나열함으로써 Keep-Alive를 사용해 복수의 요청을 계속 보냅니다.

```
$ curl -v http://www.google.com http://www.google.com
```

4.1.2 파이프라이닝

파이프라이닝도 고속화를 위한 기능입니다. 그대로 사용하는 일은 드물었지만, 그 후 개선의

----

1 도큐먼트에는 75초로 쓰여 있지만, 설정 파일엔 65초로 되어 있습니다. *https://trac.nginx.org/nginx/browser/nginx/conf/nginx.conf#L31*

기초가 됐다고 생각할 수 있으므로 여기서 소개합니다.

파이프라이닝은 최초의 요청이 완료되기 전에 다음 요청을 보내는 기술입니다. 다음 요청까지의 대기 시간을 없앰으로써, 네트워크 가동률을 높이고 성능을 향상시킵니다. Keep-Alive 이용을 전제로 하며, 서버는 요청이 들어온 순서대로 응답을 반환합니다.

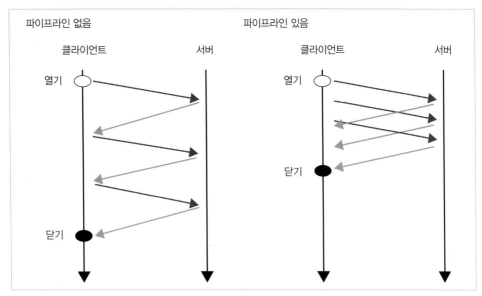

그림 4-2 파이프라이닝

그대로 동작한다면, 특히 왕복 시간이 걸리는 모바일 통신에서 큰 효과를 기대할 수 있습니다. 그러나 실제로는 HTTP/1.0만 해석하는 프록시가 있으면 동작하지 않으면 바르게 구현하지 않는 서버가 있거나 서버 버전을 보고 동작을 바꾸는 브라우저도 있었고,[2] 파이프라이닝 기능을 구현하지 않았거나 구현했어도 기본 설정에서 꺼둔 브라우저도 있었습니다. 크롬 또한 버전 18에서 지원했으나, 버전 26에선 이 기능을 삭제했습니다.[3] 현재 기본으로 활성화한 브라우저는 오페라와 iOS 5 이후의 사파리 정도입니다.[4]

---

2 *https://hg.mozilla.org/releases/mozilla-2.0/file/09565753ce5f/netwerk/protocol/http/src/nsHttpConnection.cpp#l251*

3 *https://en.wikipedia.org/wiki/HTTP_pipelining*

4 단 이미지가 랜덤으로 바뀌는 버그가 있다고 합니다. *http://bytes.schibsted.com/safari-on-ios-5-randomly-switches-images*

게다가 실제로 써봤지만 성능이 거의 좋아지지 않았다는 보고도 있습니다. 요청받은 순서대로 응답해야만 하므로, 응답 생성에 시간이 걸리거나 크기가 큰 파일을 반환하는 처리가 있으면 다른 응답에 영향을 줍니다. 이는 HOL 블로킹^{head-of-line blocking}이라고 불리는 문제입니다.[5]

가령 브라우저에 구현되었어도, 파이프라이닝을 지원하지 않는 서버를 위해 처음에 요청을 몇 개 보내 서버 이름 등을 확인한 후 파이프라이닝이 활성화되므로, 파이프라이닝의 성능을 제대로 살리지 못했다는 문제도 있습니다.

curl 커맨드 자체로는 파이프라이닝을 지원하지 않습니다. curl의 기능을 프로그램에서 직접 이용하는 libcurl에는 파이프라이닝을 이용하는 옵션이 마련되어 있습니다.

> **NOTE_ 스트림**
>
> 파이프라인이 쓸모없는 사양이었다는 것은 아닙니다. 파이프라인은 여러 문제를 해결하고, HTTP/2에서 스트림이라는 새로운 구조로 다시 태어났습니다.
>
> - HTTP/2 세대에서는 HTTPS 통신이 전제가 됩니다. HTTPS이므로 기본적으로 프록시가 송수신되는 데이터 내부를 볼 수 없습니다. 프록시는 통신을 중계만 하게 됐으므로 최신 프로토콜을 해석할 수 없는 프록시가 도중에 방해할 일이 사라졌습니다.
> - 통신 순서를 유지해야 한다는 제약이 HTTP/2에서는 사라졌습니다. HTTP/2에서는 하나의 세션 안에 복수의 스트림이 공존합니다. 시분할로 각 스트림의 통신이 이루어지므로, 서버 측의 준비가 된 순서로 응답을 반환할 수 있습니다. 또한 우선순위를 부여해 순서를 바꾸는 것도 기능에 포함됐습니다.
>
> 이에 관해서는 7장에서 소개합니다.

4.2 전송 계층 보안(TLS)

HTTP/1.1과 병행해 통신 경로를 암호화하는 전송 계층 보안^{Transport Layer Security}(TLS)이 규격화됐습니다. https로 시작되는 URL이 '안전한 통신'이라는 사실은 컴퓨터를 잘 모르는 사용자에게도 널리 알려졌으며, 온라인 쇼핑, 인터넷뱅킹 등 다양한 서비스를 이용할 때 필수가 됐습니다. HTTP/1.0이 정해졌을 때 이미 넷스케이프 내비게이터에는 보안 소켓 계층^{Secure Sockets Layer}(SSL) 3.0이 탑재돼 있었습니다. TLS는 SSL 3.0을 바탕으로 HTTP/1.0이 탄생한 같은

---

5 *http://vwxyz.hateblo.jp/entry/20130118/1358488156*(일본어)

시기인 1996년에 표준화가 시작됐지만, 완료된 것은 HTTP/1.1 이후의 일입니다.

TLS는 HTTP/1.1과 함께 이용되는 것을 강하게 의식해서 만들어졌지만, TLS 암호화 자체는 HTTP뿐만 아니라 다양한 형식의 데이터를 양방향으로 흘려보낼 수 있습니다. TLS는 기존 프로토콜에 통신 경로의 안전성을 추가해 새로운 프로토콜을 만들어낼 수 있는 범용적인 구조로 되어 있습니다. HTTP의 잘 알려진 포트는 80번이지만, HTTPS^{Hypertext Transfer Protocol Secure}는 443번을 사용해 다른 서비스로 취급됩니다. HTTPS 이외에 메일 전송 프로토콜 SMTP(25번 포트)의 TLS 버전인 SMTPS(465번) 등 기존 프로토콜의 버전업에도 이용됩니다.[6]

HTTP 통신을 중계하는 게이트웨이 입장에서 보면, '암호화되어 통신 내용을 엿보거나 변경할 수 없는 양방향 통신'입니다. HTTP/1.0과 1.1에서는 프록시 서버 등이 통신을 해석해 캐시함으로써 고속화 기능을 제공할 수 있었지만, 자신이 해석할 수 없는 프로토콜을 멈춰버리는 경우가 있었습니다. TLS를 사용하면 조작할 수 없는 안정된 통신로가 생기므로, HTML5에서 새로 도입된 웹소켓 같은 통신 프로토콜이나 HTTP/2 등 HTTP/1.1 이전과 상위 호환성이 없는 수많은 새로운 시스템을 원만하게 도입하는 인프라가 됐습니다.

TLS 관련 기술은 다양한 요소로 구성되어 있고, 그것만으로도 이 책 배 이상의 분량이 될만큼 복잡한 주제입니다. 필자는 암호 전문가가 아니므로, 이 책에서는 'TLS는 어떠한 것이고, 무슨 일을 할 수 있는가'를 이해할 수 있을 정도의 설명만 하겠습니다.

TLS에는 몇 가지 버전이 있으며, SSL이라고 불리던 시절도 있습니다. 현재에도 TLS 부분을 맡은 라이브러리로서 높은 점유율을 자랑하는 소프트웨어 이름이 'OpenSSL'이라거나 서버를 보증하는 인증서에 'EV SSL'이라는 분류가 있는 등 TLS와 관련된 이름에 SSL이라는 글자가 들어간 경우가 있습니다. 그래서인지 현재도 SSL로 불리는 일이 많습니다. 다만 실제 SSL은 여러 가지 취약성이 알려져 있어, RFC에서도 권장하지 않습니다. 인터넷 서비스에서도 무효화된 것이 많고, 실제로 사용되는 것은 대부분 TLS입니다.

---

6 일반 포트로 통신을 시작했다가 도중에 사용하는 포트 그대로 TLS화하는 방법도 있습니다. StartTLS 혹은 Opportunistic TLS(기회적 TLS)로 불리며, 이 경우는 25번 포트 그대로 TLS화됩니다.

표 4-1 SSL/TLS의 역사

버전	공개	상태
SSL 1.0		넷스케이프가 처음 설계했지만, 취약성이 발견되어 건너뜀
SSL 2.0	1994년에 공개	RFC 6176에서 비권장
SSL 3.0	1995년에 공개	RFC 7568에서 비권장
TLS 1.0	1999년에 RFC 책정	SSL 3.0을 참고로 RFC 2246으로서 사양화
TLS 1.1	2006년에 RFC 책정	–
TLS 1.2	2008년에 RFC책정	–
TLS 1.3	책정 중	–

TLS 이해에 필요한 기술 요소를 몇 가지 소개하고 통신의 흐름을 소개합니다. TLS에 관한 큰 주제로는 TLS 1.3의 표준화를 들 수 있습니다. 이 절에서는 주로 TLS 1.3에 초점을 두고 소개하지만, '클라이언트 시점에서 HTTP를 설명한다'는 이 책의 목적에서 많이 벗어나므로 자세한 설명은 생략합니다. TLS의 상세한 기술 정보, 역사적 경위, TLS를 위협하는 기술, 운용 및 설정 방법 등 실무에 필요한 정보는 『Bulletproof SSL and TLS』(Feisty Duck, 2014) 등을 참조하세요.

이제부터 하는 설명은 TLS의 개요와 내부 동작을 이해하기 위한 것입니다. 실제 통신 내용은 암호화된 이진 데이터이므로 내부를 보는 것은 어렵지만, curl 커맨드로 액세스할 때는 URL을 https://로만 하면 됩니다. 아래 소개한 옵션으로 세밀하게 동작을 설정할 수 있습니다. 서버 설정이 맞는지, 각 버전에서 예상한 대로 동작하는지 확인하는 데 편리합니다.

- -1, --tlsv1: TLS로 접속한다.
- --tlsv1.0, --tlsv1.1, --tlsv1.2, --tlsv1.3: TLS 니고시에이션 시 지정한 버전으로 연결하도록 강제한다.
- --cert-status: 인증서를 확인한다.
- -k, --insecure: 자가 서명 인증서라도 오류가 되지 않는다.

--cert-status와 -v를 붙여 실행하면, 인증서 상태를 아래처럼 표시합니다.

```
$ curl --cert-status -v https://example.com
(생략)
```

```
* SSL certificate status: good (0)
```

다음과 같은 옵션도 사용할 수 있지만, 이미 RFC에서 권장하지 않게 된 버전이므로 오래된 통신이 거절되는 것을 확인하는 정도로만 사용하겠지요.

- -2, --sslv2: SSL/2.0으로 접속한다.
- -3, --sslv3: SSL/3.0으로 접속한다.

4.2.1 해시 함수

입력 데이터를 규칙에 따라 집약해감으로써 해시 값으로 불리는 짧은 데이터를 만들어냅니다. 해시는 '잘게 저민 조각'이라는 뜻으로, 해시드 포테이토나 해시드 비프의 해시와 같은 말입니다.

해시 함수에는 암호화 통신을 하는 데 편리한 수학적 특성이 있습니다. 해시 함수를 h(), 입력 데이터를 A, B..., 산출된 해시 값을 X, Y...라고 합시다. 길이는 len()으로 합니다.

- 같은 알고리즘과 같은 입력 데이터라면, 결과로서 생성되는 값은 같다. h(A)=X가 항상 성립한다.
- 해시 값은 알고리즘이 같으면 길이가 고정된다. SHA-256 알고리즘에선 256비트(32 바이트)다. 따라서 입력 데이터가 너무 작을 경우 해시 값이 더 커지지만, 기본적으로는 len(X)<len(A)가 된다.
- 해시 값에서 원래 데이터를 유추하기 어렵다. h(A)=X의 X에서 A를 찾기 곤란하다(약한 충돌 내성).
- 같은 해시 값을 생성하는 다른 두 개의 데이터를 찾기 어렵다. h(A)=h(B)가 되는 임의의 데이터 A, B를 찾기가 곤란하다(강한 충돌 내성).

해시 함수는 컴퓨터에서 다양한 용도로 쓰입니다. 예를 들어 다운로드한 파일이 깨지지 않았는지 확인하는 방법으로도 이용됩니다. 1바이트라도 데이터에 차이가 있으면 해시 값이 바뀝니다. 이런 용도로 사용될 때 해시 값은 체크섬 혹은 핑거프린트(지문)라고 불리기도 합니다.

또 버전 관리 시스템인 Git에서는 파일을 관리할 때 파일명이 아니라 파일 내용을 바탕으로 한 해시 값을 사용하고, 이 해시 값을 키로 해서 데이터베이스에 파일을 저장합니다. 같은 내용의 파일이 여러 개 있을 때, 데이터의 실체는 하나입니다. 커다란 데이터 파일을 모두 비교하지 않고 해시 값만 비교함으로써 재빨리 같은 파일인지 판정할 수 있습니다.

해시 값 충돌은 매우 드물게 일어나지만, 데이터양이 적으면 거의 일어날 수 없습니다. 충돌이 일어나기 어려운 특성은 알고리즘의 우수성을 나타내는 지표가 됩니다.

보안 분야에서도 해시 값은 내용의 동일성을 판단하는 용도로 쓰입니다. 다만 강한 충돌 내성이 깨진 약한 알고리즘을 사용해버리면, 같은 해시 값을 갖는 데이터가 만들어져버립니다. 즉 파일이 변조되더라도 알아채지 못합니다. 이름이 주는 인상과는 달리, 강한 충돌 내성은 약한 충돌 내성보다 약한 성질입니다.

유명한 해시 함수로는 MD5(128비트), SHA-1(160비트), SHA-2(SHA-224, SHA256, SHA-384, SHA-512, SHA-512/224, SHA-512/256) 등이 있는데[7] 2016년 MD5와 SHA-1은 보안 용도로 추천하지 않습니다. MD5는 지금은 몇 초만에 강한 충돌 내성을 돌파할 수 있습니다. SHA-1도 서버 인증서 서명에 사용하는 것은 추천하지 않습니다.[8] 2013년에는 이론적으로 강한 충돌 내성을 깰 수 있는 기법이 발표됐습니다. 2017년 3월에는 구글이 실제로 SHA-1 해시 값이 충돌하는 PDF 생성에 성공했다고 발표했습니다.[9]

해시 값이 어떤지 시험하는 데는 커맨드라인 툴을 사용하면 좋습니다. 보안 용도로 부적당한 MD5도 체크섬 용도로는 여전히 이용되고 있으며, 각 OS에 해당되는 유틸리티가 준비되어 있습니다. 맥 OS나 BSD 계열 OS에서는 md5 커맨드가 있고, 리눅스에서는 md5sum 커맨드가 있습니다. 파일을 1바이트만 수정해도 해시 값이 크게 달라지는 것을 알 수 있습니다.

```
$ md5 index.rst
MD5 (index.rst) = 809318a5cb36956768d5ef72333adb4a
```

윈도우에는 FCIV라는 체크섬 계산 유틸리티가 있습니다.[10]

```
> fciv.exe index.rst
//
// File Checksum Integrity Verifier version 2.05.
//
809318a5cb36956768d5ef72333adb4a index.rst
```

---

7 암호 목적이 아닌 것으로는 더 많은 해시 함수가 있고, 속도를 중요시한 xxhash 등이 있습니다.

8 https://www.cybertrust.ne.jp/sureserver/productinfo/sha1ms.html(일본어)

9 https://security.googleblog.com/2017/02/announcing-first-sha1-collision.html

10 https://support.microsoft.com/ko-kr/help/841290

4.2.2 공통 키 암호와 공개 키 암호 그리고 디지털 서명

암호 통신에 익숙하지 않은 분들이 볼 때 암호화는 비밀스런 방법으로 문장을 해독할 수 없는 형식으로 바꿔 보내고, 받아보는 쪽에서 원래 문장으로 복원한다는 인상을 받습니다. 이런 방식은 변환 알고리즘 자체가 암호화에서 가장 중요한 요소가 됩니다. 즉 변환 알고리즘이 들통 나면 모든 통신이 그대로 누설됩니다. 이런 암호화 방식은 인터넷에서 사용하지 않습니다.

암호화에서 중요한 것은 알고리즘 자체를 비밀로 하는 것이 아니라, 알고리즘이 알려져도 안전하게 통신할 수 있는 것입니다. 인터넷에서는 다양한 운영체제가 설치된 컴퓨터와 휴대 단말의 브라우저 간에 안전하게 통신할 수 있음을 보증해야 합니다. 현재 많이 사용하는 브라우저는 대부분 핵심 소스 코드를 누구나 볼 수 있는 오픈 소스로서 공개됩니다. 그러므로 암호화 알고리즘 자체를 비밀로 해선 안 된다는 것을 알 수 있습니다. 현재 일반적으로 사용하는 방식은 암호화 알고리즘은 공개하고, 그 암호화에 사용하는 데이터(키)를 따로 준비하는 방식입니다. TLS에서 사용되는 방식으로는 공통 키 방식과 공개 키 방식 두 종류가 있습니다.

공통 키 방식은 자물쇠를 잠글 때와 열 때 모두 같은 열쇠를 사용하는 방식입니다. 공통 키 방식은 대칭 암호라고도 불립니다. 마치 무인 택배함과 같아서 택배함을 잠글 때 설정한 것과 같은 번호로 엽니다. 따라서 통신하는 사람끼리는 이 번호를 공유할 필요가 있습니다. 통신의 공통 키 방식 알고리즘과 물리적 키 차이는 키와 암호화 전후의 데이터가 모두 '데이터'라는 점입니다. 물리적 세계에서 은닉화는 키를 숨기는 것이지만, 암호화는 키 데이터로 원본 데이터를 파괴하는 것입니다. 키만 있으면 망가진 데이터를 원래대로 수리할 수 있으므로, 받은 쪽에서 데이터를 복원해 읽습니다. TLS에서는 일반 통신의 암호화에 사용합니다.

또 하나는 공개 키 방식입니다. 비대칭 암호라고도 불립니다. 공개 키 방식에서 필요한 것은 공개 키와 비밀 키입니다. 공개 키는 이름 그대로 전 세계에 공개해도 문제 없지만, 비밀 키는 다른 사람에게 알려져선 안 됩니다. 공개 키 방식에선 집 열쇠와 달리 암호화 키와 암호해독 키가 따로 있습니다. 암호화하는 것이 공개 키고 해독하는 것은 비밀 키입니다. 다만, 둘 다 '키'라고 부르니 오히려 어렵게 느껴질 때도 있습니다.[11] 사물에 비유하면 공개 키는 자물쇠이고 비밀 키는 열쇠입니다. 같은 자물쇠를 여러 개 갖고 있다가 상대방에게 보냅니다. 비밀 통신을 원하는 사람은 그 자물쇠를 잠궈 반송합니다. 다른 사람은 키를 갖고 있지 않아 열 수 없지만 비밀 키를 가진 사람은 그 자물쇠를 열 수 있습니다.

---

11 *http://d.hatena.ne.jp/nishiohirokazu/20140809/1407556873*(일본어)

디지털 서명은 공개 키 방식을 응용한 예입니다. 거꾸로 열쇠를 나누어주고 자물쇠를 비밀로 해두는 것과 같은 이미지입니다. 편지 본문에 자물쇠로 잠근 데이터도 함께 첨부해 보냅니다. 받는 사람이 공개된 키를 사용해 자물쇠를 열었을 때 본문과 동일한 것이 나오면 메시지가 조작되지 않은 것을 알 수 있습니다. 이것이 디지털 서명이라는 것입니다. 실제 디지털 서명은 본문 자체를 암호화하는 것이 아니라 먼저 해시화하고 그 결과를 암호화합니다. 약간 이해하기 어렵지만, 이런 용도에서는 자물쇠 쪽을 비밀로 하므로 자물쇠 쪽이 비밀 키가 되고 열쇠 쪽이 공개 키가 됩니다.

공통 키 방식과 마찬가지로 공개 키 방식에서도 물리적 키와 달리 자물쇠를 잠근 데이터와 비밀 키와 공개 키도 전부 데이터로 표현됩니다. 또한 진짜 자물쇠는 해제하면 재이용(분리)이 되지만, 공개 키 암호의 경우에는 키와 암호화된 데이터로 원본을 복원할 수는 있어도, 자물쇠인 비밀 키를 추출할 수는 없습니다.

암호화는 완벽하지 않습니다. 자물쇠에 비유하면 암호의 안전성은 알고리즘(피스톤 형태)과 비트 수(피스톤 수)로 강도가 정해집니다. 시간을 들여 열쇠의 울퉁불퉁한 패턴을 반복해서 테스트하면 진짜 열쇠를 만들어낼 수도 있습니다. 실제로는 상당한 계산량이 필요하지만, 현실적인 시간 내에서 해석이 가능한 경우 보안에 취약하다고 간주됩니다. 이미 몇몇 알고리즘은 CPU의 발달과 함께 권장하지 않게 됐습니다.

4.2.3 키 교환

키 교환은 클라이언트와 서버 사이에 키를 교환하는 것입니다. 간단한 방법으로는 클라이언트에서 공통 키를 생성한 다음 전술한 서버 인증서의 공개 키로 암호화해 보내는 방법이 있고, 키 교환 전용 알고리즘도 있습니다. 여기서는 **RFC 2631**에 정의된 디피-헬먼^{Diffie-Hellman} (DH) 키 교환 알고리즘을 소개합니다. 실제로는 이 알고리즘에서 파생된 일시 디피-헬먼^{Diffie-Hellman} ^{ephemeral} (DHE)을 사용합니다.

이 알고리즘의 핵심은 키 자체를 교환하는 게 아니라, 클라이언트와 서버에서 각각 키 재료를 만들어 서로 교환하고 각자 계산해서 같은 키를 얻는 것입니다.

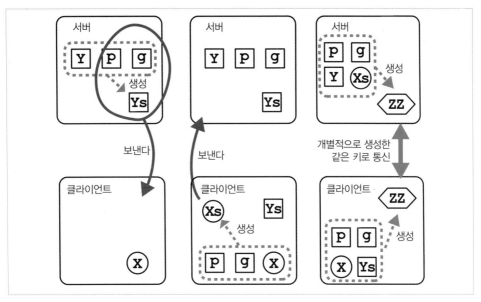

그림 4-3 키 교환 모식도

TLS상에서는 서버가 계산에 사용할 값 p와 g를 준비합니다. 이 값들은 공개 정보로서 그대로 클라이언트에게 넘겨줍니다. p는 큰 소수이지만, 본문 예제에서는 계산을 간편하게 하고자 간단한 수치를 사용했습니다. g는 법 p에 대한 원시근^{primitive root}입니다. 원시근이란 다음 조건을 만족하는 수입니다. 실제로는 속도를 높이고자 p와 g의 조합을 미리 계산해서 TLS 라이브러리 내부에 목록으로 만들어두는 경우가 많은 것 같습니다.

```
g ^ 1, g ^ 2..., g ^ (p - 2)의 어느 수치도 q로 나눈 나머지가 1이 아니다
```

또 한 가지 값을 계산합니다. 이 값을 Y라고 합니다. 이것도 비밀입니다. 가령 $p=23$, $g=5$, $Y=6$이라고 합시다. 교환용인 Ys를 다음 식으로 계산합니다.

```
Ys = (g ^ Y) mod p = (5 ^ 6) mod 23 = 8
```

Server Key Exchange(서버 키 교환) 메시지의 인수로서 p, g, Ys를 서버에서 클라이언트로 보냅니다. 전송이 끝난 후의 상태는 다음과 같습니다.

표 4-2 서버 키 교환 메시지 전송 후 상태 변화

변수	값	클라이언트	중간자	서버
p	23	안다	안다	안다
g	5	안다	안다	안다
Y	6	모른다	모른다	안다
Ys	8	안다	안다	안다

클라이언트도 랜덤하게 값 X를 생성합니다. 마찬가지로 Xs를 계산합니다. 가령 $X=15$라고 합시다.

```
Xs = (g ^ X) mod p = (5 ^ 15) mod 23 = 19
```

Client Key Exchange(클라이언트 키 교환) 메시지의 인수로서 Xs를 클라이언트 쪽에서 서버로 보냅니다. 전송이 끝난 후의 상태는 다음과 같습니다.

표 4-3

변수	값	클라이언트	중간자	서버
X	15	안다	모른다	모른다
Xs	19	안다	안다	안다

클라이언트가 직접 생성한 값 X와 서버가 보내준 값 Ys로 공통 키의 시드를 생성합니다.

```
ZZ = Ys ^ X mod p = 8 ^ 15 mod 23 = 2
```

서버도 직접 생성한 값 Y와 클라이언트가 보내준 값 Xs로 공통 키의 시드를 생성합니다.

```
ZZ = Xs ^ Y mod p = 19 ^ 6 mod 23 = 2
```

생성되는 키의 시드 ZZ는 나눗셈의 나머지이므로, 상위 비트에 0이 연속해서 치우침이 발생하는 경우가 많아 계산된 결과를 바탕으로 해시 함수를 통해 최종적으로 이용할 키 K를 생성합니다.

ZZ는 당연히 p를 넘지 않는 수가 됩니다. p의 길이로 키의 강도가 달라집니다. 여기서 사용한 수치는 5비트에 안에 들어가지만 실제로는 1024비트, 2048비트와 같은 길이를 사용합니다. 생성되는 키가 작으면 취약성으로 이어집니다. 실제로 이 성질을 이용해, 생성되는 키의 비트 수를 작게 해서 보안 강도를 약화하는 로그 잼$^{\text{log jam}}$ 공격이라는 것이 있습니다. 현재는 2048비트 이상의 길이를 권장합니다. 이는 616 자리 정도의 소수입니다. Xs와 Ys도 나눗셈의 몫으로 이산하고 있고, 범위가 어느 정도 커서 원래 값을 역산하려면 시간이 걸립니다. 프록시 등 중간자는 p와 g로 계산 중인 공개 값 Xs와 Ys를 알 수 있지만, 이것만으로는 X와 Y를 계산할 수 없으므로 오직 서버와 클라이언트만이 공통의 키를 얻을 수 있습니다.

디피-헬먼 키 교환 방식을 개선한 타원곡선 디피-헬먼$^{\text{elliptic-curve Diffie-Hellman}}$ (ECDHE) 키 교환 방식도 있으며, 이 방식은 더 적은 비트 수를 사용하지만 훨씬 강한 강도를 가집니다.

4.2.4 공통 키 방식과 공개 키 방식을 구분해서 사용하는 이유

공통 키 방식과 공개 키 방식을 비교하면, 공개 키 방식이 복잡한 만큼 아무래도 안정성이 높을 것입니다. 안전성이 높은 방식을 계속 사용하면 훨씬 안도감도 높아지겠지요. 하지만 TLS는 이 양쪽 방식을 조합했습니다. TLS에서는 통신마다 한 번만 사용되는 공통 키를 만들어내고, 공개 키 방식을 사용해 통신 상대에게 신중히 키를 전달한 이후는 공통 키로 고속으로 암호화하는 2단계 방식을 이용합니다. 공개 키 방식이 안전성이 높지만, 키를 가지고 있어도 암호화와 복호화에 필요한 계산량이 공통 키 방식보다 너무 많기 때문입니다.

'다소 계산량이 많아도 안전한 게 좋다'라고 생각하는 독자도 많을 테니, 실무에서 사용되는 공통 키 방식과 공개 키 방식의 성능을 측정해보겠습니다. 공통 키는 AES$^{\text{Advanced Encryption Standard}}$, 공개 키는 RSA$^{\text{Rivest-Shamir-Adleman}}$를 사용했습니다. 2013년형 인텔 코어 i7 모델의 맥북 프로를 이용했습니다. 코드는 [예제 4-1]과 같습니다.

```go
package main

import (
    "crypto/aes"
    "crypto/cipher"
    "crypto/md5"
    "crypto/rand"
    "crypto/rsa"
    "io"
    "testing"
)

func prepareRSA() (sourceData, label []byte, privateKey *rsa.PrivateKey) {
    sourceData = make([]byte, 128)
    label = []byte("")
    io.ReadFull(rand.Reader, sourceData)
    privateKey, _ = rsa.GenerateKey(rand.Reader, 2048)
    return
}

func BenchmarkRSAEncryption(b *testing.B) {
    sourceData, label, privateKey := prepareRSA()
    publicKey := &privateKey.PublicKey
    md5hash := md5.New()
    b.ResetTimer()
    for i := 0; i < b.N; i++ {
        rsa.EncryptOAEP(md5hash, rand.Reader, publicKey, sourceData, label)
    }
}

func BenchmarkRSADecryption(b *testing.B) {
    sourceData, label, privateKey := prepareRSA()
    publicKey := &privateKey.PublicKey
    md5hash := md5.New()
    encrypted, _ := rsa.EncryptOAEP(md5hash, rand.Reader, publicKey, sourceData,
                                    label)
    b.ResetTimer()
    for i := 0; i < b.N; i++ {
        rsa.DecryptOAEP(md5hash, rand.Reader, privateKey, encrypted, label)
    }
}
```

```go
func prepareAES() (sourceData, nonce []byte, gcm cipher.AEAD) {
    sourceData = make([]byte, 128)
    io.ReadFull(rand.Reader, sourceData)
    key := make([]byte, 32)
    io.ReadFull(rand.Reader, key)
    nonce = make([]byte, 12)
    io.ReadFull(rand.Reader, nonce)
    block, _ := aes.NewCipher(key)
    gcm, _ = cipher.NewGCM(block)
    return
}

func BenchmarkAESEncryption(b *testing.B) {
    sourceData, nonce, gcm := prepareAES()
    b.ResetTimer()
    for i := 0; i < b.N; i++ {
        gcm.Seal(nil, nonce, sourceData, nil)
    }
}

func BenchmarkAESDecryption(b *testing.B) {
    sourceData, nonce, gcm := prepareAES()
    encrypted := gcm.Seal(nil, nonce, sourceData, nil)

    b.ResetTimer()
    for i := 0; i < b.N; i++ {
        gcm.Open(nil, nonce, encrypted, nil)
    }
}
```

이 코드를 encript_test.go라는 이름으로 저장하고 다음과 같이 실행합니다.[12]

```
$ go test -bench .
```

벤치마크 결과는 [표 4-4]와 같습니다. 128바이트의 데이터를 암호화하고 복호화할 때 걸리는 처리 시간은 표에 나온 대로입니다. 암호화와 복호화가 다른 컴퓨터에서 진행되는 점을 감안하면 실제 산출량은 더 느린 수치가 됩니다. 공개 키 암호에서는 비교적 성능이 좋은 컴퓨터를 사

----

12 go test로 실행하려면 파일명이 *_test.go 형식이어야 합니다.

용해도 PHS 회선 정도의 속도밖에 안 나옵니다. AES로는 기가비트 광회선에서도 병목이 일어나지 않는 속도로 그 차이는 1만 5천 배입니다. AES는 Go 언어의 64비트 인텔 아키텍처용 구현으로 하드웨어 처리가 이루어져, 3~10배의 속도가 되는 것[13]을 빼도 상당한 속도 차이가 있습니다.

표 4-4 벤치마크 결과

암호 방식	모드	시간(나노 초)	스루풋
RSA	암호화	84338	1.5MB/초
RSA	복호화	2874037	45KB/초
AES	암호화	186	690MB/초
AES	복호화	186	690MB/초

4.2.5 TLS 통신 절차

지금까지 TLS에 나오는 용어를 이해하기 위한 기술 요소를 설명해왔습니다. 이제부터 자세한 통신 절차를 소개합니다.

TLS 통신은 크게 셋으로 나눌 수 있습니다. 처음이 핸드셰이크 프로토콜로 통신을 확립하는 단계, 다음이 레코드 프로토콜로 불리는 통신 단계, 마지막이 SessionTicket 구조를 이용한 재접속 시의 고속 핸드셰이크입니다. 각 단계를 소개할 때 핸드셰이크에는 크게 두 개의 과제가 있으므로 나누어 소개합니다.

---

13 *https://software.intel.com/en-us/articles/intel-advanced-encryption-standard-instructions-aes-ni*

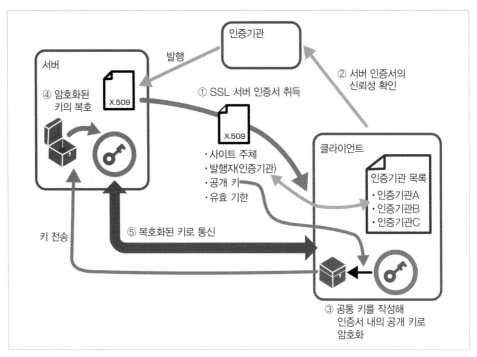

그림 4-4 TLS 통신 순서

서버의 신뢰성 확인

서버의 신뢰성을 보증하는 구조는 공개 키를 보증하는 구조이기도 해서, 공개 키 기반구조public key infrastructure (PKI)라고 불립니다. 브라우저는 서버에서 그 서버의 SSL 서버 인증서를 가져오는 것부터 시작합니다.

인증서는 X.509 형식으로 기술된 파일입니다. X.509는 **RFC 2459**에서 정의됐습니다. 그 후로 **RFC 3280**으로 바뀌었고, 현재 최신 사양은 **RFC 5280**입니다. 이 인증서에는 사이트 주체 (Subject: 이름과 도메인명), 발행자, 소유자 서버의 공개 키, 유효 기한 등의 항목이 있습니다. 발행자는 인증기관certificate authority (CA)이라고도 불립니다. 우선 사이트의 도메인명과 통신하고 싶은 도메인명은 일치할 것입니다. 또한 사이트 주체의 이름은 브라우저의 주소창에 표시됩니다. 신뢰성 확인의 핵심은 발행자입니다.

인증서에는 발행자의 디지털 서명이 있습니다. 그 발행자의 인증서를 취득함으로써 서명을 검증할 수 있습니다. 그리고 다시 상위 발행자의 인증서도 차례로 검증해갑니다. 최종적으로는 발행자와 주체자가 동일한 인증서가 나옵니다. 이것은 루트 인증기관이라고 불립니다. 다만 루트 인증기관 자신의 신뢰성은 이 구조만으로는 보증할 수 없습니다. 따라서 브라우저와 OS에는 미리 신뢰할 수 있는 인증기관의 인증서가 설치되어 있습니다. 이 인증서와 대조함으로써 최종적으로 서버가 승인된 것임을 확인할 수 있습니다.

신뢰가 확인되지 않은 발행자와 주체가 같은 인증서는 '자가 서명 인증서'라고 불립니다. 인증서 자체는 OpenSSL 등의 도구로 손쉽게 만들 수 있습니다. 자신이 만든 인증서를 직접 OS에 등록해서 개인용 서비스 인증에 사용하거나 사내 PC에 일괄적으로 설치해 사내 전용 서버를 확인하는 데 사용할 수 있습니다.

> **NOTE_** 공개 키 기반에는 인증기관이 해킹당한 경우를 대비해 실효된 인증서를 관리하는 시스템도 갖추고 있습니다.

서버 인증서에 관한 화제로 안전성 측면에서 서명 작성에 160비트 SHA-1 알고리즘을 이용한 인증서 사용이 중지되는 것입니다. 2016년 1월부터 이미 발행이 금지됐지만, 2017년 1월부터는 사용도 금지됩니다. 2017년 이후 방문한 서버에 SHA-1을 사용한 인증서만 있을 경우 브라우저는 경고를 내보냅니다.

외부에 공개된 서비스라면 인증서는 누구나 취득할 수 있습니다. openssl 커맨드로 구글의 인증서를 가져와 내용을 표시해봅시다.

```
$ openssl s_client -connect www.google.com:443 < /dev/null > google.crt
$ openssl x509 -in google.crt -noout -text
Certificate:
    Data:
        Version: 3 (0x2)
        Serial Number: 3212404801251588877 (0x2c94c1258d5c3b0d)
    Signature Algorithm: sha256WithRSAEncryption
    Issuer: C=US, O=Google Inc, CN=Google Internet Authority G2
    Validity
        Not Before: Sep  1 14:06:15 2016 GMT
        Not After : Nov 24 13:45:00 2016 GMT
    Subject: C=US, ST=California, L=Mountain View, O=Google Inc, CN=www.google.com
        :
```

이것이 실제 서버의 인증서입니다.

키 교환과 통신 시작

다음은 키 교환입니다. 공개 키 암호를 사용하는 방법과 키 교환 전용 알고리즘을 사용하는 방법이 있습니다. 어느 쪽을 쓸 것인지는 최초의 `Client Hello`, `Server Hello` 니고시에이션에서 결정됩니다.

클라이언트는 먼저 난수를 사용해 통신용 공통 키를 만듭니다. 난수도 패턴이 쉽게 읽히는 알고리즘으로는 아무리 암호화해봐야 애초에 생성될 공통 키가 예측되거나 암호를 결정하는 알고리즘의 중간 경과가 추측될 우려가 있습니다. 난수의 질도 중요합니다. 최근 CPU는 하드웨어 난수 생성기를 갖추고 있으며, 복수의 알고리즘과 난수 생성기를 조합해 난수를 읽기 어렵게 할 수도 있습니다.

공개 키를 사용하는 방법은 간단합니다. 서버 인증서에 첨부된 공개 키로 통신용 공통 키를 암호화해 그 키를 서버에 보냅니다. 서버는 인증서의 공개 키에 대응하는 비밀 키를 갖고 있으므로 건네받은 데이터를 복호화해 공통 키를 꺼낼 수 있습니다.

키 교환 전용 알고리즘을 사용할 때는 어느 한 쪽이 완전한 키를 만들어 상대에 넘기는 것이 아니라, 키를 생성할 시드를 클라이언트와 서버 양쪽에서 하나씩 만듭니다. 만들어진 시드를 서로 교환해서 계산한 결과가 공통 키가 됩니다. 시드를 서로 교환할 때 공개 키 암호가 함께 사용됩니다.

순방향 비밀성forward secrecy이 우수하므로, 앞으로 키 교환에서 주류가 되는 것은 키 교환 전용 알고리즘 방식입니다. 현재 책정 중인 TLS 1.3 버전에서는 공개 키 암호를 이용한 키 교환은 폐지됩니다. 공개 키로 암호화된 키 교환 통신 내용이 모두 기록된 경우, 서버의 비밀 키가 유출되면 공통 키가 해독되고 기록된 통신 내용도 해독될 가능성이 있습니다. 키 교환 전용 알고리즘에서 사용하는 키는 동적으로 계산되고 파일로 저장되지 않기 때문에, 키가 유출될 일이 없습니다. 공개 키 암호인 RSA 또한 키 교환에는 권장하지 않습니다. 키 교환 이외의 서버 인증이나 클라이언트 인증, 사전 키 교환pre-shared key(PSK)에는 앞으로도 이용되겠지만, 서버 부하가 낮은 타원곡선 DSA Elliptic Curve Digital Signature Algorithm(ECDSA)로 대치될지도 모릅니다.

통신

통신을 할 때도 기밀성과 무결성(조작 방지)을 위해 암호화를 합니다. 암호화에는 공통 키 암호 방식 알고리즘을 이용합니다.

TLS 1.2 이전 버전에서는 통신 내용의 해시 값을 계산한 다음, 공통 키 암호로 암호화 하는 방법을 지원했습니다. 이 방법은 전송 내용의 바이트 열에서 생성한 해시 값을 전송 데이터 끝에 붙여 조작을 탐지합니다. 단 이 기법에 대한 공격이 발견됐으므로 TLS 1.3 이후에는 AES+GCM, AES+CCM, ChaCha20-Poly1305(TLS 1.3부터 신규 지원) 등의 인증 암호 authenticated encryption with associated data(AEAD)로 제한될 예정입니다.

예를 들어 TLS 1.2의 AES+GCM에서는 암호화와 복호화를 할 때, 일반 공통 키와 별개로 12바이트의 키가 필요합니다. 이 중 8바이트는 전송 시 랜덤하게 만들어 부여하고, 4바이트는 핸드셰이크 때 교환한 서버와 클라이언트의 난수를 재료로 해시 함수를 이용해 생성합니다.

통신의 고속화

지금까지 설명한 절차는 가장 긴 경우인 신규 접속의 흐름입니다. 일반적인 접속에서는 우선 HTTP로 연결하기 전 TCP/IP 단계에서 1.5RTT가 걸립니다. 그 후 TLS 핸드셰이크에서 2RTT, 그리고 HTTP의 요청에서 1RTT의 통신 시간이 걸립니다. 단 TCP/IP 통신 마지막의 0.5RTT와 그 후 TLS의 최초 통신은 함께 이루어지므로 합계는 4RTT입니다. TLS를 사용하지 않으면 2RTT로 끝납니다.

통신에서 전기 신호가 서버에 도달하고 응답이 되돌이오기까지의 시간은 매우 긴 시간입니다. 그래서 인터넷을 더 빠르게 하려면 왕복 시간을 줄이는 것이 중요합니다. TLS와 HTTP에는 이를 위한 장치가 몇 가지 구현되어 있습니다.

우선 이 장 처음에 소개한 Keep-Alive입니다. Keep-Alive를 이용하면 세션이 지속되므로, 최초 요청 이후의 통신에서는 RTT가 1이 됩니다.

TLS 1.2에는 세션 재개 기능session resumption이 있어 최초의 핸드셰이크에서 전에 사용하던 세션 ID(32비트 수치)를 보내면 이후의 키 교환이 생략되므로 1RTT로 세션이 재개됩니다. 1.3에서는 사전에 키를 공유해 둠으로써 0RTT로 최초 요청부터 정보를 전송할 수 있게 됩니다.[14]

TLS 1.3에서는 키 교환과 비밀 키 암호가 분리되어 암호화 스위트로 비밀 키 암호를 니고시에 이선한 결과를 기다리지 않고, 최초의 Client Hello로 클라이언트 쪽에서 키를 교환할 수 있게 됩니다. 통신이 1 왕복 줄어 1RTT로 인증이 완료됩니다.

----

14 http://www.jnsa.org/seminar/pki-day/2016/data/1-3_ootsu_.pdf(일본어)

TLS 아래 계층을 핸드셰이크가 필요한 세션형 TCP에서 재전송도 및 흐름 제어도 하지 않는 간이 데이터그램형 UDP로 대체해, 애플리케이션 계층에서 재전송하는 QUIC^{quick UDP internet} connections라는 통신 방식의 RFC화가 IETF에 제안됐습니다.[15] 이미 구글의 서버가 QUIC을 지원하고, 크롬 브라우저에서도 이용됩니다.[16] HTTP나 TLS 통신 이전에 전송 계층인 TCP 시점에서 핸드셰이크에 1RTT를 소비했지만, UDP는 핸드셰이크를 하지 않으므로 0RTT로 연결할 수 있습니다. 현재 구현된 QUIC은 TLS에 해당하는 것을 자신이 갖는 등 거대해졌지만, 앞으로는 TLS 1.3으로 대체됩니다. 단 표준화에는 아직 시간이 걸립니다.

예전에 TLS는 계산 부하가 커서, 고속화를 위해 'SSL 가속기'로 불리는 하드웨어 제품을 사용하는 경우가 있었습니다. 그만큼 TLS와 그 전신인 SSL은 무거운 처리라는 이미지가 있었습니다. 그러나 2010년 6월에 구글은 TLS를 CPU로 처리해도 CPU 부하는 1%, 네트워크 오버헤드는 2% 미만이라고 발표했습니다.[17] 발표 시점에선 아마 사용하지 않았을 것이라고 생각되지만[18] 얼마 전 인텔이 TLS 통신에 사용되는 AES 고속화 명령을 CPU에 추가했습니다. 전용 명령으로 가속이 이루어져, HTTP/2에서는 서버와 클라이언트 간 세션 수가 최대 1/6로 줄었습니다.[19] 핸드셰이크 횟수도 줄었습니다. TLS/1.3과 QUIC을 이용하면 핸드셰이크 비용도 내려가므로 1회당 통신 부하는 더욱 줄어들 것입니다.

4.2.6 암호강도

알고리즘의 수학적 특성에 따라 어느 정도의 강도인지 기준이 되는 수치가 있습니다. 이 수치는 다음 절의 암호와 해시 알고리즘을 선택할 때 지표가 됩니다. [표 4-5]는 암호 알고리즘과 키의 길이가 가진 강도에 관한 표[20]입니다. 이 지표는 비트 안전성으로 불리고, 각 줄의 왼쪽에 있는 공통 키 암호 방식의 비트 수로 레벨이 나뉩니다. 비트 수가 1 증가하면 두 배 강해집니다.

---

15 *https://tools.ietf.org/html/draft-tsvwg-quic-protocol-00*

16 2015년 시점에서 크롬 브라우저의 통신 절반은 QUIC으로 이루어진다고 발표했습니다. *https://blog.chromium.org/2015/04/a-quic-update-on-googles-experimental.html*

17 *https://www.imperialviolet.org/2010/06/25/overclocking-ssl.html*

18 이때는 현재는 추천하지 않는 RC4가 널리 사용됐고, 구글도 대규모 사이트에서는 사용했던 것 같습니다.

19 HTTP/1.1까지는 2~6개의 TCP 세션을 브라우저가 병렬화해서 고속화했습니다. HTTP/2에서는 하나의 TCP 세션으로 다중화할 수 있으므로 병렬화가 필요 없습니다.

20 『Bulletproof SSL and TLS』에서 인용

표 4-5 일반적인 키 길이와 암호 강도의 대응 관계

공통 키 암호 방식	RSA/DSA/DH	타원 곡선 암호	해시 값
80	1024	160	160
112	2048	224	224
128	3072	256	256
256	15360	512	512

64비트에서는 소규모 조직의 극히 짧은 기간의 공격으로도 해독되며, 80비트에서는 단기간의 조직적인 공격으로 해독된다고 합니다. 96비트, 112비트, 128비트에서 각각 10년, 20년, 30년을 견딜 수 있고, 256비트는 양자 컴퓨터 공격에 대한 내성이 있다고 간주합니다. 2017년 권장되는 값은 112에서 128비트입니다. RSA에서는 2048비트, 타원 암호에서는 224비트에서 256비트이고, 해시 값은 224비트에서 256비트입니다. RSA만 3072가 아닌 이유는 이 암호화 방식으로는 계산량이 너무 많아 3072가 기꺼이 선택되지 않기 때문입니다. 특히 클라이언트 쪽보다 서버 쪽 부담이 아주 크고 DDoS 공격에 대한 내성이 떨어집니다. 그 대신 더 적은 계산량으로 강도를 유지할 수 있는 타원 곡선 암호의 인기가 높아지고 있습니다.

이제 안전하지 않다고 하는 SHA-1은 160비트 길이의 해시 함수로, 비트 안전성은 80비트입니다. 전혀 안전하지 않다고 하는 MD5는 128비트 길이의 해시 함수이므로 비트 안정성은 64비트입니다. 덧붙여 이는 정면 돌파할 경우의 계산량이 기준이 되므로, 효율적인 공격법이 발견되거나 알고리즘의 결과에 편향이 있어 실제로는 그렇게 비트 공간이 넓지 않다면, 실질적인 비트 안전성 수치가 내려갈 수 있습니다.

4.2.7 암호화 스위트

TLS는 HTTP와는 또 다른 방식으로 사양에 유연성을 부여합니다. TLS의 골격이 되는 '서버를 인증하고, 키를 교환해서 통신한다'는 흐름은 TLS 1.0에서 1.3까지 크게 달라지지 않습니다. 그런 한편 키 교환 방법, 메시지 암호화, 메시지 서명 방식 등 각각의 장면에서 사용하는 알고리즘 조합을 리스트화해 관리하고 서버/클라이언트에서 공통으로 사용할 수 있는 것을 선택하는 시스템을 만들어, 새로운 알고리즘을 조금씩 도입하거나 낡은 알고리즘을 비추천하는 작업을 버전 간에서 시행하기 쉬워졌습니다. 이 알고리즘 세트를 암호화 스위트cipher suite라고 부릅니다.

암호화 스위트에는 많은 조합이 있습니다. 다음 명령을 입력하면 어떤 것이 있는지 실제로 볼 수 있습니다.

```
$ openssl ciphers -v
ECDH-RSA-AES128-GCM-SHA256    TLSv1.2 Kx=ECDH/RSA    Au=ECDH Enc=AESGCM(128) Mac=AEAD
ECDH-ECDSA-AES128-GCM-SHA256 TLSv1.2 Kx=ECDH/ECDSA Au=ECDH Enc=AESGCM(128) Mac=AEAD
:
```

이 목록은 네 항목의 조합으로 만들어집니다.

표 4-6 암호화 스위트 조합

값	의미	사용되는 값의 예
ECDHE-RSA-AES256-GCM-SHA384	암호화 스위트를 식별하는 이름	
TLSv1.2	암호가 지원된 프로토콜 버전	TLSv1.2 등
Kx=ECDH/RSA	교환 키 알고리즘/서명 알고리즘	DH/RSA, ECDH/ECDSA
Au=RSA	인증 알고리즘	RSA/ECDSA
Enc=AESGCM(256)	레코드 암호 알고리즘	AES-GCM, CHACHA20-POLY1305
Mac	메시지 서명	AEAD, SHA386

필자의 맥 OS에 설치된 OpenSSL(MacPorts 버전 1.0.2h)에는 98개나 되는 조합이 설치되어 있습니다. 단 이 중에는 하위 호환성 때문에 들어 있지만 현재는 이용을 권장하지 않는 것도 많습니다. TLS 1.3에서는 그 이전과 비교할 때 권장하는 조합이 많이 바뀝니다. TLS 1.3을 예상하고 책정된 HTTP/2의 **RFC 7540**에는 사용해서는 안 될 암호화 스위트의 블랙리스트가 정의되어 있습니다.

- 몇몇 암호 방식(DES, RC4, MD5, SHA-1)이 안전하지 않다고 간주됐고, 안전한 암호 방식이라도 키 길이가 짧은 것은 강도 부족으로 보고 선택 사항에서 제외했다.
- 스트림 암호인 RC4도, 블록 암호인 MAC 후 암호화 방식도 취약하다고 보고 인증된 암호(AEAD)만 사용하게 됐다.
- 공통 키 알고리즘에서 사용할 수 있는 알고리즘이 AES뿐이라 AES가 안전하지 않게 됐을 때 다른 수단이 없어지므로, 안전을 위해 다른 알고리즘(**RFC 7905**에서 표준화된

ChaCha20-Poly1305)이 추가됐다.

ChaCha20-Poly1305는 AES보다 전송 크기가 작아진다는 장점이 있습니다. 또한 계산 부하가 낮고 인텔과 AMD의 CPU에 내장된 암호화 복호화 가속 명령Advanced Encryption Standard-New Instructions(AES-NI) 혹은 ARM의 64비트 아키텍처 명령 세트 ARMv8 이후에 추가된 가속 명령을 사용할 수 없는 환경에서는 AES보다 세 배 정도 성능이 높아집니다.

암호화 스위트 중 지금 사용해도 안전한 것, 호환성을 위해 남겨둘 것 등 구체적인 목록은 모질라 사이트에 있습니다. 사용하는 웹 서버나 암호화 시스템, 정책을 선택하면 각 웹 서버의 설정 파일 설정 예를 제공합니다.[21]

그 밖에도 과거의 공격을 근거로 몇 가지 기능이 지원되지 않습니다. 1.3은 버전 번호만 보면 마이너 업데이트지만 기능적으로는 메이저 업데이트라고 할 수 있습니다.[22]

4.2.8 프로토콜 선택

TLS가 제공하는 기능 중 차세대 통신에 없어선 안 될 것이 애플리케이션 계층 프로토콜을 선택하는 확장 기능입니다.

처음에 구글이 NPN Next Protocol Negotiation 확장을 제안해서 RFC화를 목표로 초안이 만들어졌습니다.[23] 그러나 니고시에이션 흐름이 크게 달라져버렸고, 다른 방식인 ALPN Application-Layer Protocol Negotiation 확장 방식이 선택돼 **RFC 7301**이 됐습니다.

ALPN에서는 TLS의 최초 핸드셰이크 시(ClientHello) 클라이언트가 서버에 '클라이언트가 이용할 수 있는 프로토콜 목록'을 첨부해서 보냅니다. 서버는 그에 대한 응답(ServerHello)으로 키 교환을 하고 인증서와 함께 선택한 프로토콜을 보냅니다. 클라이언트가 보낸 목록에서 서버가 사용할 프로토콜을 하나 골라 반환하는 방법은 2장에서 소개한 콘텐트 니고시에이션과 같습니다.

선택할 수 있는 프로토콜 목록은 IANA에서 관리합니다.[24] 현재 등록된 이름은 [표 4-7]과 같

---

21 *http://d.hatena.ne.jp/jovi0608/20160404/1459748671*(일본어)

22 한때 이름을 2.0으로 할지도 논의됐습니다.

23 *https://tools.ietf.org/html/draft-agl-tls-nextprotoneg-04*

24 *http://www.iana.org/assignments/tls-extensiontype-values/tls-extensiontype-values.xhtml#alpn-protocol-ids*

습니다. 주로 HTTP 계열과 WebRTC 계열 프로토콜이 있습니다.

표 4-7 선택 가능한 프로토콜

프로토콜	식별자
HTTP/1.1	http/1.1
SPDY/1	spdy/1
SPDY/2	spdy/2
SPDY/3	spdy/3
Traversal Using Relays around NAT(TURN)	stun.turn
NAT discovery using Session Traversal Utilities for NAT(STUN)	stun.nat-discovery
HTTP2 over TLS	h2
HTTP2 over TCP	h2c
WebRTC 미디어와 데이터	webrtc
Confidential WebRTC 미디어와 데이터	c-webrtc
FTP	ftp

이 가운데 중요한 것이 HTTP/1.1과 HTTP/2 및 HTTP/2의 전신이 된 SPDY의 각 버전이 공존한다는 것입니다. 파이프라이닝은 신택스만은 HTTP/1.0의 연장으로서 도입됐지만, 동작이 1.0과 상위 호환이 아니라 바르게 동작하지 않는 경우도 있어 적극적으로 지원되지 않았다고 소개했습니다. TLS를 사용하면 중간에 프록시의 간섭을 받지 않고, 프로토콜 버전을 사전에 서버와 조정함으로써 전혀 호환성이 없는 프로토콜도 이용할 수 있습니다.

여담이지만, h2c는 TLS 연결이 됐는데도 TLS를 사용하지 않는 프로토콜을 이용한다는 의미입니다. 실제로는 이 프로토콜을 선택하는 일은 없지만 예약만 되어 있습니다.

또한 RFC는 식별자를 UTF-8로 인코딩한다고 되어 있어, 비영어권 문자나 그림 문자가 들어가도 문제는 없습니다.

4.2.9 TLS가 지키는 것

TLS는 통신 경로의 안전을 지키기 위한 구조이고, 클라이언트와 서버 간 통신 경로를 전혀 신뢰할 수 없는 상태에서도 안전하게 통신할 수 있도록 설계됐습니다. 통신 경로를 신뢰할 수 없다는 것은 중간자가 통신을 감청하거나 통신 내용을 자유롭게 변경하거나 클라이언트로 속여 요청을 보낼 수 있다는 뜻이지만, TLS는 그 상태에서도 도청도 조작도 사칭도 할 수 없는 안전한 통신을 제공합니다.

TLS 1.3의 인증된 암호 모드 알고리즘은 통신 내부가 보이지 않게 하고, 조작도 사칭도 되지 않도록 보호합니다. 여기서 중요한 것은 공통 키의 안전한 교환입니다. 경로 위에서 관측하는 것만으로는 키를 찾아내기 힘든 DHE, ECDHE 같은 키 교환 알고리즘을 이용합니다. 다만 이 방법은 도중에 통신 내용을 바꿀 수 있는 중간자 공격에 약하기 때문에, 인증서 인증을 함께 사용해 조작 위험성을 줄입니다.

TLS 1.2에서는 공개 키 암호로 키를 교환하는 방법을 제공했습니다. 앞에서 설명한 대로 순방향 비밀성은 약하지만, 비밀 키만 지키면 통신을 보호할 수 있습니다. 인증서의 안전성은 공개 키 기반으로 발행자가 보증합니다.

TLS는 이처럼 여러 방법을 조합해 각각의 보안 구멍을 서로 막아줍니다. 보안 구멍에는 다양한 종류가 있습니다. 알고리즘이 취약해서 생긴 보안 구멍이 있는가 하면, 구현 상의 문제로 발생한 것도 있습니다. 어떤 그래프 구조로 되어 있는지 알면 문제가 어떻게 파급될지도 보이겠지요. 여기서 설명한 TLS는 전체 중 일부에 지나지 않습니다. 보안을 위해서는 믿을 수 있는 정보 발신원에서 나오는 정보에 항상 안테나를 세워 두는 것 중요합니다.

한편으로 TLS가 지켜주지 않는 것도 있습니다. TLS는 통신 경로 밖의 정보는 숨겨주지 않습니다. 브라우저의 쿠키를 빼내는 크래킹은 TLS로 보호하고 있어도, 브라우저를 오동작시켜 의도치 않은 서버로 보낼 수 있습니다. 그리고 서버가 크랙됐을 때도 정보가 보호되지 않습니다. 사용자의 패스워드를 평문으로 데이터베이스에 저장하지 않고, 해시화해서 보호하는 것은 TLS와 관계없이 꼭 해야 하는 일입니다.

4.3 PUT 메서드와 DELETE 메서드의 표준화

HTTP/1.0에서는 옵션이었던 **PUT**과 **DELETE** 메서드도 필수 메서드로 추가됐습니다. 이로써 데이터베이스에서 데이터를 다룰 때 사용하는 기본적인 네 개 메서드create, read, update, delete(CRUD)가 갖추어져, HTTP는 데이터를 취급하는 프로토콜로도 이용할 수 있게 됐습니다(표 4-8).

표 4-8 데이터를 다루는 기본 메서드

HTTP 메서드	대응하는 CRUD 조작	SQL
GET	Read	select
POST	Create	insert
PUT	Update	update
DELETE	Delete	delete

실제로는 HTTP는 도큐먼트를 다루는 고수준 API이고, CRUD는 프리미티브한 조작이라는 데 차이가 있습니다. 실제로 CRUD와 메서드를 일대일로 대응시켜 HTTP를 거쳐서 이용하는 데이터베이스 관리 시스템을 만들 일은 없겠지요. 예를 들어 사진 공유 사이트가 있다고 하겠습니다. 마음에 드는 불꽃놀이 사진을 **POST**로 게시해봅시다. 사진을 게시할 때, 불꽃놀이 사진 앨범에도 추가하고 싶습니다. 그러려면 자신의 사진 스트림과 앨범이라는 두 개의 테이블에 항목을 추가해야 합니다. 경우에 따라서는 사진에 찍힌 사람의 얼굴을 관련 데이터베이스에 추가하기도 합니다. 이처럼 한 번의 게시로 프리미티브한 CRUD 조작이 여러 번 실행되면서 두 개 이상의 데이터베이스가 동시에 갱신되는 경우가 있습니다.

데이터베이스의 경우는 트랜잭션이라는 큰 테두리 안에서 데이터의 불일치가 일어나지 않도록 CRUD를 사용한 1회 액션으로 데이터를 갱신합니다. HTTP에는 트랜잭션이 없고, 1회 액션에 해당하는 조작이 HTTP의 1요청입니다. 의미로는 닮은꼴처럼 보이지만, HTTP의 경우는 비록 수면 아래에서 복잡한 일이 일어나도 겉보기에 1액션으로 보이게 할 필요가 있습니다.

새로 늘어난 **PUT**과 **DELETE**는 HTML의 폼으로 보낼 수 없고, 다음 장에서 소개할 XMLHttpRequest를 사용해야 합니다. 웹 API의 시맨틱스에 관해서는 REST API 장에서 다시 소개합니다.

4.4 OPTIONS, TRACE, CONNECT 메서드 추가

HTTP/1.1에서는 이 밖에도 OPTIONS, TRACE, CONNECT라는 새로운 메서드가 추가됐습니다. 이 중에서 CONNECT가 아마 가장 자주 사용되는 새 메서드일 것입니다.

4.4.1 OPTIONS

OPTIONS 메서드는 서버가 받아들일 수 있는 메서드 목록을 반환합니다. curl 배포 사이트에서 불러내봅시다.

```
$ curl -X OPTIONS -v https://curl.haxx.se
                                              [master]
: (생략)
> OPTIONS / HTTP/1.1
> Host: curl.haxx.se
> User-Agent: curl/7.49.1
> Accept: */*
>
< HTTP/1.1 200 OK
< Date: Mon, 04 Jul 2016 18:44:23 GMT
< Server: Apache
< Upgrade: h2
< Connection: Upgrade
< Allow: OPTIONS,GET,HEAD,POST
< Content-Length: 0
< Content-Type: text/html
<
* Connection #0 to host curl.haxx.se left intact
```

응답 중에서 Allow 헤더에 결과가 들어있습니다. Allow 헤더를 보면, 이 서버가 OPTIONS, GET, HEAD, POST 메서드를 받을 수 있다는 것을 알 수 있습니다.

그러나 대부분 웹 서버는 OPTIONS 메서드를 허용하지 않습니다. 점유율이 높은 엔진 x도 기본적으로 다룰 수 없고, 405 Method Not Allowed를 반환합니다. 특별히 실제 체험할 필요성도 적어서 자세한 설정 방법은 생략하지만, 도커가 설치되어 있다면 다음 명령으로 시험할 수 있습니다. Docker Community Edition for Mac으로 시험했습니다.

```
# nginx 서버 시작
$ docker run -d -p 80:80 --name webserver nginx

# curl 커맨드를 입력해본다
$ curl -X OPTIONS localhost
<html>
<head><title>405 Not Allowed</title></head>
<body bgcolor="white">
<center><h1>405 Not Allowed</h1></center>
<hr><center>nginx/1.11.1</center>
</body>
</html>

# 서버 종료
$ docker stop webserver
```

OPTIONS 메서드는 브라우저가 다른 서버에 요청을 보낼 때, 사전 확인에 사용되는 경우가 있습니다. 자세한 내용은 10장에서 CORS를 살펴볼 때 다룹니다.

4.4.2 TRACE(TRACK)

TRACE 메서드는 더 불행한 메서드입니다. 서버는 TRACE 메서드를 받으면 Content-Type에 message/http를 설정하고, 스테이터스 코드 200 OK를 붙여 요청 헤더와 바디를 그대로 반환합니다. 그러나 현재는 거의 사용되지 않습니다. 임의의 스크립트를 브라우저에서 실행하는 크로스 사이트 스크립팅cross-site scripting(XSS)의 취약성과 조합해, BASIC 인증 사용자 이름과 패스워드를 장악할 수 있는 크로스 사이트 트레이싱cross-site tracing(XST)이라는 취약성이 유명해져 웹상에서 나오는 정보도 TRACE 메서드를 무효화하는 설정법뿐입니다. 시험 삼아 몇몇 웹사이트에 보내보면, 부정한 메서드를 이용했다고 오류를 반환합니다.

```
$ curl -X TRACE https://google.com
```

서버의 XSS 취약성을 발판으로 TRACE 메서드를 조합하면 정보를 엿볼 수 있습니다.

1. XSS로 임의의 스크립트를 실행할 수 있게 되어 있다.
2. 삽입된 악의적인 스크립트를 사용해, TRACE를 이용할 수 있는 서버에 XMLHttpRequest

로 **TRACE** 메서드를 보낸다.

3. 응답이 돌아오면, 일반 스크립트로는 얻을 수 없는 HttpOnly의 쿠키 정보를 얻을 수 있다.

현재는 브라우저에서 XMLHttpRequest로 **TRACE** 메서드를 보내는 것을 허용하지 않으므로, 실제로 이런 일이 일어날 수는 없습니다.[25] 사용하는 사람도 많지 않으니 활성화해둘 필요도 없겠지요.

마이크로소프트의 IIS라는 웹 서버에서 **TRACK**이라는 이름으로 같은 기능이 제공되는데, 이쪽도 웹에서 검색하면 무효화하는 이야기만 나옵니다.

4.4.3 CONNECT

CONNECT는 HTTP 프로토콜상에 다른 프로토콜의 패킷을 흘릴 수 있게 합니다. 프록시 서버를 거쳐, 대상 서버에 접속하는 것을 목적으로 합니다. 주로 https 통신을 중계하는 용도로 사용됩니다. Squid[26]의 **CONNECT** 설정에 관한 웹 문서를 보더라도 'https 이외의 **CONNECT** 접속을 거부한다'라는 설정을 소개한 페이지가 대부분입니다.

CONNECT 메서드를 이용하고 싶은 클라이언트는 다음과 같은 내용을 프록시 서버에 전송합니다.

```
CONNECT example.com:8889 HTTP 1.1
```

CONNECT 메서드를 무조건 받아들이는 프록시는 아무 프로토콜이나 통과시켜버리므로, 맬웨어가 메일을 보내거나 하는 통신 경로로 사용될 위험이 있습니다.

실제 프록시 서버인 squid를 사용해, 외부 사이트에 연결하여 봅시다. 로컬 3128 포트에서 squid를 시작합니다.

```
$ docker run -d -p 3128:3128 --name squid poklet/squid
```

다음으로 이 squid를 프록시로 사용해 외부 https 서버에 접속해봅니다. 상세한 로그는 출력하는 -v 옵션을 붙여 실행해보겠습니다. 코드가 길어서 필요한 곳 이외는 생략했습니다.

....

25 *http://blog.tokumaru.org/2013/01/TRACE-method-is-not-so-dangerous-in-fact.html*(일본어)
26 오픈 소스 프록시, 웹 캐시 서버. *http://www.squid-cache.org*

```
$ curl - proxy http://localhost:3128 -v http://yahoo.com
* Rebuilt URL to: https://yahoo.com/
*   Trying ::1...
* Connected to localhost (::1) port 3128 (#0)
* Establish HTTP proxy tunnel to yahoo.com:443
> CONNECT yahoo.com:443 HTTP/1.1
> Host: yahoo.com:443
> User-Agent: curl/7.49.1
>
< HTTP/1.0 200 Connection established
<
* Proxy replied OK to CONNECT request
* ALPN, offering http/1.1
  :
* SSL connection using TLSv1.2 / ECDHE-RSA-AES128-GCM-SHA256
  :
> GET / HTTP/1.1
> Host: yahoo.com
> User-Agent: curl/7.49.1
> Accept: */*
>
< HTTP/1.1 301 Redirect
< Date: Tue, 05 Jul 2016 03:30:00 GMT
< Via: https/1.1 ir28.fp.ne1.yahoo.com (ApacheTrafficServer)
< Server: ATS
< Location: https://www.yahoo.com/
< Content-Type: text/html
< Content-Language: en
< Cache-Control: no-store, no-cache
< Connection: keep-alive
< Content-Length: 304
<
<HTML>
:
</BODY>
* Connection #0 to host localhost left intact
```

먼저 로컬 호스트의 3128 포트에 접속했지만, CONNECT 메서드로 *yahoo.com*의 https용 포트
인 443 포트에 연결하러 가고 있습니다. HTTP/1.0 200 Connection established를 반환한
것은 프록시 서버입니다. 그 뒤로 *yahoo.com* 사이트에 대해서 TLSv1.2 형식의 보안 통신을 반
환한다는 것을 알 수 있습니다. 실제 *yahoo.com* 서버는 *www.yahoo.com*으로 연결되길 원하므

로, 이 URL로 리디렉트시키고자 **301 Redirect**를 반환합니다. 이쪽은 프록시가 아닌 프록시 끝의 서버가 반환하는 내용입니다.

> **NOTE_** 테스트에서 사용한 squid는 다음과 같이 종료시킬 수 있습니다. docker에서 어떤 서비스를 시작할 때 **--name** 옵션을 사용해 이름을 붙이면, 관리가 편하고 종료하는 것도 간단합니다.
>
> ```
> $ docker stop squid
> ```

4.5 프로토콜 업그레이드

HTTP/1.1부터는 HTTP 이외의 프로토콜로 업그레이드할 수 있게 됐습니다. HTTP/1.0과 HTTP/1.1은 텍스트 기반의 알기 쉬운 프로토콜이지만, 이 기능을 사용해 이진 프로토콜로 교체할 수 있습니다. 업그레이드는 클라이언트 측에서 요청 할 수도 있고 서버 측에서 요청할 수도 있습니다.

다음 세 종류의 업그레이드가 있습니다.

- HTTP에서 TLS를 사용한 안전한 통신으로 업그레이드(TLS/1.0, TLS/1.1, TLS/1.2)
- HTTP에서 웹소켓을 사용한 양방향 통신으로 업그레이드(websocket)
- HTTP에서 HTTP/2로 업그레이드(h2c)

HTTP에서 TLS로의 업그레이드는 **RFC 2817**에 설명되어 있습니다. 다만 이 방법으로 업그레이드해도 보안이 지켜지지 않는 문제가 있습니다. 현재는 모든 통신이 TLS화되고 있으며, TLS 자체가 갖는 핸드셰이크 시 프로토콜 선택 기능(ALPN)을 사용하도록 권장하고 있습니다. HTTP/2에서는 프로토콜 업그레이드 기능이 삭제됐습니다.[27]

HTTP/2 통신도 TLS를 전제로 하고, TLS의 ALPN 사용을 권장합니다. 현재 프로토콜 업그레이드는 거의 웹소켓용입니다.

---

27 *https://tools.ietf.org/html/rfc7540#section-8.1.1*

4.5.1 클라이언트 쪽에서 업그레이드를 요청

클라이언트 쪽에서 업그레이드를 하는 경우는 우선 Upgrade와 Connection 헤더를 포함한 요청을 보냅니다.

```
GET http://example.bank.com/acct_stat.html?749394889300 HTTP/1.1
Host: example.bank.com
Upgrade: TLS/1.0
Connection: Upgrade
```

다른 프로토콜이라면 문제가 없을지도 모르지만, 만약 업그레이드를 지원하지 않는 HTTP/1.0 서버가 암호화되지 않은 상태로 GET 요청을 반환해버리면, 비밀로 해야 할 내용이 노출되는 문제가 있습니다. 그런 경우 클라이언트는 우선 OPTIONS 요청을 보내 업그레이드할 수 있는지 정보를 가져옵니다.

```
OPTIONS * HTTP/1.1
Host: example.bank.com
Upgrade: TLS/1.0
Connection: Upgrade
```

업그레이드가 가능하면, 서버는 아래와 같은 응답을 보냅니다.

```
HTTP/1.1 101 Switching Protocols
Upgrade: TLS/1.0, HTTP/1.1
Connection: Upgrade
```

4.5.2 서버 쪽에서 업그레이드를 요청

서버 쪽에서 TLS로 갱신을 요청하는 경우는 다음과 같이 응답을 보냅니다. 스테이터스 코드 426을 붙입니다.

```
HTTP/1.1 426 Upgrade Required
Upgrade: TLS/1.0, HTTP/1.1
Connection: Upgrade
```

단 이 경우도 즉석에서 핸드셰이크를 하는 것은 아니고, 클라이언트 쪽에서 다시 프로토콜 전환을 요청한 후에 핸드셰이크가 이루어집니다.

4.5.3 TLS 업그레이드의 문제점

HTTP/1.1의 처음 용도는 TLS로의 업그레이드 정도밖에 없었습니다. 그러나 TLS 업그레이드는 프록시가 악의를 가지고 정보를 훔치거나 의도와 다른 요청을 서버에 보내는 중간자 공격에 약하다는 단점이 있었습니다. 클라이언트가 업그레이드 요청을 보내 클라이언트/프록시 사이가 TLS화되더라도 그 너머는 암호화되지 않은 상태일지도 모르고, 프록시가 정보를 읽을 수 있게 된다는 문제가 있습니다. TLS를 사용하려면 클라이언트와 서버 간의 통신 경로 전체를 암호화하지 않으면 의미가 없습니다.

이외에도 TLS 통신으로의 업그레이드 방법이 있습니다.

우선은 리디렉트 기능으로 https://로 시작되는 페이지로 유도해서 실현할 수 있습니다. 구글의 가이드라인에서도 301을 사용한 리디렉션을 권장합니다. 구글 자료는 http로 제공하던 페이지를 https로 제공하는 경우에도 검색 점수^{PageRank}에 영향은 없다고 합니다.[28]

그 밖의 방법으로는 **RFC 6797**로 정의된 HTTP Strict Transport Security(HSTS)가 있습니다. 이 방법은 보안을 다루는 10장에서 소개합니다.

4.6 가상 호스트 지원

HTTP/1.0은 한 대의 웹 서버로 하나의 도메인만 다루는 것이 전제였습니다. 하지만 웹사이트마다 서버를 따로 준비하는 것은 매우 힘든 일입니다. 그래서 하나의 웹 서버로 여러 웹 서비스를 운영하는 방법이 HTTP/1.1에서 지원되기 시작했습니다.

*http://example.com/hello*라는 URL에 접속하고 싶다고 합시다. 이 가운데 우선 *example.com* 부분을 꺼냅니다. 도메인 네임 서버에 문의하면, 이 도메인을 갖는 서버의 IP 주소를 알 수

---

28 *https://support.google.com/webmasters/answer/6033049*

있습니다. 다음에 http 부분 또는 도메인 이름 뒤에 포트 번호(예를 들어 example.com:8080)를 보고 포트 번호를 정합니다. HTTP/1.0까지는 실제의 서버가 받는 정보는 마지막 경로인 /hello뿐이었습니다.

HTTP/1.1에서는 클라이언트가 Host 헤더에 요청을 보내고자 하는 서버 이름을 기술할 의무가 생겼습니다. curl 커맨드도 아무런 설정을 하지 않아도 이 헤더를 부여합니다. 같은 서버 같은 포트로 *tokyo.example.com*과 *osaka.example.com*이라는 두 개의 서비스가 호스트되고 있다고 하겠습니다. 요청 헤더의 Host 헤더를 보면, 서버는 어떤 서비스를 요청하는지를 판정할 수 있습니다.

아파치 웹 서버를 사용하면 호스트 이름에 따라서 해당하는 서비스의 콘텐츠를 가져와 반환할 수 있습니다.

```
NameVirtualHost *:80

<VirtualHost *:80>
    ServerName tokyo.example.com
    DocumentRoot /www/tokyo
</VirtualHost>

<VirtualHost *:80>
    ServerName osaka.example.com
    DocumentRoot /www/osaka
</VirtualHost>
```

클라이언트에서는 Host를 붙이는 것뿐이지만, 서버에서는 그 정보를 바탕으로 같은 서버에서 콘텐츠를 구분해 보낼 수 있게 됩니다.

4.7 청크

HTTP/1.1에서 지원되는 새로운 데이터 표현으로, 전체를 한꺼번에 전송하지 않고 작게 나눠 전송하는 **청크**chunk 방식이 있습니다. 청크를 사용하면 시간이 오래 걸리는 데이터 전송을 조금씩 앞당겨 시행할 수 있습니다. 청크 방식을 스트리밍 다운로드/업로드라고 부르는 경우도 있습니다.

예를 들면 라이브 동영상을 배포하거나 시간이 걸리는 검색 결과를 전송할 때, 동영상의 앞부분부터 혹은 검색 엔진이 찾아낸 순서대로 반환할 수 있습니다. 클라이언트 측에서 처리할 때는 청크를 통합한 후 처리하지만, 서버 측에서는 전송에 필요한 블록만 메모리에 로드해 TCP 소켓에 데이터를 실어 보낼 수 있습니다. 따라서 1GB짜리 동영상 파일을 보내는 경우라도 메모리를 1GB 소비하는 일은 없습니다. 클라이언트 측의 장점으로는 서버 측에서 마지막 데이터 준비가 됐을 무렵엔 그전까지의 데이터는 이미 전송이 끝났으므로 리드 타임을 짧게 할 수 있습니다. JPEG, GIF, PNG라면 다운로드된 부분만 표시하거나 인터레이스 방식 표시도 할 수 있으므로 사용자에 대한 응답 속도도 빨라집니다.

청크의 구조는 다음과 같습니다.

```
HTTP/1.1 200 OK
Date: Wed, 16 Aug 2016 00:50:21 GMT
Content-Type: video/webm
Transfer-Encoding: chunked

186a0
(100KB분의 데이터)
186a0
(100KB분의 데이터)
186a0
(100KB분의 데이터)
0
```

바디는 몇 개의 데이터 덩어리로 나뉘어 있습니다. 우선 16진수로 표시된 파일 크기가 표시되어 있고, 그 뒤로 지정한 크기만큼 데이터가 이어집니다. Transfer-Encoding: chunked가 설정됐을 때는 Content-Length 헤더를 포함해선 안 된다고 RFC에 정의되어 있습니다. 데이터 크기는 지정된 크기의 합계가 됩니다. 마지막으로 0을 보내면 청크 전송이 모두 끝났다는 신호가 됩니다.

청크는 다운로드뿐만 아니라 업로드에도 사용할 수 있습니다. 업로드할 때도 형식은 똑같습니다.

curl 커맨드로 청크 형식의 업로드를 하려면 파일 전송(-T)과 함께 헤더를 지정합니다. curl은 8KB씩 데이터를 나누어 전송합니다.

```
$ curl -T http10.rst -H "Transfer-Encoding: chunked" http://localhost:18888
```

브라우저에서는 청크 전송을 할 수 없습니다. 자바스크립트 단에서 파일을 나눠 범위 업로드를 하는 방법이 있지만[29] 표준 방식이 아니라서 서버 애플리케이션에서 하나의 파일로 결합해야 합니다.

> **NOTE_** 2018년 www.google.co.kr, www.daum.net의 톱페이지 HTML은 청크 방식으로 전송됩니다.

4.7.1 메시지 끝에 헤더 추가

청크 형식으로 전송하는 경우에 청크된 메시지 끝에 헤더를 추가할 수 있게 됐습니다.

```
Trailer: Content-Type
```

'여기서 부여한 헤더는 바디를 보낸 후 전송된다'라고 알려줍니다. 청크 형식으로만 사용할 수 있다는 것은 청크 형식임을 사전에 알 수 있게 해야 하므로, 이를 위해 필요한 헤더는 지정할 수 없습니다. 또한 **Trailer** 자신을 나중에 보낼 수 없습니다. 따라서 다음의 헤더는 지정할 수 없습니다.

- Transfer-Encoding
- Content-Length
- Trailer

4.8 바디 전송 확인

클라이언트에서 서버로 한 번에 데이터를 보내는 게 아니라, 일단 받아들일 수 있는지 물어보고 나서 데이터를 보내는 2단계 전송을 할 수 있게 됐습니다.

---

29 http://creativejs.com/tutorials/advanced-uploading-techniques-part-1

우선 클라이언트는 다음 헤더와 바디를 제외한 모든 헤더를 지정해 문의합니다. 파일이 없어도 Content-Length 헤더를 함께 보냅니다.

```
Expect: 100-continue
```

만약 서버로부터 다음과 같은 응답이 돌아왔다면, 서버가 처리할 수 있다는 말이므로 바디를 붙여 다시 전송합니다.

```
100  Continue
```

서버가 지원하지 않으면 417 Expectation Failed가 돌아오기도 합니다.

curl 커맨드는 기본적으로 이 헤더를 전송해 2단계로 포스트합니다. 전송할 콘텐츠의 크기가 1025 바이트 이상이면 이렇게 동작합니다. 이를 억제하려면 다음과 같이 Expect 헤더를 비워서 보냅니다.

```
$ curl -H "Expect:" --data-binary @bigfile.txt http://localhost:18888
```

4.9 마치며

이 장에서는 HTTP/1.1에서 새롭게 늘어난 요소를 소개했습니다. HTTP/1.0에서 1.1이 되자 웹의 가능성은 크게 넓어졌습니다. 보안에 관해서도 통일된 구조가 마련됐고, 데이터 관리 프로토콜로써 사용할 수 있게 해주는 새로운 메서드 PUT과 DELETE도 추가됐습니다. 회선 속도가 빨라지고 웹 콘텐츠가 풍부해지는 흐름 속에서 프로토콜도 전송 속도 개선을 위해 다양한 방법을 도입했습니다.

이 장에서 가장 많은 페이지를 할애해서 설명한 것은 기술적으로 어려운 TLS였습니다. TLS는 처음 구현됐던 SSL 때부터 계속 갱신되고 있습니다. 갱신 이유는 계산 능력 향상으로 현실적 시간에 해독될 가능성이 커졌고, 공격 방법이 명확해졌기 때문입니다. 앞으로는 양자 컴퓨터가 실용화될 날도 가까워졌으므로, 키의 길이를 늘이거나 알고리즘 자체를 복잡하게 만들어가는 흐름은 변함이 없을 것 같습니다.

HTTP/1.1은 1997년에 등장해서 2015년 HTTP/2가 나올 때까지 20년 가까이 계속해서 최신 버전이었습니다. 그동안 HTML5가 등장했고 실제 애플리케이션도 많이 만들어져 웹의 모습도 많이 변화했지만, 확장성이 뛰어난 구조와 다양한 용도에 대응할 수 있는 유연성 덕분에 HTTP/1.1은 그런 움직임을 계속 뒷받침했습니다.

다음 장에서는 파일 전송 프로토콜로서 크게 개선된 브라우저 기능 및 동적 웹을 지탱하는 브라우저 구조인 XMLHttpRequest, HTTP/1.1 메서드의 시맨틱스 이용 사례를 소개합니다. 보안과 REST API에 관해서는 따로 장을 마련해 자세히 설명합니다.

## CHAPTER 5

HTTP/1.1의 시맨틱스: 확장되는 HTTP의 용도

HTTP/1.1 시대가 되자 인터넷이 일반인에게도 널리 사용되기 시작했고, 피처폰과 스마트폰을 통해서 언제 어디서나 접속하는 것이 당연한 세상이 됐습니다. 웹을 위한 네트워크가 구축됐고 가정에 상시 접속 회선이 들어오면서 라우터가 설치돼 여러 대의 컴퓨터와 스마트폰이 연결됐습니다. 심지어 텔레비전이나 블루레이 플레이어와 같은 가전제품도 인터넷과 연결되기 시작했습니다. HTTP는 단순히 HTML를 가져오는 프로토콜을 넘어서 일상생활에 널리 사용되는 프로토콜로 응용 범위를 넓히고 있습니다.

필자의 동료인 @sonots 씨는 HTTP에 관해서 다음처럼 말했습니다.

> HTTP 로드 밸런서와 같은 HTTP용 하드웨어와 미들웨어가 이미 많이 존재한다. Over HTTP
> 로 데이터를 흐르게 하면 그 혜택을 받을 수 있다. HTTP는 바로 인프라다.

이 장에서는 HTTP/1.1 이후에 확장된 프로토콜과 새로운 규약을 사용한 다양한 사례를 소개합니다. 이 장에서 소개할 것은 다음과 항목입니다. 사례로는 브라우저와 서버 간의 약속도 있고, 범용 애플리케이션으로 응용한 것도 있습니다.

- 파일 다운로드(파일명 지정)
- 다운로드 중단과 재개(범위 액세스)
- XMLHttpRequest
- 지오로케이션
- X-Powered-By

- 원격 프로시저 호출
- WebDAV
- 웹사이트 간 공통 인증·허가 플랫폼

5.1 파일 다운로드 후 로컬에 저장하기

브라우저가 파일을 어떻게 처리할지 결정하는 것은 확장자가 아니라 서버가 보낸 MIME 타입이었습니다. 이미지 파일 링크를 브라우저에서 열었을 때, image/png라면 이미지 파일로 보고 브라우저에서 표시합니다. 최근에는 PDF 파일도 인라인 표시가 됩니다. 이것이 기본 동작입니다.

예를 들면 다음과 같이 서버의 응답에 Content-Disposition 헤더가 있으면, 브라우저는 다운로드 대화상자를 표시하고 파일을 저장합니다. filename으로 지정된 파일명이 다운로드 대화상자에 기본값으로 표시됩니다.

[파일을 보존시키는 Content-Dispostion 헤더]

```
Content-Disposition: attachment; filename=filename.xlsx
```

다음과 같이 **RFC 6266**(이와 관련된 **RFC 2231**, **RFC 5987**)에 정의된 규칙대로 인코딩하면, 모던 브라우저[1]에서는 UTF-8로 인코딩된 파일명을 사용할 수 있습니다. 한글로 된 파일명도 다룰 수 있습니다.

[파일명으로 한글도 사용할 수 있다]

```
Content-Disposition: attachment; filename*=utf-8'' 파일명.xlsx; filename=filename.xlsx
```

여기서는 UTF-8과 그렇지 않은 파일명을 모두 썼습니다. **RFC 5987**의 파일명 규칙이 *=utf-8''이라는 쪽이고, 또 한쪽은 하위 호환성을 위한 이름입니다.

curl 커맨드는 -J/--remote-header-name 옵션을 지정하면 Content-Disposition 헤더에

---

1 역자주_ 웹 표준을 충실히 따르는 브라우저로 공통적으로 W3C가 권고하는 웹 관련 기술을 지원합니다.

설정된 이름으로 로컬에 저장합니다. 단 URL 인코드의 디코드는 하지 않으므로, %20 등이 있으면 그대로 출력됩니다. 같은 이름의 파일이 있으면, 브라우저에서는 '첨부파일(2).xlsx'와 같은 이름으로 저장하지만, curl에서는 오류가 됩니다. -O/--remote-name 옵션을 지정하면, URL 자체를 이름으로 저장합니다. 아무 옵션도 주지 않으면 파일로 저장하지 않고 콘솔에 출력합니다.

[curl 커맨드로 파일을 저장]

```
$ curl -O http://example.com/download/sample.pdf
```

다음과 같은 헤더가 있으면, 브라우저가 파일을 저장하지 않고 명시적으로 브라우저에서 인라인 표시를 합니다. 하지만 별로 사용할 일은 없습니다.

[브라우저 내에 표시]

```
Content-Disposition: inline
```

Content-Disposition 헤더를 이용한 다운로드 기능은 HTTP를 위해 만들어진 것은 아니고, 이메일의 첨부 파일을 위해 **RFC 1806**에서 정의된 규격입니다. HTTP/1.0과 초기 버전 HTTP/1.1(**RFC 2068**)에는 없었고, 2년 후 개정된 HTTP/1.1(**RFC 2616**)에서 언급됐습니다. HTTP의 RFC 규격에는 없었지만, 몇몇 브라우저에서 이미 구현된 이 기능은 첫 HTTP/1.0이 나오고 무려 15년 후인 2011년에 **RFC 6266**에서 정식 사양으로 정해졌습니다.

실제로 파일을 다운로드하는 사이트에서 이런 내용을 본 적이 있을 것입니다.

> 다운로드해주셔서 감사합니다.
> 만약 다운로드가 시작되지 않을 때는 이곳을 클릭하세요.

이때 서버는 두 개의 URL을 제공합니다. 하나는 실제로 파일을 다운로드하는 페이지이며, Content-Disposition 헤더로 다운로드할 파일을 Body로 반환합니다. 또 하나의 URL은 HTML 페이지를 반환하는데, 거기에는 위에서 예로 든 다운로드 감사 메시지와 함께 아래 헤더를 포함합니다.

```
<meta http-equiv="refresh" content="0;URL=./download_file">
```

브라우저가 페이지를 표시할 때 Content-Disposition 헤더가 있으면, 페이지 표시를 리셋하지 않고 다운로드만 합니다. 그 점을 이용해서 다운로드 완료 페이지를 보여줄 수 있습니다. 우선 완료 페이지를 사용자에게 보여줍니다. 브라우저는 그 콘텐츠를 표시할 때 상기의 메타 태그를 발견하고 그 페이지로 이동하려고 합니다. 이동할 곳에는 Content-Disposition 헤더가 있으므로, 이동을 지시한 페이지를 그대로 둔 채 다운로드가 시작됩니다.[2]

5.2 다운로드 중단과 재시작

리눅스 설치용 CD/DVD를 만들기 위한 이미지 파일 등의 파일 크기가 크면 클수록 다운로드 시간이 오래 걸립니다. 다운로드 시간이 오래 걸리면, 통신이 불안정해지거나 다운로드 도중에 실패할 확률이 높아집니다. 요즘 브로드밴드 회선 환경에서는 실패하지 않고 다운로드를 마치는 경우가 많겠지만, 전화 접속 시절부터 사용되던 HTTP는 다운로드가 중단되면 중단 지점부터 다시 시작하는 방법을 제공하고 있습니다. 오리지널 사양은 **RFC 2616**이고, 최신 사양은 **RFC 7233**입니다. 최신 사양은 HTTP/1.1에서 추가된 사양입니다.

종간부터 재시작한다는 것은 큰 파일에서 지정한 범위를 잘라내 다운로드한다는 말입니다. 서버가 범위 지정 다운로드를 지원하는 경우는 Accept-Ranges 헤더를 응답에 부여합니다.

```
Accept-Ranges: bytes
```

Accept-Ranges 헤더는 두 가지 값을 가질 수 있습니다.

- Accept-Ranges: bytes: 범위 지정 다운로드를 받아들인다. 단위는 바이트.
- Accept-Ranges: none: 범위 지정 다운로드를 받아들이지 않는다.

RFC 규격상으로는 다른 단위계도 받아들이게 되어 있습니다. 다만 IANA의 **HTTP Range Unit Registry**에 단위를 등록해야 하는데, 현재 등록된 단위는 bytes와 none뿐입니다.

주의할 것은 재다운로드 시 대상 파일이 중간에 변경되면, 이미 다운로드해둔 파일 조각의 가치가 없어지므로 파일 변경을 탐지할 필요가 있다는 점입니다. 대상 파일의 Etag 헤더도 서버

----

2 대개 이 페이지에는 광고가 잔뜩 붙어 있습니다.

에서 받아옵시다.

요청을 보낼 때 **Range** 헤더를 추가해 전송함으로써 원하는 범위를 지정합니다.

```
Range: bytes=1000-1999
```

이 바이트 지정은 0부터 셉니다. 그리고 끝 위치도 다운로드 대상이 됩니다. 예를 들어 1000-1999로 지정하면, 1001번째 바이트부터 2000번째 바이트까지에 해당하는 1000바이트 분량의 콘텐츠를 요구한다는 의미입니다. 0-0으로 지정하면 처음 1바이트만을 요청하는 지시가 됩니다. 이 수치는 생략할 수도 있습니다. -999로 지정하면, 파일 처음부터 1000바이트를 가져옵니다. 2000-으로 지정하면, 2001바이트부터 파일 끝까지 가져옵니다.

서버는 콘텐츠를 반환하지만, 일반 다운로드와 달리 다음과 같은 스테이터스 코드와 응답 헤더가 추가됩니다.

```
HTTP/1.1 206 Partial Content
:
Content-Length: 1000
Content-Ranges: 1000-1999/5000
```

Content-Length 헤더에는 실제로 보낸 바이트 수가 들어갑니다. **Content-Ranges**는 실제로 반환한 범위입니다. / 이후에는 전체 바이트 수가 들어갑니다. 서버 자신도 범위를 인지하지 못한 경우는 별표(*)가 설정되기도 합니다. 나머지는 일반적인 **GET** 접속과 같습니다. **Content-Type**도 요청한 파일의 MIME 타입이 들어갑니다. 클라이언트는 이미 다운로드된 데이터 조각과 연결해 원래 파일로 복원합니다.

클라이언트가 지정한 범위가 무효인 경우에는 서버는 다음과 같은 응답을 반환합니다.

```
HTTP/1.1 416 Range Not Satisfiable
:
Content-Ranges: */5000
```

콘텐츠가 압축된 경우는 압축된 바이너리 파일에 대한 범위를 지정합니다. 압축 전 크기나 어떤 방식으로 압축됐는지는 이 범위 지정 구조에서 알 수 없는 블랙박스로 되어 있습니다.

If-Range를 사용해 조건부 GET을 할 수도 있습니다. 이 헤더에는 ETag나 일시를 설정합니다. 일반 캐시처럼 비교해 조건에 맞는(사전에 받은 내용과 서버의 내용에 차이가 없는) 경우, 서버는 범위 지정 액세스를 실행하고 응답을 반환합니다. 만약 조건이 맞지 않으면 서버 쪽 콘텐츠가 수정됐다는 뜻이므로, 클라이언트의 로컬에 다운로드된 파일 조각은 이용할 수 없게 됩니다. 이런 경우는 범위 지정 액세스가 아니라 일반 GET 액세스가 된 것으로 보고 파일 전체를 반환합니다.

5.2.1 복수 범위 다운로드

Ranges 헤더로 복수의 범위를 지정할 수도 있습니다. 그런 경우 멀티파트 폼과 비슷한 multipart/byteranges라는 Content-Type으로 결과가 돌아옵니다. 응답 예는 **RFC 7233** 예제에서 인용했습니다.[3] 우선은 이 응답을 발생시키는 요청의 예를 소개합니다.

```
Range: bytes=500-999,7000-7999
```

이 요청에 대응하는 응답은 아래와 같습니다. 멀티파트 폼과 거의 같습니다.

```
HTTP/1.1 206 Partial Content
Date: Wed, 15 Nov 1995 06:25:24 GMT
Last-Modified: Wed, 15 Nov 1995 04:58:08 GMT
Content-Length: 1741
Content-Type: multipart/byteranges; boundary=THIS_STRING_SEPARATES

--THIS_STRING_SEPARATES
Content-Type: application/pdf
Content-Range: bytes 500-999/8000

...처음 지정된 범위 데이터...
--THIS_STRING_SEPARATES
Content-Type: application/pdf
Content-Range: bytes 7000-7999/8000

...두 번째로 지정된 범위 데이터
```

---

3 다양한 웹사이트나 책의 설명이 이와 같은 boundary를 사용합니다. 완전한 범위 액세스를 구현할 일은 별로 없기 때문일 것이라고 생각됩니다.

```
--THIS_STRING_SEPARATES--
```

멀티파트 폼은 요청에 많은 데이터를 넣으려고 사용했지만, multipart/byteranges는 응답에 많은 데이터 조각을 넣으려고 사용합니다.

5.2.2 병렬 다운로드

15년 이상 전부터 다운로더라고 불리는 애플리케이션이 여럿 있었습니다. 당시는 통신 회선이 불안정했고, 무제한 통화[4]로 접속이 시작되는 시간 직후에는 통신이 몰려, 좀처럼 서버에 연결되지 않거나 접속이 끊어지곤 했습니다. 이때 다운로더를 사용하면 다운로드를 잠시 멈추거나 복구할 수 있어, 몇 시간이나 걸리는 다운로드 시간을 허비하지 않게 됐습니다.

당시부터 다운로더에 잘 구현된 기능으로 병렬 다운로드가 있습니다. 서버가 세션마다 대역을 제한할 경우, 영역을 나눠 세션마다 Range 헤더를 이용해 HTTP 접속을 하는 것으로 병렬로 다운로드할 수 있었습니다. 다운로드한 데이터 조각을 나중에 결합하면, 전체 다운로드 시간이 줄어듭니다. 지금도 병렬 다운로드를 지원하는 애플리케이션이 있습니다.

다만 병렬 다운로드는 서버에 지나치게 부담을 주기 때문에 별로 권장되진 않습니다. 브라우저의 경우는 같은 웹사이트에 대한 동시 접속 수를 2~6으로 제한하고 있습니다. 중간 회선이 병목이 되면 아무리 병렬화해도 속도는 변하지 않고, 통신량이 몰려 오히려 늦어질 수 있습니다. 요즘은 정적 파일을 캐시해 서버에 부담을 주지 않고 배포하는 CDN[content delivery network]이 보급돼, 다운로드가 몰려 속도가 떨어지는 일도 줄었습니다. 현재 비교적 파일 크기가 큰 파일로는 동영상이 있지만, 동영상은 일부만 미리 읽어와도 재생이 시작되므로 모든 콘텐츠가 다운로드될 때까지 기다릴 필요가 없습니다. 즉 다운로더의 수요는 예전보다 줄었습니다. OS 설치 이미지처럼 큰 파일을 빠르게 다운로드해야 할 때는 비트토렌트 등 복수 노드에 병렬로 접속해 고속 다운로드를 실현하는 시스템을 이용해야 하겠지요.

---

4 밤 열한 시부터 아침 여덟 시까지 사전에 지정한 번호에 대해 통화료가 정액제인 요금 플랜. 인터넷 프로바이더에 대한 전화 요금도 저렴해지므로, 가정에서 인터넷을 사용하는 사람이 모두 야행성이 되던 시절이 있었습니다.

5.3 XMLHttpRequest

지금까지 소개한 curl 커맨드의 기능을 자바스크립트로 사용할 수 있게 해주는 기능이 XMLHttpRequest입니다. XMLHttpRequest는 처음에 마이크로소프트의 인터넷 익스플로러 5용으로 설계됐지만, 나중에 파이어폭스, 사파리, 크롬 브라우저에도 추가됐습니다. 현재는 WHATWG[Web Hypertext Application Technology Working Group]에서 사양이 정해져, 각종 브라우저에서 사용할 수 있게 됐습니다.

XMLHttpRequest는 지금까지 소개한 HTTP 통신과 마찬가지로 클라이언트가 서버에 요청을 보내고, 그 응답으로 서버가 클라이언트에 데이터를 보낼 수 있다는 것입니다. 헤더를 송수신할 수도 있고, 캐시 제어나 쿠키 송수신 등 내용은 거의 변함이 없습니다. FormData 클래스를 사용하면, multipart/form-data 형식으로 파일 등을 보낼 수도 있습니다. 단 HTTP처럼 서버 측에서 클라이언트에 요청을 보낼 수는 없습니다. 일부 보안상의 제약으로 기능이 제한된 곳도 있습니다.

```javascript
var xhr = new XMLHttpRequest();
xhr.open("GET", "/json", true);
xhr.onload = function () {
    // 응답이 돌아왔을 때 호출되는 메서드
    if (xhr.status === 200) {
        // JSON 파싱해서 표시
        console.log(JSON.parse(xhr.responseText));
    }
};
xhr.setRequestHeader("MyHeader", "HeaderValue")
xhr.send();
```

URL이 상대 주소이므로 실제로는 동작하지 않지만, 이 코드는 아래의 의사 커맨드와 같은 의미입니다.

```
$ curl -H "MyHeader=HeaderValue" /json
```

open() 메서드로 메서드와 보낼 곳을 지정하고 있습니다. 세 번째 파라미터를 true로 하면 비동기 실행이 됩니다. 동기 실행일 경우, 응답이 돌아올 때까지 send() 메서드가 끝나지 않게 됩니다. 처리가 가로막혀 사용자 조작에 대한 응답이 없어지면, 사이트의 반응이 나쁘다고 여기게 되므로 true 이외의 값을 사용할 일은 없겠지요.

send() 메서드로 실제 전송을 시작합니다. 이 메서드에 데이터를 넘겨주면, 데이터를 서버로 전송합니다.

```
var xhr = new XMLHttpRequest();
xhr.open("POST", "/json", true);
xhr.onload = function () {
    // 응답이 돌아왔을 때 호출되는 메서드
}
xhr.send(JSON.stringify({"message": "hello world"}));
```

curl 커맨드로 똑같은 작업을 하려면 -d로 데이터를 넘겨줍니다. 전송하고 싶은 JSON을 파일에서 읽어오고 싶을 때는 @을 붙여 파일명을 지정하거나 -T를 사용합니다.

```
$ curl -d @send.json /json

$ curl -T send.json /json
```

또한 XMLHttpRequest에는 두 가지 버전이 있고, 여기에서 소개하는 것은 레벨 2로 불리는 새로운 버전 쪽입니다. 인터넷에서 XMLHttpRequest를 검색해보면 오래된 정보도 많이 나옵니다. onload가 onreadystatechange이거나 나중에 설명할 보안 부분이 다르지만, 기본 설계와 사고 방식은 같으므로 이 책에서는 레벨 2만 다룹니다.

5.3.1 XMLHttpRequest와 브라우저의 HTTP 요청 차이

이제까지 소개한 자바스크립트와 XMLHttpRequest를 이용하는 처리, 브라우저에서 HTML을 읽고 폼으로 데이터를 전송하는 처리를 비교하면 다음이 다릅니다.

- 송수신할 때 HTML 화면이 새로 고침되지 않는다.
- GET과 POST 이외의 메서드도 전송할 수 있다.
- 폼의 경우 키와 값이 일대일이 되는 형식의 데이터만 전송할 수 있고, 응답은 브라우저로 표시되어 버리지만(XML이라는 이름과 달리), 플레인 텍스트, JSON, 바이너리 데이터, XML 등 다양한 형식을 송수신할 수 있다.

- 몇 가지 보안상 제약이 있다(나중에 설명).

XMLHttpRequest는 Web2.0으로 불린 동적 웹의 움직임에서 중심적인 역할을 한 컴포넌트입니다. 1장, 2장에서는 브라우저가 GET과 POST 메서드를 사용해 헤더나 바디에 데이터를 싣고 데이터를 송수신할 수 있다고 소개했습니다. 하지만 파일 다운로드를 제외하면 서버의 응답을 받을 때는 화면이 일단 지워지고 브라우저 내에서 새로운 페이지가 렌더링됩니다. XMLHttpRequest를 사용하면 자바스크립트 내에서 송수신이 완결되므로 화면이 지워지지 않아도 최신 정보를 서버에서 가져올 수 있습니다. 이처럼 화면을 지우지 않고 웹페이지를 읽어오거나 시간이나 타이밍에 따라 몇 번이고 갱신할 수 있는 아키텍처를 Ajax(asynchronous JavaScript+XML의 약자)라고 부릅니다. Ajax라는 이름을 들어본 적이 있는 사람도 많을 것입니다.

XMLHttpRequest는 다양한 포맷을 지원합니다. responseType에 문자열을 설정함으로써 반환값을 어떤 오브젝트로서 response에 저장할지 결정할 수 있습니다. 파일 형식과 이진 데이터를 덩어리로 저장하는 자료형인 Blob 오브젝트를 받아 img 태그로 표시하는 코드는 다음과 같습니다.

예제 5-1 서버에서 이미지 파일을 가져와 img 태그로 표시

```
...
xhr.responseType = 'blob';
xhr.onload = function(e) {
    if (this.status == 200) {
        var blob = this.response;
        var img = document.createElement('img');
        img.onload = function(e) {
            window.URL.revokeObjectURL(img.src);
        };
        img.src = window.URL.createObjectURL(blob);
        document.body.appendChild(img);
        ...
    }
};
xhr.send();
```

responseType으로 설정할 수 있는 문자열은 [표 5-1]과 같습니다.

표 5-1 responseType의 설정값과 형

설정값	데이터 형
arraybuffer	ArrayBuffer
blob	Blob
document	Document
json	JSON
xml	XML
text	string(기본)

responseType을 설정하지 않은 경우, 데이터가 XML의 MIME 타입(text/xml, application/xml)이면 responseXML에, 이외이면 responseText에 문자열 형식으로 저장됩니다. 서버가 MIME 타입을 설정하지 않으면 다음처럼 MIME 타입을 클라이언트가 지정합니다.

예제 5-6 MIME 타입을 오버라이딩

```
xhr.overrideMimeType('text/xml');
```

responseType으로 형을 지정하는 기능은 근래에 표준화된 기능이므로, 인터넷 익스플로러에서는 JSON을 사용할 수 없습니다. 이때는 [예제 5-7]처럼 합니다.

예제 5-7 인터넷 익스플로러로 JSON을 획득

```
...
xhr.onload = function(e) {
    if (this.status == 200) {
        // IE11 대책
        var json = JSON.parse(xhr.responseText);
        /* IE 이외
        var json = xhr.response;
        */
        console.log(json)
    }
};
/* IE 이외
xhr.responseType = 'json';
```

```
*/
xhr.send();
```

5.3.2 코멧

브라우저의 HTTP 요청도 XMLHttpRequest도 클라이언트에서 서버로 데이터를 보냅니다. 예를 들면 다른 사용자와 대화하는 웹 채팅을 만들고 싶다고 합시다. 다른 사용자가 메시지를 보냈을 때 즉시 화면에 표시되는 편이 대화가 쉽게 진행되겠지요?[5] XMLHttpRequest를 이용해 거의 실시간 양방향 통신을 하는 기술이 있습니다. 이 기술은 코멧comet이라는 이름으로 불립니다. 7장에서는 좀 더 수준 높은 양방향 통신 프로토콜도 소개하지만, 이 방법은 가장 레거시한 구조를 응용한 기술로 고성능이 아닌 대신 더 많은 환경에서 사용할 수 있습니다.

단방향 통신을 이용해 양방향 통신을 하기 위해서는 두 가지 방법이 있습니다. 하나가 폴링이고 또 하나가 롱 폴링입니다.

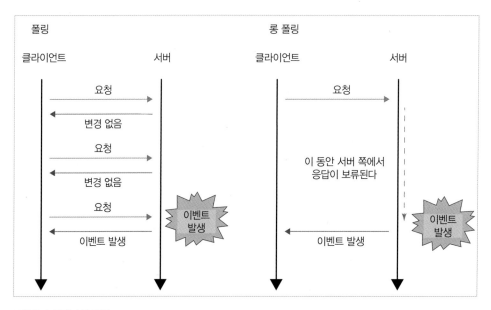

그림 5-1 폴링과 롱 폴링

---

5 예전에는 자신이 메시지를 보낸 시점, 그렇지 않으면 정기적인 리로드, 수동 리로드로만 상대방의 메시지가 표시되는 웹 채팅도 많이 있었습니다.

폴링은 통지를 받는 쪽에서 빈번하게 통지가 없는지 물으러 가는 방식입니다. 불필요한 요청과 응답이 발생하므로, 송수신 모두 대역과 CPU를 소비합니다. 클라이언트가 모바일 단말이라면 소비 전력도 문제가 됩니다.

코멧은 또 한 가지 롱 폴링을 사용한 구현 방법입니다.[6] 일단 클라이언트가 서버에 요청을 보내면, 서버는 바로 응답하지 않고 응답을 보류한 채 대기합니다. HTTP 통신에서는 서버가 통신을 종료하거나 요청이 타임아웃될 때까지는 클라이언트로 응답이 돌아오지 않습니다. 접속 완료 권한이 서버에 있는 점을 응용해 서버의 응답을 자유로운 타이밍에 돌려줌으로써, 서버의 요청인 것처럼 가장해 정보를 송신합니다. 리버스 Ajax$^{Reverse\ Ajax}$로 불리는 일도 있었습니다.

레거시 구조를 응용하므로 비교적 많은 환경에서 동작한다는 장점이 있지만, 당연히 단점도 있습니다. 우선 HTTP는 서버에서 클라이언트로 메시지를 보내는 전용 API가 아니고, 쿠키 등을 포함한 대량의 헤더를 부여해 송수신하는 구조입니다. 나중에 등장한 다른 시스템보다도 메시지당 오버헤드는 큰 편입니다. 그리고 일단 서버에서 메시지를 보내면, 클라이언트 쪽에서 세션을 다시 연결하지 않는 이상 통신을 보낼 수 없습니다. 서버로부터의 연속된 메시지 전송에는 강하지 않습니다. 그 뒤로 앞에서 소개한 청크 방식을 이용해, 레거시 HTTP에서 응답성이 더 좋은 server-sent events(SSE)로 불리는 서버의 통지 구조가 만들어졌습니다. 이에 대해서는 7장에서 소개합니다.

5.3.3 XMLHttpRequest의 보안

로컬에서 실행되는 curl과 달리 보안상 XMLHttpRequest에는 몇 가지 제한이 설정돼 있습니다. XMLHttpRequest의 기능은 굉장히 강력하므로, 웹페이지에 악의적인 스크립트가 포함되면 인증된 웹사이트와 통신이 이루어져 브라우저 이용자가 생각지 못한 데이터 변조나 데이터 탈취가 일어날 위험이 있습니다. 또한 데이터를 외부 사이트에 전송해 유출하는 경우도 있습니다. 그 때문에 XMLHttpRequest는 엄격하게 제한됩니다.

XMLHttpRequest의 보안 제어는 액세스할 수 있는 정보 제한과 전송 제한이라는 두 가지 제한으로 구성됩니다.

---

6 그 밖에도 다양한 구현 방법이 있지만, XMLHttpRequest의 롱 폴링이 일반적입니다. *https://www.ibm.com/developerworks/web/library/wa-reverseajax1*

우선 액세스할 수 있는 정보의 제한으로는 쿠키가 있습니다. 스크립트로 document.cookie 속성에 액세스하면 브라우저에서 여는 페이지에 관한 쿠키를 모두 읽을 수 있습니다. 크로스 사이트 스크립팅 취약성으로 임의의 스크립트가 삽입되면, 이 방식으로 숨기고 싶은 로그인 세션 쿠키가 다른 사이트로 세어나갈 위험이 있습니다. httpOnly 속성을 쿠키에 부여하면, 스크립트로 액세스할 수 없어지므로, 임의의 스크립트가 삽입되더라도 보안상 바람직하지 않은 쿠키를 외부로 유출될 위험이 줄어듭니다.[7]

전송 제한에는 도메인, 메서드, 헤더 세 종류가 있습니다. 우선 동일-출처 정책same origin policy으로 '요청을 보낼 수 있는 도메인 제한'이 있습니다. 스크립트로 어느 웹사이트에나 자유롭게 액세스할 수 있게 되면, 악의가 있는 웹사이트로 정보를 전송해버리는 문제가 있습니다. 이를 방지하기 위해 기본적으로 브라우저가 액세스하고 있는 호스트에만 접근할 수 있습니다. 그 밖의 사이트에 액세스하는 방법으로서 XMLHttpRequest뿐만 아니라 브라우저에서 널리 이용되는 교차 출처 리소스 공유cross-origin resource sharing(CORS)라는 액세스 제한 시스템이 있습니다. 교차 출처 리소스 공유 구조는 보안을 설명하는 10장에서 소개합니다. 구글 크롬은 file://로 시작하는 로컬 파일 시스템에도 액세스할 수 없습니다.[8]

또 하나의 전송 제한은 이용할 수 있는 메서드를 제한하는 것입니다. CONNECT, TRACE, TRACK(IIS용 TRACE의 다른 이름)을 지정하면, open() 메서드를 호출할 때 SecurityError 예외를 보냅니다. CONNECT가 가능해지면 잘못해서 악의적인 페이지를 열었을 때 메일 서버로 스팸 메일 등을 보낼 수 있게 됩니다. TRACE와 TRACK은 '4.4.2 TRACE(TRACK)'에서 소개한 크로스 사이트 트레이싱 대책입니다.

헤더는 현재의 프로토콜 규약이나 환경에 영향을 미치는 것, 쿠키처럼 보안에 영향을 주는 것, 브라우저의 능력을 넘을 수 없을 것 등이 금지되어 있습니다. 브라우저의 능력을 넘을 수 없다는 것은 브라우저 자신이 지원하지 않는 압축 형식을 Accept-Encoding으로 지정하는 행위를 할 수 없다는 뜻입니다. 앞으로 사용될 것에 대비해서, Sec-으로 시작되는 키나 Proxy-로 시작되는 키도 금지되어 있습니다.[9]

용도에 따라서는 XMLHttpRequest보다도 쿠키에 엄격한 제한이 걸린 경우가 있습니다. 예를

---

7 단 해당 웹사이트가 세션 토큰을 httpOnly 쿠키로 보내는 경우로 한정됩니다.

8 --allow-file-access-from-files 옵션으로 활성화할 수도 있습니다.

9 https://developer.mozilla.org/en-US/docs/Glossary/Forbidden_header_name

들면 광고업자 등이 다양한 사이트의 방문 이력을 수집해 사용자의 행동 패턴을 파악하는 데 이용되는 액세스한 사이트 외 쿠키 전송(서드파티 쿠키)에 제약이 있습니다.

구글 애널리틱스는 광고는 아니지만, 쿠키와 같은 구조를 XMLHttpReqeust로 실현했습니다. 스크립트 태그를 삽입해야 하거나 사이트에 설치하는 데는 IFRAME의 광고보다도 시간이 걸리지만, 퍼스트파티 쿠키와 XMLHttpRequest를 조합해 제한을 극복하고 있습니다.

5.4 지오로케이션

최근에는 클라이언트의 물리적 위치에 기반한 서비스가 늘고 있습니다. 물리적 위치를 측정하는 데는 클라이언트 자신이 측정해서 서버에 보내는 방법과 서버가 클라이언트의 위치를 추측하는 방법의 두 가지 있습니다.

5.4.1 클라이언트 자신이 위치를 구하는 방법

최근의 모던 브라우저는 지오로케이션Geolocation API를 제공합니다. 예를 들어 스마트폰이라면 내장된 GPS나 기지국 정보를 활용해 위치 정보를 알려줄 수 있습니다. GPS가 없는 컴퓨터라도 와이파이 등을 이용한 위치 측정으로 대략적인 위치를 추측해서, 그 위도와 경도를 알려줄 수 있습니다. 위치 정보는 사생활과 직결되므로, 사용자가 허락한 경우에만 위치 정보를 사용할 수 있습니다. 이 때문에 지도 애플리케이션처럼 사용자가 알고 활성화해주는 서비스 이외는 사용하기 어렵습니다.

와이파이 자체에는 GPS가 없으므로 와이파이에서 위치 정보를 알아내는 것은 조금 교묘하고 대규모 방식으로 이루어집니다.[10] 우선 와이파이 액세스 포인트의 고유 ID(BSSID)와 위도·경도 정보를 데이터베이스로 사전에 구축해둡니다. 클라이언트는 OS의 API을 이용해 현재 자신이 액세스할 수 있는 액세스 포인트의 BSSID를 가져와 서버에 문의해 위도와 경도를 조회합니다.

BSSID는 스마트폰이나 컴퓨터에서 와이파이를 선택할 때 보이는 이름(이른바 SSID, 정확히

---

10 '와이파이의 맥 주소는 이미 주소로 생각할 수밖에 없다' *http://takagi-hiromitsu.jp/diary/20111126.html*(일본어)

는 ESSID)과 다릅니다. BSSID는 와이파이 기기의 식별자의 48비트 수치로, 기기마다 독특한 수치로 되고 있습니다. 맥 주소와 같은 것입니다.

최초로 와이파이 액세스 포인트를 이용한 위치 추정을 사업화한 것은 스카이훅 와이어리스 Skyhook Wireless입니다. 스카이훅 와이어리스는 샅샅이 차를 몰아, 장소마다 접속할 수 있는 액세스 포인트 정보와 위치 정보 데이터베이스를 구축했습니다. GPS가 없는 아이팟 터치에 도입된 것이 이 시스템이었습니다.

그 후에 이루어지게 된 것이 스마트폰을 이용한 자동 수집입니다. 스마트폰은 스스로 위도와 경도를 측정하고 와이파이에 접속할 수 있으므로, 차로 이동하지 않아도 정보를 수집할 수 있습니다.[11] 스마트폰을 이용하는 위치 정보를 수집하는 방법은 크라우드소싱crowdsourcing으로 불리며, 2008년경 W3C 지오로케이션 API[12]로서 규격화됐습니다.[13] 구글은 구글 지도의 일부로서 API를 제공[14]하고 있고, 마이크로소프트도 마이크로소프트 로케이션 서비스를 제공하고 있습니다.[15] 그 밖에도 여러 가지가 있습니다.

자동으로 수집하는 이상 SSID나 맥 어드레스에서 실제 주소를 알아낼 가능성이 있으므로, 개인 정보 보호에 상당히 엄격한 구조입니다. 2006년 무렵에는 이렇게 자동 수집되는 정보와 개인 정보 보호에 관해 수많은 논문이 나왔습니다.

5.4.2 서버가 클라이언트 위치를 추측하는 방법

또 한 가지 방법이 지오Geo IP라고 불리는 IP 주소로 추측하는 방법입니다. IP 주소는 지역마다 등록 관리 기관이 있어, 기업이나 프로바이더 등에 IP 주소를 할당합니다. 그렇다고 등록 기관에 문의하면 되는가 하면 등록 기관은 정확한 장소까지는 관리하지 않습니다. 어느 프로바이더가 어느 주소를 어느 지역에 설정하는지, 기업이 각 사업소에 어떻게 할당하는지까지 등록 기관이 관리하지 않습니다. 이 방식도 지오로케이션처럼 꾸준히 모은 데이터를 바탕으로 위치 정보를 알려주는 서비스가 있습니다.

....

11 iOS가 보내는 패킷: '왜 스마트폰의 위치 정보는 들쭉날쭉할까' *http://tsuchinoko.dmmlabs.com/?p=2982*(일본어)

12 *https://en.wikipedia.org/wiki/W3C_Geolocation_API*

13 현재 크라우드소싱은 웹을 이용해 개별 작업을 중개하는 서비스 이름으로 쓰는 경우가 많습니다. *https://support.apple.com/ko-kr/HT207056*

14 *https://developers.google.com/maps/documentation/geolocation/intro*

15 *https://msdn.microsoft.com/magazine/hh580735.aspx*

- 맥스마인드[16]
- ip2locaiton[17]
- ipligence[18]
- 도코도코JP[19]

맥스마인드MaxMind는 크리에이티브 커먼즈 라이선스Creative Commons license(CCL)로 데이터를 일부 제공하며, 위치 정보를 획득하는 오픈 소스 시스템에서 자주 사용됩니다. 아파치, 엔진 x에는 액세스해온 지역에 따라 액세스를 거절하는 모듈이 있습니다. 도코도코JP どこどこJP는 일본에 특화된 서비스입니다. 또한 IP 주소 자체로 직접 검색하는 기능은 제공하지 않지만, 구글은 IP 주소가 사용된 위치를 보고하는 폼을 제공합니다.[20] 구글 지도에서 현재 위치를 검색할 때 그 밖에 사용할 수 있는 정보가 없으면 IP 주소를 토대로 대략적인 위치를 표시하는 옵션이 있습니다.

[그림 5-2]는 맥스마인드 사이트에서 필자의 집 IP 주소를 검색한 결과입니다. 필자는 도쿄 23 구 중 북서부의 이타바시 구에 살지만, 결과는 동부의 스미다 구로 표시됐습니다. 같은 도부 철도 그룹의 기차가 달린다는 의미에서는 가깝지만, 오차는 20km나 됩니다. 이처럼 IP 주소 데이터베이스가 잘못되면, 전혀 다른 곳을 가리킬 가능성이 있습니다. 오차는 맥스마인드의 일본 도시 데이터베이스에서는 66%, 일본에 특화된 도코도코JP는 광역자치단체 레벨에서 93%라고 웹사이트에 게재되어 있습니다. 어느 사이트나 사용자 자신이 신고해 정보를 수정하는 폼을 공개하고 있습니다.

---

16 *https://www.maxmind.com*
17 *http://www.ip2location.com*
18 *http://www.ipligence.com*
19 *http://www.docodoco.jp/data*
20 *https://support.google.com/websearch/contact/ip*

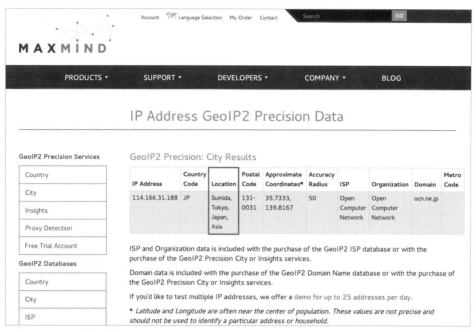

그림 5-2 IP 주소 검색 결과

지오IP는 오차가 10m 이내인 일반 GPS보다 정확성은 많이 떨어지지만, 서비스 제공자 입장에선 사용자의 양해를 구하지 않아도 정보를 얻을 수 있는 점이 뛰어나다고 할 수 있고, 클라이언트 입장에선 프록시 등을 이용하지 않는 한 숨길 수 없다는 점은 단점이라고 할 수 있습니다.

지오IP는 액세스 로그로 어느 지역 사용자가 많은지 분석할 때 이용할 수도 있습니다. 도코도코JP의 서비스 사례처럼 선거 광고에서 지역별로 추천 후보 광고를 나누거나 현지 날씨에 맞게 한 타깃팅 광고를 배포할 수도 있습니다.

지오IP는 이미 몇몇 사이트에서 사용되고 있습니다. 일본에서 미국 아마존($https://www.amazon.com$)으로 액세스하면, 일본 아마존($https://www.amazon.co.jp$)으로 유도하는 배너가 표시됩니다. 구글 웹 서비스는 평소와 다른 지역에서 액세스가 발생하면 보안 경고를 표시하고 세션을 끊습니다. 그러고나서 재로그인을 요청해 부정한 액세스로부터 사용자를 보호합니다. 동영상 콘텐츠나 게임의 경우는 국가별로 배급하는 회사가 바뀌므로, 동영상 사이트에서 사용자의 국가를 보고 필터링하는 경우가 있습니다.[21]

---

21 필자가 미국에 있었을 때 〈함대 컬렉션〉이 유행하기 시작했지만, 미국에서는 접속할 수 없어 플레이할 수 없었습니다.

5.5 X-Powered-By 헤더

서버가 브라우저에 응답할 때에 부여하는 헤더에 **X-Powered-By**라는 헤더가 있습니다. **X-**가 붙은 것을 보면 알 수 있듯이 RFC 규격에 없는 독자적인 헤더지만, 많은 서버에서 시스템 이름을 반환하는 데 사용하고 있어 사실상 표준이 됐습니다. 아마도 전자메일 애플리케이션이 애플리케이션의 이름을 대는 데 이용했던 **X-Mailer**에서 유래한 문화라고 생각됩니다.

일본에서는 2007년 무렵에 이 헤더를 숨겨야하는지 논란이 한 번 일어났습니다. 숨길 때의 장점으로 꼽혔던 것은 응답 크기가 작아진다는 것과 서버 이름으로 특정 보안이 뚫릴 확률이 낮아진다는 것입니다. 비록 서버 자체에 보안 구멍이 없어도 윈도우 2000만 지원하는 'IIS 5.0'이라는 이름을 반환한다면, 윈도우의 취약성이 탄로납니다. 운영체제의 취약성 발각은 서비스의 취약성을 드러내는 사태로 직결합니다. 반면 오쿠 가즈호 씨의 블로그에서 이름을 표시하는 장점으로 소개된 것이 파이어폭스의 소스 코드가 **X-Powered-By**에 따라서 클라이언트의 동작을 바꾸는 예(예제 5-8)입니다.[22]

예제 5-8 파이프라이닝이 가능한지 판정하는 파이어폭스의 소스 코드

```
// the list of servers known to do bad things with pipelined requests
static const char *bad_servers[] = {
    "Microsoft-IIS/4.",
    "Microsoft-IIS/5.",
    "Netscape-Enterprise/3.",
    nsnull
};

for (const char **server = bad_servers; *server; ++server) {
    if (PL_strcasestr(val, *server) != nsnull) {
        LOG(("looks like this server does not support pipelining"));
        return PR_FALSE;
    }
}
```

이 예제 코드는 4장에서 소개한 파이프라이닝을 지원하는지 판정하는 로직입니다. HTTP/1.1 표준 규격이지만, 지원하지 않거나 구현이 깨진 서버나 프록시도 있었습니다. 그래서 서버가

---

22 *http://labs.cybozu.co.jp/blog/kazuho/archives/2007/09/re_server_sig.php*(일본어)

파이프라이닝을 지원하는지 알아볼 목적으로 모질라 브라우저는 서버가 반환하는 X-Powered-By 헤더를 확인했습니다.

2017년 소스 코드 안에도 비슷한 코드가 있지만[23] X-Powered-By가 아니라 **RFC 1945**의 HTTP/1.0에서 표준화된 Server 헤더[24]를 봅니다. 과거 모질라 코드 속에 있던 마이크로소프트의 IIS 5.0은 이미 Server 헤더를 이용하고 있고, 넷스케이프 엔터프라이즈도 최종 갱신 일자가 2002년으로 지금은 거의 쓰이지 않으니 호환성 문제도 없겠지요.

이 헤더를 서버가 표시하는 데 따른 보안상의 우려는 **RFC 1945**에도 나와 있으며, OS 버전 등 서버 이름 이외의 불필요한 정보가 들어가서는 안 된다고 되어 있습니다. 서버 개발자는 헤더의 표시와 숨김을 전환할 수 있게 구현하는 것이 좋습니다. HTTP/1.1을 정리해서 재정의한 **RFC 7231**에는 상기 모질라의 코드처럼 호환성 문제 문제를 피하기 위해 이 헤더를 사용할 수 있다고 추가됐습니다.

파이프라이닝은 하위 호환성이 약한 새 기능이라서 서버 이름으로 검증할 필요가 있었습니다. 더 대규모로 변경한 HTTP/2나 그 전신인 SPDY는 앞장에서 소개한 대로 TLS에 프로토콜 니고시에이션 기능을 추가하고 HTTP/1.1과 같은 계층에서 통째로 프로토콜을 전환하는 방법을 도입했습니다.

앞으로도 Server 헤더를 이용한 검증이 필요한지 묻는다면 개인적으로는 별로 필요 없을 것이라고 생각합니다. 2017년 TLS 1.3은 최종 권고를 정비 중이었으며, 그 안에서 상호접속성을 확인하는 것을 계획했습니다. 또한 캐시 메커니즘 등 클라이언트도 서버도 지원하지 않을 때 무시해도 문제가 일어나지 않도록 신중하게 설계됐습니다. HTTP의 중요성은 갈수록 높아지고 이해 관계자도 늘면서 시간을 갖고 신중하게 결정되도록(HTTP/1.0부터 1.1은 3년이지만, 1.1의 2014년 갱신까지는 7년이 걸렸다[25]) 되어 있으므로, 섣불리 깨지기 쉬운 규격이 추가될 위험은 줄어들었다고 생각합니다.

---

23 *https://dxr.mozilla.org/mozilla-beta/source/netwerk/protocol/http/nsHttpConnection.cpp#782-838*
24 이 책의 취지로 볼 때 이 절의 제목은 Server 헤더가 적절하지만, 역사적으로 크게 부각된 X-Powered-By를 제목으로 정했습니다.
25 *http://knagayama.net/blog/2014/06/07/http1-1-updated*(일본어)

5.6 원격 프로시저 호출

프로시저라는 것은 요즘 프로그래밍 언어에서는 그다지 사용되지 않는 용어지만, 각 언어가 제공하는 함수, 클래스 메서드(정적 메서드)와 같은 것을 뜻합니다. 서브루틴으로 불린 적도 있습니다. 언어에 따라서 반환값이 있거나 없는 차는 있지만, '일련의 처리가 나열된 처리의 집합'이라는 점에서는 똑같습니다.

원격 프로시저 호출remote procedure call(RPC)이란 것은 다른 컴퓨터에 있는 기능을 마치 자신의 컴퓨터 안에 있는 것처럼 호출하고, 필요에 따라 반환값을 받는 구조입니다. 원격 메서드 호출romote method invocation(RMI)이라고 불리는 경우도 있습니다.

RPC의 역사는 1980년대까지 거슬러 올라갑니다. RPC에는 다양한 방식이 있습니다. 인터넷의 확산과 함께 HTTP를 기반으로 하는 RPC가 몇 종류 등장했습니다.

5.6.1 XML-RPC

최초로 규격화된 것이 XML-RPC입니다. 유저랜드 소프트웨어와 마이크로소프트가 1998년에 개발했습니다. XML-RPC의 규격은 *xmlrpc.scripting.com*에 있습니다.[26] XML-RPC 자체는 RFC화되지 않았지만, XML-RPC를 바탕으로 한 RFC가 있습니다(**RFC 3529**).

XML-RPC가 만들어진 무렵는 이미 HTTP/1.1이 있었지만, 사양의 요청 예제에는 HTTP/1.0으로 적혀 있었습니다. Content-Length를 명시해야만 했으므로, HTTP/1.1의 청크 방식은 지원하지 않고 1장, 2장에서 설명한 수준의 단순한 프로토콜 위에 구축됐습니다. 전송에 사용하는 메서드는 POST이고 호출하는 인수와 반환값 모두 XML로 표현하므로, Content-Type은 항상 text/xml입니다. GET은 캐시될 가능성이 있으므로 RPC 통신에는 적합하지 않습니다.

요청 예제를 XML-RPC 규격 페이지에서 인용합니다(Date와 Server 헤더 등은 생략했습니다).

---

26 *http://xmlrpc.scripting.com/spec.html*

```
POST /RPC2 HTTP/1.0
Host: betty.userland.com
Content-Type: text/xml
Content-length: 181

<?xml version="1.0"?>
<methodCall>
    <methodName>examples.getStateName</methodName>
    <params>
        <param>
            <value><i4>41</i4></value>
        </param>
    </params>
</methodCall>
```

여기에서 패스는 /RPC2라고 되어 있으나, 이는 임의의 값으로 좋아하는 패스를 엔트리 포인트로 할 수 있습니다. <methodCall> 태그가 경로 태그에서 서버의 메서드 이름을 텍스트로 지정합니다. 인수는 <params> 태그로 지정합니다. 응답도 거의 비슷합니다.

예제 5-10 XML-RPC의 응답 예제

```
HTTP/1.1 200 OK
Connection: close
Content-Length: 158
Content-Type: text/xml

<?xml version="1.0"?>
<methodResponse>
    <params>
        <param>
            <value><string>South Dakota</string></value>
        </param>
    </params>
</methodResponse>
```

XML-RPC를 공개한 서버는 조금 오류가 있어도 스테이터스 코드에는 기본적으로 200 OK를 되돌려주도록 되어 있습니다.

인수로는 다음과 같은 형을 사용할 수 있습니다(표 5-2).

표 5-2 인수의 형

태그명	형
`<i4>`, `<int>`	정수
`<boolean>`	테이블형
`<string>`	문자열형
`<double>`	부동소수점수형
`<dateTime.iso8601>`	날짜형
`<base64>`	BASE64 인코딩된 바이너리
`<struct>`	구조체
`<array>`	배열

XML-RPC는 RPC이면서도 통신 내용이 플레인 텍스트이므로, 개발자가 특별한 도구를 사용하지 않아도 읽을 수 있는 것이 특징입니다. 이 책에서 다루는 Go 언어에는 없지만, 파이썬은 표준 라이브러리로 XML-RPC의 서버와 클라이언트 작성을 모두 지원합니다.

5.6.2 SOAP

SOAP는 XML-RPC를 확장해서 만들어진 규격입니다. 2016년 웹의 아키텍처로서 마이크로서비스가 자주 화제로 오르지만, SOAP는 그 10년 전쯤 자주 화제가 됐고 서비스 지향 아키텍

---

27 HTTP를 숨기고 자바 등의 언어 계층만으로 개발할 수 있도록 한다는 생각에 바탕을 둔 것으로, REST 사고 방식이 주류가 된 현재는 그 수가 많지 않다고 생각합니다.

처 안에서 큰 역할을 했었습니다.

현재는 SOAP가 이름이며 약자가 아니라고 하지만, 당초는 'Simple Object Access Protocol'의 약자였기 때문에 LDAP(L은 Lightweight)과 함께 '이름과 몸이 크게 다른 것'으로서 자주 농담의 소재가 됐습니다. SOAP는 W3C에서 규격화됐습니다.[28]

W3C 사이트에 1.1 사양이 게재된 것은 XML-RPC에서 불과 2년 만인 2000년입니다. 이때는 자바의 J2EE가 발흥하기도 했고 업계 전체가 웹 애플리케이션으로 방향을 바꾼 시기입니다. 최신 버전은 2007년에 책정된 1.2입니다.

그림 5-3 SOAP 메시지의 구조

SOAP는 단순한 RPC였던 XML-RPC보다도 복잡하게 되어 있습니다. SOAP 자체는 데이터 표현 형식으로, SOAP 규격 안에 SOAP을 사용한 RPC인 SOAP-RPC도 정의되어 있습니다. HTTP 안에 미니 HTTP와 같은 구조로 되어 있습니다. 이로써 HTTP 이외에도 메일 전송 프로토콜(SMTP)을 써서 SOAP 메시지를 주고받을 수도 있습니다. 헤더에는 요청의 메서드나 트랜잭션 정보를 기술하고, 엔벨로프에는 데이터가 들어갑니다. 샘플을 W3C의 사이트에서 인용합니다(예 5-11).

28 *https://www.w3.org/TR/soap12-part0*

```
POST /Reservations HTTP/1.1

Host: travelcompany.example.org
Content-Type: application/soap+xml; charset="utf-8"
Content-Length: nnnn

<?xml version='1.0' ?>
<env:Envelope xmlns:env="http://www.w3.org/2003/05/soap-envelope">
 <env:Header>
  <t:transaction
      xmlns:t="http://thirdparty.example.org/transaction"
      env:encodingStyle="http://example.com/encoding"
      env:mustUnderstand="true" >5</t:transaction>
 </env:Header>
 <env:Body>
  <m:chargeReservation
     env:encodingStyle="http://www.w3.org/2003/05/soap-encoding"
        xmlns:m="http://travelcompany.example.org/">
  <m:reservation xmlns:m="http://travelcompany.example.org/reservation">
   <m:code>FT35ZBQ</m:code>
  </m:reservation>
  <o:creditCard xmlns:o="http://mycompany.example.com/financial">
   <n:name xmlns:n="http://mycompany.example.com/employees">
        Åke Jógvan Øyvind
   </n:name>
   <o:number>123456789099999</o:number>
   <o:expiration>2005-02</o:expiration>
  </o:creditCard>
 </m:chargeReservation>
 </env:Body>
</env:Envelope>
```

XML 이름 공간이 많이 사용된 점만 봐도 단순한 XML-RPC보다는 복잡하게 보입니다. SMTP 지원 등 이식성을 중시한 나머지 HTTP 위에 같은 기능성 레이어를 만들어버린 것도 복잡함을 더했습니다. SOAP 사양 책정은 엔터프라이즈 지향의 회사가 관련된 일도 있어, 스키마 등을 완전 장비하는 방향으로 정의됐습니다. 그리고 SOAP과 강하게 연관된 WSDL(웹 서비스 정의 언어)을 사용함으로써, 어느 웹 서버의 어느 경로가 어떤 SOAP 메시지를 받고, 어떤 응답의 SOAP 메시지를 반환할 것인지 기술할 수 있게 됐습니다. 이는 HTTP 인터페이스 자체의 정의가 됩니다.

C#의 윈도우 커뮤니케이션 프레임워크와 자바의 JAX-WS, 아파치 Axis 등의 시스템을 사용하면, WSDL은 소스 코드 안의 어노테이션에서 자동으로 생성할 수 있습니다. 생성된 WSDL을 사용한 코드 생성을 이용해 클라이언트 쪽에서 서비스를 이용하는 스텁도 생성합니다. 그렇지만 마이크로소프트, IBM처럼 대량의 자원을 동원해 라이프 사이클을 지탱하는 개발 환경 이외에서는 WSDL을 직접 작성할 필요가 있었습니다. 이 책에서는 WSDL의 예제를 싣지 않지만, 검색해보면 손으로 작성하기는 매우 힘들다는 것을 알 수 있습니다. 클라이언트의 코드 생성기도 언어에 따라서 있기도 하고 없기도 합니다.

> **NOTE_** SOAP나 WSDL이 '큰일이었다', '힘들었다'고 당시를 아는 많은 개발자가 이구동성으로 말하는 데는 크게 두 가지 원인이 있습니다. 그중 하나가 XML 스키마입니다. 데이터 구조를 기술할 때는 그 데이터의 사양도 XML로 기술해야만 했습니다. 따라서 스키마 파일을 대량으로 준비하거나 스키마를 필요에 따라 변환하는 XSLT(이것도 XML입니다)를 기술할 필요가 있었습니다.
> 또 하나의 문제점은 SOAP나 WSDL이 더 큰 청사진의 일부였다는 점입니다. 비즈니스 프로세스를 조정하는 실행 언어인 BPEL, 그리고 비즈니스를 총괄하는 레지스트리 서비스인 UDDI를 전제로 했습니다. 단순한 RPC를 실행하고 싶을 뿐이라도 거대한 프레임워크와 대량의 XML[29]을 상대해야 했습니다.

5.6.3 JSON-RPC

JSON-RPC는 XML-RPC의 XML 대신 JSON을 이용한 원격 프로시저 호출입니다. 최초 갱신은 2006년입니다. 2009년에 버전 2.0 사양이 공개됐고, SOAP와 대조적으로 '단순하게'라는 방침을 전면에 내세웠습니다. 이 RPC도 XML-RPC처럼 IETF와 W3C가 아닌 *http://www.jsonrpc.org*라는 자체 사이트에 사양을 게재하고 있습니다. JSON-RPC는 HTTP 이외에 TCP/IP 소켓 등을 사용하는 것도 가정하고 있어, 사양이 최대공약수적으로 기술되어 있습니다. HTTP를 사용한 RPC는 JSON-RPC 사이트가 아닌 다른 사이트에 사양이 정해져 있습니다.[30] 단순함을 추구하면서도, 몇 가지 XML-RPC와 다른 기능도 갖추고 있습니다.

우선 기본 응답을 살펴봅시다.

---

29 'XML을 사람이 손으로 계속 쓸 것이라곤 생각하지 않았다'라고 W3C 멤버가 언급한 적이 있습니다.
30 *http://www.simple-is-better.org/json-rpc/transport_http.html*

```
POST /jsonrpc HTTP/1.1
Host: api.example.com
Content-Type: application/json
Content-Length: 94
Accept: application/json

{"jsonrpc": "2.0",
 "method": "subtract",
 "params": {"subtrahend": 23, "minuend": 42},
 "id": 3}
HTTP/1.1 200 OK
Content-Type: application/json
Content-Length: 41

{"jsonrpc": "2.0", "result": 19, "id": 3}
```

JSON을 사용하므로 코드가 XML보다 간결합니다. 요청할 때 필요한 것은 Content-Type, Content-Length, Accept입니다. 방법은 대부분 POST를 사용하는 것이 바람직하다고 합니다. 다만 멱등 idempotent 이면서 안전한 메서드를 호출할 때는 GET도 사용할 수 있습니다. 각 메시지에는 버전 지정을 위해 "jsonrpc": "2.0"이 필요합니다. id는 요청과 응답을 대응시키기 위한 ID로 수치나 문자열을 사용할 수 있습니다. 메서드 이름은 문자로 method에 기술하고, 인수는 params에 기술합니다. 인수는 배열이나 객체로도 사용할 수 있고, 생략할 수도 있습니다. 반환 값은 입력에 사용한 id와 값 자체가 result에 저장됩니다. 오류 시에는 error 멤버에 정보가 저장됩니다.

id를 생략하면 서버에서 응답을 돌려주지 않는 Notification이라는 모드가 됩니다.

```
HTTP/1.1 200 OK
Content-Type: application/json
Content-Length: 85

{"jsonrpc": "2.0",
 "method": "subtract",
 "params": {"subtrahend": 23, "minuend": 42}}
HTTP/1.1 204 No Response
```

이 경우 응답에는 아무것도 포함되지 않습니다. XML-RPC는 항상 스테이터스 코드 200이었지만, JSON-RPC는 이 밖에도 스테이터스 코드를 몇 가지 정했습니다.

- **200 OK**: 정상 종료
- **204 No Response/202 Accepted**: Notification 시의 반환값
- **307 Temporary Redirect/308 Permanent Redirect**: 리디렉트(자동재전송은 하지 않는다.)
- **405 Method Not Allowed**: GET 메서드가 지원되지 않는 안전하지 않은 메서드에 GET 메서드를 이용했다.
- **415 Unsupported Media Type**: Content-Type이 application/json이 아니다.

다른 메서드 호출 규약으로서 Batch 모드가 있습니다. 요청의 JSON 오브젝트를 여러 개 모아 배열에 넣어 전송해, 한 번의 HTTP 요청으로 복수의 프로시저를 호출합니다. 이 경우 응답도 배열에 담겨 돌아옵니다.

5.7 WebDAV

WebDAV는 HTTP/1.1에 포함되진 않지만, 이 시기에 만들어졌고 수많은 환경에서 지원되고 있으므로 여기에서 소개합니다.

WebDAV는 HTTP를 확장해 분산 파일 시스템으로 사용할 수 있게 한 기술로, 마이크로소프트가 개발해 1999년에 **RFC 2518**로 책정됐습니다. 현재는 **RFC 4918**로 갱신돼, 관련된 **RFC 3253**(버전 관리), **RFC 3744**(액세스 제어)도 추가로 정의됐습니다. 단순히 이용하는 것뿐이라면, 윈도우의 익스플로러(네트워크 위치 추가), 맥 OS의 파인더(서버에 연결), 리눅스 계열 운영체제에서도 그놈이나 KDE의 표준 파일 매니저인 노틸러스, 캉커러 등으로 쉽게 연결할 수 있습니다. 또한 WebDAV를 더욱 확장해 달력과 투두를 동기화하는 데 쓰기 위한 CalDAV도 **RFC 4791**에서 규정했습니다.

WebDAV의 용어를 정리합니다.

- **리소스**

  일반 파일 시스템에서는 데이터를 저장하는 아토믹 요소를 '파일'로 부르지만, WebDAV

에서는 HTTP 용어를 그대로 이어받아 '리소스'로 부른다.

- **컬렉션**

  폴더와 디렉터리에 해당하는 요소이다.

- **프로퍼티**

  리소스와 컬렉션이 가질 수 있는 추가 속성이다. 작성일시와 갱신일시, 최종 갱신자와 같은 정보가 해당한다.

- **락**

  분산 파일 시스템은 같은 폴더를 여러 사람이 동시에 보고 데이터를 공유할 수 있지만, 같은 파일을 동시에 편집하게 될 경우가 있다. 같은 파일에 여러 사람이 동시에 기록하면 마지막에 전송된 내용 이외에는 지워져버린다. 이를 피하기 위해 먼저 선언한 사람 이외의 변경을 거절하는 시스템이다.

HTTP/1.1의 작성(POST), 읽기(GET), 갱신(PUT), 삭제(DELETE) 메서드를 그대로 이용하지만 파일 시스템으로서는 기능이 부족해, 몇 가지 메서드가 추가됐습니다.

기본 조작으로서 COPY와 MOVE가 추가됐습니다. 모두 GET하고 나서 POST(MOVE의 경우는 그다음에 DELETE)하면 에뮬레이션할 수 있지만, 예를 들면 동영상 소재로 10GB 분량의 콘텐츠가 있을 때 전체를 일단 로컬에 저장했다가 다시 업로드하는 것은 비효율적입니다. 그런 경우 처음부터 원격 웹 서버에서만 이동하거나 삭제한 후 결과만 알려주는 게 효율적이겠지요. POST 메서드는 리소스만 작성할 수 있으므로, 컬렉션을 작성하는 MKCOL 메서드가 추가됐습니다. 콜렉션 내의 요소 목록은 프로퍼티로 취득하므로 PROPFIND 메서드를 사용합니다. LOCK/UNLOCK 메서드로 파일 잠금 여부를 제어합니다.

현재 온라인 스토리지 서비스로서 드롭박스, 박스, 구글 드라이브, 원드라이브 등이 많이 사용됩니다. WebDAV가 이런 서비스와 다른 점은 동기를 전제로 한다는 것입니다. 네트워크가 없으면 파일 목록을 가져올 수조차 없습니다. 한편 드롭박스 등은 로컬에 사본을 두고, 필요할 때 동기하는 구조입니다. WebDAV는 구조상 어쩔 수 없이 로컬 파일 시스템보다 성능이 떨어집니다. 나중에 동기화하는 타입이라면 체감 속도면에서 로컬 드라이브와 손색이 없고, 저장 공간이 한정된 모바일 기기에서는 동기형으로 파일에 액세스할 수 있는 애플리케이션이 제공되면서 필요한 파일만 받는 시스템도 제공됩니다.

현재 오픈 소스 개발에서 가장 많이 사용되는 버전 관리 시스템인 Git에서는 전송용 프로토콜로 SSH와 HTTPS 두 가지를 지원합니다. 사실은 이 HTTPS 안에서는 WebDAV를 사용합니다. SSH는 암호화된 통신 경로를 사용하지만, 그 안의 통신은 오리지널 Git 프로토콜을 사용합니다. HTTPS라면 어느 WebDAV 서버를 사용해도 호스트할 수 있으므로 설정이 간단하다는 장점이 있지만, 차분만 전송할 수 있는 Git 프로토콜 쪽이 통신 속도는 뛰어납니다.[31]

5.8 웹사이트 간 공통 인증 및 허가 플랫폼

인터넷의 보급과 함께 여러 웹 서비스가 등장했습니다. 사용자는 웹 서비스마다 메일 주소, 사용자 ID와 패스워드를 입력해서 계정을 만들어야 했습니다. 100가지 서비스가 있으면 100가지의 사용자 ID와 패스워드가 필요합니다. 다양한 이유에서 이런 과정을 간편하게 만드는 시스템을 갖추려는 활동이 조직의 벽을 넘어 이루어졌습니다.

지금은 1Password나 키패스 같은 패스워드 관리 도구가 널리 이용되고, 서비스마다 다른 패스워드를 제공하는 기술도 계속 보급되고 있습니다. 인간의 기억력에는 한계가 있어 아무런 도구가 없다면, 모든 사이트에 같은 패스워드를 이용하는 사람이 끊이지 않을 것입니다. 어떤 웹 서비스가 해킹됐는데 마침 그 서비스가 평문으로 패스워드를 저장했다면, 유출된 패스워드를 바탕으로 다른 사이트로 침입할 수 있게 됩니다. 이런 공격을 리스트형 공격이라고 부릅니다.

외부 서비스가 제공하는 인증 기반에 합승하는 기술도 몇 가지 개발됐습니다. 직접 사용자 ID와 패스워드를 관리하는 기반 시스템을 구축하려면 많은 시간와 노력이 필요합니다. 흔히 있는 '비밀 질문'과 같은 것을 구현하거나[32] 2단계 인증을 구현해야 하기도 합니다. 복잡한 패스워드 복구 절차를 마련하거나 임시 사용자 시스템을 넣는 등 보안과 편리성을 양립하는 데 필요한 조건은 날마다 늘어나고 있습니다. 공격에 노출되기도 하고, 정보 유출 시엔 보상하는 경우도 있습니다. 플랫폼을 운영 관리하는 게 아니라면, 자사 내에서 사용자 ID와 패스워드 관리를 그만둘 경우 이 방대한 작업으로부터 해방돼 서비스 개발에 집중할 수 있고 보안 리스크도 줄어듭니다.

----

31 *https://git-scm.com/book/en/v1/Git-on-the-Server-The-Protocols*
32 비밀 질문에는 찬반 논란이 있습니다.

이 절에서는 대체로 다음과 같은 항목을 설명합니다.

- 싱글 사인온
- 커베로스 인증
- SAML
- 오픈아이디
- 오픈소셜
- OAuth
- 오픈아이디 커넥트

우선 중요한 두 용어의 차이를 확인합니다.

인증(authentication)

로그인하려는 사용자가 누구인지 확인한다. 브라우저를 조작하는 사람이 서비스에 등록된 어느 사용자 ID의 소유자인지 확인한다.

권한 부여(authorization)

인증된 사용자가 누구인지 파악한 후, 그 사용자게 어디까지 권한을 부여할지 결정한다.

이 절에서는 각 규격이 '누구인가?', '무엇을 할 수 있는가?', '무엇을 할 수 없는가?'를 전달하고자 합니다.

이 책의 독자가 실제로 이런 기술을 탑재할 때는 거의 OAuth 2.0 또는 오픈아이디 커넥트 중 하나가 될 것이라고 생각하지만, 구현할 때는 각각의 기술을 제대로 배워둘 필요가 있습니다. 다행히 OpenID파운데이션저팬 홈페이지[33]에 일본어로 된 RFC와 사양서가 있습니다. 사용할 언어에 라이브러리와 샘플 코드가 있어 구현하기 쉽다고 해도 관련 문서를 훑어보시길 추천합니다.

---

33 *http://www.openid.or.jp/document*(일본어)

5.8.1 싱글 사인온

기업 내에서 사용하는 웹 서비스나 시스템이 많아지면, 싱글 사인온single sign-on (SSO)이 검토됩니다. 싱글 사인온은 시스템 간 계정 관리를 따로따로 하지 않고, 한 번의 로그인을 전 시스템에 유효하게 하는 기술입니다. 현재도 기업 내에서 널리 사용되고 있습니다.

싱글 사인온은 지금부터 소개할 다른 기술과 달리 프로토콜이나 정해진 규칙이 아니고, 이런 용도로 사용되는 시스템을 가리키는 명칭입니다. 구현 방식도 웹에만 한정되지 않습니다. 싱글 사인온을 실현하는 데는 몇 가지 방법이 있습니다.

각 서비스가 인증 서버에 직접 액세스하러 가는 방법이 가장 이해하기 쉽겠지요. 사용자 ID와 패스워드를 서비스마다 입력해야 하므로 싱글 사인온은 아니지만, 사용자 ID를 일원화해 관리할 수 있게 됩니다. 각 애플리케이션은 인증 시스템에 로그인하는 과정을 대행합니다. 그 밖에도 다음에 소개하는 티켓을 이용한 방법이 있습니다.

웹 서비스로 한정되지만, 각 서비스의 앞단에 HTTP 프록시 서버를 두고 인증을 대행하는 방법과 각 서비스에 인증을 대행하는 에이전트를 넣고 로그인 시 중앙 서버에 액세스해 로그인됐는지 확인하는 방법도 있습니다.

5.8.2 커베로스 인증

인터넷보다도 이전 시대부터 내려온 방법으로는 본래의 사용자 관리 구조를 하나로 정리해, 모든 시스템에서 이용하는 방법이 있습니다. 공통 규격으로서 기업 내에서도 많이 이용되는 것이 **RFC 2251**에 정의된 LDAPLightweight Directory Access Protocol입니다. OpenLDAP, 액티브 디렉터리 Active Directory (AD) 같은 구현이 있습니다. LDAP는 원래 싱글 사인온을 위한 시스템이 아니라, 이용자, 조직, 서버 등 기업 내 정보를 일원화해 관리하는 데이터베이스입니다. v3에서 추가된 SASLSimple Authentication and Security Layer이라는 인증 기능과 세트로 기업 내 마스터 인증 시스템으로 사용됩니다. **RFC 1510** (최신은 **RFC 4120**)에 정의된 커베로스Kerberos 인증이 널리 사용됩니다.

커베로스 인증을 하면, 티켓 보증 서버로의 액세스 토큰인 티켓 보증 티켓ticket granting ticket (TGT)과 세션 키를 얻을 수 있습니다. 서비스와 시스템을 사용할 때는 TGT와 세션 키를 티켓 보증 서버ticket granting server (TGS)에 보내고, 클라이언트에서 서버로 액세스하기 위한 티켓과 세션 키를 받습니다. 이들은 서비스가 가진 비밀 키로 암호화되어 있습니다. 사용자가 서비스를 사용할 때는 이 티켓과 세션 키를 서비스에 보냄으로써 싱글 사인온이 실현됩니다.

5.8.3 SAML

최근에는 많은 사내 시스템이 웹 서비스로서 구현됐습니다. SAML[Security Assertion Markup Language]은 웹 계통의 기술(HTTP/SOAP)을 전제로 한 싱글 사인온 구조입니다. 옥타, 원로그인 같은 SaaS[software as a service] 형태로 제공되는 서비스도 있습니다. SAML은 XML 기반의 표준을 많이 다루는 OASIS[Organization for the Advancement of Structured Information Standards]에서 책정된 규격입니다.[34] SAML은 쿠키로 세션을 관리하는 웹의 구조를 따르고, 도메인을 넘어선 서비스 간 통합 인증을 할 수 있습니다. SAML을 지원하는 싱글 사인온을 조사해보면 수많은 SaaS의 웹 서비스가 나옵니다. 이 서비스들은 외부 도메인에 있는 구글의 G 스위트, 사이보우즈의 킨톤, 마이크로소프트의 오피스 365, 온라인 스토리지인 드롭박스 등과 연계할 수도 있습니다.

서비스 간 정보 교환 메타데이터도 공통화됐습니다. 우선은 등장인물을 정리해둡시다.

사용자

브라우저를 조작하는 사람

인증 프로바이더(IdP)

ID를 관리하는 서비스

서비스 프로바이더(SP)

로그인이 필요한 서비스

구현 방법은 다음 여섯 가지가 있습니다. 이 절에서는 HTTP POST 바인딩 구현을 소개합니다.

- SAML SOAP 바인딩
- 리소스 SOAP(PAOS) 바인딩
- HTTP 리디렉트 바인딩

---

[34] 최신 사양은 2005년 3월에 발행된 SAML2.0입니다. *https://www.oasis-open.org/standards#samlv2.0*

- HTTP POST 바인딩
- HTTP 아티팩트 바인딩
- SAML URI 바인딩

우선 사전 준비로 인증 프로바이더에 서비스 정보를 등록합니다. 등록할 때는 메타데이터로 불리는 XML 파일을 사용합니다. 여기에 XML 파일을 인용하진 않지만[35] 다음과 같은 항목이 포함됩니다.

- 서비스 ID (인증 프로바이더가 서비스를 식별하기 위한 것)
- 인증 프로바이더가 HTTP-POST할 엔드포인트 URL
- 바인딩 (`urn:oasis:names:tc:SAML:2.0:bindings:HTTP-POST` 등)
- 경우에 따라서는 X.509 형식의 공개 키

서비스 프로바이더 쪽에도 인증 프로바이더 정보를 등록합니다. 등록할 정보는 인증 프로바이더가 XML 파일로 제공합니다.[36] 여기에도 일련의 통신에서 사용할 엔드포인트 URL 목록과 인증서가 포함됩니다. 일련의 프로세스 사이에 신뢰 관계가 맺어져 있는 것이 전제입니다.

실제 통신은 단순합니다. 사용자가 서비스를 이용하려고 접속했다고 합시다. 아직 로그인하지 않았다면, 서비스 프로바이더는 인증 프로바이더로 리디렉트합니다. 2장에서 소개한 '폼을 이용한 리디렉트'로 HTTP의 POST를 사용해 리디렉트합니다. HTTP 리디렉트 바인딩에는 일반적인 302 스테이터스 코드를 사용합니다.

예제 5-13 자동으로 POST하는 폼을 사용해 리디렉트하기

```
HTTP/1.1 200 OK

Date: 21 Jan 2004 07:00:49 GMT
Content-Type: text/html; charset=iso-8859-1

<?xml version="1.0" encoding="UTF-8"?>
<html xmlns="http://www.w3.org/1999/xhtml" xml:lang="en">
<body onload="document.forms[0].submit()">
<form action="https://IdentityProvider.com/SAML/SLO/Response" method="post">
```

---

[35] SAML 대응 서비스는 관리 화면에서 다운로드할 수 있습니다. 또한 메타데이터 에디터 등도 있습니다. *http://www.ssocircle.com/en/idp-tips-tricks/build-your-own-metadata*

[36] SSOCircle의 예. *https://idp.ssocircle.com*

```
<input type="hidden" name="RelayState"
value="0043bfc1bc45110dae17004005b13a2b"/>
<input type="hidden" name="SAMLRequest"
value="(base64 인코딩한 XML 메시지)"/>
<input type="submit" value="Continue"/>
</form>
</body>
</html>
```

브라우저는 인증 프로바이더 화면을 표시합니다. 그 화면에서 로그인에 성공하면 인증 프로바이더는 로그인 정보를 서비스 프로바이더로 POST합니다. 이때도 자동으로 POST하는 HTML을 반환합니다. 이제 서비스 프로바이더는 사용자가 로그인에 성공한 것을 알 수 있으므로, 처음에 사용자가 요청한 페이지의 콘텐츠를 보여줍니다.

5.8.4 오픈아이디

오픈아이디OpenID는 중앙 집중형 ID 관리를 하지 않고, 이미 등록된 웹 서비스의 사용자 정보로 다른 서비스에 로그인할 수 있는 시스템입니다. 2005년에 1.0 사양이, 2007년에 2.0 사양이 정해졌지만, 현재는 후속 기술인 오픈아이디 커넥트를 이용하는 웹사이트는 늘고 있고, 오픈아이디로 이용할 수 있는 서비스는 줄고 있습니다.[37] 오픈아이디 고유 용어가 몇 가지 등장합니다.

오픈아이디 프로바이더(OpenID provider)

사용자 정보를 가진 웹 서비스. 사용자는 이미 이 서비스의 ID가 있다. 2017년 현재 야후! 재팬과 하테나가 지원한다.

릴레잉 파티(relying party)

사용자가 새로 이용하고 싶은 웹 서비스. 2017년 이용할 수 있는 서비스는 이벤트 등록과 참가를 관리하는 웹 서비스인 ATND[38]가 있다.

---

37 구글, 믹시는 오픈아이디를 포기하고 오픈아이디 커넥트로 옮겼습니다.
38 *https://atnd.org*

사용자 입력 식별자

사용자가 입력할 URL 형식으로 된 문자열. 오픈아이디 프로바이더가 제공하며, 오픈아이디 프로바이더의 사용자 프로필 화면 등에 표시된다. 사용자를 판별하는 ID가 아니라 서비스명 수준의 식별자가 사용되기도 한다.

야후! 재팬과 하테나에 계정이 있는 사용자가 그 인증 정보로 ATND를 이용할 수 있습니다. 사용자의 조작 순서는 다음과 같습니다.

1. 우선 오픈아이디 프로바이더 웹사이트에서 사용자 입력 식별자를 구합니다(그림 5-4).

그림 5-4 사용자 입력 식별자 구하기

2. 릴레잉 파티 웹사이트를 브라우저로 열고, 로그인 페이지에서 오픈아이디 로그인을 선택합니다. 오픈아이디의 사용자 입력 식별자를 릴레잉 파티의 오픈아이디 입력란(그림 5-5)에 등록합니다.

그림 5-5 오픈아이디 입력란에 등록하기

3. OpenID 프로바이더의 웹사이트로 리디렉트됩니다. 허가를 요청하므로 승인합니다(그림 5-6).

그림 5-6 오픈아이디 프로바이더로 리디렉트되면 허가

4. 릴레잉 파티 웹사이트로 돌아옵니다. 릴레잉 파티 서비스를 이용할 수 있게 됩니다. 추가 정보가 필요할 때는 추가 정보 입력 화면이 표시됩니다.

릴레잉 파티는 입력된 사용자 입력 식별자를 오픈아이디 프로바이더로 넘겨주고 결과만 받아옵니다. 릴레잉 파티는 사용자가 오픈아이디 프로바이더에 저장한 사용자 ID나 패스워드에 접근할 일이 없습니다.

2번과 3번 사이에서 릴레잉 파티가 오픈아이디 프로바이더와 HTTP로 정보를 교환할 비밀 키를 공유합니다. 릴레잉 파티에서 오픈아이디 프로바이더로 갔다가 오픈아이디 프로바이더에서 릴레잉 파티로 돌아올 때 1장에서 설명한 HTTP 리디렉트를 사용합니다. 자세한 것은 사양을 확인하세요.[39]

---

39 *https://openid.net/specs/openid-authentication-2_0.html*

오픈아이디는 릴레잉 파티를 사용하려는 사용자가 다른 서비스에서 인증됐음을 전달합니다. 오픈아이디 프로바이더에 따라서는 ID 등 추가 정보를 릴레잉 파티에 제공하기도 합니다.

또한, 릴레잉 파티용으로 발행되는 전용 오픈아이디 식별자는 매번 바뀝니다. [그림 5-7]처럼 오픈아이디 프로바이더 화면에서 인증한 릴레잉 파티의 목록을 확인하거나 인증을 취소할 수 있습니다.

▋許可済みアプリケーション一覧		
shibu_jpさんがOpenIDの読み取りを許可した外部アプリケーションの一覧です。		
URL	許可日時	
https://atnd.org/	2017/01/28 1:14:10	削除 通報

그림 5-7 인증한 사이트 목록

5.8.5 오픈소셜

오픈소셜OpenSocial은 플랫폼으로서 승승장구를 이어가고 있는 페이스북에 맞서고자 SNS 분야에서 늦게 출발한 구글과 페이스북에게 바짝 추격당한 마이스페이스가 손잡고 소셜 네트워크 공통 API로서 개발됐습니다. 2007년 공개된 이후, 현재는 W3C로 이관돼 소셜 웹 프로토콜로서 사양이 책정되고 있습니다.[40] 오픈소셜 자체의 사양서는 현재 볼 수 없습니다. *gihyo.jp*에 게재된 기타무라 에이지 씨와 다나카 요이치로 씨의 기사 'OpenSocial을 이용해 가젯을 만들자!'[41]와 키타무라 에이지 씨의 슬라이드[42]에 관련 정보가 잘 정리됐습니다.

오픈소셜은 회원 정보나 친구 관계를 가져오는 Person&Friend API, 액티비티를 작성하는 Activities API, 정보를 저장하거나 공유하는 Persistence API, 다른 멤버에게 메시지를 보내는 requestSendMessage 등 다양한 기능을 지원하며 인증에만 머무르지 않았고 플랫폼을 지향했습니다.

오픈소셜은 일본에서 거대한 움직임이 됐습니다. 믹시 앱이 서비스를 시작하면서 당시 일본 최대의 사용자 수를 자랑하던 믹시에서 서드파티 개발자가 애플리케이션을 출시할 수 있게 됐습

---

40 *https://www.w3.org/blog/2014/12/opensocial-foundation-moves-standards-work-to-w3c-social-web-activity*

41 *http://gihyo.jp/dev/serial/01/opensocial*(일본어)

42 *http://www.slideshare.net/agektmr/opensocial-2499345*(일본어)

니다. 또한 아이폰 발매 전 이미 모바일 인터넷 시장이 형성됐던 일본에서는 피처폰용 게임 플랫폼인 모바게, 그리 등에서 이용돼 많은 사용자를 모았습니다. 그 후로는 DMM.com 게임 플랫폼에서도 이용됐습니다.

표 5-3 소셜 플랫폼과 API화

연대	내용	국가
2007년 10월	구글이 오픈소셜을 발표	미국
2008년 1월	페이스북이 Facebook API를 공개	미국
2009년 5월	NTT 레조넌트가 구 홈을 리뉴얼해, 오픈소셜 가젯 지원	일본
2009년 8월	믹시에서 믹시 앱을 시작	일본
2010년 1월	DeNA가 모바게 43에서 모바게 API를 시작	일본
2010년 6월	그리가 그리 플랫폼을 시작	일본
2012년 1월	DMM.com이 DMM GAMES를 시작	일본

오픈아이디의 릴레잉 파티의 경우, 서비스 쪽 제약은 거의 없고 오픈아이디 프로바이더와 릴레잉 파티를 사전에 등록할 필요도 없습니다. 오픈소셜의 경우, 오픈아이디 프로바이더에 해당하는 부분이 소셜 네트워크 서비스 제공자입니다. 인증과 권한 부여를 모두 이쪽에서 합니다. 릴레잉 파티인 서드 파티 애플리케이션은 서버를 SNS 외부에 준비하지만, UI 부분은 가젯으로 불리며 미리 정해진 규칙에 따라 XML 파일을 만들고, 친구 목록을 가져오거나 하는 각종 API를 이용해 자바스크립트와 AJAX로 애플리케이션을 개발합니다. 오픈아이디와 비교하면 여러 가지가 밀결합돼 있습니다.

브라우저의 관점, 즉 HTTP 차원에서 보면 오픈소셜을 사용하는 소셜 인터넷 워크 서비스에 평소처럼 로그인할 뿐 특별한 기능은 사용하지 않습니다. HTML의 IFRAME을 사용해 가젯이라는 서드파티 앱에 액세스하지만, 브라우저에서 사용하는 자바스크립트의 AJAX API나 도메인 외부 서버에 대한 요청 등은 이 가젯 서버에서 대응합니다.

가젯 제공자와 플랫폼 제공자 사이의 통신은 이 책에서 설명해온 HTTP 그 자체입니다. 가젯 설정 파일인 XML은 외부 서버에 두고, 가젯 서버가 HTTP로 가져옵니다. 클라이언트 브라우저의 요청도 가젯 서버가 중계해서 HTTP로 외부 서버에 도달합니다. 외부 서버가 사용자 정

보를 취득하려면 RESTful API에 HTTP로 액세스합니다.[43]

5.8.6 OAuth

OAuth는 인증이 아니라 권한을 부여하는 시스템으로서 개발됐고, 현재도 활발하게 이용되고 있습니다. [그림 5-8]과 같은 화면을 본 사람도 많이 있을 것입니다. OAuth는 2006년 말부터 검토되기 시작됐습니다. 그러다가 2008년에 **RFC 5849**로 OAuth 1.0이 공개됐고, 2012년에 최신인 2.0이 **RFC 6749**, **RFC 6750**으로 공개됐습니다. 이 절에서는 2.0에 관해서 소개합니다.

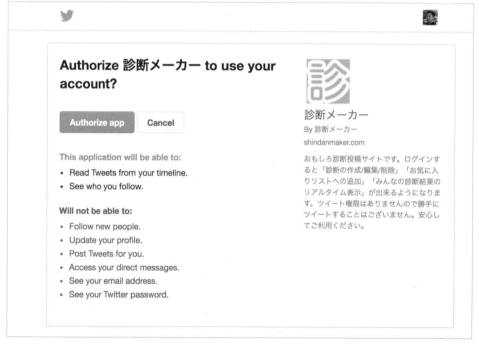

그림 5-8 OAuth 확인 화면

지금까지 소개한 것은 모두 '사용자가 누구인가'를 판정하는 인증 프로세스였습니다. OAuth는 인증이 아니라 권한 부여에 특화된 시스템입니다. 인증과 권한 부여의 차이는 앞에서 설명했지만, 권한 부여에 사용하는 시스템은 이것이 처음입니다. 애초에 권한 부여에 사용할 수 있는 개

---

43 http://developer.mixi.co.jp/appli/spec/pc/restful-api-for-pc/restful-api-details(일본어)

방된 시스템이 없다는 것이 OAuth를 개발하게 된 계기이므로 선행 기술은 없습니다.

권한 부여 서버
오픈아이디에서 말하는 오픈아이디 프로바이더. 사용자는 이 권한 부여 서버의 계정이 있다.

리소스 서버
사용자가 허가한 권한으로 자유롭게 액세스할 수 있는 대상. 트위터나 페이스북의 경우는 권한 부여 서버와 같다.

클라이언트
오픈아이디에서 말하는 릴레잉 파티. 사용자가 이제부터 사용할 서비스나 애플리케이션. 오픈 아이디와 달리 권한 부여 서버에 애플리케이션 정보를 등록하고, 전용 ID(client_id와 client_secret)를 가져와야 한다. 이 ID를 크레덴셜이라고 부르기도 한다.

오픈아이디와 OAuth 모두 비슷하게 화면을 전환합니다. 사용자가 새로운 웹 서비스를 이용하려고 할 때, 이미 계정이 있는 서비스(트위터나 페이스북)의 웹사이트로 전환됩니다. 바뀐 화면에서 사용자가 승인 버튼을 누르면, 처음에 연 웹 서비스 화면으로 다시 돌아와 정상적으로 서비스를 이용할 수 있게 됩니다. 클라이언트가 사용자의 ID와 패스워드를 건들지 않는 것도 같습니다(단 예외도 있습니다).

화면 전환이 비슷하다고 해도, 인증보다 권한 부여는 큰 영향을 미칩니다. OAuth로 하는 일은 비유하면 전기요금이나 가스요금을 내기 위해 신용카드 번호를 맡기는 것과 같습니다. 오픈아이디는 사용자가 이용하려는 웹 서비스가 신용카드 회사에 '이 사람이 회원이 맞나요?'라고 묻고, YES/NO로 응답받는 정도에 불과하지만, OAuth는 최종적으로 회원의 신용카드 번호를 받아옵니다. 웹 서비스는 그 카드번호가 유효하면 요금을 청구할 수 있습니다.

신용카드 사례는 조금 극단적이긴 하지만, 실제로 클라이언트=외부 웹 서비스에 무엇을 허가할지는 '범위'로 결정됩니다. OAuth도 오픈아이디처럼 나중에 권한 부여 서버의 설정 화면에서 허가를 취소하거나 허가 범위를 변경할 수 있습니다(그림 5-9).

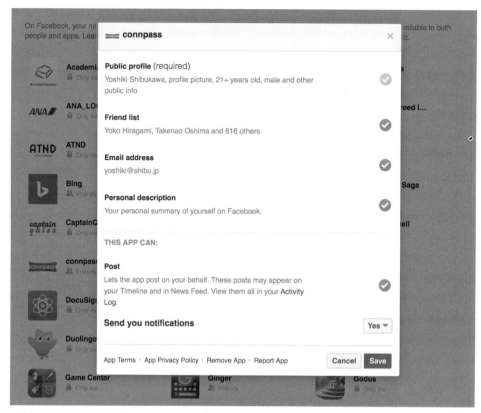

그림 5-9 OAuth의 범위 확인

OAuth 2.0은 네 가지 플로를 제공하며, 웹 서비스 이외에도 사용할 수 있습니다.[44]

Authorization Code

자주 사용되는 일반적인 방법이다. 웹 서비스의 서버 내에 client_secret을 감출 수 있고, 외부에서 볼 가능성이 없는 경우에 사용한다.

Implicit Grant

client_secret 없이 액세스할 수 있는 패턴. client_secret이 없으므로 클라이언트의 신원을 보증하지 않는다. 안전하게 client_secret을 유지할 수 없는 자바스크립트, 사용자 단말에 애플리케이션 코드를 다운로드하는 스마트폰 앱 등을 위한 방법이다.

---

44 이 사이트에 자세히 소개되어 있다. *http://www.atmarkit.co.jp/ait/articles/1209/10/news105.html*(일본어)

Resource Owner Password Credentials Grant

이제까지는 클라이언트 자신이 사용자의 ID와 패스워드에 접근하지 않았지만, 이 방법은 예외다. 허가 서버가 신뢰하는 클라이언트에서 사용한다. iOS에 내장된 페이스북, 트위터 연계 등 특수한 경우다.

Client Credentials Grant

사용자 동의 없이 client_id와 client_secret만으로 액세스하는 방법이다. client_secret을 이용한 클라이언트 인증만 하므로, 서버 사이드 등 client_secret을 외부로부터 감출 수 있는 환경에서 이용할 수 있다.

5.8.7 오픈아이디 커넥트

오픈아이디 커넥트^{OpenID Connect}는 OAuth 2.0을 기반으로 한 권한 부여뿐만 아니라 인증으로 사용해도 문제가 없게 확장한 규격입니다. 2014년 2월에 출시되었습니다. 인증과 허가에 모두 사용할 수 있고, 게다가 서비스 제공자(릴레잉 파티/클라이언트)에서 구현하기도 어렵지 않아 앞으로 사실상의 표준이 될 것입니다. 현 시점에서는 구글, 야후! 재팬, 믹시 등이 오픈아이디 커넥트 프로바이더로서 서비스를 제공하고 있습니다.

클라이언트 입장에서 볼 때 OAuth 2.0과의 차이는 사용자 프로필에 액세스하는 방법을 규격화한 점입니다. 이전에도 서비스마다 사용자 프로필 액세스 권한을 개별적으로 설정해 비슷하게 할 수 있었지만, 규격화되자 어느 서비스나 같은 방법으로 오픈아이디 프로바이더에 사용자 ID 같은 정보를 요청하고 인증에 사용할 수 있게 됐습니다. 일반 액세스 토큰과 별개로 ID 토큰이 발행되는데, 이 토큰을 사용해 액세스할 수 있습니다. 사용자 관점에서의 절차는 오픈아이디, OAuth와 같습니다.

오픈아이디 커넥트에서는 액세스 토큰과 ID 토큰을 가져오기 위해 두 개의 엔드포인트와 세 개의 플로를 정의했습니다.

권한 부여 엔드포인트

클라이언트가 권한 부여 요청을 보낼 서비스 창구. 클라이언트 인증을 하는 플로에서는 토큰 엔드포인트에 액세스하기 위한 키(권한 부여 코드)를 반환한다. 인증하지 않는 플로에서는 액세스 토큰과 ID 토큰은 이 엔드포인트가 반환한다.

토큰 엔드포인트

액세스 토큰과 ID 토큰을 반환하는 창구. 클라이언트를 인증해 강한 권한을 가진 토큰을 반환한다.

세 개의 플로는 다음과 같습니다.

Authorization Code Flow

OAuth의 Authorization Code와 같다. client_secret을 은닉할 수 있는 서버 환경용. 권한 부여 엔드포인트에 액세스해서 권한 부여 코드를 가져온 후, 토큰 엔드포인트에 액세스해서 토큰을 얻는다. 클라이언트 인증을 사용할 수 있으므로 가장 강한 권한을 허용할 수도 있다.

Implicit Flow

OAuth의 Implicit Grant와 같다. HTML 상의 자바스크립트 등 client_secret을 은닉할 수 없는 클라이언트 환경용. 권한 부여 엔드포인트에 액세스해 코드와 토큰을 한 번에 가져온다.

Hybrid Flow

Implicit Flow와 비슷하지만 권한 부여 엔드포인트에서 통신에 필요한 토큰과 추가 정보를 얻기 위한 권한 부여 코드를 얻을 수 있다. 이 권한 부여 코드를 사용해 토큰 앤드포인트에 액세스한다.

OAuth 2.0에서는 Implicit Grant로 사용자 인증을 하려고 하면, 차가 지나갈 정도로 보안에 큰 구멍이 뚫린다고 합니다.[45] 이에 대해서도 오픈아이디 커넥트에서는 해시 코드를 사용해 각종 토큰을 검증할 수 있게 개량했습니다.

OAuth 2.0과의 차이는 Hybrid Flow가 가장 큽니다. OAuth가 목표로 한 것은 다음 3자간

---

45 일본 오픈아이디/OAuth 인가 · 인증 관계의 일인자 사키무라 씨의 사이트에 자세히 설명되어 있습니다. *http://www.sakimura. org/2012/02/1487/*(일본어)

의 워크 플로입니다.

- 사용자
- 클라이언트
- 권한 부여 서버

그러나 모바일 애플리케이션이 보급되면서 클라이언트가 다시 둘로 나뉘어 4자간의 워크 플로가 필요해졌습니다.[46]

- 사용자
- 클라이언트 1: 스마트폰 단말의 애플리케이션
- 클라이언트 2: 백엔드 웹 서비스
- 권한 부여 서버

Hybrid Flow는 클라이언트 1에서 client_secret을 은닉할 수 없는 환경을 위한 Implict Flow로 권한을 부여한 후에, 클라이언트 2가 클라이언트 인증을 하면서 토큰의 엔드포인트에 요청을 보내 더 강력한 권한을 가진 토큰을 얻을 수 있게 됐습니다.

5.9 마치며

이 장에서는 HTTP/1.1 이후에 추가된 다양한 HTTP의 시맨틱스를 소개했습니다. 브라우저를 사용하는 사용자가 폭발적으로 증가해, 파일 다운로드와 같은 일상적으로 사용되는 여러 기능이 표준화됐습니다. 트래픽을 줄이고 안정성을 높이고자 다운로드 중단과 재시작 기능도 들어갔습니다. AJAX 통신에 필요한 XMLHttpRequest가 추가됐고, 브라우저의 표현력이 향상되면서 데스크톱에서 웹으로 서비스의 축이 이동했습니다.

HTTP/1.1에서는 HTTP의 적용 범위도 많이 넓어져, HTTP가 더는 브라우저만의 것이 아니게 됐습니다. 원격 프로시저 호출, WebDAV, 페이스북 같은 웹 서비스와의 연계 등 서버나 데스크톱, 모바일 애플리케이션으로부터의 통신을 전제로 하는 서비스도 늘어났습니다. 또한 서비스끼리의 연계도 증가해, 인증 및 권한 부여 시스템이 정비됐습니다. ID와 패스워드를 서

---

46 GREE Engineers' Blog 'OAuth for Native Apps' *http://labs.gree.jp/blog/2015/12/14831*(일본어)

비스마다 만들지 않아도 이용할 수 있게 됐으며, ID와 패스워드를 넘겨주지 않은 채 다른 서비스의 리소스에 대한 액세스 권한을 부여하는 시스템도 보급됐습니다.

한편 구현이 완전하지 않은 서버에서 처리가 멈추지 않도록 **X-Powered-By** 헤더를 보고 클라이언트 쪽에서 처리를 변경할 수 있게도 됐습니다. 그리고 보안이나 사용자 편리성 등 여러 가지 목적을 위해 물리적인 위치를 추정하는 지오IP 시스템도 개발됐습니다.

앞장에서 소개한 HTTP/1.1의 신택스는 메서드 · 헤더 · 응답 코드 · 바디라는 단순한 구조에 머물지 않고, 효율을 향상하고자 하부 계층에도 다양한 변경을 가했습니다. 약간 난도가 높았는지도 모르지만, 이번 장의 내용은 신택스로서는 HTTP/1.0부터 이어지는 기본 네 요소로 한정되어 있습니다.

## CHAPTER 6

Go 언어를 이용한
HTTP1.1 클라이언트 구현

6장에서는 4장과 5장에서 설명한 몇 가지 기능을 Go 언어로 표현합니다. 이 책에서 Go 언어로 구현하는 것은 API 서버에 요청을 보내는 클라이언트를 작성하는 방법을 전한다는 직접적인 목적 이외에 코드를 사용해 이해를 보강한다는 목적도 있습니다. 몇몇 기능은 API 클라이언트로서 이용할 상황이 없더라도 4장, 5장에서 설명한 내용을 재확인하고 이해를 돕는 데 도움이 됩니다. 필자도 소프트웨어 계통 논문이나 어려운 알고리즘을 배울 때는 구현 코드를 같이 보거나 코드를 자신 있는 언어로 함으로써 깊게 이해할 수 있습니다. 모호하게 이해한 상태로는 제대로 코드를 작성할 수 없으므로, 실제로 동작시켜 보면 자신이 올바르게 이해했는지 다시 확인할 수 있습니다.

3장에서는 테스트용 서버에 요청을 보내는 클라이언트 측 코드를 소개했지만, HTTP/1.1에서는 클라이언트에서 본 시맨틱스(통신 내용이나 의미)는 변하지 않아도 신택스(통신 프로토콜)가 변한 부분이 많습니다. 몇 가지 항목에서는 실제로 클라이언트를 연결해 테스트할 수 있도록 먼저 서버 측 코드를 소개했습니다.

6.1 Keep-Alive

Go 언어의 HTTP API는 아무 설정을 하지 않더라도 기본으로 Keep-Alive가 유효합니다. 따라서 올바르게 통신이 완료된 뒤에도 세션이 유지되도록 되어 있습니다. 단 그렇게 되려면 클라이언트 코드 쪽에서 반드시 response.Body를 끝까지 다 읽고난 후에 닫아야 한다고 도큐먼트에 명시돼 있습니다.[1] 소켓이라는 하나의 파이프를 시분할로 공유하는 시스템이므로 끝까지 다 읽고 종료했다는 사실을 명시하지 않으면, 다음 작업을 언제 시작해야 할지 판단할 수 없어 재이용할 수 없습니다. response.Body()에는 바로 전의 HTTP 접속이 성공하지 않았을 땐 nil이 저장되지만, 성공했을 때는 예를 들면 Content-Length: 0으로 바디가 비어 있을 때도 반드시 io.Reader의 실체가 들어가므로, 오류 시 외는 [예제 6-1]처럼 모두 읽어야만 합니다.

이 장에서 앞으로 소개할 샘플은 HTTP의 하부를 세밀하게 제어하는 코드이므로 사용할 수 없지만, 보통 HTTP 클라이언트라면 3장에서 소개한 코드로 문제가 없습니다. defer는 함수가 종료됐을 때 호출되는 후처리입니다.

예제 6-1 Keep-Alive를 위해 바디를 모두 읽는다

```
resp, err := http.Get("http://...")
if err != nil {
    // 오류 발생
    panic(err)
}
// 이 스코프를 벗어난 곳에서 반드시 닫는다
defer resp.Body.Close()
// ioutil.ReadAll로 서버 응답을 끝까지 일괄적으로 읽는다
body, err := ioutil.ReadAll(resp.Body)
```

6.2 TLS

Go 언어는 [예제 6-2]처럼 URL이 https://기만 해도 표준 라이브러리를 사용한 TLS 통신이 가능합니다. Go 언어의 표준 라이브러리는 openssl 등의 라이브러리를 이용하는 것이 아니라 밑바닥부터 만든 Go 언어의 코드를 사용합니다.

예제 6-2 Go 언어에서는 목적지에 htts://라고만 해도 HTTPS를 사용할 수 있다

```
resp, err := client.Get("https://example.com")
```

---

1 *https://golang.org/pkg/net/http/#Response*의 Body 설명

이 절에서는 직접 인증서를 만들고, 서버에 설정해 TLS 통신을 하는 방법을 소개합니다.

6.2.1 인증서 만들기

기본적으로는 시스템이 가진 인증서를 사용해 인증서를 확인합니다. 테스트 환경에서 사용할 목적으로 직접 만든 인증서를 사용할 수도 있습니다.[2]

하나의 증명서를 만드는 기본 흐름은 다음과 같습니다.

- OpenSSL 커맨드로 비밀 키 파일을 만든다.
- 인증서 요청 파일을 만든다.
- 인증서 요청 파일에 서명해서 인증서를 만든다.

보통 인증서 요청까지는 인증서를 필요로 하는 사람이 작성한 후 서명은 인증기관에서 유료로 받습니다. 이번에는 시험 목적의 인증서라 서명도 스스로 합니다. 4장에서 설명했지만 자기 서명 인증서는 통신 경로 은닉화에는 사용할 수 있지만, 서버의 신원 보증에는 안 됩니다. 각 컴퓨터에 설치하면 수동으로 '이 인증서는 믿을 수 있다'고 컴퓨터를 가르칠 수 있습니다.

그림과 같은 구성의 인증서를 작성합니다.

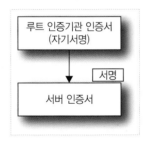

우선은 openssl.cnf 파일을 복사해 설정을 변경합니다. 커맨드라인만으로는 설정할 수 없는 항목이 있어, 설정 파일 편집이 필요합니다. openssl.cnf 파일의 템플릿은 /etc/local/openssl/openssl.cnf와 /etc/ssl/openssl.cnf, C:\OpenSSL\bin\openssl.cnf에 있습니

---

2 TLS의 인증서 취급은 프로그래밍 언어에 따라 다릅니다. Go는 시스템의 인증서를 참조하지만, Node.js는 루트 인증서를 번들하고 있습니다. 만약 자신의 인증서를 사용할 때는 OS에 등록해도 반영되지 않습니다. 다른 언어로 시도하는 분은 자신의 사용하는 언어의 TLS 구현이 인증서를 어떻게 다루는지 확인합시다.

다(예제 6-3). 인증기관, 서버, 클라이언트의 세 가지 인증서 작성을 위한 설정을 끝에 추가합니다.

예제 6-3 OpenSSL의 설정 파일

```
[CA]
basicConstraints=critical,CA:TRUE,pathlen:0
keyUsage=digitalSignature,keyCertSign,cRLSign

[Server]
basicConstraints=CA:FALSE
keyUsage=digitalSignature,dataEncipherment
extendedKeyUsage=serverAuth

[Client]
basicConstraints=CA:FALSE
keyUsage=digitalSignature,dataEncipherment
extendedKeyUsage=clientAuth
```

[예제 6-4]에서 빈번하게 물어보는 항목도 미리 설정해두죠.

예제 6-4 OpenSSL의 권장 설정 항목

```
[req_distinguished_name]
# 기본 국가 코드
countryName_default              = JP
# 기본 도/주
stateOrProvinceName_default      = Tokyo
# 기본 도시명
localityName_default             = Itabashi
# 기본 조직명
0.organizationName_default       = example.com
# 기본 관리자 메일 주소
emailAddress_default             = webmaster@example.com
```

얼랭Erlang의 ssl 모듈 등 등록할 인증서의 basicConstraints이 CA:TRUE가 아니면 동작하지 않는 환경도 일부 있습니다. 또 keyUsage를 참조하는 구현도 몇 가지 있습니다. 이들을 지정하기 위해서 설정 파일이 필요합니다. OpenSSL의 설정은 다양한 섹션으로 구성되어 있습니다.

모든 섹션이 이용되는 것은 아니고, -extensions 옵션으로 필요한 세션을 지정하고 설정을 바꿀 수 있습니다.

우선은 다음과 같이 자기 서명의 루트 인증기관 인증서를 작성합시다. 이 작업은 한 번만 하면 됩니다.

```
# RSA 2048 비트 비밀 키 생성
$ openssl genrsa -out ca.key 2048

# 인증서 서명 요청(CSR) 작성
$ openssl req -new -sha256 -key ca.key -out ca.csr -config openssl.cnf

# 인증서를 자신의 비밀 키로 서명해서 생성
$ openssl x509 -in ca.csr -days 365 -req -signkey ca.key -sha256 -out ca.crt -extfile
  ./openssl.cnf -extensions CA
```

비밀 키는 RSA 이외에도 타원 곡선 암호 ECDSA 등도 지원하지만, 인증서에 타원 곡선 암호를 사용하는 곳은 아직 적고, 2017년 사실상 표준은 RSA 2048비트입니다. 비밀 키와 인증서 서명 요청을 하나의 명령으로 생성하는 방법도 있지만, AWS IAM처럼 이 방식으로 만든 인증서를 받지 않는 환경도 있기 때문에, 이 책에서는 모두 나눠서 생성했습니다.

인증서 서명 요청을 생성할 때는 소재지 정보(국가, 도/주, 도시명)와 조직 정보(조직명, 부서명, 조직의 일반 이름과 URL) 등 다양한 정보가 필요합니다. 이들 정보는 인증서 안에 들어가, 나중에 사용자가 인증서 소유자를 확인하는 데 사용합니다. 또한 'Challenge password'는 인증서를 파기할 때 쓰는 패스워드지만, 자기 서명 인증서에서는 필요 없습니다. 인증기관에 따라선 이 패스워드가 필요할 수도 있습니다.

각 과정에서 생성된 파일을 확인하려면 다음 명령을 사용합니다.

```
# 비밀 키 확인
$ openssl rsa -in ca.key -text

# 인증서 서명 요청(CSR) 확인
$ openssl req -in ca.csr -text

# 인증서 확인
$ openssl x509 -in ca.crt -text
```

다음으로 아래 순서대로 서버의 인증서를 작성합니다. 이 작업은 필요한 서버 대수만큼 합니다. 아까 Common Name은 조직명 등으로 했겠지만, 여기서는 각 서버의 FQDN으로 하는 게 좋습니다.

```
# RSA 2048 비트 비밀 키 생성
$ openssl genrsa -out server.key 2048

# 인증서 서명 요청(CSR) 생성
$ openssl req -new -nodes -sha256 -key server.key -out server.csr -config openssl.cnf

# 인증서를 자신의 비밀 키로 서명해서 생성
$ openssl x509 -req -days 365 -in server.csr -sha256 -out server.crt -CA ca.crt
-CAkey ca.key -CAcreateserial -extfile ./openssl.cnf -extensions Server
```

인증기관과 달리 서버 인증서에 입력하는 Common Name에는 호스트 이름을 정확히 입력할 필요가 있습니다. 이 이름이 다르면 클라이언트는 연결하려는 서버와 다른 서버에 연결된 것으로 간주해, 접속을 끊어버립니다. 이것이 도메인 인증입니다. 여기서는 localhost라고 입력하세요. 인증서는 돌려쓸 수 없으므로 서버마다 작성합니다.

조금 전과 차이는 두 번째 줄에서 인증서 서명 요청을 생성할 때 -nodes를 설정하는 점입니다. 이 옵션을 설정하지 않으면, 서버를 시작할 때마다 패스워드를 요구합니다. 또 하나는 -CA부터 시작되는 설정으로 인증기관용 비밀 키와 인증서를 건네거나, -CAcreateserial 옵션을 설정합니다. 또한, -extensions로 서버용 설정을 읽어옵니다.

이것으로 대충 준비가 됐습니다. 생성한 파일 이름과 역할을 [표 6-1]에 정리했습니다.

표 6-1 파일명 목록

	CA용	서버용
비밀 키	ca.key	server.key
인증서 서명 요청	ca.csr	server.csr
인증서	ca.crt	server.crt

실제로 서버에서 사용하는 것은 비밀 키와 인증서입니다. 인증서 서명 요청은 인증서가 만들어

진 뒤에는 필요 없습니다.

6.2.2 HTTPS 서버와 인증서 등록

HTTPS 접속 테스트를 위해, HTTPS 서버를 준비합시다. 코드는 [예제 6-5]입니다.

예제 6-5 HTTPS 서버

```
package main

import (
    "fmt"
    "log"
    "net/http"
    "net/http/httputil"
)

func handler(w http.ResponseWriter, r *http.Request) {
    dump, err := httputil.DumpRequest(r, true)
    if err != nil {
        http.Error(w, fmt.Sprint(err), http.StatusInternalServerError)
        return
    }
    fmt.Println(string(dump))
    fmt.Fprintf(w, "<html><body>hello</body></html>\n")
}

func main() {
    http.HandleFunc("/", handler)
    log.Println("start http listening :18443")
    err := http.ListenAndServeTLS(":18443", "server.crt", "server.key", nil)
    log.Println(err)
}
```

기본적인 코드는 HTTP 버전과 다르지 않습니다. 마지막 **ListenAndServe**가 특별한 함수 **ListenAndServeTLS**로 바뀌는 것뿐입니다. 이 함수는 방금 작성한 인증서와 비밀 키의 파일 이름을 인수로 받습니다.

그럼 직접 실험해봅시다.

```
$ curl https://localhost:18443

curl: (60) SSL certificate problem: unable to get local issuer certificate
More details here: https://curl.haxx.se/docs/sslcerts.html
```

오류가 나고 말았습니다. curl 커맨드가 인증서를 찾지 못했기 때문입니다. 인증서를 찾으려면 curl 커맨드만으로 해결하는 방법과 OS에 등록하는 방법이 있습니다. 가장 간단한 것은 다음과 같이 방금 작성한 인증기관의 인증서를 커맨드라인 인수로 건네는 방법입니다.

```
$ curl --cacert ca.crt https://localhost:18443
```

curl 커맨드가 보는 인증서 목록에 조금 전의 인증서를 추가해도 해결할 수 있습니다. 한 번 등록하면 옵션으로 인증서를 지정할 필요가 없습니다. curl 커맨드의 빌드 방법에 따라서 대처 방법이 달라집니다. 버전 정보를 살펴봅시다.

```
$ curl --version
curl 7.43.0 (x86_64-apple-darwin15.0) libcurl/7.43.0 SecureTransport zlib/1.2.5
:
```

libcurl 다음 글자가 TLS을 구현할 때 사용되는 라이브러리 이름입니다.

- OpenSSL: OpenSSL (포터블 라이브러리)
- Schannel: 윈도우의 보안 관리 시스템
- SecureTransport: 맥 OS의 보안 관리 시스템
- NSS: 몇몇 리눅스 배포판에서 이용되는 보안 관리 시스템

Schannel과 SecureTransport, NSS의 경우는 시스템이 제공하는 기능을 사용하는 인증서를 등록할 수 있습니다. 윈도우에서는 제어판의 인터넷 옵션을 사용해 인증서를 설치합니다. 맥 OS에서는 키체인 접근이라는 이름의 애플리케이션을 사용합니다. NSS에서는 p11-kit-nss-trust와 같은 커맨드라인 도구를 사용해 인증서를 등록합니다.

OpenSSL의 경우는 OpenSSL이 표준으로 사용하는 인증서 번들 파일에 추가합니다. 아래 명령을 실행하면 탐색 디렉토리를 알 수 있습니다.

```
$ openssl version -d
OPENSSLDIR: "/opt/local/etc/openssl"
```

맥 OS에서는 이 안에 있는 **cert.pem** 파일 끝에 방금 만든 인증기관 인증서 **ca.crt** 내용을 추가해 접속할 수 있게 됩니다. 리눅스(우분투^{Ubuntu} 16.04)에서는 **ca.crt**를 탐색 디렉토리 안에 있는 certs 디렉토리에 복사합니다. 단 Node.js[3]나 파이썬의 HTTP 접속을 간소화하는 **requests** 패키지 등[4] 몇몇 처리 시스템에서는 루트 인증서 목록을 직접 가지고 있는 경우가 있습니다. 그런 경우는 이 방법을 사용할 수 없습니다. 처리 시스템에서도 인증서 파일이나 인증서 번들을 읽어올 수 있게 되어 있으므로, 자체적으로 목록을 추가해 대응할 수 있습니다. curl 웹사이트에서 바탕이 될 인증서의 번들이 제공됩니다.[5]

다른 방법으로는 **--insecure/-k** 옵션[6]을 사용해 호스트를 확인하지 않은 채, HTTPS로 통신 경로 암호화만 이용하는 방법이 있습니다. 이는 최후의 수단입니다.

6.2.3 Go 언어를 이용한 클라이언트 구현

Go 언어를 사용해 서버를 구현하는 코드는 매우 단순했습니다. 클라이언트를 구현하는 코드도 [예제 6-6]처럼 단순합니다.

예제 6-6 HTTPS 통신을 하는 클라이언트 코드

```
package main

import (
    "log"
    "net/http"
    "net/http/httputil"
)

func main() {
    resp, err := http.Get("https://localhost:18443")
```

---

3 *https://github.com/nodejs/node/blob/master/src/node_root_certs.h*

4 *https://github.com/kennethreitz/requests/blob/master/requests/cacert.pem*

5 *https://curl.haxx.se/docs/caextract.html*

6 자기 서명 인증서 경고를 묵살하는 악명 높은 경고 무효화 옵션입니다.

```
    if err != nil {
        panic(err)
    }
    defer resp.Body.Close()
    dump, err := httputil.DumpResponse(resp, true)
    if err != nil {
        panic(err)
    }
    log.Println(string(dump))
}
```

사용하는 API는 앞의 코드와 다르지 않습니다. 단지 URL을 https://로 했을 뿐입니다. 이 코드는 작동했을까요? Go 언어는 기본적으로 시스템에 등록된 루트 인증서를 참조하므로, 앞절에서 OS에 인증서를 등록했으면 이대로 동작하지만, 등록하지 않았다면 동작하지 않습니다.

[예제 6-7]의 코드는 시스템에 등록되지 않은 인증서를 애플리케이션에서 직접 다뤄 통신을 실시합니다.

예제 6-7 OS에 의존하지 않은 채 인증서를 읽어와 HTTPS 통신을 하는 클라이언트 코드

```
package main

import (
    "crypto/tls"
    "crypto/x509"
    "io/ioutil"
    "log"
    "net/http"
    "net/http/httputil"
)

func main() {
    // 인증서를 읽어들인다
    cert, err := ioutil.ReadFile("ca.crt")
    if err != nil {
        panic(err)
    }
    certPool := x509.NewCertPool()
    certPool.AppendCertsFromPEM(cert)
    tlsConfig := &tls.Config{
```

```
        RootCAs: certPool,
    }
    tlsConfig.BuildNameToCertificate()

    // 클라이언트 작성
    client := &http.Client{
        Transport: &http.Transport{
            TLSClientConfig: tlsConfig,
        },
    }

    // 통신한다
    resp, err := client.Get("https://localhost:18443")
    if err != nil {
        panic(err)
    }
    defer resp.Body.Close()
    dump, err := httputil.DumpResponse(resp, true)
    if err != nil {
        panic(err)
    }
    log.Println(string(dump))
}
```

낯선 용어가 몇 개 등장했습니다. 설명하자면, x509는 ISO에서 규정한 인증서 형식입니다. Certification은 인증서였지요. PEM이라는 단어도 보입니다. 이는 BASE64로 부호화된 바이너리에 헤더와 푸터를 붙인 데이터 구조입니다. 동영상이나 음성 파일 용어에서 말하는 '컨테이너'입니다. 이 장의 예제에서는 암호키, 인증서 서명 요청, 인증서에 각각 **key**, **.csr**, **.crt** 확장자를 붙였지만, 파일 컨테이너로서는 모두 PEM을 이용하므로, 웹사이트의 설명에 따라서는 이들 대신 **.pem**을 붙이는 것도 있습니다. PEM은 **RFC 2459**에서 정의되어 있습니다. [예제 6-8]에 나타낸 구조가 PEM입니다.

예제 6-8 PEM 예제

```
-----BEGIN CERTIFICATE REQUEST-----
MIIC4DCCAcgCAQAwgZoxCzAJBgNVBAYTAkpBMQ4wDAYDVQQIDAVUb2t5bzERMA8G
A1UEBwwISXRhYmFzaGkxGTAXBgNVBAoMEEV4YW1wbGUgQ28uLEx0ZC4xFjAUBgNV
    :
H3di7oDHNvKSj1/0oZuzgPFyJAthdsJGZb0gjmnUTTAc1+N9E3QdZS9l5wcpLgfV
```

```
7S27ED4qFoC4lL3B9ktZEwKJbUE=
-----END CERTIFICATE REQUEST-----
```

앞 절의 curl 커맨드에서 마지막 수단으로 소개한 안전성이 낮은 TLS 접속을 허용하는 옵션은 Go 언어에서도 지원됩니다. 상기 코드의 tlsConfig 초기화로 인증서 풀을 넘겨주는 대신, 다음처럼 설정합니다.

예제 6-9 인증서를 확인하지 않는 설정

```
tlsConfig := &tls.Config{
    InsecureSkipVerify: true,
}
```

6.2.4 클라이언트 인증서

앞에서 소개하지 않았던 TLS의 기능 중에 클라이언트 인증서를 이용한 클라이언트 인증이 있습니다. 이 기능은 보통의 TLS와는 반대로 서버가 클라이언트에 인증서를 요구하고, 올바로 승인되면 통신을 하는 것입니다.

우선은 서버 코드를 수정해서 클라이언트 인증을 필수로 해봅시다.

3장에서는 클라이언트 쪽의 API가 간이 API, http.Client를 사용한 상세 API, http.Request를 사용한 상세한 요청으로 계층이 다른 몇 종류로 나뉘어 있다고 소개했습니다. 이 책은 클라이언트 쪽을 중점적으로 소개하므로 서버 쪽은 간이 API만 사용했는데, 서버 측 코드에도 상세 API가 준비되어 있습니다. http.Server를 사용한 서버의 설정과 http.ServeMux를 사용한 요청 핸들러 처리 상세 API가 제공됩니다. TLS의 접속 설정은 http.Server 구조체를 이용합니다. 이번에 http.ServeMux는 다루지 않습니다. [예제 6-10]의 코드로 클라이언트 인증서를 요구하도록 설정한 http.Server를 작성할 수 있습니다.

예제 6-10 클라이언트 인증서를 요청하는 설정

```
import (
    "crypto/tls"
```

```
    "fmt"
    "log"
    "net/http"
    "net/http/httputil"
)

// handle은 변하지 않으므로 생략

func main() {
    server := &http.Server{
        TLSConfig: &tls.Config{
            ClientAuth: tls.RequireAndVerifyClientCert,
            MinVersion: tls.VersionTLS12,
        },
        Addr: ":18443",
    }
    http.HandleFunc("/", handler)
    log.Println("start http listening :18443")
    err := server.ListenAndServeTLS("server.crt", "server.key")
    log.Println(err)
}
```

이 상태에서 앞에 작성한 HTTPS의 클라이언트 코드를 실행해보고, 기대한 대로 접속이 거부되는 것을 확인합니다.

```
$ go run main.go
panic: Get https://localhost:18443: dial tcp [::1]:18443: getsockopt: connection
refused
```

서버를 초기화할 때 **TLSConfig** 멤버 변수에 설정을 추가합니다. 이 설정은 클라이언트 쪽에서 TLS 지원에 사용한 것과 같은 **tls.Config** 구조체이므로, 시스템의 인증서 이외의 인증서를 사용할 때는 앞절에서 설명한 것과 같은 메서드를 사용할 수 있습니다.

ClientAuth 멤버에 아래의 ENUM 값 중 어느 하나를 설정하면, 클라이언트 인증서에 관한 움직임이 변화합니다.

- **NoClientCert**: 클라이언트의 증명서를 요구하지 않는다(디폴트).
- **RequestClientCert**: 클라이언트 증명서를 요구한다.

- **RequireAnyClientCert**: 어떤 클라이언트 증명서를 요구한다.

- **VerifyClientCertIfGiven**: 만약 주어진다면 클라이언트 증명서를 검증한다.

- **RequireAndVerifyClientCert**: 클라이언트 증명서를 요구하고 검증한다.

위 예제에서는 가장 엄격한 조건을 설정했습니다. 다음으로 클라이언트 인증서를 생성합니다.

```
# RSA 2048비트 비밀 키 생성
$ openssl genrsa -out client.key 2048

# 인증서 서명 요청(CSR)을 생성
$ openssl req -new -nodes -sha256 -key client.key -out client.csr -config openssl.cnf

# 인증서를 자신의 비밀 키로 서명해서 생성
$ openssl x509 -req -days 365 -in client.csr -sha256 -out client.crt -CA ca.crt -CAkey
ca.key -CAcreateserial -extfile ./openssl.cnf -extensions Client
```

[예제 6-11]은 클라이언트 인증서를 이용하는 Go 언어의 코드입니다. 인증서와 비밀 키를 로드해, `tls.Config`의 `Certificates` 멤버로 설정합니다. 그 설정을 가진 `http.Transport` 구조체를 만들고 그 구조체를 `http.Client`에 전달합니다. 자신의 인증서와 비밀 키를 가진 클라이언트는 서버에서 요청하면 인증서를 보냅니다.

예제 6-11 클라이언트 인증서를 등록한 클라이언트

```go
package main

import (
    "crypto/tls"
    "log"
    "net/http"
    "net/http/httputil"
)

func main() {
    cert, err := tls.LoadX509KeyPair("client.crt", "client.key")
    if err != nil {
        panic(err)
    }

    client := &http.Client{
```

```
        Transport: &http.Transport{
            TLSClientConfig: &tls.Config{
                Certificates: []tls.Certificate{cert},
            },
        },
    }
    // 아래는 앞의 코드와 같다.
}
```

NOTE_ ACME 프로토콜

구글은 통신을 100% TLS화하는 방향으로 강력하게 추진하고 있습니다. 2017년에는 크롬의 동작을 변경해 HTTPS가 아닌 통신에는 모두 경고를 표시한다고 발표했고, 이미 로그인 페이지나 신용카드 정보를 전송하는 페이지가 HTTPS가 아닐 경우 경고를 표시하고 있습니다.[7] 서버 인증서를 발급하려면 지금까지 상당한 금액을 지불해야 했습니다. 인증 수준이 제한된 도메인 인증서도 VPS 서버 한 대의 임대 비용을 넘는 가격이고 신뢰성이 더 높은 EV 인증서는 더욱 비쌉니다. 그런데 요즘 구글을 비롯 파이어폭스를 개발하는 모질라, 통신 장비 업체인 시스코, 페이스북 등 많은 기업이 후원하는 Let's Encrypt가 무료 인증서 서비스를 시작했습니다. Let's Encrypt는 신뢰성이 다소 제한된 도메인 인증으로 범위를 한정하고 있지만, 무료라는 점에서 커다란 반향을 불러일으켰습니다. 이 무료 인증을 실현하고자 사람 손을 거치지 않고 도메인 소유를 확인하는 ACME 프로토콜이 만들어졌습니다.[8] ACME 프로토콜은 향후 RFC화를 목표로 해서 제안서도 제출됐습니다.[9] 이 프로토콜이 실현되면 서버가 스스로 인증서를 취득하러 갈 수 있게 됩니다. Go 언어에서도 핵심 개발자인 브래드 피츠패트릭Brad Fitzpatrick이 ACME 프로토콜을 지원하는 제안서를 제출했습니다. 앞으로는 Go 언어로 HTTPS 통신을 제공하는 것이 더욱 쉬워질 전망입니다.

6.3 프로토콜 업그레이드

프로토콜 업그레이드는 통신 도중에 HTTP 이외의 통신을 하는 방법이었습니다. 표준 net/http 패키지는 많은 일을 해주지만, 업그레이드 후에는 HTTP의 문맥에서 벗어나 통신하므로 직접 소켓을 송수신하게 됩니다.

....

7 *http://japan.zdnet.com/article/35094385*(일본어)

8 *http://jxck.hatenablog.com/entry/letsencrypt-acme*(일본어)

9 *https://tools.ietf.org/html/draft-ietf-acme-acme-03*

원래는 HTTP처럼 제대로 된 송수신 규약을 만들 필요가 있지만, 이 책에서는 예제로서 간단히 송수신만 하는 프로토콜을 구현하고 보겠습니다.

6.3.1 서버 코드

서버 쪽도 특수한 통신을 할 필요가 있으므로 핸들러를 작성합니다. `main()` 안에 핸들러를 등록하는 것을 잊지 마세요. [예제 6-12]와 같은 헤더가 포함됐다면, `101 Switching Protocols`을 돌려주고 오리지널 통신을 실시합니다. 이 `MyProtocol`은 개행으로 구분하고 숫자를 양쪽에서 서로 보내는, HTTP의 규격에서 벗어난 통신을 하는 프로토콜이라고 합시다.

예제 6-12 프로토콜 업그레이드 헤더의 예

```
Upgrade: MyProtocol
Connection: Upgrade
```

[예제 6-13]이 서버 코드입니다. 3장에서 소개한 코드보다 상당히 깁니다.

예제 6-13 프로토콜 업그레이드를 하는 서버의 핸들러

```
func handlerUpgrade(w http.ResponseWriter, r *http.Request) {
    // 이 엔드포인트에서는 변경 외는 받아들이지 않는다
    if r.Header.Get("Connection") != "Upgrade" || r.Header.Get("Upgrade")
     != "MyProtocol" {
        w.WriteHeader(400)
        return
    }
    fmt.Println("Upgrade to MyProtocol")

    // 소켓을 획득
    hijacker := w.(http.Hijacker)
    conn, readWriter, err := hijacker.Hijack()
    if err != nil {
        panic(err)
        return
    }
    defer conn.Close()
```

```go
// 프로토콜이 바뀐다는 응답을 보낸다
response := http.Response{
    StatusCode: 101,
    Header:     make(http.Header),
}
response.Header.Set("Upgrade", "MyProtocol")
response.Header.Set("Connection", "Upgrade")
response.Write(conn)

// 오리지널 통신 시작
for i := 1; i <= 10; i++ {
    fmt.Fprintf(readWriter, "%d\n", i)
    fmt.Println("->", i)
    readWriter.Flush() // Trigger "chunked" encoding and send a chunk...
    recv, err := readWriter.ReadBytes('\n')
    if err == io.EOF {
        break
    }
    fmt.Printf("<- %s", string(recv))
    time.Sleep(500 * time.Millisecond)
}
}
```

이 코드에서 핵심이 되는 부분은 두 군데입니다. 우선 http.ResponseWriter를 http.Hijacker로 캐스팅해 하이재킹하는 부분입니다. 하이재킹하면 http.ResponseWriter는 아무런 전송 메시지를 보내지 않게 됩니다. 헤더와 스테이터스 코드를 보내지 않는 대신 소켓을 직접 조작할 수 있게 됩니다. 소켓을 닫는 것은 프로그래머의 책임입니다.

또 한 곳은 http.Response를 만들어 response.Write() 소켓에 응답을 수동으로 써넣는 부분입니다. 소켓을 직접 읽고 쓸 경우 conn.Write()를 사용해 HTTP 응답을 직접 써넣을 수도 있지만, 이 헬퍼 메서드를 사용하면 수동으로 출력 포맷을 HTTP로 정돈할 필요가 없어집니다. 연결을 유지한 채로 HTTP의 응답을 반환할 수 있습니다.

하이재킹 시 응답의 두 번째는 낮은 수준의 소켓을 감싼 bufio.ReadWriter입니다. 3장에서도 간단하게 소개했는데 io.Reader에 데이터 읽기를 편리하게 하는 bufio.Reader와 쓰기를 편리하게 하는 bufio.Writer 기능을 추가한 입출력용 인터페이스입니다. 이 인터페이스를 하이재킹하면 내부에서 사용하는 이 오브젝트를 취득할 수 있습니다. 편리하므로 이를 그대로 사용합시다. 여기서는 지정한 문자('\n')가 올 때까지 읽고, 모아서 데이터를 반환하는 메서드

ReadBytes()를 사용합니다. 개행 단락임을 알고 있고, 그 외에는 개행이 포함되지 않는다면 데이터를 손쉽게 나눌 수 있습니다.

bufio.ReadWriter의 메서드는 출력용 메서드도 여러 가지 제공하지만, 포맷을 지정해서 출력하는 기능은 없습니다. 이 경우는 fmt 패키지를 사용해, 다른 프로그래밍 언어에서도 친숙한 printf 방식으로 출력합니다.

6.3.2 클라이언트 코드

업그레이드를 시행하는 클라이언트 쪽 코드가 [예제 6-14]입니다. 클라이언트 쪽 코드도 소켓을 직접 다룹니다. 서버 코드와 비교할 때, 클라이언트 코드는 더 낮은 수준의 조작부터 시작합니다. 서버와 같은 하이재킹 구조가 없으므로, 통신을 시작할 때부터 소켓을 다룰 필요가 있습니다. 그래도 C 언어로 작성하는 것보다 절반 이하의 라인 수로 해결됩니다.

예제 6-14 프로토콜 업그레이드를 하는 클라이언트

```go
package main

import (
    "bufio"
    "bytes"
    "fmt"
    "io"
    "log"
    "net"
    "net/http"
    "time"
)

func main() {
    // TCP 소켓 열기
    dialer := &net.Dialer{
        Timeout:   30 * time.Second,
        KeepAlive: 30 * time.Second,
    }
    conn, err := dialer.Dial("tcp", "localhost:18888")
    if err != nil {
        panic(err)
```

```
    }
    defer conn.Close()
    reader := bufio.NewReader(conn)

    // 요청을 작성해 소켓에 직접 써넣기
    request, _ := http.NewRequest("GET", "http://localhost:18888/upgrade", nil)
    request.Header.Set("Connection", "Upgrade")
    request.Header.Set("Upgrade", "MyProtocol")
    err = request.Write(conn)
    if err != nil {
        panic(err)
    }

    // 소켓에서 직접 데이터를 읽어와 응답 분석
    resp, err := http.ReadResponse(reader, request)
    if err != nil {
        pnic(err)
    }
    log.Println("Status:", resp.Status)
    log.Println("Headers:", resp.Header)

    // 오리지널 통신을 시작
    counter := 10
    for {
        data, err := reader.ReadBytes('\n')
        if err == io.EOF {
            break
        }
        fmt.Println("<-", string(bytes.TrimSpace(data)))
        fmt.Fprintf(conn, "%d\n", counter)
        fmt.Println("->", counter)
        counter--
    }
}
```

우선은 net.Dialer 구조체를 사용해 TCP 소켓을 엽니다. 그 후에는 서버 쪽 조작과 마찬가지로 요청을 작성하고 request.Write로 소켓에 직접 요청을 적습니다. 요청에는 서버가 기대하는 업그레이드 정보 헤더를 포함합니다. 그런 다음 http.ReadResponse 함수로 응답을 읽어 http.Response 구조체를 만듭니다. Go 언어는 직접 소켓을 다루는 경우도 고급 프로토콜을 사용해 간단히 읽고 쓸 수 있습니다.

여기서도 서버 코드와 마찬가지로 **bufio.Reader**의 **ReadBytes()** 메서드를 이용합니다. 소켓 통신의 저수준 인터페이스인 **net.Conn**과 os.File, 외부 프로세스를 시작한 후의 **StdinPipe()** 등 다양한 곳에서 돌아오는 **io.Reader** 인터페이스를 가진 오브젝트는 아래 코드처럼 간단히 **bufio.Reader**로 감싸 편리한 메서드를 추가할 수 있습니다.

예제 6-15 bufio.Reader를 작성해 메서드를 강화

```
reader := bufio.NewReader(conn)
```

6.4 청크

Go 언어의 청크 지원은 이미 **net/http**의 각 기능에 처음부터 들어 있습니다. 3장에서 소개한 API를 사용할 경우에는 완전히 통신 패키지 내부에 은폐돼 있으므로, 단순히 송수신하는 것뿐이라면 통신이 청크 방식으로 이루어지는지 의식할 필요는 없습니다. 다음 코드로도 청크 형식의 서버 응답을 받을 수 있습니다. 다만 통신에서 사용한 것이 청크 형식인지는 완전히 은폐돼 있어 외부에서 감지할 수 없습니다.

예제 6-16 이 코드로도 청크 형식의 응답을 다룰 수 있다

```
resp, _ := http.Get("http://localhost:18888")
defer resp.Body.Close()
body, _ := ioutil.ReadAll(resp.Body)
```

http.Post로 2048바이트 이상의 파일을 전송할 때, **Request.ContentLength**를 설정하지 않고 보낼 경우 자동으로 청크 형식으로 업로드됩니다.

ioutil.ReadAll()을 호출하면 다 읽을 때까지 블록합니다. 1초씩 10회로 나누어 데이터를 수신하는 경우는 10초 후에 모아서 통신 결과가 돌아옵니다. 보통은 이렇게 사용하면 문제가 없습니다. 이 절에서는 다음과 같이 청크 송수신을 Go 언어로 구현하는 방법을 소개합니다. 처음에 서버로부터의 송신을 설명하는 이유는 이후 설명에서 테스트에 사용하기 위해서입니다.

- 서버에서 청크 형식으로 송신하기
- 클라이언트에서 순차적으로 수신하기(간단판)
- 클라이언트에서 순차적으로 수신하기(완전판)
- 클라이언트에서 송신하기

6.4.1 서버에서 송신하기

서버에서 청크 형식으로 전송하는 것은 간단합니다. `http.ResponseWriter`를 `http.Flusher` 인터페이스로 캐스팅하면, 숨겨진 `Flush()` 메서드를 사용할 수 있게 됩니다.

[예제 6-17]처럼 `ResponseWriter`로 데이터를 써넣은 이 `Flush()` 메서드를 보내면 그동안 출력한 내용을 먼저 클라이언트에 보냅니다.

예제 6-17 서버가 청크 형식으로 응답을 반환한다

```go
func handlerChunkedResponse(w http.ResponseWriter, r *http.Request) {
    flusher, ok := w.(http.Flusher)
    if !ok {
        panic("expected http.ResponseWriter to be an http.Flusher")
    }
    for i := 1; i <= 10; i++ {
        fmt.Fprintf(w, "Chunk #%d\n", i)
        flusher.Flush()
        time.Sleep(500 * time.Millisecond)
    }
    flusher.Flush()
}

// main 안에서 /chunked라는 경로로 청크 전송하도록 핸들러를 등록한다
http.HandleFunc("/chunked", handlerChunkedResponse)
```

이 코드는 0.5초마다 텍스트를 클라이언트에 반환합니다. 이전 코드에선 모두 출력한 후에 클라이언트에 메시지를 보냈지만, 여기선 한 번 출력할 때마다 `Flush()`를 호출함으로써 클라이언트는 루프를 돌 때마다 결과를 받게 됩니다. 크기를 보내고 나서 실체를 보내는 청크 송신의 절차는 Go에 맡겨집니다. curl 커맨드로 시험해봅시다.

```
$ curl http://localhost:18888/chunked
Chunk #1
Chunk #2
Chunk #3
```

루프 안의 Flush()를 주석으로 처리하고 동작의 차이를 확인해보세요.

6.4.2 클라이언트에서 순차적으로 수신하기(간단판)

3장에서 소개한 API를 이용해도 서버에서 송신하는 콘텐츠의 단락을 확인하면서 수신하므로
청크를 다룰 수 있습니다. XML이나 JSON을 해석하면서 읽기는 힘들지만, 특정 구분 문자가
끝에 붙어 있다는 전제가 있으면 간단히 쓸 수 있습니다. [예제 6-18]의 코드는 개행 문자로
구분해 서버에서 보낸다고 전제로 하고 있습니다.

예제 6-18 개행 문자 단위로 청크별로 수신

```go
package main

import (
    "bufio"
    "bytes"
    "io"
    "log"
    "net/http"
)

func main() {
    resp, err := http.Get("http://localhost:18888/chunked")
    if err != nil {
        log.Fatal(err)
    }
    defer resp.Body.Close()
    reader := bufio.NewReader(resp.Body)
    for {
        line, err := reader.ReadBytes('\n')
        if err == io.EOF {
            break
        }
        log.Println(string(bytes.TrimSpace(line)))
```

```
        }
    }
```

bufio.Reader의 ReadBytes()로 구분 문자까지의 내용을 읽고 있습니다. 서버에서 1초에 한 줄씩 전송되고 있다면, ReadBytes() 메서드는 응답이 올 때까지 블록합니다.

이런 구조만으로 서버 쪽에서 임의의 시점에서 응답을 할 수 있게 됩니다. 이 방법은 사용자가 올바른 형식으로 보내는 것을 전제로 하는 방법입니다. 끝에 구분 문자 이외 다른 것이 있으면, 거기서 처리가 차단되어 버립니다.

6.4.3 클라이언트에서 순차적으로 수신하기(완전판)

업그레이드 구현에선 TCP 소켓을 직접 다룸으로써 임의의 프로토콜에 대응할 수 있었습니다. 청크도 같은 방법으로 직접 다룰 수 있습니다.

청크의 기능은 단순합니다.

- 16진수의 청크 길이가 전송된다.
- 지정된 크기의 데이터가 전송된다.
- 길이 0이 전송되면, 서버에서의 응답이 끝난 것을 알 수 있다.

저수준 소켓으로 청크를 직접 읽어오게 한 것이 [예제 6-19]의 코드입니다.

예제 6-19 HTTP 규칙을 따라 청크를 다룬다

```
package main

import (
    "bufio"
    "io"
    "log"
    "net"
    "net/http"
    "strconv"
    "time"
)
```

```go
func main() {
    // TCP 소켓 열기
    dialer := &net.Dialer{
        Timeout:   30 * time.Second,
        KeepAlive: 30 * time.Second,
    }
    conn, err := dialer.Dial("tcp", "localhost:18888")
    if err != nil {
        panic(err)
    }
    defer conn.Close()

    // 요청 보내기
    request, err := http.NewRequest("GET", "http://localhost:18888/chunked", nil)
    err = request.Write(conn)
    if err != nil {
        panic(err)
    }
    // 읽기
    reader := bufio.NewReader(conn)
    // 헤더 읽기
    resp, err := http.ReadResponse(reader, request)
    if err != nil {
        panic(err)
    }
    if resp.TransferEncoding[0] != "chunked" {
        panic("wrong transfer encoding")
    }
    for {
        // 크기를 구하기
        sizeStr, err := reader.ReadBytes('\n')
        if err == io.EOF {
            break
        }
        // 16진수의 크기를 해석. 크기가 0이면 닫는다
        size, err := strconv.ParseInt(string(sizeStr[:len(sizeStr)-2]), 16, 64)
        if size == 0 {
            break
        }
        if err != nil {
            panic(err)
        }
        // 크기만큼 버퍼를 확보하고 읽어오기
        line := make([]byte, int(size))
```

```
        reader.Read(line)
        reader.Discard(2)
        log.Println(" ", string(line))
    }
}
```

루프 안에서 크기를 구하고, 16진수에서 int 형으로 변환합니다. 크기가 0이면 루프를 벗어나고, 그 밖에는 변환한 크기만큼 버퍼를 확보한 다음 읽고 콘솔에 출력합니다.

6.5 원격 프로시저 호출

Go 언어는 net/rpc 패키지에서 RPC를 실현하는 프레임워크를 제공합니다. 오브젝트를 생성해 등록하면, 외부에서 액세스할 수 있게 됩니다. 표준으로 gob이라는 Go 언어용 직렬화 포맷으로 서버와 클라이언트가 통신하지만, 코덱을 지정하면 다른 형식으로 전환할 수도 있습니다. 표준 라이브러리에서 JSON-RPC 코덱도 제공합니다.

net/rpc에서 공개되는 메서드는 다음 조건을 충족시켜야 합니다.

- 메서드가 속한 구조체의 형이 공개되어 있다.
- 메서드가 공개되어 있다.
- 메서드는 두 개 인수를 가지며, 양쪽 다 공개되어 있거나 내장형이다.
- 메서드의 두 번째 인수는 포인터이다.
- 메서드는 error 형의 반환값을 가진다.

> **NOTE_** 공개되어 있다는 것은 Go 언어에서는 '대문자로 시작하는 이름을 가진다'라는 것입니다.

[예제 6-20]과 [예제 6-21]의 코드는 각각 JSON-RPC 서버와 클라이언트가 됩니다.

예제 6-20 JSON-RPC 계산 서버

```
package main
```

```go
import (
    "log"
    "net"
    "net/http"
    "net/rpc"
    "net/rpc/jsonrpc"
)

// 메서드가 속한 구조체
type Calculator int

// RPC로 외부에서 호출되는 메서드
func (c *Calculator) Multiply(args Args, result *int) error {
    log.Printf("Multiply called: %d, %d\n", args.A, args.B)
    *result = args.A * args.B
    return nil
}

// 외부에서 호출될 때의 인수
type Args struct {
    A, B int
}

func main() {
    calculator := new(Calculator)
    server := rpc.NewServer()
    server.Register(calculator)
    http.Handle(rpc.DefaultRPCPath, server)
    log.Println("start http listening :18888")
    listener, err := net.Listen("tcp", ":18888")
    if err != nil {
        panic(err)
    }
    for {
        conn, err := listener.Accept()
        if err != nil {
            panic(err)
        }
        go server.ServeCodec(jsonrpc.NewServerCodec(conn))
    }
}
```

서버 코드에서는 net.rpc.Server를 작성합니다. 계산 처리를 할 구조체를 추가하고 HTTP 핸들러로서 등록합니다. 그 후에는 클라이언트에서 접속이 있을 때마다 JSON-RPC의 코덱을 만들어 서버에 등록합니다.

클라이언트 코드는 더 간단합니다. jsonrpc.Dial 함수를 호출하면 코덱이 설정된 클라이언트가 반환되므로, 반환된 클라이언트의 Call 메서드로 서버의 메서드를 호출할 수 있습니다.

예제 6-21 JSON-RPC로 서버의 계산 처리를 호출하는 클라이언트

```go
package main

import (
    "log"
    "net/rpc/jsonrpc"
)

// 인수
type Args struct {
    A, B int
}

func main() {
    client, err := jsonrpc.Dial("tcp", "localhost:18888")
    if err != nil {
        panic(err)
    }
    var result int
    args := &Args{4, 5}
    err = client.Call("Calculator.Multiply", args, &result)
    if err != nil {
        panic(err)
    }
    log.Printf("4 x 5 = %d\n", result)
}
```

RPC 관련 기능은 표준 API로 제공되지만, 품질이 높다고는 할 수 없습니다. 대기하는 경로와 코덱을 동시에 간단히 지정할 수 있는 API가 없고, 어느 한 쪽을 기본으로 사용하는 방법만 제공됩니다. 기본 경로는 /_goRPC_입니다. 메서드 이름 또한 **구조체이름.메서드이름**으로 고정되어 있어, Go 언어 이외의 프레임워크로의 이식성도 그다지 좋다고 할 수 없습니다.

다른 구현으로는 Go 언어용 웹 애플리케이션 프레임워크인 Gorilla 웹 툴 키트가 제공하는 RPC 패키지[10]가 있습니다. 이 Gorilla용 서드 파티 제품 패키지에는 XML-RPC 패키지[11]도 있습니다.

6.6 마치며

이 장에서는 4장과 5장에서 등장한 다양한 기능을 Go 언어로 구현했습니다. 그리고 준비를 포함해 많은 페이지를 TLS 소개에 사용했습니다. TLS는 HTTP/2에서도 전제가 되는 기술이며 굉장히 중요합니다. 그 밖에 업그레이드나 청크를 직접 이용하는 등 실제로는 그다지 사용할 일이 없는 기능도 이해를 돕고자 소개했습니다.

앞에서 소개는 했지만, 구현 방법을 설명하지 않은 것도 있습니다. WebDAV는 설명하지 않았습니다. Go 언어의 준표준 라이브러리에는 WebDAV 서버[12]가 있지만, 클라이언트 측 API 는 없습니다. 프로퍼티 액세스 이외의 단순 업로드, 다운로드 조작이라면, 클라이언트 측은 지금까지 학습한 지식의 연장으로 충분합니다. 지오IP도 소개하지 않습니다. 이는 클라이언트 측이 아니라 서버 측 구현입니다. 대개 웹 서버의 플러그인 등을 이용해 실현하는 일이 많습니다.

---

10 *http://www.gorillatoolkit.org/pkg/rpc*
11 *https://github.com/divan/gorilla-xmlrpc*
12 *https://godoc.org/golang.org/x/net/webdav*

## CHAPTER 7

HTTP/2의 신택스: 프로토콜 재정의

이 장에서는 HTTP/2나 그 전후에 책정된 새로운 세대의 다양한 프로토콜에 관해 소개합니다.

7.1 HTTP/2

HTTP/1.1은 오랫동안 사용됐습니다. HTTP/1.1이 RFC가 된 것은 1999년입니다. 그 후로 HTTP/2가 규격화된 2015년까지 무려 16년이나 세월이 흘렀습니다. 새로운 규격이 차례로 나타나는 컴퓨터 업계에 있어서는 이례적인 기간입니다.

HTTP/2는 모처럼 이루어진 대규모 업데이트입니다. 그 내용을 살펴보면, 우선 데이터 표현이 HTTP/1.1까지와는 크게 달라졌습니다.

- 스트림(1.1의 파이프라인에 가까운 것)을 사용해 바이너리 데이터를 다중으로 송수신하는 구조로 변경했다.
- 스트림 내 우선 순위 설정과 서버 사이드에서 데이터 통신을 하는 서버 사이드 푸시를 구현했다.
- 헤더가 압축되게 되었다.

단 지금까지 소개했던 메서드, 헤더, 스테이터스 코드, 바디라는 'HTTP가 제공하는 네 개의 기본 요소'는 바뀌지 않습니다. HTTP/2의 프로토콜을 직접 읽고 쓰는 클라이언트 코드나 서버에는 큰 변경이 있지만, 통신 애플리케이션에서 보면 차이가 없습니다. HTTP/2의 **RFC**

7540과 **RFC 7541**에도 바이너리 통신 포맷 설명뿐이고, 예를 들어 Cache-Control을 사용한 캐시 구조는 같은 시기에 함께 갱신된 HTTP/1.1의 RFC(**RFC 7230~RFC 7235**)를 그대로 참조하고 있습니다.

HTTP/2의 목적은 통신 고속화뿐입니다. 물론 빠른 속도는 중요하지만, 지금까지 이 책에서 설명한 내용이 쓸모없어질 일은 없습니다.

이 밖에도 TLS 책정 이후로 향상된 하드웨어 속도의 영향으로 단기간에 해독할 수 있게 된 암호 스위트를 권장하지 않는다는 내용도 포함됐습니다. 이 책을 집필한 시점에서는 아직 TLS 1.3이 공개되지 않았지만, HTTP와 TLS는 서로 밀접한 관계를 맺으면서 버전이 올라가고 있습니다.

HTTP/1.0부터 HTTP/1.1에 걸쳐, TCP 소켓 수준에서 보면 다음과 같은 개선이 이루어졌습니다.

표 7-1 프로토콜의 개선 사항

기능	효과
캐시(max-age)	통신 자체를 취소
캐시(ETag, Date)	변경이 없으면 바디 전송을 취소
Keep-Alive	액세스마다 연결에 걸리는 시간(1.5TTL)을 줄임
압축	응답 바디 크기 절감
청크	응답 전송 시작을 빠르게 함
파이프라이닝	통신 다중화

한 번의 통신이 연결되려면 접속 확립 요청을 주고받으며 몇 번씩 패킷이 오가게 됩니다. 이때 데이터 크기를 통신 속도로 나눈 시간만큼 통신 시간이 걸립니다. 통신 대기가 있으면, 그만큼 통신이 완료되는 시간은 길어집니다.

지금까지 이루어진 고속화는 통신의 모든 부분에서의 고속화에 기여했습니다. HTTP/2에서는 그동안 손보지 못한 헤더부 압축이나 규격화됐지만 여전히 활용되지 않은 파이프라이닝을 대체하는 구현이 추가됐습니다.

HTTP/2은 이전까지와는 완전히 다른 프로토콜이므로, 반대로 하위 호환성 문제가 일어나기 어렵습니다. HTTP의 텍스트 프로토콜 내부에서의 버전 전환이 아니라, TLS에 만들어진 프로토콜 선택 기능(4장에서 소개한 ALPN)을 사용해, 통째로 통신 방식을 전환하게 되어 있습니다. HTTP/1.1과는 전혀 다른 프로토콜로 취급되므로 파이프라이닝과 같은 문제가 생길 수 없습니다.

7.1.1 스트림을 이용한 통신 고속화

HTTP/2의 가장 큰 변화는 텍스트 기반 프로토콜에서 바이너리 기반 프로토콜로 변화했다는 점입니다. 각 데이터는 프레임 단위로 송수신을 합니다. HTTP/1.1까지는 하나의 요청이 TCP 소켓을 독점했기 때문에, 하나의 오리지널 서버에 대해 2~6개의 TCP 접속을 해서 병렬화했습니다.

HTTP/2에서는 하나의 TCP 접속 안에 스트림이라는 가상의 TCP 소켓을 만들어 통신합니다. 스트림은 프레임에 따른 플래그로 간단히 만들고 닫을 수 있는 규칙으로 되어 있고, 일반 TCP 소켓과 같은 핸드셰이크는 필요 없습니다. 그래서 ID 값[1]과 TCP 통신 용량이 허락하는 한, 손쉽게 몇 만번의 접속이라도 병렬화할 수 있습니다.

각 접속 상태의 스테이트 머신state machine이 정의되어 있으며, 비슷한 모델로 되어 있는 것을 알 수 있습니다.

---

1 31비트지만, 1비트째는 송수신 방향 결정에 사용되므로 30비트≒약 10억 회 병렬화할 수 있습니다.

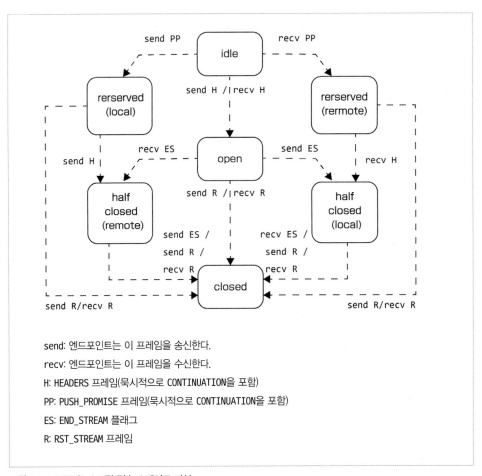

send: 엔드포인트는 이 프레임을 송신한다.

recv: 엔드포인트는 이 프레임을 수신한다.

H: HEADERS 프레임(묵시적으로 CONTINUATION을 포함)

PP: PUSH_PROMISE 프레임(묵시적으로 CONTINUATION을 포함)

ES: END_STREAM 플래그

R: RST_STREAM 프레임

그림 7-1 HTTP/2 스트림 접속 스테이트 머신

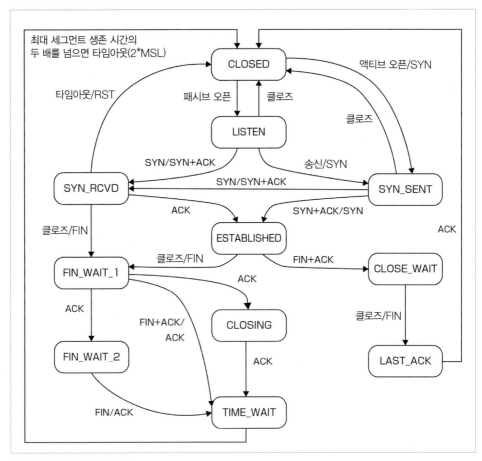

그림 7-2 TCP 스테이트 머신

TCP는 닫힌 상태로 LISTEN하다가, 클라이언트에서 접속 요청이 있으면 비로소 ESTABLISH (통신 가능) 상태가 됩니다. HTTP/2의 스트림은 처음부터 LISTEN과 거의 같은 IDLE 상태이고, 헤더를 받으면 즉시 통신 가능한 OPEN 상태가 됩니다. 즉 통신할 수 있을 때까지의 단계가 줄어든 것입니다.

각 프레임에는 9바이트의 공통 헤더가 있습니다(표 7-2).

표 7-2 공통 헤더 목록

요소	크기	의미
Length	24	페이로드 크기(공통 헤더는 제외한다)
Type	8	프레임 종류
Flags	8	
R	1	예약 영역(항상 0)
Stream Identifier	31	스트림 식별자. 같은 값이면 같은 스트림 관련 프레임
Frame Payroad	Length로 지정한 길이	프레임의 실제 데이터

이 가운데 주목해야 할 것은 Stream Identifier입니다. HTTP/2에서는 의사적인 소켓으로 스트림이 만들어집니다. TCP 소켓상의 데이터를 봐도, 스트림이라는 실체가 있는 게 아닙니다. 같은 Stream Identifier를 가진 일련의 프레임은 수신 시에 그룹화되며, '같은 스트림에서 나온 데이터'로 취급됩니다.

Stream Identifier의 '0'은 예약되어 있어, 사용하면 에러가 됩니다. 홀수는 클라이언트에서 서버에, 짝수는 서버에서 클라이언트로의 통신에 사용됩니다.

표 7-3 프레임 종류

종류	데이터	선택적 데이터	설명
HEADERS	헤더	의존하는 스트림과 우선도, 배타 플래그	압축된 헤더. 우선도는 최초 헤더만 사용 가능
DATA	데이터		바디의 송신에서 사용
PRIORITY	의존하는 스트림, 우선도, 배타 플래그		
RST_STREAM	오류 코드		오류 정보를 반환하고, 스트림을 바로 종료
SETTINGS	식별자(16비트), 설정값(32비트)의 조가 여러 개		
PUSH_PROMISE	스트림 ID	요청 헤더 필드	서버 푸시 시작 예약
PING	8바이트 데이터		응답 속도 측정용 프레임. PING을 받으면 ACK 플래그를 설정해 반환

종류	데이터	선택적 데이터	설명
GOAWAY	최종 스트림ID, 오류 코드	추가 디버그 정보	커넥션을 종료
WINDOW_UPDATE	윈도우 크기	추가로 수신할 수 있는 데이터 크기	
CONTINUATION		HEADERS/PUSH_ PROMISE에 이어지는 데이터	

SETTINGS에서는 헤더 테이블 크기, 푸시 허가, 최대 병렬 스트림 수, 초기 윈도우 크기, 최대 프레임 크기, 최대 헤더 리스트 크기를 변경할 수 있습니다.

옵션은 공통 헤더의 Flags에 '이 데이터가 있어요'라고 지정한 비트가 켜지면 정해진 크기의 정보가 순서대로 프레임에 추가됩니다. 비트가 켜지지 않으면, 그 데이터는 프레임째 생략되므로 불필요한 데이터 때문에 데이터 길이가 늘어나는 것을 방지합니다. 예를 들어 HEADERS 프레임은 필수 항목은 헤더 자체의 데이터 뿐입니다. [그림 7-3]은 최소의 프레임 구조입니다.

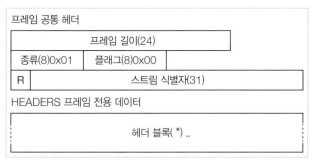

그림 7-3 가장 작은 HEADERS 프레임

종류 다음의 8비트 부분에 다음과 같은 비트가 지정되면, 헤더 블록 앞에 지정된 데이터가 있는 것으로 해서 파서가 바이너리 데이터를 해석합니다.

- PADDED 플래그(0x08): 패드 길이인 8비트와 그 패드 길이로 지정된 패딩이 추가된다.
- PRIORITY 플래그(0x20): 더미인 1비트와 스트림 의존 관계를 나타낸 31비트, 중요도 8비트로 모두 40비트의 데이터가 추가된다.

[그림 7-4]는 설정할 수 있는 모든 플래그가 설정됐을 때의 프레임 포맷입니다. 플래그는 개별적으로 켜고 끌 수 있으므로, 예를 들어 PRIORITY 플래그만 추가되면 최소의 구조에 40비트 분량의 데이터가 추가된 프레임 포맷이 됩니다.

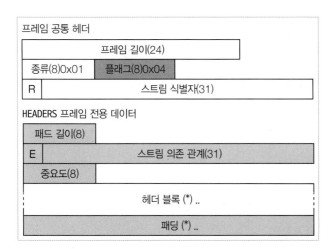

그림 7-4 플래그가 설정된 HEADERS 프레임

HEADERS 프레임이나 CONTINUATION 프레임은 헤더 종료 플래그를, HEADERS 프레임과 DATA 프레임은 스트림 종료(**END_STREAM**) 플래그(0x01)를 가질 수 있습니다. 이 플래그가 켜 있으면, 헤더와 스트림이 종료되고, 그 뒤로는 데이터가 계속되지 않는다고 명시됩니다. 더는 헤더가 오지 않는다는 것을 나타내는 **END_HEADERS** 플래그(0x04)도 있습니다. 이들 플래그는 제어 변경용으로 프레임 포맷에는 영향을 주지 않습니다. 단 CONTINUATION 프레임은 스트림 종료 플래그를 지닌 HEADERS 프레임 뒤에 이어질 가능성이 있습니다. CONTINUATION 프레임은 스트림 종료 플래그를 가질 수 없으므로, 헤더가 대량으로 있고 바디가 없을 때는 HEADERS 프레임이 종료 플래그를 가짐으로써 바디가 없다는 것을 나타냅니다.

7.1.2 HTTP/2의 애플리케이션 계층

HTTP/1.0은 단순히 데이터를 운반하는 상자였습니다. 그 뒤로 Keep-Alive, 파이프라이닝 등 하위 계층의 통신 처리에 영향을 주는 기능도 포함하기 시작했지만, 이 책에서 몇 번씩이나 언급하고 있는 메서드와 경로, 헤더, 바디, 스테이터스 코드라는 네 가지 기본 요소가 존재한다는 것은 변함 없습니다. 하지만 메서드와 경로, 스테이터스 코드, 나머지 스테이터스 코드에 포함되어 있던 프로토콜 버전은 모두 유사 헤더 필드화되어 헤더 안에 들어갑니다. 상위 애플리케이션에서 본 기능성에는 변경이 없지만, 구현상으로는 '헤더'와 '바디'만 있습니다.

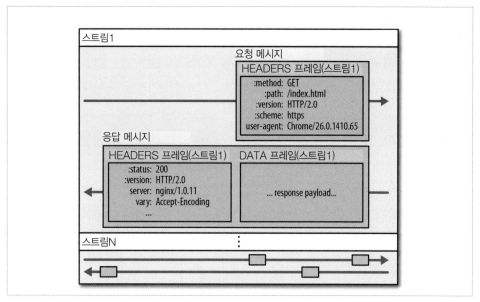

그림 7-5 HTTP/2의 바이너리화된 통신(『High Performance Browser Networking』에서 인용)

HTTP/1.1은 텍스트 프로토콜이었습니다. 헤더의 종단을 찾으려면 빈 줄을 찾을 때까지 1바이트씩 미리 읽어 발견할 필요가 있습니다. 오류 처리도 있고 서버로서는 해석까지 포함해 순차적으로 처리할 수밖에 없으므로 고급 병렬 처리는 어려울 것입니다. HTTP/2는 바이너리화되어, 처음에 프레임 크기가 들어갑니다. TCP 소켓 레이어에서는 데이터를 프레임 단위로 쉽게 분리할 수 있으므로, 수신 측 TCP 소켓의 버퍼를 빠르게 비울 수 있고, 통신 상대에게 다음 데이터를 고속으로 요청할 수 있습니다.

바디는 `Content-Length`로 크기가 유일하게 정해지는 경우가 많고 청크 형식의 경우도 크기가 적혀 있기 때문에, 하나의 요청에 대한 로드 처리 비용은 별로 다르지 않습니다. 그러나 요청이 여러 개일 때는 이야기가 달라집니다. HTTP/1.1에서는 청크 형식이라고 해도 하나의 요청 중에 다른 요청을 처리할 수 없었습니다. 여섯 개의 TCP 세션으로 처리하더라도 무거운 응답이 여섯 개 있으면, 다른 통신을 전혀 할 수 없습니다. HTTP/2에서는 청크가 프레임으로 분할되어 있고 프레임끼리는 독립적이므로, 중간에 다른 프레임이 끼어들어도 문제 없습니다.

7.1.3 플로 컨트롤

HTTP/2는 인터넷 4계층 모델 중 애플리케이션 층에 해당하지만, 트랜스포트 층에 가까운 것을 내부에 가지고 있는 게 특징입니다. 플로 컨트롤로 TCP 소켓과 거의 같은 기능을 구현했습니다. 물론 TCP가 패킷 순서 제어와 재전송 처리를 해주므로 구현은 단순합니다. TCP 소켓과 HTTP/2 스트림의 관계는 OS 스레드와 그린 스레드[2]와 비슷하다고 할 수 있습니다.

플로 컨트롤은 스트림을 효율적으로 흐르게 하려고 이용되는 통신량 제어 처리입니다. 통신 속도가 지나치게 차이 나는 기기의 조합으로 통신할 때 빠른 쪽이 느린 쪽에 대량으로 패킷을 보내버려 처리할 수 없게 되는 사태를 방지하는 게 목적입니다. 이를 실현하고자 구체적으로는 통신하는 곳의 윈도우 크기 관리를 사용합니다. 윈도우 크기는 받아들일 수 있는 빈 버퍼 크기입니다. 기본 초기 윈도우 크기는 64킬로바이트입니다. 송신하는 쪽은 상대방의 최대 버퍼 크기만큼 데이터를 보냅니다. 수신하는 쪽에서 전송된 패킷을 처리하고 버퍼에 여유가 생기면, WINDOW_UPDATE 프레임을 이용해 새로 생긴 여유 버퍼 크기를 송신하는 쪽에 반환합니다. 송신하는 쪽에서 이 통지를 받으면, 새로 생긴 여유 버퍼를 채울 만큼 이어지는 데이터를 보냅니다.

자동차로 교차로나 건널목을 건널 때, 건너갈 도로에 자신의 차가 들어갈 공간이 생길 때까지 교차로 직전이나 차단기 뒤에서 기다려야만 합니다. 공간이 없는데 교차로나 건널목에 들어가면 다른 차의 흐름을 방해하거나 가까워지는 전차를 피할 수 없어 큰 사고가 일어날 가능성이 있습니다. 플로 컨트롤은 이와 같은 일을 방지하는 것입니다.

SETTINGS 프레임을 사용하면, 초기 윈도우 크기, 최대 병렬 스트림 수, 최대 프레임 크기, 최대 헤더 리스트 크기와 같은 속도에 관련된 매개변수를 조정할 수 있습니다.

---

2 커널이 아니라 사용자 영역에서 만들어지는 유사 스레드. Go 언어의 goroutine도 이에 해당합니다.

7.1.4 서버 푸시

시맨틱스를 보면 HTTP/1.1과 HTTP/2는 거의 같지만, 서버 푸시로 불리는 기능만은 다릅니다. 서버 푸시를 이용해 우선순위가 높은 콘텐츠를 클라이언트가 요구하기 전에 전송할 수 있게 됐습니다. 단 웹소켓처럼 양방향 통신을 실현하는 기술과 달리, 어디까지나 CSS와 자바스크립트, 이미지 등 웹페이지를 구성하는 파일을 다운로드하는 용도로 이용됩니다. 클라이언트가 요청을 보낼 때까지 데이터가 서버 쪽에서 푸시된 것을 감지할 수는 없습니다. 푸시된 콘텐츠는 사전에 캐시에 들어갑니다. 콘텐츠가 캐시에 들어간 뒤에 클라이언트가 그 파일을 요청하면, 곧바로 다운로드할 수 있는 것처럼 보입니다. 채팅이나 구글 스프레드시트로 공동 편집 작업을 할 때 다른 사람이 입력한 주석을 서버가 배포하는 용도로는 사용할 수 없습니다.

7.1.5 HPACK을 이용한 헤더 압축

헤더는 HPACK이라는 방식으로 압축됩니다. 이 세상의 압축 알고리즘은 대부분 데이터 압축 시에 사전과 사전의 키 배열이라는 두 가지 데이터를 만듭니다. 같은 길이의 문장이 많으면 많을수록 사전의 항목은 적어지고, 같은 키가 여러 번 사용되면 압축률은 올라갑니다. HPACK은 일반적으로 사용되는 파일 압축 알고리즘과 달리, 사전에 사전을 가지고 있습니다. HTTP 헤더에서는 정해진 이름이나 결과가 자주 출현하므로, 이를 외부 사전에 넣어두면 압축 후 크기가 작아집니다. HTTP/2에서는 정적 테이블static table이라는 이름으로 사전에 빈번하게 출현하는 헤더 이름과 헤더 값을 테이블로 가지고 있습니다.[3]

추가로 같은 커넥션에서 등장한 HTTP 헤더는 인덱스화되어 동적 테이블에 저장됩니다. 다시 등장할 때는 인덱스 값만으로 표현할 수 있으므로 작은 크기로 송신할 수 있습니다.

> **NOTE_** 『High Performance Browser Networking』에서는 'HPACK은 크기를 줄이고자 헤더의 차이만큼 송신한다'라고 설명되어 있는데, 원래 정식 사양이 되기 전에 있었던 Reference Set이라는 기능입니다. 기능이 복잡한 데 비해서 절감 효과가 적었으므로 사전을 이용한 방식으로 일체화됐습니다.[4]

---

3 *https://tools.ietf.org/html/rfc7541#appendix-A*

4 *http://qiita.com/iwanaga/items/0247e6873496067591ec*(일본어)

7.1.6 SPDY와 QUIC

HTTP/2의 역사를 말할 때 빠뜨릴 수 없는 것이 SPDY(스피디)입니다. SPDY는 구글이 개발한 HTTP 대체 프로토콜로, 거의 그대로 HTTP/2가 됐습니다.

SPDY는 구글의 서비스 내부에서 사용됐고, 크롬과 파이어폭스, 인터넷 익스플로러, 사파리에도 구현됐습니다. 구글의 강점은 대규모 트래픽이 일어나는 웹 서비스와 점유율이 높은 브라우저를 모두 가지고 있는 점입니다. 자사 서비스와 자사 브라우저 간에서만 활성화되는 프로토콜이라도 대규모 검증 실험을 할 수 있습니다. SPDY는 2010년에 크롬에서 구현된 뒤에도 업그레이드를 거듭하며 2014년에 HTTP/2에 바톤을 넘기고 그 역할을 마쳤습니다. 처음으로 SPDY가 구현된 크롬도 2016년 5월에 출시된 크롬51에서 SPDY를 무효화하고 HTTP/2로 단일화됐습니다.

구글이 SPDY를 개발했던 이유는 그동안 HTTP가 개선해온 전송 속도를 한층 더 향상시키기 위해서입니다. 웹사이트 구성에 따라 효과가 크게 달라지기에 도입 효과는 30%에서 세 배 이상까지 여러 수치를 들 수 있지만[5] 병렬 접속으로 블로킹이 줄어들어 작은 파일을 많이 전송할수록 빨라집니다.

'웹사이트의 자바스크립트, CSS, 이미지 등은 가급적 적은 파일 수로 정리하는 고속화 방식'이 HTTP/1.1 시대에 빠른 웹사이트를 만드는 일반적인 기술이었습니다. SPDY와 HTTP/2 이후, 파일 정리의 효과는 작아집니다. 압축이 되긴 하지만, 헤더의 크기는 0이 아니고, 파일 크기가 작아질수록 패킷의 틈새가 낭비되는 경우도 증가합니다.[6] 또한 결합하는 편이 여전히 통신량은 줄어들지만, 자잘한 편이 변경이 있을 때 캐시가 살아남을 확률이 높집니다. 각각 일장일단이 있어 그다지 차이가 없을지도 모릅니다.

SPDY는 어디까지나 HTTP와 같은 층인 TCP 소켓상에 구현됐지만, 구글은 한층 더 빠르게 하려고 UDP 소켓상에 QUIC(퀵)이라는 프로토콜을 준비했습니다. TCP는 접속 초기에 여러 번 통신을 주고받을 필요가 있습니다. 에러를 정정하거나 순서를 정렬하기 위해 수신 통지를 반환해야 하는 등 고기능인 만큼 성능은 다소 떨어집니다.

TCP와 쌍이 되는 경량 프로토콜이 UDP입니다. UDP는 TCP에서 재전송 처리, 폭주 제어 등 고급 기능을 제거해서 처음 접속할 때의 니고시에이션을 가볍게 한 프로토콜입니다. 패킷 유실

---

5 http://d.hatena.ne.jp/jovi0608/20120523/1337742400(일본어)

6 TCP의 최대 세그먼트 크기는 대략 1500 바이트. 점보 프레임을 사용하는 경우는 더 커서 대략 9000바이트.

시 재전송 처리, 통신 경로 폭주(혼잡해서 성능이 떨어진 상태) 시 제어 등 QUIC은 많은 기능을 자체적으로 구현했습니다.

일반적인 HTTPS 통신에서는 TCP 핸드셰이크를 실시한 후에 별도로 TLS 핸드셰이크를 할 필요가 있어, 몇 번씩 왕복하며 패킷을 교환할 필요가 있었습니다. QUIC은 양쪽을 통합해, 더 적은 횟수의 통신으로 접속할 수 있습니다. 첫 접속에서도 1왕복 통신으로 니고시에이션하거나 재접속할 때는 니고시에이션 없이 0RTT로 재전송할 수 있는 구조로 되어 있습니다. 또 스마트폰이 3G/4G 회선에서 와이파이 연결로 전환했을 때의 재접속도 원활하게 됐습니다.

QUIC이 뛰어난 점은 재접속과 첫 통신 비용뿐만이 아닙니다. 이외는 TCP와 다름없는 듯하지만, HTTP/2와 협조해 동작함으로써 두 개 층에서 중복됐던 태스크를 단순화했습니다. 예를 들어 거의 같은 기능이 TCP와 HTTP/2 양쪽에 있던 플로 컨트롤이 일원화됐습니다. 패킷 순서 정렬화에서는 애플리케이션 층을 모르는 TCP는 모든 패킷을 우직하게 정렬하지만, HTTP/2에서는 스트림 단위로 필요한 만큼 정렬합니다.

QUIC도 SPDY처럼 이미 크롬에 포함되어 있습니다. 사용자가 구글 서비스를 이용할 때는 이미 요청의 절반은 QUIC으로 이루어진다고 합니다. 표준화를 목표로 RFC화도 진행 중입니다.[7]

7.2 Fetch API

Fetch API[8]는 XMLHttpRequest와 마찬가지로 서버 액세스를 하는 함수입니다. 자바스크립트에서 이용되며, 다음과 같은 특징이 있습니다.

- XMLHttpRequest보다 오리진 서버 밖으로의 액세스 등 CORS 제어가 쉬워진다.
- 자바스크립트의 모던한 비동기 처리 작성 기법인 프로미스[Promise]를 따른다.
- 캐시를 제어할 수 있다.
- 리디렉트를 제어할 수 있다.
- 리퍼러 정책을 설정할 수 있다.
- Service Worker 내에서 이용할 수 있다.

....

7 https://tools.ietf.org/html/draft-tsvwg-quic-protocol-00

8 https://fetch.spec.whatwg.org

Fetch API는 저수준 API로 소개되기도 하고 W3C 사양에도 저수준이라고 적혀 있지만, 이 말이 결코 소켓 수준으로 다룰 수 있다는 뜻은 아닙니다. 캐시 등을 제어하려고 할 때 가능하다는 뜻이지, 송수신 시에 제한되는 헤더, 동일 생성원 정책의 엄격한 적용 등 보안 제한이 있어, HTTP 요청에 한정된 샌드박스라는 사실에는 변함이 없습니다. 브라우저에서 ssh로 외부 서버에 연결되거나 Git 프로토콜을 보내거나 웹 서버를 개발하는 등의 용도로는 사용할 수 없습니다.

7.2.1 Fetch API의 기본

[예제 7-1]이 Fetch API를 사용하는 예입니다.

예제 7-1 Fetch API 사용례

```
fetch("news.json", {              // ❶
    method: 'GET',                // ❷
    mode: 'cors',
    credentials: 'include',
    cache: 'default',
    headers: {
        'Content-Type': 'application/json'
    }
}).then((response) => {           // ❸
    return response.json();
}).then((json) => {               // ❹
    console.log(json);
});
```

기본 요소는 다음 네 가지입니다.

❶ XMLHttpRequest처럼 오브젝트를 만드는 게 아니라 fetch() 함수를 호출한다.

❷ fetch( ) 함수의 두 번째 인수는 옵션 오브젝트(생략 가능)

❸ .then( ) 함수에 서버 응답이 돌아온 후에 호출되는 콜백을 넘겨준다(프로미스).

❹ .then( )에 넘겨주는 콜백이 다시 시간이 걸리는 처리를 하고, 그 처리가 프로미스를 반환할 때는 .then( )을 연결한다.

Fetch API의 첫 번째 .then( ) 절은 응답의 헤더 부근까지 읽기를 마친 시점에서 호출됩니다. Fetch API는 다양한 자료형을 지원해서, 첫 번째 .then( ) 절 안에서 바디를 어떤 형식으로 가져올지 메서드 호출로 결정합니다. 그 뒤 처리는 서버에서의 읽기를 동반하므로, 다시 .then( ) 절을 호출해 다운로드가 끝나기를 기다립니다. 이 예제에서는 JSON 형식으로 읽어 들이지만, [표 7-4]에 정리한 데이터 형식이 지원됩니다.

표 7-4 Fetch API가 지원하는 데이터 형

메서드	형식	설명
arrayBuffer()	ArrayBuffer	고정 길이 바이너리 데이터. Typed Array로 읽고 쓰기 가능
blob()	Blob	파일 콘텐츠를 나타내는 MIME 타입+바이너리 데이터. FileReader를 경유해 ArrayBuffer로 변환 가능
formData()	FormData	HTML 폼과 호환되는 이름과 값의 쌍
json()	Object	JSON을 해석해 자바스크립트의 오브젝트, 배열 등으로 구성되는 오브젝트
text()	string	문자열

옵션에서는 다양한 항목을 사용자화할 수 있습니다. [표 7-5]에 있는 것처럼 메서드로서 일부 사용할 수 없는 것이 있습니다. GET, HEAD, POST의 세 가지는 CORS 안전으로서 특별하게 취급됩니다.

표 7-5 Fetch API로 이용할 수 있는 메서드

대응	메서드 목록
CORS 안전	GET, HEAD, POST
금지 메서드	CONNECt, TRACE, TRACK

Fetch API에서는 보안 대책으로서 [표 7-6]에 나열한 이름을 사용해 CORS를 어느 수준까지 허용할지 나타낼 수 있습니다. XMLHttpRequest의 경우 모드는 변경할 수 없습니다.

표 7-6 Fetch API의 CORS 모드

설정값	Fetch 기본	XHR 기본	설명
cors		○	다른 오리진 서버로의 액세스를 허용한다.
same-origin			다른 오리진 서버로의 액세스를 오류로 한다.
no-cors	○		CORS 접속은 무시되고 빈 응답이 돌아온다.

그 밖에도 navigate, websocket, cors-with-forced-preflight[9]가 있습니다.

쿠키 제한은 credentials에 설정합니다. 설정할 수 있는 값은 [표 7-7]과 같습니다. XMLHttpRequest의 경우는 withCredential 프로퍼티에 true를 설정하면 include를 설정한 것과 마찬가지가 됩니다.

표 7-7 Fetch API의 Credentials

설정값	Fetch 기본	XHR 기본	설명
omit	○		쿠키를 보내지 않는다.
same-origin		○	출처가 같은 경우에만 쿠키를 보낸다.
include			쿠키를 보낸다.

웹은 속도와 보안 향상이라는 두 방향으로 발전했는데, Fetch API는 후자에 해당합니다. 기본으로 더 엄격한 설정이 선택되어 있고, 필요에 따라 명시적으로 해제하는 설계로 되어 있습니다.

7.2.2 Fetch API만 할 수 있는 것

캐시 제어

Fetch API의 특징으로서 자주 소개되는 것이 캐시입니다. 캐시는 세밀하게 제어할 수 있습니다. 옵션을 [표 7-8]에 정리했습니다.

---

9 https://www.w3.org/TR/2009/WD-eventsource-20091029/#parsing-an-event-stream

no-store와 reload, no-cache를 사용하면, 캐시 상태와 상관 없이 강제로 요청이 발생합니다. 이 가운데 no-cache의 경우는 캐시에 대한 정보를 보내므로, 바디가 송신되지 않은 채 304 Not Modified를 수신할 가능성이 있습니다.

반대로 캐시를 적극적으로 사용하는 것이 force-cache와 only-if-cached입니다. Max-Age 헤더로 지정한 기한이 다 되어도 적극적으로 캐시를 사용합니다. 후자는 캐시가 없으면 오류가 발생하고 외부로의 요청은 일어나지 않습니다.

표 7-8 Fetch API의 캐시 제어

설정값	기본	설명
Default	○	표준적인 브라우저 동작을 따른다.
no-store		캐시가 없는 것으로 해서 요청한다. 결과도 캐시하지 않는다.
Reload		브라우저 새로고침과 같이 캐시가 없는 것으로 해서 요청한다. ETag 등은 보내지 않는다. 캐시 가능하면 결과를 캐시한다.
no-cache		기한 내의 캐시가 있어도 HTTP 요청을 보낸다. 로컬 캐시의 ETag 등도 보내고, 서버가 304를 반환하면 캐시한 콘텐츠를 사용한다.
force-cache		기한이 지난 캐시라도 있으면 이용한다. 없으면 HTTP 요청을 보낸다.
only-if-cached		기한이 지난 캐시라도 있으면 사용한다. 없으면 오류가 발생한다.

리디렉트 제어

표 7-9 Fetch API 리디렉트 제어

설정값	기본	설명
follow	○	리디렉트를 따라간다(최대 20 리디렉트까지).
manual		리디렉트를 따라가지 않고 리디렉트가 있다는 것만 전달한다.
error		네트워크 오류로 한다.

manual 지정 시 리디렉트가 있으면, 응답 자체가 아니라 응답을 감싸 필터링된 결과를 응답으로서 반환합니다. 이 응답은 type 속성에 opaqueredirect라는 문자열이 들어 있는 이외의 정보는 필터링되어 아무것도 얻을 수 없습니다. 리디렉트 도중에는 보안상 누설돼선 곤란한 URL이나 헤더가 포함되기 때문입니다. 바디는 null로 상태도 0이고 헤더도 얻을 수 없으므로, 실

질적으로 '리디렉트가 있었다'는 것밖에 모릅니다. error와 달리 오류가 되지 않는 정도의 의미입니다.

Service Worker 대응

Fetch API로는 할 수 있고 XMLHttpRequest로는 할 수 없는 일이 잡다하게 있지만, 가장 큰 일은 Service Worker 대응일 것입니다. 현재 Service Worker 내에서 외부 서비스로 접속할 때는 Fetch API만 사용할 수 있는 사양으로 되어 있습니다.

웹이 애플리케이션의 기능성을 지닐 수 있게 하려는 노력(프로그레시브 웹 앱progressive web app)이 구글을 중심으로 이루어졌습니다. 그런 노력의 하나로서 애플리케이션의 생애주기와 통신 내용을 제어할 수 있게 하는 Service Worker가 개발됐습니다. Service Worker를 지원하는 웹 서비스는 오프라인으로 동작할 수 있게 되거나 통지를 다룰 수 있게 됩니다. Service Worker는 웹 서비스의 프론트엔드 자바스크립트와 서버 사이에서 동작하는 중간 레이어입니다.

7.3 server-sent events

server-sent events는 HTML5의 기능 중 하나입니다.[10] 기술적으로는 HTTP/1.1의 청크 형식을 이용한 통신 기능을 바탕으로 합니다. 청크 형식은 거대한 파일 콘텐츠를 작게 나누어 전송하기 위한 통신 방식이었습니다. 청크 형식의 '조금씩 전송'한다는 특징을 응용해, 서버에서 임의의 시점에 클라이언트에 이벤트를 통지할 수 있는 기능을 실현했습니다. 2014년에는 그리 채팅의 백엔드에 채용됐습니다.[11]

HTTP는 기본적으로 클라이언트에서 요청을 서버로 보내고, 서버가 요청에 대해 응답하는 클라이언트/서버 모델입니다. 통신의 시작은 클라이언트가 결정하고, 클라이언트가 1회 요청하면 1회 응답이 발생하는 것이 기본 구성입니다.

서버에서 정보를 돌려보내는 방법으로는 4장에서 소개한 코멧이 있습니다. 클라이언트에서 정기적으로 요청을 보내 서버 이벤트를 검출(폴링)하거나 요청을 받은 상태에서 응답을 보류하

---

10 *https://developer.mozilla.org/en-US/docs/Web/API/Server-sent_events/Using_server-sent_events*(일본어)
11 *http://labs.gree.jp/blog/2014/08/11070*(일본어)

는(롱 폴링) 방법이 자주 사용됐습니다. 아직까지 이 방법은 다른 방법을 사용할 수 없게 됐을 때의 폴백으로써 사용됩니다.

server-sent events는 코멧의 롱 폴링과 청크 응답을 조합해, 한 번의 요청에 대해 서버에서 여러 이벤트 전송을 제공합니다. 검증된 청크 방식을 사용하므로, 프록시 지원도 포함해 하위 호환성에 문제는 없습니다.

server-sent events는 청크 방식을 사용하지만, HTTP 위에 별도의 텍스트 프로토콜을 실었습니다. 이는 이벤트 스트림으로 불리며, MIME 타입은 **text/event-stream**입니다.

예제 7-2 text/event-stream 예제

```
id: 10
event: ping
data: {"time": 2016-12-26T15:52:01+0000}

id: 11
data: Message from PySpa
data: #eng channel
```

텍스트의 문자 인코딩은 UTF-8입니다. 데이터는 태그 뒤에 기술합니다. [표 7-10]과 같이 네 종류의 태그가 있습니다. 빈 줄로 데이터를 구분합니다. data 태그가 연속으로 전송되는 곳은 줄바꿈이 포함된 하나의 **data**로 처리됩니다. 위 예제에는 두 개의 데이터가 포함됩니다. 내용은 텍스트라면 무엇이든 좋고, BASE64 인코딩하면 바이너리도 다룰 수 있지만, 대부분 JSON을 사용합니다.

표 7-10 이벤트 스트림의 태그

태그 종류	설명
id	이벤트를 식별하는 ID. 재전송 처리에서 이용된다.
event	이벤트 이름을 설정한다.
data	이벤트와 함께 보낼 데이터
retry	재접속 대기 시간 파라미터(밀리 초)

자바스크립트 쪽에서는 server-sent events에 EventSource 클래스를 써서 액세스합니다. 이 클래스는 이벤트 스트림을 해석하거나 접속이 끊겼을 때 재접속합니다. [예제 7-3]의 코드는 모질라 웹사이트의 server-sent events의 예입니다.

예제 **7-3** EventSource 예제

```javascript
const evtSource = new EventSource("ssedemo.php");

// 메시지의 이벤트 핸들러
evtSource.onmessage = (e) => {
    const newElement = document.createElement("li");
    newElement.innerHTML = "message: " + e.data;
        eventList.appendChild(newElement);
    }
};

evtSource.addEventListener("ping", (e) => {
    const newElement = document.createElement("li");

    const obj = JSON.parse(e.data);
    newElement.innerHTML = "ping at " + obj.time;
    eventList.appendChild(newElement);
}, false);
```

이 예에서는 두 종류의 이벤트 핸들러를 설정했습니다. 처음에 설정한 onmessage는 이벤트 태그가 없는 data 태그 메시지를 받았을 때 호출되는 콜백입니다. 다음으로 설정한 addEventListener()는 이벤트 이름을 지정해 콜백을 등록합니다. 이는 특정 이벤트 태그가 붙은 메시지만을 다룹니다.

자바스크립트에서 보이지 않는 레이어에서는 재접속이나 접속 유지를 합니다. 클라이언트는 메시지의 ID를 기록하고 재접속 시에는 마지막으로 수신한 ID를 Last-Event-ID 헤더로서 전송합니다. 서버는 헤더를 발견하면, 클라이언트가 거기까지는 수신에 성공한 것으로 판단해 이후 이벤트만을 전송합니다.

7.4 웹소켓

웹소켓WebSocket은 서버/클라이언트 사이에 오버헤드가 적은 양방향 통신을 실현합니다. 통신이 확립되면 서버/클라이언트 사이에서 일대일 통신을 수행합니다. 프레임 단위로 송수신하지만, 상대방이 정해져 있으므로 전송할 곳에 관한 정보는 갖지 않습니다. HTTP의 기본 요소 중에서 바디만 보내는 것과 같습니다. 프레임은 데이터 크기 등을 가질 뿐 오버헤드도 2바이트에서 14바이트밖에 안 됩니다. 통신이 시작되면 양쪽에서 자유롭게 데이터를 주고받을 수 있습니다. **RFC 6455**로 정의되어 있고 브라우저 API는 W3C에서 정해졌습니다.[12]

> **NOTE_** 웹소켓 프로토콜의 자세한 내용은 『High Performance Browser Networking』을 참조하세요.

7.4.1 웹소켓은 스테이트풀

웹소켓이 HTTP 기반 프로토콜과 다른 점은 '스테이트풀 통신'이라는 점입니다. HTTP는 속도를 위해 Keep-Alive 등의 복잡한 메커니즘도 갖추게 됐지만, 기본적으로 요청 단위로 접속이 끊어져도 시맨틱스 측면에서는 문제가 없습니다. 로드 밸런서(ELB)를 이용해 서버 여러 대에 분산해두고, 요청할 때마다 다른 서버가 응답해도 됩니다. Server-Sent Event도 전송한 ID를 일원적으로 관리해서 보증할 수 있다면, 요청을 다루는 서버가 바뀌더라도 이상 없도록 설계되어 있습니다.

웹소켓을 사용할 때 서버는 메모리에 데이터를 가진 상태로 통신하는 케이스가 많을 것입니다. 문자 채팅과 같은 유스케이스에선 단일 서버에 모든 브라우저가 접속할 뿐만 아니라, 멤캐시트나 레디스Redis를 중계해서 부하를 분산시킬 수도 있습니다. 하지만 여러 사람이 실시간으로 동시에 플레이하는 게임처럼 부하 분산에 따른 지연을 허용할 수 없는 경우도 있습니다. 그러한 경우 예를 들어 채팅이라면 '대화방' 단위로 커넥션을 온 메모리로 관리합니다. 이런 경우 일단 접속이 끊어졌을 때 재접속은 이전과 같은 서버로 연결할 필요가 있어, 단순한 HTTP 기반 로드 밸런서를 사용할 수 없습니다. 웹소켓 운용 시에 클라이언트에서 서버를 지정해 재접속할 수 있도록 로드 밸런서를 사용하지 않은 채 운용하는 사례도 볼 수 있습니다. 그

---

12 https://www.w3.org/TR/websockets

렇지 않으면 TCP 수준의 로드 밸런서를 구사하는 웹소켓 대응 로드 밸런서를 이용할 필요가 있습니다.

7.4.2 자바스크립트의 클라이언트 API

웹소켓은 HTTP의 하위 레이어인 TCP 소켓에 가까운 기능을 제공하는 API입니다. 자바스크립트의 API도 TCP 소켓의 API에 가까운 형태로 되어 있습니다. 통신은 서버가 수신을 기다리는 상태에서 반드시 클라이언트 쪽에서 접속합니다.

1. 서버가 특정 IP 주소, 포트 번호로 시작한다(Listen).
2. 클라이언트(브라우저)가 서버에게 통신을 시작한다고 선언한다(Connect).
3. 클라이언트가 보낸 접속 요청을 서버가 받아들인다(Accept).
4. 서버에는 소켓 클래스의 인스턴스가 넘어온다.
5. 서버가 받아서 처리하면 클라이언트의 소켓 인스턴스는 송신 기능, 수신 기능이 활성화된다.

Listen/Connect/Accept는 필자가 참고를 위해 추가한 것으로, 시스템 프로그래밍에서 소켓을 설명할 때 사용되는 함수명입니다. 자바스크립트의 웹소켓 API 이름은 이와 다르지만, 기본적인 사고 방식에는 차이가 없습니다. 실제로는 일단 HTTP로 접속한 후 업그레이드하므로 내부 절차는 조금 복잡하지만, 외부에 보이는 일련의 과정은 같습니다.

기본적인 접속과 전송 코드를 [예제 7-4]에 나타냈습니다. 클라이언트가 접속할 때 하는 일은 두 가지뿐입니다. WebSocket 클래스의 생성자로 접속할 URL을 지정하고, send() 메서드로 데이터를 전송합니다. 이 생성자와 onopen 이벤트 리스너 뒤에선 이런 일이 이루어지고 있습니다.

예제 7-4 웹소켓의 접속과 데이터 전송

```
var socket = new WebSocket('ws://game.example.com:12010/updates');
socket.onopen = () => {
    setInterval(() => {
        if (socket.bufferedAmount === 0) {
            socket.send(getUpdateData());
        }
```

```
  }, 50);
};
```

접속 후 소켓에 대해 클라이언트에서 하는 조작은 다음 세 가지입니다.

- send([데이터]): 메서드로 데이터를 서버에 송신
- onmessage: 이벤트 핸들러로 서버에 보내진 데이터를 수신
- close([코드[, 이유]]): 소켓 닫기

데이터로는 문자열, Blob, ArrayBuffer 등을 쓸 수 있습니다. 수신에는 onmessage 메서드를
사용합니다. onmessage 이벤트의 사용 방법은 Server-Sent Event와 같습니다.

7.4.3 접속

웹소켓 통신은 4장에서 소개한 프로토콜 업그레이드를 사용합니다. 우선 일반 HTTP로 시작
하고 그 안에서 프로토콜을 업그레이드해 웹소켓으로 전환합니다.

우선 [예제 7-5]처럼 클라이언트에서 서버로 요청을 보냅니다. 이때 Upgrade 헤더를 이용해
websocket으로 업그레이드를 요청합니다.

예제 7-5 웹소켓 통신 시작 요청

```
GET /chat HTTP/1.1
Host: server.example.com
Upgrade: websocket
Connection: Upgrade
Sec-WebSocket-Key: dGhlIHNhbXBsZSBub25jZQ==
Origin: http://example.com
Sec-WebSocket-Protocol: chat, superchat
Sec-WebSocket-Version: 13
```

- Sec-WebSocket-Key: 랜덤하게 선택된 16바이트 값을 BASE64로 인코딩한 문자열
- Sec-WebSocket-Versions: 현 시점에서 버전은 13으로 고정
- Sec-WebSocket-Protocol: 이 헤더는 옵션으로 웹소켓은 단순히 소켓 통신 기능만을 제

공한다. 그중 어떤 형식을 사용할지는 애플리케이션에서 결정한다. 콘텐츠 네고시에이터 처럼 복수의 프로토콜을 선택할 수 있도록 사용된다.

서버 응답은 [예제 7-6]과 같습니다.

예제 7-6 웹소켓 통신을 시작할 때 서버 응답

```
HTTP/1.1 101 Switching Protocols
Upgrade: websocket
Connection: Upgrade
Sec-WebSocket-Accept: s3pPLMBiTxaQ9kYGzzhZRbK+xOo=
Sec-WebSocket-Protocol: chat
```

- **Sec-WebSocket-Accept**: Sec-WebSocket-Key를 정해진 규칙으로 변환한 문자열. 이로써 클라이언트는 서버와의 통신 확립을 검증할 수 있다.
- **Sec-WebSocket-Protocol**: 클라이언트로부터 서브 프로토콜 목록을 받았을 때, 서버는 그중 하나를 선택해서 반환한다. 보낸 프로토콜 이외의 다른 프로토콜을 받으면 클라이언트는 접속을 거부해야만 한다.

[예제 7-7]은 임의의 문자열에서 **Sec-WebSocket-Key**와 **Sec-WebSocket-Accept**의 문자열을 생성하는 코드입니다. **Sec-WebSocket-Accept** 값은 특정 문자열(예제 코드에서 **salt** 변수)을 접합한 후에 **SHA1** 해시를 계산하고 그 값을 **BASE64**로 인코딩한 내용이 됩니다.

예제 7-7 Key와 Accept를 생성한다

```
package main

import (
    "crypto/sha1"
    "encoding/base64"
    "fmt"
)

func main() {
    clientKeySrc := "the sample nonce"
    key := base64.StdEncoding.EncodeToString([]byte(clientKeySrc))
    fmt.Printf("Sec-WebSocket-Key: %s\n", key)
```

```
    // Sec-WebSocket-Key: dGhlIHNhbXBsZSBub25jZQ==

    salt := "258EAFA5-E914-47DA-95CA-C5AB0DC85B11"
    hash := sha1.Sum([]byte(key + salt))
    accept := base64.StdEncoding.EncodeToString(hash[:])
    fmt.Printf("Sec-WebSocket-Accept: %s\n", accept)
    // Sec-WebSocket-Accept: s3pPLMBiTxaQ9kYGzzhZRbK+xOo=
}
```

이 뒤로는 양방향 통신을 시작합니다.

7.4.4 Socket.IO

웹소켓은 강력한 API이지만, 좀 더 쉽게 사용하게는 Socket.IO라는 라이브러리를 경유해 사용하는 경우가 많았습니다.

Socket.IO의 장점은 다음 세 가지입니다.

- 웹소켓을 사용할 수 없을 때는 XMLHttpRequest에 의한 롱 폴링으로 에뮬레이션해, 서버에서의 송신을 실현하는 기능이 있다.
- 웹소켓 단절 시 자동으로 재접속한다.
- 클라이언트뿐만 아니라 서버에서 사용할 수 있는 구현도 있어, 클라이언트가 기대하는 절차로 폴백인 XMLHttpRequest 통신을 핸들링할 수 있다.
- 로비 기능

웹소켓이 사용되기 시작한 애초에는 하위 호환성을 넓게 유지할 수 있다는 점에서 웹소켓은 Socket.IO를 사용했습니다. 하지만 현재는 웹소켓을 사용할 수 없는 브라우저가 거의 없습니다. 기업 내 보안 관리를 위한 웹 프록시 등 웹소켓을 사용할 수 없게 되는 요인이 몇 가지 있지만, 하위 호환성을 목적으로 다른 라이브러리를 사용할 이유는 상당히 줄어들었습니다. 재접속 처리 등 장점이 전혀 없진 않지만, 앞으로는 직접 사용되거나 사용된다고 해도 XMLHttpRequest 폴백을 꺼두는 경우가 늘어나겠지요.

7.5 WebRTC

WebRTC^{Web Real-Time Communication}는 이제까지 소개한 프로토콜과는 아주 다릅니다. 지금까지 소개한 것은 모두 브라우저와 서버의 통신에 이용되는 프로토콜이었습니다. WebRTC는 브라우저/서버 간 통신뿐만 아니라 브라우저끼리의 P2P 통신에도 사용합니다. RTC는 '실시간 커뮤니케이션'의 줄임말로 화상 전화 등 실시간 커뮤니케이션을 실현하는 기반으로서 설계됐습니다. **RFC 7478**에서 활용 사례가 정의되어 있고 API 사용법 등은 *webrtc.org*[13]에 정리되어 있습니다.

실현하고자 하는 애플리케이션도 다른 프로토콜과는 크게 다르기 때문에, 사용되는 기능도 많이 바뀝니다. 통신 기반에 사용하는 트랜스포트층은 재전송 처리를 해주는 TCP가 아니라 오류 처리나 재전송 처리를 하지 않는 UDP를 메인으로 사용합니다. 또 P2P 통신이므로 상대 브라우저를 찾는 시그널링, 라우터 내부의 사설 주소만 있는 컴퓨터에서 동작하는 브라우저를 위해 NAT을 넘어 사설 주소만으로 통신할 수 있는 기술도 사용됩니다.

WebRTC 프로토콜의 자세한 설명은 『High Performance Browser Networking』을 참조하세요. 각 구성 기술은 처음부터 WebRTC용으로 개발된 것이 아니라, 예전부터 화상 전화용으로 개발된 기술이나 실시간 TLS 암호화를 추가한 데이터그램 통신 등 기존 기술에 바탕을 두고 각각 새롭게 되살려 조합했습니다. 각 기술을 자세히 소개하는 것만으로 책 한 권에 다 들어가지 않을 정도의 분량입니다. WebRTC를 구현할 사람이 읽어야 할 RFC 목록을 볼룬타스 씨가 정리했습니다.[14]

7.5.1 WebRTC 활용 사례 (1)

RFC 7478을 보면 어떤 경우에 대응하고 싶은지 정리되어 있습니다. WebRTC의 요소 기술은 웹소켓만큼 단순하지 않아 조합해서 여러 가지 활용 사례에 대응할 수 있습니다. 따라서 기능을 상향식^{bottom-up}으로 소개하기보다는 활용 사례를 소개한 후 기술 요소로 분석하는 편이 원활하게 이해할 수 있을 것입니다. 우선 P2P를 사용한 활용 사례를 소개하겠습니다

---

13 *https://webrtc.org*
14 *https://qiita.com/voluntas/items/63cb73e4c9373e726a34*

단순한 화상통화 시스템

이제부터 소개할 활용 사례의 공통적 기능 요건입니다.

두 사람이 화상회의를 하는 시스템입니다. 모든 참가자가 브라우저로서 같은 서비스 프로바이더에 로그인하고 통화가 시작됩니다. 각 참가자의 상태는 서비스 프로바이더가 웹 애플리케이션 단에서 공개합니다. 그룹으로 회의하는 중에 사용자는 특정 멤버를 지정해 일대일 통화를 시작할 수 있습니다. 일대일 통화에 초대받은 사용자는 초대를 승인하거나 거부할 수 있습니다. 각 사용자는 자신의 영상 표시를 온/오프할 수 있고, 영상 크기를 변경하거나 자신이나 상대방의 오디오와 영상을 일시적으로 정지하거나 재개할 수 있습니다.

웹 브라우저가 직접 다른 브라우저와 연결되는 것이 아니라 웹 서비스가 기점이 됩니다. 통신 프로토콜의 하위 계층인 트랜스포트 층에는 다른 HTTP 통신 프로토콜과 마찬가지로 TCP(스트림형 소켓)를 사용할 수도 있지만 주로 UDP(데이터그램형 소켓)를 사용합니다. 이는 재전송 처리나 통신량 제한 등을 직접 구현해야 하는 프로토콜입니다. 단 통신 경로는 UDP용 TLS인 DTLS로 암호화됩니다.

> **NOTE_** 서비스 프로바이더의 조건에 대해서는 이 뒤의 절에서 두 가지를 소개합니다.

단순하다고 해도 브라우저는 많은 태스크를 처리해야만 합니다. 브라우저는 마이크와 비디오 카메라를 입력 장치로써 이용합니다. 음성과 동영상을 각 시스템에서 사용할 수 있는 코덱으로 압축합니다. 현재 모바일 환경의 사실상의 표준은 영상에서는 MPEG4 혹은 블루레이에서도 사용할 수 있는 H.264입니다. 데스크톱에서는 H.264나 VP8 등이 사용됩니다. 음성 코덱에는 오푸스가 이용됩니다. 이는 스카이프가 이용했던 코덱으로, 압축과 해제 시 지연시간이 짧으며 다른 형식과 비교했을 때 파일 크기가 작아져도 품질이 많이 나빠지지 않는 것이 특징입니다. 특허도 걸린 코덱이지만, RFC화되어(**RFC 6716**) 이 RFC 범위에서 이용한다면 특허에 관한 라이선스 계약이나 비용은 필요 없다고 명시되어 있습니다.

이 밖에도 브라우저는 전송할 비트레이트를 제어해야만 합니다. 네트워크 대역이 넓을 때는 더 선명한 영상으로 음성도 깨끗하게 전달하고 싶겠지만, 인터넷을 거친다면 이용할 수 있는 통신 회선에 맞춰 적절한 비트레이트를 선택할 필요가 있습니다. 영상과 음성도 잘 동기화하지 않으면 어색하게 느껴집니다.

방화벽과 화상 통화

애플리케이션의 기능 요건은 앞 절의 '단순한 화상 통화 시스템'과 같지만, 비기능 요건으로서 다음 두 가지 항목이 추가됩니다.

- 일부 사용자가 UDP를 전송할 수 없는 방화벽 너머에서 사용할 수 있다.
- 일부 사용자가 HTTP 프록시 경유 통신만 허용되는 방화벽 너머에서도 사용할 수 있다.

글로벌 네트워크에서의 화상 통화

화상회의를 제공하는 서비스가 전 세계적인 규모로 인터넷을 통해 제공되고 있습니다. 이런 서비스를 실현하기 위해서는 상호 연결 설정(ICE)이 필요해집니다. ICE는 전화교환기와 같은 것입니다. 사용자 ID 등 어떤 정보를 바탕으로 상대를 찾아냅니다. 또한 NAT 안쪽에 있어도 통화할 수 있도록 STUN^Session Traversal Utilities for NAT, TURN^Traversal Using Relay NAT과 같은 NAT의 벽을 넘기 위한 기술도 필요할지 모릅니다. IPv4, IPv6 등의 요건마다 다른 STUN/TURN이 필요해질 가능성도 있습니다.

엔터프라이즈 환경에서의 화상 통화

엔터프라이즈 용도에서는 회사 안에서 회사 밖으로의 통화를 관리할 필요가 있습니다. 그러므로 내부 네트워크와 외부 네트워크를 연계하는 TURN 서버를 설치합니다. 방화벽은 감시되는 TURN 서버를 사용하지 않는 통신을 차단합니다.

스크린 공유

사용자는 영상 대신에 현재 보이는 데스크톱 혹은 데스크톱 일부, 특정 애플리케이션의 스크린 샷이나 스크린 캐스트(영상)를 상대방에게 전송할 수 있습니다.

RFC에 활용 사례의 일부로도 소개되어 있고 WebRTC 애플리케이션으로선 인기 있는 기능이지만, 크롬에서는 한 번 구현했다가 보안을 이유로 삭제해, 지금은 확장 기능을 설치하지 않으면 이용할 수 없습니다. 파이어폭스도 현재 시점에서는 설정이 필요합니다. W3C에서 공통 API화를 위한 논의가 이루어지고 있습니다.[15]

---

15 *https://w3c.github.io/mediacapture-screen-share*

파일 교환

여러 사람과 화상회의를 하면서 특정 상대에게 파일을 보낼 수 있습니다.

하키 경기 뷰어

RFC에 쓰인 예가 지나치게 구체적이지만, 그대로 인용합니다. 아이스하키팀 스카우트와 감독이 새로운 선수를 발굴하려고 합니다. 경기가 시작되면 스카우트는 스마트폰 후면 카메라로 하키 경기를 찍고, 전면 카메라로 자신을 찍습니다. 통화 상대인 감독의 데스크톱 PC에서는 브라우저 화면에 크게 하키 경기가 보이고, 픽처인픽처picture-in-picture 기능으로 스카우트의 얼굴과 웹 카메라로 찍힌 자신의 얼굴이 보입니다.

여러 사람과의 화상회의

중앙 서버 없이 여러 사람이 동시에 화상회의를 할 수 있습니다. 각 브라우저는 다른 모든 참가자의 브라우저와 세션이 확립되어 있어, 서로 비디오와 오디오 스트림을 전송합니다.

여러 사람이 화상회의를 할 때 음량이 제각각이면 곤란하므로, 소리 크기를 조정하는 믹싱 기능이 필요합니다. 또 누가 이야기하는지 파악하기 어려워지므로, 음량을 측정해 지금 목소리가 큰 사람의 영상을 크게 표시하는 기능, 음성의 좌우 균형을 조정해 음성 위치와 영상이 가까워지는 기능이 실현됐습니다.

다자간 음성 채팅을 지원하는 온라인 게임

여러 사람이 참여하는 화상회의에서 영상이 없어지는 대신 게임 데이터를 브라우저 간에 전송합니다. 게임 데이터의 우선순위는 음성보다 높습니다. 화상회의와는 달리 음성의 위치는 영상 위치가 아니라 게임 화면 속 다른 플레이어가 조작하는 전차 위치로 정해집니다. 음성과 게임 내 음향 효과를 함께 재생할 수 있습니다.

7.5.2 WebRTC 활용 사례 (2)

고객센터

클라이언트는 브라우저 대 브라우저가 아니라 서비스를 하는 웹 서버와 세션을 확립해서 통화합니다.

IP 전화

웹 브라우저를 사용해 일반 전화번호로 전화를 걸 수 있는 서비스를 구현할 수 있습니다. 실제 전화망에 접속하는 것은 서버가 하지만 사용자는 브라우저를 이용해 서비스를 이용합니다.

흔히 고객지원에서는 '요금에 관한 문의는 1번을 눌러주세요'라는 자동 응답 장치가 사용됩니다. 웹 서비스 수준에서 이 장치에 응답하기 위한 DTMF 신호를 보낼 수 있어야 합니다.

중앙 서버를 이용한 화상회의 시스템

중앙 서버를 거쳐서 통신합니다. P2P에서는 다대다 세션 수가 단번에 늘어납니다. 중앙 서버를 거치면 각 브라우저가 송신할 곳이 적어져 세션 수를 줄일 수 있습니다.

이 시스템에서 오디오는 서버에서 섞여 하나의 음성 소스로서 배포됩니다. 동영상은 하나의 고해상도와 다수의 저해상도가 서버에서 배포됩니다. 고해상도 영상은 발언자의 행동으로 선택됩니다. 송신하는 쪽은 가능하면 고해상도와 저해상도를 모두 전송합니다. 혹은 고해상도 영상만 올리고 서버 쪽에서 작은 크기의 영상으로 트랜스코딩해서 두 가지 버전을 만듭니다. 사이멀캐스트^Simulcast로 불리는 이 방식은 P2P 배포에서도 이용할 수 있습니다. 양쪽 스트림을 전송하면 모바일 단말은 저해상도 정보를 받고, 데스크톱은 고해상도 정보를 받습니다.

7.5.3 RFC 이외의 활용 사례

RFC에는 적혀 있지 않지만, 1방향 스트림도 사용할 수 있으므로 일대다 실시간 영상 배포에도 쓸 수 있습니다. 콘퍼런스 현장에서의 라이브 배포는 다음 장에서 소개할 각종 스트리밍 방법이 현재 주류입니다. 또한 미리 작성한 콘텐츠 배포도 마찬가지입니다.

라이브 방송에서 WebRTC의 장점은 실시간성이 높다는 점입니다. 다음 장에서 소개할 HTTP를 이용하는 스트리밍 기술로는 10여 초에서 30초 정도의 지연을 피할 수 없지만, WebRTC에서는 불과 몇 초의 지연으로 억제할 수 있습니다.

라이브 배포 용도로는 P2P 방식의 CDN 서비스도 몇 가지 나와 있습니다.[16] CDN이라고 해도 정적 파일 배포가 아니라, 같은 동영상 파일을 시청하는 다른 사용자와 WebRTC 세션을 연결해 중앙 서버가 아니라 그 사용자로부터 배포를 받음으로써 서버의 부하를 줄입니다.

7.5.4 RTCPeerConnection

지금부터 WebRTC의 기술 요소를 설명하면서 브라우저에서 사용되는 API라는 관점에서 정리합니다.

- RTCPeerConnection: 통신 경로 확보와 미디어 채널의 오픈
- mediaDevices.getUserMedia: 카메라, 마이크와 동영상·음성 핸들링
- RTCDataChannel: 데이터 채널 통신

WebRTC의 기반이 된 것은 IP 전화입니다. IP 전화에서 사용되는 기술을 하나로 모아, 자바스크립트의 API를 정했습니다. NAT 통과 등 기초를 이루는 프로토콜은 모두 예전부터 사용되던 것입니다.

SDP

세션 기술 프로토콜Session Description Protocol(SDP)는 P2P 니고시에이션 시에 서로의 IP 주소와 포트, 양쪽에서 이용할 수 있는 오디오와 동영상 코딩 정보를 공유하기 위한 프로토콜입니다.

WebRTC에는 '자신이 사용할 수 있는 코딩 정보와 IP 주소 등을 SDP라는 프로토콜 형식으로 기술해서 상대방에게 넘겨주고 상대방도 이용할 수 있는 코딩 정보를 응답하는 절차'가 정해져 있습니다. 하지만 상대방에게 전달하는 '수단'은 정해져 있지 않습니다. 웹 서비스로 HTTP의 API를 거쳐도 좋고, 웹소켓 등을 사용해도 상관없습니다. 그러므로 형태에 맞게 유연하게 이용할 수 있습니다. 가네코 마사시 씨의 '수동으로 WebRTC 통신을 연결하자 −WebRTC 입문

---

16 *https://www.mist-t.co.jp/mistcdn*

2016'을[17] 보면, 가장 단순한 복사와 붙여넣기로 SDP를 교환하는 방법이 실려 있습니다. 어떤 내용이 오가는지는 이 페이지의 예제를 동작시켜보면 이해하기 쉬울 것입니다.

ICE

상호 연결 설정Interactive Connectivity Establishment(ICE)은 NAT를 넘어 P2P 전송 연결을 설정하는 방법입니다. STUN과 TURN 중 한 서버를 이용합니다.

라우터 등 글로벌 네트워크와 격리된 환경에서 각 컴퓨터는 로컬 주소밖에 모릅니다. 라우터 외부에 액세스하면, NAT가 외부 컴퓨터와 내부 컴퓨터의 주소와 포트를 각각 매핑합니다. 이것은 통신 응답을 제대로 받기 위한 구조이지만, 이를 이용해 밖에서 안으로 들어오는 통신 경로를 확보합니다.

로컬 컴퓨터가 이 표적 대신 패킷을 보내는 곳이 STUN 서버입니다. STUN 서버는 요청을 한 글로벌 IP 주소와 포트를 NAT 안쪽의 컴퓨터로 반송합니다. 이 두 단계로 통신 경로를 확보하고 외부에서 통신할 수 있는 주소와 포트를 얻을 수 있습니다. 이 주소와 포트를 상대에게 전달함으로써 NAT 안에서 P2P 접속이 가능해집니다.

STUN 서버로 통신할 수 없을 때는 주로 TCP 등으로 대체되지만, 그런 때는 TURN 서버가 통신을 중계합니다. 이 경우 웹소켓과 유사한 통신 형태입니다.

볼룬타스 씨의 'WebRTC는 무엇이었을까'[18]에 따르면, STUN은 NAT를 넘기 위해 기본적으로 필요합니다. TURN은 없어도 어떻게든 되는 경우가 많지만, 있으면 연결 성공률이 높아진다고 합니다. 80%는 없어도 연결되고, TURN-UDP가 있으면 90%, TURN-TCP와 TURN-TLS가 있으면 100% 연결된다고 합니다.

앞서 SDP를 설명했지만, SDP에 기재할 IP 주소를 얻으려면 STUN과 TURN이 필요합니다. 이 ICE 프로세스의 내부에서 SDP가 사용됩니다.

---

17 https://html5experts.jp/mganeko/19814(일본어)
18 https://gist.github.com/voluntas/67e5a26915751226fdcf(일본어)

7.5.5 미디어 채널과 getUserMedia

상대와의 통신이 연결되면 실제로 통신을 합니다. 이때 음성이나 비디오를 다루는 것이 미디어 채널입니다.

navigator.mediaDevices.getUserMedia()

화상회의에 사용하는 웹 카메라와 오디오 장치의 설정과 취득을 하는 브라우저 API입니다. 카메라의 경우는 해상도, 프레임레이트, 전면 카메라/후면 카메라 등을 지정할 수도 있습니다. 취득된 것은 스트림이라는 이름으로 불립니다.

이 API는 WebRTC와 세트로 사용하는 것을 고려해 만들어진 API이지만 단독으로도 사용할 수 있고, HTML의 <video> 태그에 카메라의 영상을 표시할 수 있습니다. <video> 태그의 내용은 캔버스canvas에 붙여 넣어 이미지 파일로 저장할 수 있습니다. 사양 책정 중인 스크린 캡쳐 API에서는 API 이름이 약간 달라지지만(navigator.mediaDevices.getDisplayMedia), 스트림으로써 얻을 수 있고 마찬가지로 배포할 수 있게 하려는 계획이 있습니다.

오디오는 Web Audio API[19]를 이용해 스테레오 음위 지정(StereoPannerNode) 및 믹싱(ChannelMergerNode), 볼륨 조정(GainNode) 등 고급 제어 및 모니터링을 할 수 있습니다. Audio Worker를 이용하면 음성신호를 자바스크립트로 분석할 수 있게 되므로 활용 사례에 있던 말하고 있는 사람을 검출할 수 있습니다.

DTLS

WebRTC의 데이터 통신에는 미디어 채널과 데이터 채널 두 가지가 있습니다. 양쪽 다 DTLS 상의 통신입니다. DTLS는 'D: 데이터그램'의 TLS로 **RFC 4347**에 정의되어 있습니다. 데이터그램은 UDP와 같으므로 암호화한 UDP가 됩니다.

HTTP의 기반이 되는 TCP는 시퀀스 번호 등을 가지고 있어, 패킷 순서가 바뀌거나 패킷을 유실했을 때 정렬하거나 재전송을 요청해 올바른 데이터를 수신하려고 합니다. UDP 자체는 재전송이나 정렬을 하지 않아 신뢰성이 떨어지는 대신에 속도가 빠릅니다. 재전송 처리 등이 일어나지 않는, 다시 말해 느려지지 않는 특성이 WebRTC에서는 중요합니다.

---

19 *https://www.w3.org/TR/webaudio*

WebRTC 미디어 채널

음성과 영상을 전송하는 WebRTC 미디어 채널은 DTLS 위에 SRTP라는 프로토콜을 사용합니다. TLS를 설명할 때 가볍게 소개했지만, TLS 상의 프로토콜은 이름 앞에 S가 붙는 것이 많습니다. SRTP도 그중 하나로 보안된 실시간 프로토콜Secure Real-time Transport Protocol이라는 뜻입니다. 음성과 영상을 스트리밍할 때 정보가 바뀌어버리면 문제가 되므로, RTP는 순서 정렬 기능만을 UDP에 추가했습니다. 재전송 처리는 스트리밍에선 부하가 커서 보증하지 않습니다. 음성과 영상에서는 소리가 튀거나 프레임 드롭으로 처리됩니다.

`RTCPeerConnection` 접속이 확립된 시점에서 미디어 채널의 통신 준비는 완료됩니다.

7.5.6 RTCDataChannel

데이터 채널은 음성 이외의 데이터를 P2P로 송수신하기 위한 것입니다. 활용 사례에는 파일을 대화 상대에게 보내거나 통신대전 게임에서 컨트롤 정보를 공유하는 데 사용했습니다.

SCTP

데이터 채널은 DTLS 위에 SCTPStream Control Transmission Protocol라는 프로토콜을 올렸습니다. 데이터 채널의 활용 사례는 영상·음성과 비교해 다소 차이가 있습니다. 데이터 파일의 데이터가 중간에 사라지거나 일부 누락되면 곤란한 경우가 있는가 하면, 그보다는 응답성이 손상되는 쪽이 문제가 되는 경우도 있습니다.

그래서 SCTP는 성능과의 트레이드오프를 통해 신뢰성을 설정할 수 있게 되어 있습니다. UDP 쪽에 맞출지 TCP 쪽에 맞출지 선택할 수 있게 되어 있습니다.

표 7-11 각 프로토콜의 통신 특성(『High Performance Browser Networking』에서 인용)

	TCP	UDP	SCTP
신뢰성	도달 보증 있음	도달 보증 없음	변경 가능
배열 순서	순서 있음	순서 없음	변경 가능
전송 방식	바이트 지향	메시지 지향	메시지 지향
유량 제어	있음	없음	있음
폭주 제어	있음	없음	있음

데이터 채널 초기화는 [예제 7-8]처럼 합니다. 두 번째 인수가 특성을 제어하는 매개변수입니다. 이 매개변수를 생략할 때는 TCP와 같은 배송 순서 보증을 하는 고신뢰성 모드가 됩니다. 이 예제 코드는 순서는 보증하지 않고 재전송 처리도 하지 않는 UDP 호환 모드를 설정합니다.

maxRetransmitTime이나 maxRetransmits 중 하나를 설정해 재전송 방식을 수동으로 설정하면 비신뢰성 모드가 됩니다.

예제 7-8 데이터 채널 초기화

```
var connection = new RTCPeerConnection();
var dataChannel =
  connection.createDataChannel("data channel", {
    ordered: false,        // 순서 보증?
    maxRetransmitTime: 0, // 계속 재전송하는 기간
    maxRetransmits: 0     // 재전송 횟수
  });
```

파일을 전송할 때는 기본인 고신뢰성 모드가 적합합니다. 예를 들어 이미지나 엑셀 파일 등 데이터의 일부가 빠지거나 순서가 바뀌면 파일로서 제구실을 하지 못하기 때문입니다. 게임의 상태가 UDP 1패킷에 들어가는 크기라면 적어도 순서 보증은 필요 없습니다.

7.5.7 ORTC

리눅스 버전 스카이프는 WebRTC를 사용해 구현됐습니다.[20] 엣지 브라우저용 스카이프에서 사용된 것은 ORTC[Object Real-Time Communication]입니다. ORTC[21]는 WebRTC의 API를 더욱 다듬고 또한 부족했던 다양한 기능을 추가하려는 활동이며, WeRTC 그룹도 소속된 W3C 내 커뮤니티 그룹에서 책정됩니다. WebRTC를 출발점으로 하므로, 백엔드인 통신 레이어(DTLS의 SRTP)와 코덱 등은 WebRTC와 완전히 같습니다. SDP를 제외하거나 API를 정리하고 멀티스트림 지원이나 단말 성능에 따른 동영상 품질을 바꾸는 등 더 세밀한 조작을 할 수 있도록 저수준 기능을 확장하는 내용이었습니다.

....

20 'Skype for Linux Alpha and calling on Chrome and Chromebooks' *https://blogs.skype.com/news/2016/07/13/ skype-for-linux-alpha-and-calling-on-chrome-and-chromebooks*

21 *https://ortc.org*

ORTC가 처음 나왔을 때 ORTC는 WebRTC/1.1, 2.0이 되는 것으로 설명하기도 했지만, 마이크로소프트가 엣지에 구현한 것을 빼면 다른 브라우저 업체에선 전혀 구현하지 않았습니다. 일부 ORTC에서 제안된 저수준 기능이 WebRTC에 백포트된 적도 있지만, 엣지에서도 WebRTC를 구현한 것은 2017년 이후입니다. WebRTC는 2011년 10월부터 현시점에 이르기까지 계속 초안 작업 상태이며, 최근에도 매달 대량의 업데이트가 됩니다. RFC를 책정하는 IETF도 W3C도, 인터넷 세계는 동작하는 구현을 바탕으로 논의를 심화하는 업계이고, WebRTC는 앞으로도 실시간 커뮤니케이션의 중심에 있을 것입니다. 2017년 WebRTC 프로토콜을 다루는 기술자 가운데는 'ORTC는 신경 쓸 필요 없다'고 생각하는 사람도 있습니다.

7.6 HTTP 웹 푸시

HTTP 웹 푸시는 웹사이트에 스마트폰 애플리케이션과 같은 알림 기능을 제공하는 구조입니다. 통신 프로토콜은 **RFC 8030**으로 규격화되어 있습니다. 또한 자바스크립트 API는 W3C에서 규정되어 있습니다.[22] 이 책의 집필 시점에선 크롬과 파이어폭스가 지원합니다.

이 장에서는 클라이언트에서 요청을 보내고 서버로부터 응답을 받는 HTTP/1.1까지의 흐름과 다른 프로토콜을 몇 가지 소개했습니다. 예를 들어 서버의 이벤트 통지, 양방향 통신, P2P 등이 있습니다. 단 모두 브라우저가 활성화되어 있는 것을 전제로 합니다. HTTP 웹 푸시는 기능의 특성상 브라우저가 그 시점에서 시작되지 않았거나 오프라인이라도 사용자에게 알림을 보낼 수 있어야 합니다. 이 장에서 소개한 어떤 프로토콜보다 특수한 프로토콜입니다.

브라우저가 없는데 어째서 통신할 수 있는지가 이 기능의 신기한 점입니다. 비밀은 Service Worker에 있습니다.

Service Worker 프런트엔드 브라우저의 HTML 렌더링 기능으로는 웹 서버와 프런트엔드 중간에 있는 프록시 서버와 같은 존재입니다. 그러나 Service Worker는 항상 실행되는 게 아니라, addEventListener() 이벤트 핸들러를 등록해두면, 필요할 때만 실행되어 처리합니다. 현재는 [표 7-12]와 같은 이벤트를 지원합니다.

---

22 *https://w3c.github.io/push-api*

표 7-12 Service Worker

호출되는 시점	이벤트명
설치 시	activate
프런트엔드에서 postMessage()	message
프런트엔드가 서버에 액세스	fetch
푸시 알림 수신	push

웹 푸시는 현재 푸시 서비스와 연계해 구현합니다. 푸시 서비스는 크롬의 경우 구글의 알림 서비스, 파이어폭스에서는 모질라의 알림 서비스를 이용합니다. 각 서비스에서 서비스 ID와 전송용 키를 가져옵니다. 수신할 땐 ID가 전송할 때 ID와 키가 필요합니다.

우선 브라우저를 시작할 때 푸시 서비스를 이용하는 등록을 합니다. 푸시 알림은 사용자의 허가가 필요한 옵트인 방식이므로 기본으로 활성화되지 않고 사용자로부터 허가를 얻어야 합니다. 사용자가 허가하면, 푸시 서비스에 등록합니다. 활성화되면 Service Worker로 등록한 push 이벤트 알림을 받을 수 있습니다.

애플리케이션 서버에서 푸시 알림을 보내려면 푸시 서비스의 API를 사용해야 합니다. 푸시 서비스는 지금 단계에서는 브라우저마다 준비된 서비스입니다. 브라우저는 알림을 수신할지 사용자에게 확인합니다. 푸시 알림 수신 거부 기능이 있습니다. 사용자가 승인할 때 푸시 서비스에 가입합니다. 키도 이때 만들어집니다. 키 정보는 푸시 서비스가 브라우저를 식별하는 데 사용합니다.

다음으로 브라우저는 푸시 전송에 필요한 키를 애플리케이션 서버에 보냅니다. 그러면 애플리케이션 서버는 특정 브라우저로 보낼 수 있게 됩니다.

서버가 통지할 때는 브라우저에서 보내온 키를 이용해 푸시 서비스에 요청합니다.

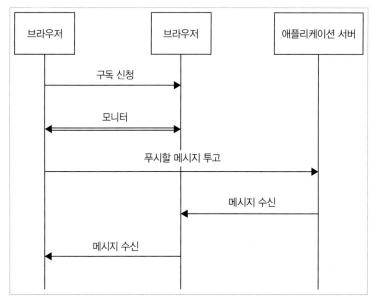

그림 7-6 HTTP 웹 푸시의 상태 변화

푸시 서버와는 HTTP로 통신하는 사양으로 되어 있습니다. 설명은 RFC에서 인용했지만, 실제로 이대로 구현되어 있진 않습니다.

크롬이 이용하는 푸시 서비스는 GCM^{Google Cloud Messaging}과 FCM^{Firebase Cloud Messaging}을 기반으로 합니다. 따라서 각각 애플리케이션을 등록해야 하고 애플리케이션별로 전용 키 및 URL이 제공됩니다.

파이어폭스가 이용하는 오토푸시^{autopush}는 푸시 서비스와의 통신에 RFC에 기술된 HTTP 통신이 아닌 웹소켓을 사용합니다.[23] 이 부분은 브라우저 벤더가 각 브라우저용으로 독자적으로 푸시 서비스를 준비하는 상황이므로, 브라우저의 인터페이스는 표준을 따를 필요가 없다고 판단한 것이겠지요. 이 장에서 이미 설명했지만, 웹소켓은 실시간성이 높은 양방향 통신을 제공하므로 푸시 알림 응답 속도가 빨라져 사용자에게 이익이 됩니다. 또한 오토푸시는 GCM/FCM, 애플 기기를 위한 APNS^{Apple Push Notification Service}로의 브릿지에도 대응합니다.

이 책의 설명은 특정 서비스를 위한 것이 아닌 RFC 규격을 따르지만, 실제 서비스에 사용할 경우는 각각 고유 설정과 절차를 따를 필요가 있습니다. 대략적인 동작 원리를 소개한 것으로 이해해주세요.

----

23 http://autopush.readthedocs.io/en/latest/architecture.html

7.6.1 브라우저가 푸시 서비스에 구독을 신청한다

처음은 브라우저가 푸시 서비스에 구독을 신청하는 부분부터 시작됩니다.

[브라우저에서 푸시 서비스에 요청]

```
POST /subscribe HTTP/1.1
Host: push.example.net
```

응답은 **201 Created**로 반환하게 됩니다.

예제 **7-9** 푸시 서비스에서 브라우저로의 응답

```
HTTP/1.1 201 Created
Date: Thu, 11 Dec 2014 23:56:52 GMT
Link: </push/JzLQ3raZJfFBR0aqvOMsLrt54w4rJUsV>;
      rel="urn:ietf:params:push"
Link: </subscription-set/4UXwi2Rd7jGS7gp5cuutF8ZldnEuvbOy>;
      rel="urn:ietf:params:push:set"
Location: https://push.example.net/subscription/LBhhw0OohO-Wl4Oi971UG
```

7.6.2 애플리케이션 서버가 푸시 서비스에 메시지를 보낸다

예제 **7-10** 푸시 서비스에 메시지 투고 요청

```
POST /push/JzLQ3raZJfFBR0aqvOMsLrt54w4rJUsV HTTP/1.1
Host: push.example.net
TTL: 15
Content-Type: text/plain;charset=utf8
Content-Length: 36

iChYuI3jMzt3ir20P8r_jgRR-dSuN182x7iB
```

```
HTTP/1.1 201 Created
Date: Thu, 11 Dec 2014 23:56:55 GMT
Location: https://push.example.net/message/qDIYHNcfAIPP_5ITvURr-d6BGt
```

201 Created는 성공을 뜻하지만, 이는 서비스를 접수했다는 것일 뿐 클라이언트에게 전달됐는지와는 관계없습니다. 요청에 Prefer : respond-async 헤더를 부여하면, 클라이언트의 통지가 성공한 후 응답이 돌아오게 됩니다. 이때는 상태가 202 Accepted입니다.

7.6.3 브라우저가 푸시 메시지를 수신한다

푸시 메시지 수신에는 HTTP/2가 이용됩니다. 알림 정보를 직접 요청하여 얻을 수는 없습니다. 요청에 응답하지 않고, HTTP 서버 푸시를 사용해 알림을 반환합니다.

예제 7-12 푸시 서비스에 메시지 수신 요청

```
HEADERS        [stream 7] +END_STREAM +END_HEADERS
  :method        = GET
  :path          = /subscription/LBhhw0OohO-Wl4Oi971UG
```

이에 대한 서버의 응답으로 바디가 아니라 새로운 4번 스트림을 사용해 통신한다는 선언만 돌아옵니다. 짝수 번 스트림은 서버에서 클라이언트로의 통신을 위해 예약되어 있었지요.

예제 7-13 푸시 서비스에 메시지 수신 응답

```
PUSH_PROMISE [stream 7; promised stream 4] +END_HEADERS
  :method        = GET
  :path          = /message/qDIYHNcfAIPP_5ITvURr-d6BGt
  :authority     = push.example.net
```

그 후의 응답으로 수신합니다. 서버 푸시로 애플리케이션 서버가 보낸 메시지가 전송되어 옵니다.

```
HEADERS      [stream 4] +END_HEADERS
  :status        = 200
  date           = Thu, 11 Dec 2014 23:56:56 GMT
  last-modified  = Thu, 11 Dec 2014 23:56:55 GMT
  cache-control  = private
  link           = </push/JzLQ3raZJfFBR0aqvOMsLrt54w4rJUsV>;
                       rel="urn:ietf:params:push"
  content-type   = text/plain;charset=utf8
  content-length = 36

DATA         [stream 4] +END_STREAM
  iChYuI3jMzt3ir20P8r_jgRR-dSuN182x7iB

HEADERS      [stream 7] +END_STREAM +END_HEADERS
  :status        = 200
```

7.6.4 긴급도 설정

요청 시 Urgency 헤더를 부여하면 불필요한 메시지를 걸러낼 수 있습니다. 메시지 전송 및 수신할 때 부여합니다. [표 7-13]은 설정 가능한 값입니다. 기본값은 normal입니다.

표 7-13 푸시 메시지의 긴급도

긴급도	기기 상태	용도
very-low	전원이 연결되고 와이파이 접속	광고
low	전원이 연결되거나 와이파이 접속	화제 갱신
normal	전원이 연결되지 않고 와이파이에도 미접속	대화나 캘린더 메시지
high	배터리 잔량이 적음	전화 받기, 혹은 시간을 지켜야 하는 알림

7.7 마치며

HTTP가 인프라로서 사용되면서 예전의 HTTP로는 할 수 없었던 높은 수준의 다양한 요청에 응답하는 기능 추가가 HTML5 이후에 이루어졌습니다. 이 가운데는 HTML 단독으로는 실현할 수 없고, 플래시와 같은 브라우저 플러그인으로 구현했던 기능도 표준화되어 들어갔습니다.

- HTTP/2는 증가하는 콘텐츠에 대응할 수 있도록 병렬 수를 늘리거나 이전에는 압축되지 않던 헤더를 압축해 크기를 줄이고 우선순위를 설정할 수 있게 됐습니다. 또한 콘텐츠를 미리 보내는 서버 푸시 등 HTTP/1에서는 처리할 수 없는 기능이 많이 포함됐습니다.
- Fetch API는 Service Worker와 함께 사용되는 HTTP 요청용 API로서 추가됐지만, 옵션을 이용해 다양한 케이스에 대응할 수 있게 되고 보안 모델도 HTTP 표준과 같은 개념으로 구현됐습니다. 웹의 애플리케이션화에서 중요한 부품입니다
- server-sent events는 서버로부터 클라이언트에 정보를 보내기 위한 기술입니다. 청크 전송 기술을 바탕으로 합니다.
- 웹소켓은 서버-클라이언트에서 고속 양방향 통신을 하는 기술입니다. 실시간성이 높은 채팅이나 게임의 인프라로 사용됩니다.
- 서버를 사용하지 않는 P2P 통신이나 브로드캐스트를 실현하는 것이 WebRTC입니다. 영상 통화 및 데이터 통신을 지원합니다.
- 웹의 애플리케이션화에서 중요한 기능이 웹 푸시입니다. 웹 푸시는 server-sent events 와 웹소켓, WebRTC처럼 TCP와 UDP 등 네트워크 세션이 유지되지 않아도 통지합니다.

이 장에선 개요를 소개한 것뿐이지만, 어떤 프로토콜이 무엇을 실현했고 또 무엇을 할 수 없는가 하는 기능성에 관해 배웠습니다. 뭔가 획기적인 웹 서비스를 만들고 싶다면, 이 장에서 소개한 프로토콜 중 하나가 될 것입니다.

## CHAPTER 8

HTTP/2의 시맨틱스: 새로운 활용 사례

2장과 4장에서는 브라우저에 추가된 기능을 소개했습니다. 이 장에서도 다양한 기능을 소개하지만, 브라우저를 위한 기능은 극히 일부입니다. 검색 엔진이나 소셜 미디어의 존재가 커져, 시스템에서 콘텐츠의 가치를 극대화 하기 위한 구조가 여러가지 추가됐습니다. 이 장에서는 브라우저와 서버 간의 통신이 아니라, 검색 엔진과 소셜 미디어가 이해하는 프로토콜을 중심으로 소개합니다. curl 커맨드는 사용하지 않습니다.

8.1 반응형 디자인

2장에서 소개한 것처럼 이전에는 유저 에이전트 정보를 보고 모바일용 콘텐츠를 배포하는 방식이 주류였습니다. 피처폰 시대에는 각 캐리어가 IP 주소 범위 목록을 공개했으므로, 그 주소를 보고 모바일 단말인지 판정하던 웹사이트도 있었습니다. 하지만 유저 에이전트는 정규화되지 않은 정보라서 제대로 판정할 수 없을 가능성도 있습니다.

현재 오류가 더 적고, 확실하게 작은 화면에 적합한 레이아웃 또는 태블릿의 가로와 세로에 각각 최적인 레이아웃 등 다양한 경우 적절하게 표현할 수 있도록 하는 것이 반응형 디자인입니다.

우선 그 전에 CSS 픽셀에 관해 설명합니다. 현재 출시되는 스마트폰 중에는 스크린의 해상도가 풀 HD (1920×1080)를 초과하는 것이 많이 있습니다. 그러나 브라우저는 한 단계 작은 논리 해상도(논리적 스크린 크기)의 디스플레이가 연결되어 있다고 인식하고 표시합니다.

예를 들어 레티나 디스플레이를 처음으로 탑재한 아이폰 4의 실제 해상도는 640×960이었지만, 내부적으로는 320×480으로 아이폰 3GS 등의 구형 기기와 호환성이 있었습니다. 이러한 브라우저의 논리 해상도를 CSS 픽셀이라고합니다. 논리 해상도와 물리 해상도의 비율을 기기 픽셀 비율이라고 합니다. 반응형 디자인에서 중요한 것은 이 CSS 픽셀과 기기 픽셀 비율입니다.

스마트폰의 CSS 픽셀 폭은 480 미만으로 되어 있습니다. 2장에서 소개한 크롬 개발자 모드의 모바일 시뮬레이션 모드를 활성화합니다. 콘솔 탭에서 실제로 어떤 수치가 사용되는지 볼 수 있습니다. 시험 삼아 넥서스 6P를 선택해서 수치를 살펴봅시다.

```
> window.innerWidth
412
> window.innerHeight
732
> window.devicePixelRatio
3.5
```

CSS 픽셀은 폭 412 픽셀이고 높이 732 픽셀임을 알 수 있습니다. 기기 픽셀 비율은 3.5입니다. 곱하면 2562×1442로 실제 물리적 해상도 2560×1440과 거의 일치합니다.

콘솔에서 시험해본 것처럼 자바스크립트로 정보를 가져와 프로그램으로 레이아웃을 변경할 수 있습니다. 스타일 시트 단독으로도 장치의 논리 화면 크기를 이용한 조건 분기를 할 수 있습니다.

```css
/* 데스크톱용 */
@media screen and ( min-width:480px ) {
    .text: {
        color: blue;
    }
}
/* 모바일용 */
@media screen and ( max-width:479px ) {
    .text: {
        color: blue;
    }
}
```

기본 모바일용 브라우저는 PC 전용으로 만들어진 사이트든 모바일용 사이트든 가능한 한 사용자에게 부담 없이 보여주고자 렌더링하면서 적절한 화면 확대 축소 비율을 결정하려고 합니다. 반응형 디자인은 브라우저 쪽이 아닌 사이트 쪽에서 콘텐츠 표시를 제어하므로, 브라우저에서 확대 축소를 하지 않도록 설정해야 합니다. 다음 메타 태그를 header에 넣음으로써 반응형 디자인 준비가 갖추어집니다.

```
<meta name="viewport" content="width=device-width, initial-scale=1.0">
```

이제 레이아웃은 문제없이 해결됐지만, 한 가지 문제가 남아 있습니다. 물리 해상도가 풀 HD라도 폭 400 픽셀의 이미지가 표시되면 계단 현상이 두드러집니다. 다음과 같이 srcset 속성을 사용해 여러 이미지 소스를 지정해서 브라우저가 해당 파일을 선택할 수 있게 하는 방법이 제공됩니다.

[여러 소스에서 기기 픽셀 비율에 가까운 이미지를 선택]

```
<img src="photo.png" srcset="photo@2x.png 2x, photo@3x.png 3x">
```

srcset 속성은 기기 픽셀 비율 이외에도 실제 표시 크기를 바탕으로 한 선택 등 다양한 기능을 제공합니다. 또한 스타일 시트에서도 image-set() 함수를 사용해 같은 일을 할 수 있습니다. 자세한 내용은 구글의 Web Fundamentals 사이트[1]를 참조하세요.

> **NOTE_** 반응형 디자인은 모바일과 데스크톱의 전환만을 위한 것이 아닙니다. 태블릿 단말기의 화면을 세로로 드는지 가로로 드는지에 따라서 화면에 사이드바를 항상 표시하거나 아이콘을 클릭할 때만 표시되게 하는 등 다양한 화면 크기에서 사용할 수 있는 웹사이트를 만들 수 있습니다. 피처폰 시대의 유저 에이전트 방식과 달리 모바일 단말의 표현력이 PC와 손색 없어졌고, 같은 CSS를 해석할 수 있게 된 점 등이 반응형 디자인을 실현할 수 있게 된 요인이겠지요. 그 당시처럼 통신사에 따라 이모티콘이 달라지는 문제를 해결하려면 유저 에이전트 정보를 바탕으로 서버 측에서 다른 콘텐츠를 반환하는 수밖에 없을 것입니다.

---

1 https://developers.google.com/web/fundamentals/design-and-ux/responsive/images

8.2 시맨틱 웹

시맨틱 웹은 웹에서 표면적인 '텍스트', '문서'가 아니라 '의미'를 다룰 수 있게 해서 웹의 가능성을 더욱 넓히고자 하는 운동입니다. 웹의 아버지인 팀 버너스리가 주창했습니다.

시맨틱 웹이 아닌 일반 웹에서는 HTTP로 텍스트를 전달하면, 인간이 텍스트를 읽고 의미를 이해합니다. 링크를 따라 다음 정보를 탐색하는 것도 탐색 대상을 찾는 것도 모두 인간의 역할입니다. 옛날에는 사이트 정보를 검색 엔진이 관리하는 디렉터리 구조의 페이지에 정리했습니다. 그 후 구글이 개발한 페이지 랭크 알고리즘으로 키워드와 피링크 수 등의 지표로 수치화해 인덱싱하게 됐고, 비로소 의미에 의존하지 않는 구조로 바뀌었습니다. 현재 검색 엔진은 단순히 링크 수로 순위를 나누는 것은 아니지만, '수동으로 입력한 정보'가 아니라 통계적 알고리즘으로 자동화되어 있는 점은 바뀌지 않았습니다.

시맨틱 웹에서 '의미를 다룬다'는 것은 페이지에 포함된 정보를 분석해서 정보를 집약하거나 검색하는 과정을 사람 손을 거치지 않게 하는 것입니다. 그러기 위해선 데이터를 정규화해 프로그램에서 접근 가능한 형태로 만들어야 합니다. 이런 움직임이 시작된 이래로 상당히 시간이 흘러, 필자가 게이오기주쿠 대학에서 시맨틱 웹 이야기를 들은 것도 이럭저럭 10년 이상 지났습니다. 2001년 무렵부터 지금까지 다양한 경위와 형식은 시맨틱 웹 연구자 간자키 마사히데 씨의 사이트에서 충실하게 정보를 다루고 있습니다.[2]

본래는 인터넷 전체를 위키피디아처럼 의미로 연결해, 하나의 거대한 지식 기반 구축을 목적으로 했습니다. 오늘날에도 애초 목표는 달성하지 못했지만, 검색 엔진용 메타 정보를 제공하는 솔루션으로써 사용됩니다. 다음 절과 다음다음 절에서 다룰 오픈 그래프 프로토콜과 AMP도 브라우저를 이용하는 사람를 위한 게 아니라, 다른 시스템(SNS나 검색 엔진)에 웹사이트의 메타 정보를 전달하는 기능입니다.

8.2.1 RDF

시맨틱 웹은 '웹의 미래'라고 계속 이야기됐으므로, 각 시대의 웹 서적에 조금씩 등장합니다. 책에 소개된 각 기법은 인트라넷 등 사내 시스템에서 데이터 형식으로 사용될지 모르지만, 안타

----

2 http://www.kanzaki.com

깝게도 현재 인터넷에서 찾아볼 수 없는 것도 있습니다.

최초의 시작은 XML 등을 이용해 의미를 기술하려는 범용적인 접근에서 출발했습니다. 이때 제안된 것이 RDF[Resource Description Framework]라는 형식입니다. RDF는 URI로 식별되는 엔티티 간의 관계성을 기술합니다.

[예제 8-1]은 RDF Primer[3]에서 인용한 예제입니다. RDF에는 공통된 스키마와 같은 것은 없고, 서비스별로 스키마를 만듭니다.

예제 8-1 RDF 예제

```
<?xml version="1.0" encoding="utf-8"?>
<rdf:RDF
    xmlns:dcterms="http://purl.org/dc/terms/"
    xmlns:foaf="http://xmlns.com/foaf/0.1/"
    xmlns:rdf=http://www.w3.org/1999/02/22-rdf-syntax-ns#"
    xmlns:schema="http://schema.org/">
  <rdf:Description rdf:about="http://example.org/bob#me">
    <rdf:type rdf:resource="http://xmlns.com/foaf/0.1/Person"/>
      <schema:birthDate rdf:datatype="http://www.w3.org/2001/XMLSchema#date">1990-07-
04</schema:birthDate>
    <foaf:knows rdf:resource="http://example.org/alice#me"/>
    <foaf:topic_interest rdf:resource="http://www.wikidata.org/entity/Q12418"/>
  </rdf:Description>
  <rdf:Description rdf:about="http://www.wikidata.org/entity/Q12418">
    <dcterms:title>Mona Lisa</dcterms:title>
    <dcterms:creator rdf:resource="http://dbpedia.org/resource/Leonardo_da_Vinci"/>
  </rdf:Description>
</rdf:RDF>
```

여기서는 두 가지 요소를 소개하고 있습니다. URL로는 밥이라는 사람(첫 번째 rdf:Description 태그)과 레오나르도 다빈치가 그린 모나리자(두 번째 rdf:Description 태그)입니다. 각 태그에는 요소의 속성이 들어 있습니다.

시맨틱 웹에서는 설명할 대상 요소를 '주어', 주어의 속성을 '목적어', 그 관계를 '술어'라고 합니다. [표 8-1]은 RDF 예제에 포함된 관계를 표로 만든 것입니다.

---

3 https://www.w3.org/TR/2014/NOTE-rdf11-primer-20140225

표 8-1 밥에 관한 설명

주어	술어	목적어
밥	종류(rdf:type)	인간(*http://xmlns.com/foaf/0.1/Person*)
밥	생일(schema:birthDate)	1990년 7월 4일
밥	알고 있다(foaf:knows).	앨리스(*http://example.org/alice#me*)
밥	흥미가 있다(foat:topic_interest).	모나리자(*http://www.wikidata.org/entity/Q12418*)

스키마에 스키마가 포함되어 있어, 상세한 정보를 알기 위해선 링크한 곳까지 읽어 들이지 않으면, 데이터 실체의 전모를 파악하기가 상당히 어렵습니다. 이는 XML 기반 데이터 형식의 흔한 특징입니다.

스키마 부분에 눈을 감으면 이 요소 밥에는 두 가지 속성이 있고 두 가지 요소를 참조합니다. 바로 앨리스와 모나리자입니다. 모나리자에 관해서는 최초의 예제 XML의 두 번째로 쓰여 있습니다. 이처럼 시맨틱 웹 세계에서는 '주어', '술어', '목적어'라는 관계성 속에서 다양한 요소를 링크하여 세계의 의미를 기술하려고 합니다. 이 '주어', '술어', '목적어'는 가장 중요한 키워드이고 트리플로 불립니다.

이 최초의 형식은 현재는 RDF/XML이라고 불립니다. 웹사이트는 HTML로 기술하므로 그대로 RDF를 삽입할 수 없었고, 페이지 외부에 리소스로서 둘 필요가 있었습니다.

8.2.2 더블린 코어

더블린 코어Dublin Core는 **RFC 5013**과 ISO 등에서 정의된 메타데이터 집합입니다. 더블린은 회의가 처음 이뤄진 오하이오주의 도시 이름입니다. 더블린 코어는 컴퓨터 전문가가 아니더라도 알기 쉬운 용어를 제안했습니다. 자원은 대부분 누군가의 저작물인 경우가 많은데, 효과적으로 검색할 수 있도록 저작물 특유의 특성을 정의했습니다. 더블린 코어는 다양한 시맨틱 웹 관련 기술에도 이용되며, 이 장의 다른 항목에서도 이용됩니다.

현재 더블린 코어를 가장 가깝게 느끼는 것은 전자 서적 관계자일 것입니다. 오픈 eBook이라는 규격에 포함되는, 파일 목록과 서적 정보를 담은 OPFOpen eBook Package Format 파일이라는 EPUB 파일의 핵심 파일이 있습니다. 모든 EPUB 파일에도 반드시 포함되는 .opf 파일에는

[예제 8-2]와 같은 태그가 있습니다.

예제 8-2 더블린 코어가 이용되는 EPUB 파일

```
<metadata
    xmlns:dc="http://purl.org/dc/elements/1.1/"
    xmlns:opf="http://www.idpf.org/2007/opf">
  <dc:title id="title">Mithril</dc:title>
  <dc:language id="language">ja</dc:language>
  <dc:date id="date">2015-08-03</dc:date>
  <dc:rights id="rights-0">© 2015 Yoshiki Shibukawa.</dc:rights>
  <dc:rights id="rights-1">© 2015 O' Reilly Japan, Inc.</dc:rights>
  <dc:identifier id="BookId">9784873117447</dc:identifier>
  <dc:creator id="aut-0"> 시부카와 요시키 </dc:creator>
  <dc:contributor id="prt-0"> 주식회사 오라일리 저팬 </dc:contributor>
  <dc:publisher id="pub-prt-0"> 주식회사 오라일리 저팬 </dc:publisher>
</metadata>
```

이 예제는 필자가 오라일리 저팬에서 출판한 전자책 『Mithril』(오라일리 저팬, 2015)에서 인용한 것입니다. dc:로 시작하는 메타데이터가 더블린 코어의 구성 요소입니다. 이처럼 서적, 음악 등 저작물에 범용적으로 사용할 수 있는 메타데이터로 되어 있습니다.

8.2.3 RSS

RDF의 응용 사례로서 가장 성공한 것이 아마 RSS^{RDF Site Summary}일 것입니다. RSS는 웹사이트의 업데이트 기록 요약에 관한 배급 형식입니다. RSS 리더는 한때 많은 사람이 사용한 웹 서핑 스타일의 하나였습니다.

필자의 블로그의 RSS(*http://blog.shibu.jp/index.rdf*)에서 인용한 것이 [예제 8-3]입니다. RSS는 블로그나 웹사이트를 업데이트하면 블로그 엔진과 콘텐츠 관리 시스템이 자동으로 업데이트합니다. 이 RSS 파일에는 새로운 순서대로 신규 콘텐츠의 요약이 저장됩니다.

웹사이트를 브라우저로 돌아다니지 않고도 전용 리더가 등록한 RSS의 업데이트를 확인하고, 읽지 않은 항목을 모아서 효율적으로 읽을 수 있게 해줍니다. 설치형 툴도 있고, 인터넷 익스플로러 또는 사파리에도 RSS 리더가 내장되어 있습니다. 파이어폭스나 크롬에서도 확장 기능으

로 RSS 등록과 구독 관리를 할 수 있습니다. 피들리, 구글 리더(서비스 종료) 및 라이브도어 리더(현재는 드완고에 이관되어 Live Dwango Reader로 개명) 등의 웹 서비스도 있습니다.

예제 8-3 RSS 예제

```
<rdf:RDF
    xmlns:rdf="http://www.w3.org/1999/02/22-rdf-syntax-ns#"
    xmlns:dc="http://purl.org/dc/elements/1.1/"
    xmlns:admin="http://webns.net/mvcb/"
    xmlns:content="http://purl.org/rss/1.0/modules/content/"
    xmlns="http://purl.org/rss/1.0/">
  <channel rdf:about="http://blog.shibu.jp/">
    <title>Shibu's Diary</title>
    <link>http://blog.shibu.jp/</link>
    <description>
      My blog about Software Development (Python, Sphinx, JavaScript, etc)
    </description>
    <dc:language>ja</dc:language>
    <admin:generatorAgent rdf:resource="http://blog.sakura.ne.jp/"/>
    <items>
      <rdf:Seq>
        <rdf:li rdf:resource="http://blog.shibu.jp/article/178099358.html"/>
      </rdf:Seq>
    </items>
  </channel>
  <item rdf:about="http://blog.shibu.jp/article/178099358.html">
    <link>http://blog.shibu.jp/article/178099358.html</link>
    <title>passive한 #kane 이야기</title>
    <description>
      이것은 PySpa 어드밴트 캘린더-2016의 20일째 엔트리입니다.
      19일째는 PySpa 세계에서 압도적인 존재감을 자랑하는 시우마치 씨였습니다.
      지인 중 지브롤터생명에 다니는 사람이 있어 그 사람에게 계약 건수 톱인 분을
      소개받아, 보험을 재검토했습니다.
    </description>
    <dc:subject> 일기 </dc:subject>
    <dc:creator>@shibukawa</dc:creator>
    <dc:date>2016-12-20T01:20:30+09:00</dc:date>
    <content:encoded>...</content:encoded>
  </item>
</rdf:RDF>
```

잘 보면 앞에서 설명한 더블린 코어도 포함된 것을 알 수 있습니다.

8.2.4 마이크로포맷

마이크로포맷은 한때 일본에서 유행했습니다. 『Webを支える技術』(기술평론사, 2010)이란 책에서도 다루고 있고 마이니치 커뮤니케이션즈에서는 단독으로 서적[4]도 간행했습니다.

마이크로포맷에 관한 자세한 내용은 모두 *microformats.org*에 집약되어 있습니다. RDF와 달리 HTML 태그와 클래스를 사용해 표현해 갑니다. 또한 처음부터 웹사이트 간의 공유 용어집(스키마)을 카탈로그화해서, 정보 유통을 활성화하려고 노력했습니다. 후보를 포함해 다수의 어휘집이 웹사이트[5]에 등록되어 있습니다.

개인이나 기업 정보 교환용 포맷 hCard[6] 예제는 다음과 같습니다.

예제 8-4 마이크로포맷 예제

```
<div class="vcard">
    <a class="url fn" href="http://www.shibu.jp">시부카와 요시키</a>
    <span class="nickname">@shibu_jp</span> (twitter)
    <time class="bday">1980-11-14</time> 생일
    <div class="org">PySpa</div>
</div>
```

CSS를 잘 디자인하면 웹사이트 안에도 직접 삽입할 수 있게 되어 있습니다.

예전에는 구글이나 야후 등 다양한 검색 엔진이 마이크로포맷을 지원했습니다.[7] 검색 엔진이 결과를 표시할 때, 추가로 정보를 내보내는 것을 본 적이 있을 것입니다. 예를 들어 별 다섯 개로 표시하는 영화 평점 등입니다.[8] 지금도 마이크로포맷은 계속 지원되고 있지만, 후술하는 *schema.org*의 데이터 포맷을 이용하는 것을 권장합니다.[9]

마이크로포맷은 HTML에 삽입하므로 RDF보다 이동성이 높다고 할 수 있습니다. 단 CSS 클래스 이름으로 충돌하기 쉬운 이름을 사용하므로, CSS 이름 충돌로 레이아웃이 무너지거나 스

---

4 『Microformats: Empowering Your Markup for Web 2.0』(friendsofED, 2008)

5 *http://microformats.org/wiki/Main_Page*

6 *http://microformats.org/wiki/hcard*

7 *http://microformats.org/wiki/search_engines*

8 *https://web.archive.org/web/20130717002527/https://support.google.com/webmasters/answer/99170#*

9 *http://schema.org/docs/faq.html#11*

타일을 대폭 수정해야만 하는 위험성이 있습니다.

8.2.5 마이크로데이터

마이크로데이터는 WHATWG, W3C 등에서 논의돼 온 HTML에 삽입 가능한 시맨틱 표현 형식입니다. W3C에 정의가 있습니다.[10] 마이크로데이터도 마이크로포맷과 마찬가지로 어휘집을 가지고 있으며, 현재도 검색 엔진이 지원합니다.

*schema.org*의 예제를 소개합니다.

예제 8-5 마이크로데이터 예제

```
<div itemscope itemtype="http://schema.org/Person">
  <span itemprop="name"> 존 부시 </span>:
  <span itemprop="disambiguatingDescription"> 41대 미국 대통령 </span>
  은
  <div itemprop="children" itemscope itemtype="http://schema.org/Person">
    <span itemprop="name"> 조지·W·부시 </span>:
    <span itemprop="disambiguatingDescription"> 43대 미국 대통령 </span>.
  </div>
  의 아버지입니다.
</div>
```

마이크로포맷과 달리 마이크로데이터는 기존 HTML 속성과 충돌하지 않도록 고유 속성을 사용합니다. 사용하는 속성은 itemscope, itemtype, itemprop 세 종류입니다.

어휘집은 *Data-Vocabulary.org*이라는 사이트에 있었지만, 현재는 운영이 중단되어 *schema. org*로 이관됐고, 다음에 설명할 RDFa, JSON-LD와 통합 어휘집으로 집약되어 있습니다. 이관 전 페이지를 웨이백 머신[11]으로 확인하면 다음과 같은 어휘만 지원되고 있습니다. 개수 자체는 마이크로포맷보다 훨씬 적어 보이지만, 여기에 정의된 것은 거의 모두 검색 엔진에서 이용됩니다.

- Event

---

10 *https://www.w3.org/TR/microdata*
11 *http://web.archive.org/web/20111229032741/http://www.data-vocabulary.org*

- Organization

- Person

- Product

- Review

- Review-aggregate

- Breadcrumb

- Offer

- Offer-aggregate

8.2.6 RDF의 역습

RDF 자체는 널리 사용되지 않았지만, 이후에 여러가지 파생 포맷이 만들었습니다. RDF Primer에 소개된 포맷은 [표 8-2]와 같습니다.

표 8-2 시맨틱의 작성 형식

이름	작성법	설명	변형
RDF / XML	XML 작성	기본 포맷	RDF 1.0 XML, RDF 1.1 XML
Turtle	고유 방식	작성하기 쉬운 일반 텍스트에 가까운 형식	N-Triples, TriG, N-Quads
JSON-LD	JSON		JSON으로 작성해, <script> 태그로 삽입
RDFa	HTML 속성	HTML로서 인간도 바로 브라우저로 읽을 수 있는 표현	RDFa, RDFa Lite, HTML/RDFa

마이크로포맷, 마이크로데이터 이상으로 표준 어휘집이 충실합니다. 현재는 *schema.org*에 대량의 어휘집이 게재되어 있고, 집필 시점에 583종류의 형식이 등록되어 있습니다. *schema.org*에서는 예제 데이터로 마이크로데이터, RDFa, JSON-LD 세 종류를 게재했습니다. 그중에서도 구글이 추천하는 포맷으로서 향후 가장 많이 이용될 것으로 예상되는 것이 JSON 형식의 JSON-LD입니다.[12]

---

[12] http://json-ld.org

JSON-LD는 HTML이 아니기 때문에 본문에 삽입할 순 없지만, [예제 8-6]처럼 **<script>** 태그로 HTML 안에 기술하는 방법이 W3C 사양으로 적혀 있습니다.[13] 이 방식은 기존 콘텐츠에 영향을 주지 않고 삽입할 수 있는 장점이 있습니다. 검색 엔진은 이 태그를 포함하는 페이지를 읽을 때, 페이지에 따르는 메타데이터로서 특별하게 다룹니다. 이 예제는 구글의 구조화 데이터 정보 가이드라인에서 인용했습니다.

예제 8-6 JSON-LD 예제

```
<script type="application/ld+json">
{
  "@context": "http://schema.org",
  "@type": "Organization",
  "url": "http://www.your-company-site.com",
  "contactPoint": [{
    "@type": "ContactPoint",
    "telephone": "+1-401-555-1212",
    "contactType": "customer service"
  }]
}
</script>
```

구글이 권장하는 것에서도 알 수 있듯이, 이 형식으로 작성한 내용도 검색 결과에 표시됩니다. 검색 결과를 클릭해서 해당 페이지로 이동하는 것보다도 이전에 많은 정보가 표시되므로 사용자가 관심을 갖고 웹사이트를 방문하는 일이 많아집니다. 2017년 지원되는 데이터 형식은 다음과 같습니다.

- 빵부스러기 리스트
- 웹사이트 정보
  - 사이트명
  - 기업의 문의 창구
  - 로고
  - 소셜 미디어 정보

---

13 *https://www.w3.org/TR/json-ld/#embedding-json-ld-in-html-documents*

- 창작물
  - 기사
  - 서적
  - 교육 코스
  - 음악
  - 레시피
  - 리뷰
  - TV 프로그램, 영화
  - 비디오

- 상업
  - 로컬 비지니스
  - 이벤트
  - 상품

- 과학
  - 과학 데이터셋

8.3 오픈 그래프 프로토콜

웹 서비스를 제공할 때 필수적으로 구현해야 한다고 할 만큼 널리 퍼져 있는 것이 오픈 그래프 프로토콜[14]입니다. 지금까지 소개한 데이터 포맷은 주로 검색 엔진에서 사용됐습니다. 오픈 그래프 프로토콜은 소셜 네트워크에서 사용되는 메타데이터로, 소셜 네트워크에서 가장 높은 점유율을 자랑하는 페이스북이 개발했습니다. 오픈 그래프 프로토콜이 설정된 웹사이트의 URL을 SNS 등에 붙여 넣으면 기사의 일부가 인용되고 이미지도 표시됩니다. 단순히 URL만 표시되는 것과 비교하면 사용자가 흥미를 가질 기회가 늘어납니다. 지금은 많은 웹사이트가 오픈 그래프 프로토콜을 지원합니다. 필자가 키타[Qiita]에 투고한 기사를 트위터와 페이스북에 붙여 넣었을 때의 화면이 각각 [그림 8-1]과 [그림 8-2]입니다.

---

14 *http://ogp.me*

그림 8-1 트위터에 링크를 붙였을 때

그림 8-2 페이스북에 링크를 붙였을 때

웹사이트 말미의 설명에 따르면, 더블린 코어, link-rel canonical,[15] 마이크로포맷, RDFa 에 영감을 받았다고 되어 있으므로 오픈 그래프 프로토콜도 시맨틱 웹의 자손입니다. link-rel canonical은 아직 이 장에서 소개하지 않지만, 아이디어는 단순합니다. 웹사이트를 링크를 따라 열람할 때 트래킹 ID 등 다양한 쿼리가 URL에 부여되어 매우 길어져버리는 일이 자주 있습니다. 아마존에서 『High Performance Browser Networking』을 검색해 관련 서적으로 나온 『Web API: Good Parts』 페이지를 클릭하면 다음과 같은 링크가 됩니다.

---

15 *https://webmasters.googleblog.com/2009/02/specify-your-canonical.html*

[아마존에서 링크를 따라 서적 페이지를 봤을 때의 URL]

```
https://www.amazon.co.jp/Web-API-Parts-%E6%B0%B4%E9%87%8E-%E8%B2%B4%E6%98%8E/
dp/4873116864/ref=pd_sim_14_3?_encoding=UTF8&psc=1&refRID=0DX3DYFJ92E5RTPJCPVZ
```

아마도 아마존 웹사이트는 이러한 쿼리를 바탕으로 서적의 통계 정보를 수집하고, 추천 상품을 최적화한 효과를 측정하고 있을 것입니다(**ref=pd_sim_14_3**은 '이 상품을 구입한 사람은'의 세 번째라는 뜻입니다). 그러므로 외부 검색 엔진 링크에서 이 트래킹 ID가 부여된 상태로 이동하면, 아마존으로서는 통계 결과가 부정확해지니 좋을 리가 없습니다. [예제 8-7]과 같은 태그를 넣으면, '트래킹 ID 등이 없고 깨끗한 ID는 이쪽입니다'라고 검색 엔진에 알려줄 수 있어, 검색 결과에서 직접 페이지로 날아오는 것도 검출할 수 있게 됩니다.

예제 8-7 아마존 상품 페이지의 link-rel canonical

```
<link rel="canonical" href="https://www.amazon.co.jp/Web-API-Parts-水野-貴明/
dp/4873116864" />
```

오픈 그래프 프로토콜을 사용하려면 [예제 8-8]과 같이 `<html>` 태그의 `xmlns:og="http://ogp.me/ns#"` 네임스페이스를 선언합니다.

예제 8-8 OGP 사용 시 네임스페이스 선언

```
<html xmlns:og="http://ogp.me/ns#">
```

다음으로 SNS를 위한 정보를 메타 태그로서 기술합니다. 자주 사용되는 기본 요소는 다음과 같습니다.

- `og:title`: 타이틀
- `og:type`: 종류
- `og:url`: URL
- `og:image`: 이미지
- `og:description`: 인용 페이지에 붙일 텍스트

이 중 og:description 외는 어느 유형에도 필요합니다. 이미지가 필수가 되면서 소셜 미디어 시대를 강하게 의식한 메타데이터로 이루어졌습니다. 옵션으로 지정할 수 있는 요소에는 다음과 같은 것이 있습니다.

- og:audio: 음성 파일
- og:determiner: a, the 등의 관사
- og:locale: 페이지의 콘텐츠가 대상으로 하는 언어
- og:locale:alternate: 이 페이지가 제공하는 다른 언어
- og:site_name: 사이트 이름
- og:video: 동영상 파일

이미지나 비디오, 음성 파일의 크기나 형식을 지정하는 구조화 속성으로 불리는 것도 있습니다. 자세한 것은 오픈 그래프 프로토콜 페이지를 참조하세요. 또한 같은 항목을 복수 지정(배열화)할 수 있습니다. [예제 8-9]는 여러 이미지를 계속 지정해서 이미지 크기를 구조화 속성으로 지정한 예제입니다.

예제 8-9 구조화 속성과 배열

```
<meta property="og:image" content="http://example.com/rock.jpg" />
<meta property="og:image:width" content="300" />
<meta property="og:image:height" content="300" />
<meta property="og:image" content="http://example.com/rock2.jpg" />
<meta property="og:image:height" content="1000" />
```

오픈 그래프 프로토콜과 비슷한 트위터 카드가 있습니다. 트위터 카드도 트위터에 링크를 붙였을 때 방문할 페이지의 내용을 일부 트위터에 보이게 함으로써 클릭률을 올리려는 것입니다. 트위터 카드는 오픈 그래프 프로토콜을 기반으로 트위터에 대한 정보를 추가한 것이라고 할 수 있습니다. 트위터 개발자 웹사이트에도 오픈 그래프 프로토콜을 바탕으로 한다고 쓰여 있습니다. 트위터 카드에서 정의된 속성만 사용해서 필요한 정보를 모두 설명할 수 있습니다. 트위터 카드와 오픈 그래프 프로토콜은 겹치는 속성도 있지만, 트위터는 트위터 카드 속성에서 필요한 정보를 찾을 수 없을 때 오픈 그래프 프로토콜 속성을 대신 참조하러 가기 때문에 두 가지 속성을 모두 작성할 필요는 없습니다.

키타에서 필자가 게시한 게시물의 헤더의 소스를 [예제 8-10]에 인용합니다

예제 8-10 키타의 헤더

```html
<!DOCTYPE html>
<html xmlns:og="http://ogp.me/ns#">
<head>
    <meta charset="UTF-8" />
    <title>가장 빠른 MVC 프레임워크 Mithril.js 속도의 비밀 - Qiita</title>
    <meta content="width=device-width,initial-scale=1" name="viewport" />
     <meta content="Mithril 0.2가 오늘 발표됐습니다. URL이 조금 바뀌고( http://
mithril. js.org/ )..." name="description" />
    <meta content="summary" name="twitter:card" />
    <meta content="@Qiita" name="twitter:site" />
    <meta content="shibu_jp" name="twitter:creator" />
    <meta content="가장 빠른 MVC 프레임워크 Mithril.js 속도의 비밀 - Qiita"
property="og:title" />
    <meta content="article" property="og:type" />
    <meta content="http://qiita.com/shibukawa/items/890d24874655439932ec" property="
og:url" />
     <meta content=http://cdn.qiita.com/assets/qiita-fb-2887e7b4aad86fd8c25cea8484
6f2236.png property="og:image" />
     <meta content="Mithril 0.2가 오늘 발표됐습니다. URL이 조금 바뀌고( http://
mithril. js.org/ )..." property="og:description" />
    <meta content="Qiita" property="og:site_name" />
    <meta content="564524038" property="fb:admins" />
     :
```

og:title, og:url, og:image, og:description 네 개는 트위터와 페이스북에서 공통이므로,
한 번 오픈 그래프 프로토콜 형식으로 기술하면 양쪽에서 사용됩니다. twitter: 접두어가 붙
은 것은 트위터 전용 속성입니다. og:type, og:site_name, fb:admins는 페이스북의 속성입
니다.

구글 플러스에는 JSON-LD와 마이크로데이터가 이용됩니다.[16]

---

16 *https://developers.google.com/web/fundamentals/discovery/social-discovery*

8.4 AMP

AMP$^{\text{Accelerated Mobile Pages}}$는 특히 휴대 기기에서 웹페이지의 로딩 속도를 빠르게 하는 방법입니다. 일본에서는 오로지 SEO에 효과가 있는지의 관점에서 화제에 오르는 일이 많아, 당분간 AMP가 주창하는 성능 측면이 크게 부각될 일은 없습니다. 하지만 네트워크 환경이 나쁜 나라에서는 극적인 사용자 경험 향상을 얻을 수 있습니다. 모바일 사이트에서는 우선적으로 표시되고, 'AMP' 마크도 붙어 있어 사용자가 빠르게 표시되는 페이지를 선택하기 쉽게 되어 있습니다. 또한 필요한 정보가 설정된 페이지라면, 캐러셀^{carousel} 형식으로 기사의 요약과 함께 목록이 표시됩니다.

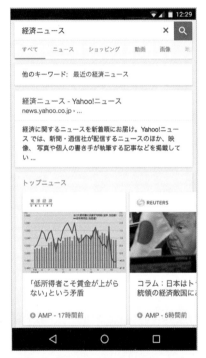

그림 8-3 AMP 표시 예제

그러나 어떤 페이지에서도 속도가 빨라지는 것은 아니고, 적당한 장소가 정해져 있습니다. 구글 블로그에는 다음과 같이 적혀 있습니다.[17]

---

[17] https://webmasters.googleblog.com/2016/09/8-tips-to-amplify-your-clients.html

AMP는 뉴스, 요리법, 영화 목록, 제품 페이지, 리뷰, 동영상, 블로그 등 모든 유형의 정적 웹 콘텐츠에 적합합니다. 한편 경로 안내, 전자 메일 또는 소셜 네트워크 등 동적 또는 상호 작용을 중시한 단일 페이지 앱에는 별로 효과가 없습니다.

뉴스 사이트의 경우 톱 페이지는 그대로고, 각 기사만 AMP화할 수도 있습니다.

현대 웹사이트는 복잡한 자바스크립트를 구사해 구축됩니다. 그것을 평준화해서 모바일 전용으로 경량 페이지를 만드는 것이 AMP의 출발점입니다. [예제 8-11]의 코드는 구글의 AMP 도입 문서에서 인용한 것입니다.

예제 8-11 AMP 보일러플레이트

```html
<!doctype html>
<html amp lang="en">
  <head>
    <meta charset="utf-8">
    <title>Hello, AMPs</title>
    <link rel="canonical" href="http://example.ampproject.org/article-metadata.html" />
    <meta name="viewport" content="width=device-width,minimum-scale=1,initial-scale=1">
    <script type="application/ld+json">
      {
        "@context": "http://schema.org",
        "@type": "NewsArticle",
        "headline": "Open-source framework for publishing content",
        "datePublished": "2015-10-07T12:02:41Z",
        "image": [
          "logo.jpg"
        ]
      }
    </script>
    <style amp-boilerplate>body... (생략) </style><noscript>
    <style amp-boilerplate>body{-webkit-animation:none;-moz-animation:none;-ms-
animation:none;animation:none}</style></noscript>
    <script async src="https://cdn.ampproject.org/v0.js"></script>
  </head>
  <body>
    <h1>Welcome to the mobile web</h1>
  </body>
</html>
```

우선 특징으로서 전술한 JSON-LD 태그가 눈에 띕니다. 이는 필수 정보는 아니지만, 이 태그를 넣으면 검색 톱 화면의 캐러셀에 클로즈업됩니다. 검색 순위가 높을수록 많은 사용자의 눈에 띄어 방문 수가 늘어날 것을 감안하면, 검색의 상위의 캐러셀에 표시되는 것은 검색 순위가 높아진 것과 같은 효과가 있다고 할 수 있습니다.

AMP 페이지에서 이미지와 비디오를 삽입하려면, [예제 8-12]처럼 전용 태그를 이용합니다. AMP에서는 자유롭게 원하는 태그를 사용할 수 없습니다. 규칙이 정해진 서브셋 혹은 특별한 대체 표기법만이 허용됩니다. 트위터와 유튜브 표시 전용 태그도 있습니다.

예제 8-12 AMP 페이지용 이미지와 비디오 태그

```
<!—AMP 페이지용 이미지 태그 -->
<amp-img src="fixed.jpg" width="264" height="96"></amp-img>

<!—AMP 페이지용 비디오 태그 -->
<amp-video width="400" height="300" src="https://yourhost.com/videos/myvideo.mp4"
  poster="myvideo-poster.jpg">
  <div fallback>
    <p>Your browser doesn't support HTML5 video</p>
  </div>
</amp-video>

<!-- 커스텀 태그용 자바스크립트 -->
<script async custom-element="amp-social-share" src="https://cdn.ampproject.org/v0/
amp-social-share-0.1.js"></script>
```

마지막으로 AMP 페이지와 비 AMP 페이지(대부분 기존 뉴스 사이트 등의 페이지) 간의 상호 링크를 작성합니다. AMP 페이지만 있는 경우도 후자의 링크만 작성합니다.

예제 8-13 AMP 페이지와 정규 페이지 간의 상호 링크

```
<!-- PC용 등 비 AMP 페이지에서 AMP 페이지로 링크 -->
<link rel="amphtml" href="https://www.example.com/url/to/amp/document.html">

<!-- AMP 페이지에서 PC용 등 비 AMP 페이지로 링크 -->
<link rel="canonical" href="https://www.example.com/url/to/full/document.html">
```

기술적으로 웹사이트를 제공하는 쪽이 하는 작업은 여기까지입니다.

현대 웹사이트는 복잡해져 구축하는 데 많은 자원이 필요합니다. 만드는 방법이 나쁘면 필요한 콘텐츠를 다운로드할 때까지 화면 렌더링을 차단해버려, 사용자가 오랜 시간 흰색 화면을 봐야만 하는 사태가 일어납니다.[18] AMP는 적어도 만드는 방법에 엄격한 제약을 부과함으로써, '만드는 방법이 나빠서 표시가 지연되는 것'을 방지합니다. 자바스크립트도 자유롭게 사용할 수 없고, 스크립트는 지정된 자바스크립트의 서브셋[19] 또는 상기 보일러플레이트에 있는 *https://cdn.ampproject.org/v0.js*나 지정된 사용자 정의 태그뿐입니다. 따라서 Ajax로 나중에 콘텐츠를 가져올 수도 없어 정적 콘텐츠만 볼 수 있습니다.

AMP가 빠른 비밀은 콘텐츠 제작 방식뿐만 아니라 배포 방식에도 있습니다. 검색 엔진을 위해 정보를 수집하는 프로그램을 '크롤러' 또는 '스파이더'라고 부릅니다. 크롤러가 콘텐츠를 발견했을 때 AMP이거나 <link> 태그에 AMP 페이지가 있는 것을 인식하면, 모든 내용을 구글의 배포 전용 고속 캐시 서버(CDN: 콘텐츠 전송 네트워크)에 복사합니다.

CDN에서는 URL이 *https://www.google.co.kr/amp/s*로 시작하는 같은 오리진 서버에서 콘텐츠가 제공됩니다. 기사가 *news.example.com/finance*라고 하면, URL은 *https://www.google.co.kr/amp/s/news.example.com/finance*가 됩니다. 같은 서버이고 자바스크립트가 제한되어 있으면, 스크립트도 캐시되므로 AMP의 HTML이 다운로드된 순간에 표시할 수 있을 것입니다.

AMP 사양에는 없지만, 구글 서버에서는 실제로 더 공격적인 최적화가 이루어지고 있습니다. 구글 사이트에서 검색해 *https://www.google.co.kr/amp/s* 사이트의 콘텐츠와 그 바탕으로 된 AMP 사이트를 열어 소스를 표시해 비교해보십시오. 헤더 태그 안의 <meta> 태그 순서를 보면 대폭 바뀌어 있을 것입니다. 일부 스크립트 태그는 정적으로 바뀌어 있으며, 검색 엔진 크롤러가 처리를 마쳐 필요 없어진 JSON-LD 태그도 삭제됩니다. 한편 빵부스러기 목록용 JSON-LD가 추가되기도 하고 jQuery를 포함한 몇몇 라이브러리가 추가됩니다.

AMP를 기술적으로 보면 다음 네 가지 고속화 기법으로 구성됩니다.

- 페이지 구성을 고정화함으로써 페이지 로딩의 고속화를 달성했다.

---

18 document.write를 조사해보세요.

19 *https://ampbyexample.com/components/amp-bind*

- 페이지 구성이 고정화되므로 CDN 지원이 쉬워졌다.

- 콘텐츠를 CDN 쪽에 업로드함으로써 자바스크립트 파일을 캐시에 올리기 쉬워졌다.

- 콘텐츠를 서버 쪽에 업로드할 때 태그를 수정해 고속화가 이루어졌다(사양 외).

AMP를 구성하는 개별 기술은 각각 독립된 아이디어라고 받아들일 수 있을지도 모르지만, 하나의 장점이 다른 장점의 필요조건이 되고 있어, 서로 연동해서 움직이는 톱니바퀴처럼 모두 맞물려 동작합니다.

8.5 HTTP 라이브 스트리밍에 의한 동영상 스트리밍 재생

HTTP 라이브 스트리밍^{HTTP Live Streaming}(HLS)은 애플이 2009년에 제창한 동영상 스트리밍 재생 방식입니다. 한번은 HTTP와 마찬가지로 IETF에 표준화가 제안됐습니다. 현재도 정기적으로 기능이 개선되고 있지만, 표준화 작업은 정체되어 아직 표준화에는 이르지 않았습니다.

현재는 모바일의 사파리, 크롬과 데스크톱의 사파리, 엣지에서 지원되고 있습니다. 모바일에서는 사실상의 표준입니다.

- 콘퍼런스의 (거의) 실시간 중계 등의 스트리밍에 사용할 수 있다.

- 회선의 속도에 맞춰 적절한 해상도의 동영상을 선택할 수 있다.

- 자막과 음성을 전환할 수 있다.

- 동영상 포맷으로는 지상파 디지털 방송에도 사용되는 MPEG2-TS(.ts)를 사용한다. 2016년 WWDC에서는 Fragmented MP4도 지원한다고 발표됐다.

- 사양에서 동영상 포맷을 지정하지 않았지만, 애플에서는 영상에 H.264, 음성에 AAC, MP3, AC-3을 지원한다.

HLS의 내부는 매우 단순합니다. 지금까지 HTTP의 기본과 HTTP의 틀 위에 구축된 브라우저의 각종 기능을 깊이 있게 학습해온 독자분에게는 조금 맥 빠지는 내용일지도 모릅니다.

8.5.1 HLS의 비디오 태그

우선 HLS를 사용한 HTML의 예를 소개합니다. WWDC 2016에서 HLS를 소개한 세션의 페이지(*https://developer.apple.com/videos/play/wwdc2016/504*)는 다음처럼 `<video>` 태그를 사용합니다. 브라우저마다 지원하는 동영상 형식이 다르기 때문에, `<video>` 태그는 여러 가지 소스를 기술할 수 있게 되어 있습니다. 여기에 사용된 파일은 '사파리와 WWDC 앱을 통해 스트리밍을 볼 수 있습니다'라는 문자를 표시하는 짧은 동영상입니다. 위의 것은 HLS의 매니페스트 파일입니다.

```
<video class="video center" controls="" autoplay data-id="1251">
    <source src="http://devstreaming.apple.com/videos/.. (생략) ../hls_vod_mvp.m3u8"/>
    <source src="/videos/images/ogg_bumper_no_tv.ogv" type='video/ogg'>
</video>
```

8.5.2 마스터의 .m3u8 파일

.m3u8 파일은 파일 정보를 담은 텍스트 파일로, UTF-8 형식으로 된 재생 목록(m3u)입니다. .m3u8 파일에서 다른 .m3u8 파일을 참조할 수 있습니다. 이 파일에는 일반적으로 자주 사용되는 것으로 보이는 HLS의 기능이 망라되어 있습니다. 바로 예제를 살펴봅시다.

```
#EXTM3U
#EXT-X-MEDIA:TYPE=SUBTITLES,GROUP-ID="subs",NAME="English",DEFAULT=YES,AUTOSELECT=YES,
FORCED=NO,LANGUAGE="English",URI="subtitles/eng/prog_index.m3u8"

#EXT-X-STREAM-INF:BANDWIDTH=1193108,CODECS="avc1.77.30,mp4a.40.2",
RESOLUTION=640x266,SUBTITLES="subs"
0640/0640.m3u8
#EXT-X-STREAM-INF:BANDWIDTH=6807315,CODECS="avc1.580028,mp4a.40.2",
RESOLUTION=1920x800,SUBTITLES="subs"
1920/1920.m3u8
#EXT-X-STREAM-INF:BANDWIDTH=4668760,CODECS="avc1.4d401f,mp4a.40.2",
RESOLUTION=1280x532,SUBTITLES="subs" 1280/1280.m3u8
#EXT-X-STREAM-INF:BANDWIDTH=2805788,CODECS="avc1.4d401f,mp4a.40.2",
RESOLUTION=960x400,SUBTITLES="subs" 0960/0960.m3u8
#EXT-X-STREAM-INF:BANDWIDTH=532635,CODECS="avc1.42c015,mp4a.40.5",
RESOLUTION=480x200,SUBTITLES="subs" 0480/0480.m3u8
```

여기서는 처음에 자막 정보 .m3u8 파일의 경로를 지정했습니다. 그 아래는 권장하는 대역폭 및 그 대역폭을 지원하는 .m3u8 파일의 목록이 적혀 있습니다. 예제에서는 영상(avc1으로 시작하는 코덱)과 음성(mp4a로 시작하는 코덱)을 모두 포함하지만, 음성으로만으로 된 트랙을 준비해서, 대역폭이 매우 좁은 환경에선 음성 스트리밍으로 대응할 수 있습니다.

클라이언트는 먼저 처음에 작성된 인덱스를 사용합니다. 다음은 회선의 여유를 보고 사용할 인덱스를 전환합니다. 첫 번째 항목 이외는 어떤 순서라도 동작에 영향을 주지 않습니다.

8.5.3 자막 .m3u8 파일

자막 파일은 60초 단위로 잘려 있습니다. 루트 .m3u8 파일에 잘린 자막 파일을 묶는 .m3u8 파일이 링크되어 있습니다. 파일의 시작 부분을 인용합니다.

```
#EXTM3U
#EXT-X-TARGETDURATION:60
#EXT-X-VERSION:3
#EXT-X-MEDIA-SEQUENCE:0
#EXT-X-PLAYLIST-TYPE:VOD
#EXTINF:60.00000,
fileSequence0.webvtt
#EXTINF:60.00000,
fileSequence1.webvtt
#EXTINF:60.00000,
fileSequence2.webvtt
#EXTINF:60.00000,
fileSequence3.webvtt
#EXTINF:60.00000,
fileSequence4.webvtt
...
```

34분짜리 동영상에서 34개의 파일이 나열됩니다. 처음 자막 파일을 살펴봅시다. 이것도 시작 부분만 소개합니다.

```
WEBVTT
X-TIMESTAMP-MAP=MPEGTS:181083,LOCAL:00:00:00.000

00:00:07.516 --> 00:00:20.936 A:middle
[ Music ]

00:00:21.436 --> 00:00:22.216 A:middle
```

```
>> Is this thing on?
00:00:23.516 --> 00:00:25.866 A:middle
[ Applause ]

00:00:26.366 --> 00:00:27.116 A:middle
Good afternoon.

00:00:27.536 --> 00:00:29.226 A:middle
I'm Roger Pantos.

00:00:29.226 --> 00:00:32.046 A:middle
This is what's new in
HTTP Live Streaming.
```

첫머리에도 쓰여 있지만, 이 파일은 WEBVTT[20] 형식의 자막 스크립트입니다. WEBVTT는 HLS 전용 포맷이 아니라 W3C가 정의하는 웹 표준의 하나입니다. <video> 태그와 <audio> 태그의 자식으로 캡션을 설정하는 파일로, HTML5에 추가됐습니다. 현재는 모바일을 포함하여 많은 브라우저가 대응하고 있습니다.

WEBVTT의 콘텐츠는 블록별로 나누어져 있습니다. 각 블록에는 시작 시간과 종료 시간, 어느 위치에 어떤 텍스트를 표시할지 기재되어 있습니다.

8.5.4 동영상 파일

마스터 인덱스의 .m3u8이 참조하는 인덱스는 대체 인덱스라고 합니다. 여기에 동영상 파일이 나열되어 있습니다. 이 파일도 자막 .m3u8 파일과 거의 같은 구성으로 되어 있습니다.

```
#EXTM3U
#EXT-X-VERSION:3
#EXT-X-TARGETDURATION:13
#EXT-X-MEDIA-SEQUENCE:1
#EXT-X-PLAYLIST-TYPE:VOD
#EXTINF:12.012,
0640_00001.ts
#EXTINF:12.012,
0640_00002.ts
```

20 http://w3c.github.io/webvtt

```
#EXTINF:12.012,
0640_00003.ts
#EXTINF:12.012,
0640_00004.ts
#EXTINF:12.012,
0640_00005.ts
```

클라이언트는 파일에 적힌 순서대로 동영상을 로드해 표시합니다. 여기에서는 12.012초마다 총 171개 파일로 나누어져 있습니다. 이 파일은 이벤트 종료 후 것이지만, 생방송일 때는 #EXT-X-PLAYLIST-TYPE:EVENT를 사용합니다.

생방송 후 즉시 주문형 비디오(요청한 타이밍에 동영상을 처음부터 보여준다)로도 사용하는 경우에는 위의 태그를 VOD로 설정한 다음, 끝에 #EXT-X-ENDLIST를 추가합니다.

나중에 다시 보는 것을 가정하지 않고 계속 중계만 하는 생방송인 경우, 업데이트 시 재생이 끝난 동영상을 삭제해 항상 최신 동영상만 남겨둡니다.

8.5.5 HLS의 장점과 단점

HLS의 장점은 서버와 클라이언트의 통신에 특수한 프로토콜이 아니라 전 세계 라우터가 지원하는 HTTP를 사용하는 점입니다. 특수한 프로토콜은 전용 서버를 설치하고 통신할 포트를 열어야 할 필요가 있습니다. HLS는 HTTP이므로 일반 웹 서버와 동일한 서버를 사용할 수도 있고, 콘텐츠 전송 네트워크 또한 사용할 수 있습니다.

서버 측에서 필요한 설정은 MIME 타입 및 캐시 유효 기간 두 가지뿐입니다.

표 8-3 확장자와 MIME 타입

파일 확장자	MIME 타입
m3u8	application/x-mpegURL 또는 vnd.apple.mpegURL
ts	video/MP2T

생방송의 경우는 대체 인덱스 파일을 빈번하게 다시 로드합니다. 캐시되면 새로운 동영상이 추가돼도 클라이언트에서 눈치챌 수 없게 됩니다. 주문형 비디오로 사용하는 경우에는 캐시 문제

가 없습니다.

단점으로는 '스트리밍'라고 자칭하지만, 실체는 점진적 다운로드 방식이라는 점입니다. 청크별로 다운로드가 끝나지 않으면, 재생이 시작되지 않으므로 지연이 발생합니다. 애플의 자료에서는 표준으로 30초 정도 지연이 있다고 적혀 있습니다. 12초의 청크로 회선이 허용하는 최대 화질로 영상을 재생하려면 '12초×2+인코딩 시간'만큼 지연이 발생합니다. 대체로 30초라고 하는 것은 이해할 수 있는 수치입니다.

가장 큰 단점은 지원되지 않는 환경이 많다는 점이겠지요. 특히 데스크톱에서의 지원이 좋다고는 할 수 없습니다. 크롬도 모바일 버전에선 지원하지만, 데스크톱 버전에선 지원하지 않습니다. 데스크톱의 경우 플래시나 실버라이트가 일반적인 동영상 재생 도구로 사용됐으므로, 그때까진 그다지 중요도가 높지 않기 때문이라고 생각합니다. 다만 플래시도 이미 종료 카운트다운이 시작됐습니다.

그 밖에도 반년마다 내용이 개정되고, 동영상 형식이 고정되어 있으며, 콘텐츠 보호 DRM에 제약이 있는 점도 단점으로 들 수 있습니다.

8.5.6 HLS 전후의 역사

순서가 바뀌었지만 마지막으로 HLS 전후의 동영상 스트리밍 역사를 소개합니다.

브라우저에서의 스트리밍 기술이 등장하기 이전부터 마이크로소프트의 윈도우 미디어 플레이어, 애플의 퀵타임, 리얼의 리얼플레이어와 같은 전용 플레이어를 사용한 스트리밍이 사용되었습니다.

브라우저를 이용한 스트리밍 동영상 시청은 매크로미디어[21]의 플래시 플레이어가 지원하는 RTMP^{Real Time Messaging Protocol}가 널리 보급됐습니다. RTMP는 HTTP와는 다른 방식으로 헤더 크기를 줄이고 통신 지연을 낮추고 실시간성을 강화한 프로토콜입니다. 2007년에는 H.264와 AAC 등의 라이선스 비용이 드는 고기능 코덱을 탑재해, 사실상 PC 브라우저용 스트리밍 시청 환경으로서 표준이 됐습니다. 유튜브나 일본의 니코니코 동화에서도 사용되었습니다.

그 후 마이크로소프트도 브라우저 플러그인 실버라이트에서 동영상 재생을 지원하고 각 브

---

21 원래 플래시를 개발했던 회사. 어도비에 인수되었습니다.

라우저에서 사용할 수 있게 했습니다. 실버라이트 코덱은 윈도우 미디어 비디오(WMV1, WMV2, WMV3, WMVA, WMVC1)와 몇 가지 실시간 스트리밍 프로토콜을 지원했습니다.

애플이 HLS를 발표한 후, 각 업체에서 HTTP 점진적 다운로드를 제공하기 시작했습니다. 마이크로소프트는 2009년에 매니페스트 파일에 XML을 사용하고, 코덱으로 VC-1[22]과 H.264를 이용한 스무스 스트리밍Smooth Streaming 프로토콜을 개발해, 실버라이트에 추가했습니다. 어도비 또한 HTTP 다이내믹 스트리밍HTTP Dynamic Streaming(HDS)을 발표했지만, 플래시 플레이어에는 HLS 지원을 추가했습니다. 모바일 안드로이드는 3.0부터 코덱에 WebM을 채용한 HLS를 지원하고, 4.0부터는 H.264도 사용할 수 있는 HLS를 지원했습니다.

8.6 MPEG-DASH 동영상 스트리밍 재생

HTTP 라이브 스트리밍은 애플이 제창한 방식이었지만, 다른 브라우저 벤더는 더 폭넓게 공통화할 수 있는 기술로서 수많은 동영상 포맷을 배출한 MPEG 컨소시엄(*http://www.mpegla.com*)에서 표준화를 진행하고자 했습니다. 2011년에 책정을 시작하고, 2013년에 ISO/IEC 23001-6으로서 규격화됐습니다.

DASH는 Dynamic Adaptive Streaming over HTTP의 첫 글자를 딴 이름으로, HTTP를 사용해 동적으로 적절한 비트레이트로 스트리밍하는 방식을 뜻합니다. MPEG-DASH는 공개 표준이라는 차이는 있지만, 목표하는 방향은 HLS와 거의 같고, HLS를 대폭 확장한 것입니다.

MPEG-DASH도 HTTP를 통한 점진적 다운로드를 핵심으로 하는 스트리밍 방식입니다. 레퍼런스 구현으로서 `video.js`라는 라이브러리가 제공됩니다. 이 라이브러리를 이용하면 브라우저에서 MPEG-DASH를 사용할 수 있습니다.

- 컨테이너 포맷으로 ISO 기반 미디어 파일 포맷(MPEG4 Part 12/SBMFF), MPEG2-TS, WebM에 대응
- 코덱은 주로 H.264, h.265, VP8, VP9을 사용
- HLS도 처음에 비트레이트 선택하지만, MPEG-DASH는 회선에 맞게 동적으로 신속히

---

22 마이크로소프트의 윈도우 미디어 비디오 9의 규격을 표준화한 것. HD DVD와 블루레이에서는 필수가 아닌 선택적 코덱으로서 규격에 들어가 있습니다.

비트레이트를 전환

- 멀티 앵글이나 광고에도 대응

8.6.1 MPEG-DASH와 HLS 재생 방법의 차이

각각 'HTTP를 통한 점진적 다운로드 동영상 재생'이라는 핵심 요소는 같지만, 대전제가 되는 재생 방법이 달라집니다.

HLS는 HTML에서 재생한다고기보다는 브라우저 자체에 HLS의 .m3u8 파일을 해석해서 재생하는 시스템이 포함되어 있었습니다. 또한 맥 OS와 iOS 등에서도 미디어 플레이어 프레임워크를 이용하여 브라우저 이외에서도 재생할 수 있습니다.

마찬가지로 MPEG-DASH도 브라우저 외의 뷰어가 있습니다. 레퍼런스 구현으로는 자바스크립트로 만든 동영상 플레이어 dash.js[23]가 제공됩니다. 브라우저 자체에서 프로토콜을 직접 해석하는 것이 아니라 데이터 분석은 자바스크립트로 하고, 동영상 재생은 브라우저의 코덱을 자바스크립트에서 다루는 API, HTML5 Media Source Extensions을 이용해 실시합니다. Media Source Extensions 및 암호화 기능을 제공하는 HTML5 Encrypted Media Extensions이라는 두 가지 API도 MPEG-DASH의 성과입니다. 지금은 iOS의 사파리 이외의 많은 브라우저가 지원하고 있습니다.

애플은 제공하지 않지만, MPEG-DASH와 같은 Media Source Extensions을 사용해 지원하지 않는 브라우저로도 HLS를 재생하는 동영상 플레이어도 이미 개발됐으며, 다양한 프로그램과 라이브러리가 두 방식을 다 지원하고 있어 현재는 양자의 차이 거의 없어졌다고 봐도 문제없을 것입니다.

또한 2016년 WWDC에서 애플은 MPEG-DASH 측에 양보하는 발표를 했습니다. Fragmented MPEG4를 지원하고, 이를 통해 MPEG-DASH와 같은 미디어를 사용할 수 있게 되었습니다.

---

23 *https://github.com/Dash-Industry-Forum/dash.js*

8.6.2 Media Presentation Description 파일의 구조

MPEG-DASH의 매니페스트인 Media Presentation Description(MPD)은 확장자가 .mpd이고, 실체는 XML을 사용해 표현되었습니다. MPD의 구조는 [그림 8-4]와 같습니다.

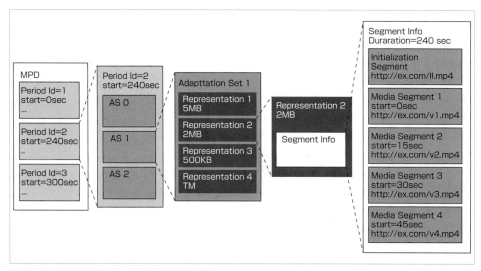

그림 8-4 MPD의 구조

MPD는 XML의 XLink 기능을 이용해 여러 파일로 나눌 수 있습니다.

유튜브에서 제공하는 MPEG-DASH 예제(*http://dash-mse-test.appspot.com/media.html*)를 보면서 소개해보겠습니다. 우선 가장 바깥쪽 구조입니다. MPD의 구성을 결정하는 데 중요한 것이 `profiles` 속성입니다. 여기서는 완성된 콘텐츠를 배포하는 온디맨드가 지정되어 있지만, 이외에 생방송도 지정할 수 있습니다. HLS뿐만 아니라 생방송의 경우 동적으로 MPD 파일이 갱신되고 클라이언트가 주기적으로 새로 고침하여 최신 데이터를 가져옵니다. `minBufferTime`이나 `mediaPresentationDuration`에 적혀 있는 것은, ISO 8601에서 정의된 표기법으로 지속 시간을 나타냅니다. 전자가 1.5초, 후자가 135.743초입니다.

```xml
<?xml version="1.0" encoding="utf-8"?>
<MPD xmlns:xsi="http://www.w3.org/2001/XMLSchema-instance"
    xmlns="urn:mpeg:DASH:schema:MPD:2011"
    xsi:schemaLocation="urn:mpeg:DASH:schema:MPD:2011 DASH-MPD.xsd"
    xmlns:yt="http://youtube.com/yt/2012/10/10"
```

```
      profiles="urn:mpeg:dash:profile:isoff-on-demand:2011"
      type="static" minBufferTime="PT1.500S" mediaPresentationDuration="PT135.743S">
   <Period>
      :
   </Period>
 </MPD>
```

<Period> 태그는 HLS에는 없는 개념으로, DVD 등의 챕터 또는 광고마다 시간의 경계를 구분하는 데 사용합니다. 최소한 하나는 있어야 합니다. 여기에는 적혀 있지 않지만, 여러 <Period> 태그가 있을 때는 <Period>에 start 또는 duration 속성이 필요합니다. start는 <MPD> 태그의 type 속성이 static이나 dynamic으로 표현이 바뀌지만, 이 값을 사용해 시간에 따라 스킵할 수 있게 됩니다.

각 <Period> 태그 안에 HLS의 마스터와 같은 요소가 등장합니다. 미디어를 구성하는 요소를 나타내는 <AdaptationSet> 태그가 요소의 수만큼 있습니다. 그 안에는 이상적인 대역폭마다 실제로 사용할 미디어에 대한 링크가 포함되는 <Presentation> 태그가 다수 들어갑니다.

예제 8-14 <Period> 태그 안의 <AdaptationSet> 태그

```
<AdaptationSet mimeType="audio/webm" subsegmentAlignment="true">
  <Representation id="171" codecs="vorbis" audioSamplingRate="44100" startWithSAP="1"
bandwidth="129553">
     :
  </Representation>
  <Representation id="172" codecs="vorbis" audioSamplingRate="44100" startWithSAP="1"
bandwidth="188041">
     :
  </Representation>
</AdaptationSet>
<AdaptationSet mimeType="video/webm" subsegmentAlignment="true">
  <Representation id="245" codecs="vp9" width="854" height="480" startWithSAP="1"
bandwidth="1431499">
     :
  </Representation>
  <Representation id="247" codecs="vp9" width="1280" height="720" startWithSAP="1"
bandwidth="3915200">
     :
  </Representation>
</AdaptationSet>
```

다음은 <Representation> 태그도 살펴봅시다. 우선은 오디오부터 살펴보겠습니다.

예제 8-15 오디오용 <Representation> 태그

```
<Representation id="171" codecs="vorbis" audioSamplingRate="44100" startWithSAP="1"
bandwidth="129553">
  <AudioChannelConfiguration
      schemeIdUri="urn:mpeg:dash:23003:3:audio_channel_configuration:2011"
      value="2" />
  <BaseURL>feelings_vp9-20130806-171.webm</BaseURL>
  <SegmentBase indexRange="4452-4686" indexRangeExact="true">
    <Initialization range="0-4451" />
  </SegmentBase>
</Representation>
```

<AudioChannelConfiguration>로 무엇을 지정할 수 있는가는 MPEG-DASH(ISO 23001-6)의 외부에 정의되어 있습니다. schemaIdUri에 포함된 대로 이 스키마는 ISO 23003-3을 참조해야 하지만, 이 스키마는 '스피커 위치'를 나타내고 있고, 2는 센터 스피커입니다. 스피커 위치는 ISO 23001-8에 정의 테이블이 있습니다. 여기에는 tag:dolby.com으로 시작하는 스키마도 있어, 기업의 독점적인 기술을 지시할 수도 있습니다. <BaseURL>은 미디어 파일을 지정합니다.

동영상의 경우 [예제 8-16]과 같습니다. 동영상도 해상도와 대역폭 등 미디어 선택 기법이 정의되어 있습니다.

예제 8-16 동영상용 <Representation> 태그

```
<Representation id="242" codecs="vp9" width="426" height="240" startWithSAP="1"
bandwidth="490208">
  <BaseURL>feelings_vp9-20130806-242.webm</BaseURL>
  <SegmentBase indexRange="234-682" indexRangeExact="true">
    <Initialization range="0-233" />
  </SegmentBase>
</Representation>
```

SAP 및 <SegmentBase>, <indexRange>, <Initialization> 태그는 파일의 유효한(필요한)

데이터를 핀 포인트로 보여주는 정보입니다. 동영상 파일 컨테이너에는 많은 데이터가 들어갑니다. 이러한 구조는 '메모: Stream Access Points'[24]에서 고찰하고 있습니다.

HLS와 MPEG-DASH의 두 파일 포맷을 소개했습니다. 모두 HTTP가 배후에 있다는 것은 전해졌으리라 생각합니다. HLS는 간단하지만 MPEG-DASH는 꽤 복잡합니다. 그렇지만 실제로 이러 파일들을 직접 편집할 필요는 별로 없을 것입니다.

- MP4Box[25]를 사용해 MPEG-DASH의 .MPD 파일을 생성할 수 있다.
- 아마존 AWS의 일래스틱 트랜스코더[26]를 사용하면, MPEG-DASH와 HLS를 변환할 수 있다.

8.7 마치며

이 장에서는 주로 HTML5 및 HTTP/2 시대에 만들어지거나 실용화된 다양한 기술 요소를 소개했습니다. 브라우저를 대상으로 하지 않는 것도 다수 거론했습니다.

- 반응형 디자인은 화면 크기에 맞게 콘텐츠를 표시하는 방법입니다. 단순히 화면 크기를 보는 게 아니라 고해상도 스마트폰에 맞는 이미지 배포 등도 가능합니다.
- 시맨틱 웹에서 출발한 JSON-LD 등의 구조화 데이터는 검색 엔진의 결과를 장식하는 정보로 활용되고 있습니다.
- 오픈 그래프 프로토콜은 페이스북용 메타 정보의 형식이 책정되어 실용화됐습니다.
- 트위터 카드는 트위터를 위한 메타 정보를 생성합니다.
- AMP는 모바일용 고속화를 목표로 하는데, AMP의 정보에 영향 받는 쪽은 검색 엔진 시동용 스파이더입니다.
- 동영상 스트리밍은 HTTP를 바탕으로 잘게 쪼개진 이미지를 조합해서 표시하는 라이브 배포 기법도 만들어졌습니다. 대역폭에 따라 다른 해상도의 데이터를 가져가는 구조도 실용화됐습니다.

다음 장에서는 Go 언어로 HTML5, HTTP/2 세대의 통신 방식을 설명합니다.

---

24 http://vfrmaniac.fushizen.eu/contents/stream_access_points.html(일본어)
25 https://gpac.wp.imt.fr/mp4box/dash
26 https://aws.amazon.com/jp/elastictranscoder(일본어)

## CHAPTER 9

Go 언어를 이용한 HTTP/2, HTML5 프로토콜 구현

이 장에서는 7장에서 소개한 프로토콜의 일부를 Go 언어로 구현하려고 합니다. 8장은 서버 쪽에서 하는 일이 많고, 그 밖에도 CSS와 동영상 스트리밍이므로 구현은 생략합니다.

9.1 HTTP/2

Go 언어는 2016년 2월에 발표된 1.6 버전부터 기본으로 HTTP/2 지원이 내장되어 있습니다. HTTPS 통신을 한다고 설정하는 것만으로, 4장에서 설명한 NPN/ALPN 니고시에이션 후보에 HTTP/2를 나타내는 h2가 추가됩니다. 클라이언트와 서버 모두 니고시에이션에서 상대방이 HTTP/2를 지원한다는 것을 확인할 수 있으면 HTTP/2로 통신합니다.

[예제 9-1]은 구글과 통신해서 프로토콜 버전을 확인하는 예제입니다.

예제 9-1 HTTP 프로토콜 버전 확인

```
package main

import (
    "fmt"
    "net/http"
)
```

```
func main() {
    resp, err := http.Get("https://google.com/")
    if err != nil {
        panic(err)
    }
    defer resp.Body.Close()
    fmt.Printf("Protocol Version: %s\n", resp.Proto)
}
```

Go 언어의 HTTP/2 지원은 환경 변수로 제어할 수 있습니다.

표 9-1 HTTP/2 기능을 제어하는 GODEBUG 환경 변수

환경 변수	개요
http2client=0	클라이언트의 HTTP/2 지원을 무효로 한다.
http2server=0	서버의 HTTP/2 지원을 무효로 한다.
http2debug=1	HTTP/2 관련 디버그 로그를 활성화한다.
http2debug=2	프레임 덤프 등 더 많은 디버그 로그를 출력한다.

이제 환경 변수를 지정해서 실행해봅시다. 상세 로그 출력 옵션(http2debug=2)은 로그가 지나치게 많아지므로, 지면 관계상 생략합니다. 이 옵션은 HTTP/2 계층의 코드를 수정할 사람을 위한 모드입니다. 아래를 보면 애플리케이션 작성자가 단순히 통신 기록만 확인하려고 할 때는 간단한 환경 변수(http2debug=1)만으로도 충분한 것을 알 수 있습니다.

```
$ go run try_http2.go
Protocol Version: HTTP/2.0

$ GODEBUG=http2client=0 go run try_http2.go
Protocol Version: HTTP/1.1

$ GODEBUG=http2debug=1 go run try_http2.go
2017/02/13 00:49:10 http2: Transport failed to get client conn for google.com:443:
    http2: no cached connection was available
2017/02/13 00:49:10 http2: Transport creating client conn 0xc420001ba0 to
    216.58.197.238:443
2017/02/13 00:49:10 http2: Transport encoding header ":authority" = "google.com"
```

```
2017/02/13 00:49:10 http2: Transport encoding header ":method" = "GET"
2017/02/13 00:49:10 http2: Transport encoding header ":path" = "/"
2017/02/13 00:49:10 http2: Transport encoding header ":scheme" = "https"
2017/02/13 00:49:10 http2: Transport encoding header "accept-encoding" = "gzip"
2017/02/13 00:49:10 http2: Transport encoding header "user-agent" =
    "Go-http-client/2.0"
2017/02/13 00:49:10 http2: Transport received SETTINGS len=18, settings:
    MAX_CONCURRENT_STREAMS=100, INITIAL_WINDOW_SIZE=1048576, MAX_HEADER_LIST_
    SIZE=16384
2017/02/13 00:49:10 Unhandled Setting: [MAX_HEADER_LIST_SIZE = 16384]
2017/02/13 00:49:10 http2: Transport received WINDOW_UPDATE len=4 (conn) incr=983041
2017/02/13 00:49:10 http2: Transport received SETTINGS flags=ACK len=0
2017/02/13 00:49:10 http2: Transport received HEADERS flags=END_HEADERS stream=1
    len=150
2017/02/13 00:49:10 http2: Transport received DATA flags=END_STREAM stream=1 len=262
    data="....</H" (6 bytes omitted)
Protocol Version: HTTP/2.0
```

Go 언어가 HTTP/2를 지원했을 때 작성된 deeeet 씨의 블로그 게시물 'Go 언어와 HTTP2'[1]
에는 구현에 필요한 세부 사항 및 프레임 작성 API와 HPACK을 Go 언어에서 사용해보는 예
제 코드가 적혀 있습니다. 이 책을 집필한 시점에서 최신인 1.8과의 차이는 다음 절에서 설명
할 서버 푸시 정도입니다.

9.2 HTTP/2의 서버 푸시

Go 언어는 1.8부터 서버 푸시를 지원했습니다. 4장에서 소개한 청크 형식의 전송 지원을 닮은
API가 제공됩니다.

예제 9-2 서버 푸시 이용 방법

```go
func handler(w http.ResponseWriter, r *http.Request) {
    pusher, ok := w.(http.Pusher)
    if ok {
        pusher.Push("/style.css", nil)
    }
}
```

---

1 *http://deeeet.com/writing/2015/11/19/go-http2*(일본어)

```
    // 일반 이벤트 핸들러 처리
}
```

청크 형식의 전송 지원에서는 http.ResponseWriter를 http.Flusher로 캐스팅해 특수한 메서드 Flush()에 액세스했지만, HTTP/2의 서버 푸시는 http.Pusher로 캐스팅해 사용합니다.

[예제 9-3]은 Go 언어로 서버 푸시를 구현하는 샘플 코드입니다.

예제 9-3 서버 푸시 구현

```go
package main

import (
    "fmt"
    "io/ioutil"
    "net/http"
)

var image []byte

// 이미지 파일 준비
func init() {
    var err error
    image, err = ioutil.ReadFile("./image.png")
    if err != nil {
        panic(err)
    }
}

// HTML을 브라우저로 송신
// 이미지를 푸시한다
func handlerHtml(w http.ResponseWriter, r *http.Request) {
    // Pusher로 캐스팅 가능하면(HTTP/2로 접속했다면) 푸시한다
    pusher, ok := w.(http.Pusher)
    if ok {
        pusher.Push("/image", nil)
    }
    w.Header().Add("Content-Type", "text/html")
    fmt.Fprintf(w, `<html><body><img src="/image"></body></html>`)
}
```

```
// 이미지 파일을 브라우저로 송신
func handlerImage(w http.ResponseWriter, r *http.Request) {
    w.Header().Set("Content-Type", "image/png")
    w.Write(image)
}

func main() {
    http.HandleFunc("/", handlerHtml)
    http.HandleFunc("/image", handlerImage)
    fmt.Println("start http listening :18443")
    err := http.ListenAndServeTLS(":18443", "server.crt", "server.key", nil)
    fmt.Println(err)
}
```

푸시에 사용할 이미지 파일을 하나 준비합니다(**image.png**). 서버는 6장에서 소개한 TLS를 사용한 서버 그대로입니다. 핸들러는 HTML과 이미지를 모두 준비하고 있습니다. HTML에 액세스가 있을 때 이미지의 URL을 푸시합니다.

Push() 메서드의 첫 번째 인수에 경로를 전달합니다. 내부 동작으로는 의사적으로 서버 액세스를 발생시켜 **/image.png** 콘텐츠를 얻으면, **PUSH_PROMISE** 프레임으로 클라이언트에 보냅니다.

HTTP/1.1 코드와의 차이는 **Pusher**로 캐스팅하고 가능하다면 푸시하는 부분뿐입니다. 푸시할 때도 일반적인 요청을 할 때도 같은 이미지 전송 핸들러가 이용됩니다. 최소한의 업데이트로 서버 푸시에 대응할 수 있고, 캐스팅할 수 있는지 확인하는 코드라면 호환성이 있으므로 HTTP/1.1 환경에서도 동작합니다.

GODEBUG=http2server=0을 지정해서 HTTP/1.1에서 동작시켰을 때의 결과와 비교해봅시다. 크롬 개발자 도구의 네트워크 탭을 열어 비교해봅시다. [그림 9-1]은 HTTP/1.1 환경이고, [그림 9-2]는 HTTP/2 환경입니다.

그림 9-1 HTTP/1.1의 네트워크 탭의 상태

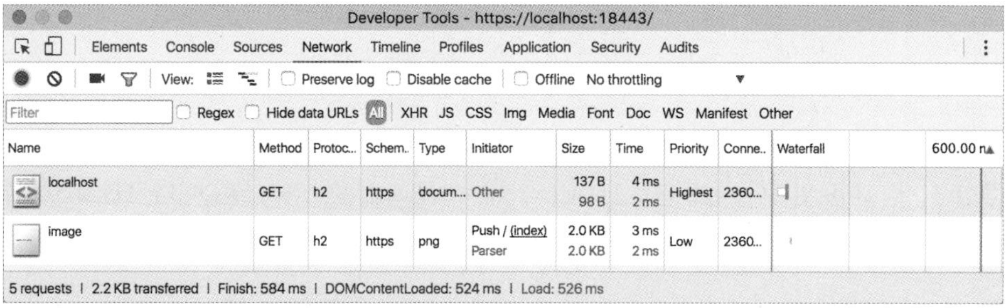

그림 9-2 HTTP/2의 네트워크 탭의 상태

HTTP/2 쪽은 Initiator 부분에 **Push**라고 되어 있습니다. 맨 오른쪽의 시계열 처리 내용이 적힌 워터폴 부분의 모습도 많이 다릅니다. 마우스를 가져가보면 타임라인이 자세히 표시됩니다.

Connection Setup	TIME
Queueing	0.29 ms
Stalled	2.01 ms
Request/Response	TIME
Request sent	0.21 ms
Waiting (TTFB)	0.56 ms
Content Download	0.39 ms

그림 9-3 HTTP/1.1의 타임라인 상태

Server Push	TIME
Receiving Push	0.14 ms
Connection Setup	TIME
Queueing	0.27 ms
Request/Response	TIME
Reading Push	0.32 ms
Explanation	**4.60 ms**

그림 9-4 HTTP/2의 타임라인 상태

로컬 서버이면서 이미지 파일도 작아서, 단위가 작지만 HTTP/1.1에서는 요청을 보낸 후 다운로드가 끝날 때까지 1.1밀리초 정도 걸렸습니다. 또한 요청을 전송할 준비가 될 때까지의 대기 시간도 2밀리초 걸렸습니다.

HTTP/2 쪽은 이미 다운로드가 끝나 로컬에 저장했기 때문에 큐에서 읽기만 하면 됩니다. 0.3 밀리초입니다.

9.2.1 HTTP/2 이삭 줍기

Go 언어의 HTTP/2 구현에선 푸시할 콘텐츠를 의사 요청으로 만들어낸다고 설명했습니다. 의사적인 요청이므로 핸들러에 전달되는 r *http.Request도 더미입니다. 필수 헤더인 Host 헤더 이외에는 가지고 있지 않습니다. 필자가 아는 한 모든 클라이언트가 전송하는 User-Agent 헤더는 비어 있습니다. 실제 솔루션에서 사용하는 일은 없지만, 테스트용으로 푸시 콘텐츠와 일반 요청으로 반환할 콘텐츠로 내용을 바꿀 수도 있습니다.

또한 이번 샘플 코드에는 없지만, 표시할 HTML에서 사용하는 에셋만이 푸시 대상이 아닙니다. 앞으로 전환할 아직 요청하지 않은 페이지에서 사용하는 이미지 등도 푸시 가능합니다. 앞으로는 광고 게재 등에 활용될 가능성이 높다고 생각됩니다.

9.3 server-sent events

server-sent events는 청크 방식의 응용이므로, 6장에서 소개한 http.Flusher를 사용하여 구현할 수 있습니다.

9.3.1 서버 구현

소수를 계속 표시하는 서비스를 만들어보겠습니다. 두 개의 파일로 나누어 구현합니다.

- 서버
- HTML의 뷰

우선은 서버 쪽입니다. Go 언어 표준 라이브러리에서 확률론적으로 소수를 구하는 메서드 ProbablyPrime()을 사용합니다.

예제 9-4 server–sent events를 다루는 서버

```go
package main

import (
    "fmt"
    "io/ioutil"
    "math/big"
    "net/http"
    "time"
)

var html []byte

// HTML을 브라우저에 송신
func handlerHtml(w http.ResponseWriter, r *http.Request) {
    // Pusher로 캐스팅 가능하면 푸시한다
    w.Header().Add("Content-Type", "text/html")
    w.Write(html)
}

// 소수를 브라우저에 송신
func handlerPrimeSSE(w http.ResponseWriter, r *http.Request) {
    flusher, ok := w.(http.Flusher)
    if !ok {
        http.Error(w, "Streaming unsupported!", http.StatusInternalServerError)
        return
    }
    closeNotify := w.(http.CloseNotifier).CloseNotify()
    w.Header().Set("Content-Type", "text/event-stream")
    w.Header().Set("Cache-Control", "no-cache")
    w.Header().Set("Connection", "keep-alive")
    w.Header().Set("Access-Control-Allow-Origin", "*")

    var num int64 = 1
    for id := 1; id <= 100; id++ {
        // 통신이 끊겨도 종료
        select {
        case <-closeNotify:
            fmt.Println("Connection closed from client")
```

```go
            return
        default:
            // do nothing
        }
        for {
            num++
            // 확률론적으로 소수를 구한다
            if big.NewInt(num).ProbablyPrime(20) {
                fmt.Println(num)
                fmt.Fprintf(w, "data: {\"id\": %d, \"number\": %d}\n\n", id, num)
                flusher.Flush()
                time.Sleep(time.Second)
                break
            }
        }
        time.Sleep(time.Second)
    }
    // 100개가 넘으면 송신 종료
    fmt.Println("Connection closed from server")
}

func main() {
    var err error
    html, err = ioutil.ReadFile("index.html")
    if err != nil {
        panic(err)
    }
    http.HandleFunc("/", handlerHtml)
    http.HandleFunc("/prime", handlerPrimeSSE)
    fmt.Println("start http listening :18888")
    err = http.ListenAndServe(":18888", nil)
    fmt.Println(err)
}
```

서버 쪽 코드에선 핸들러를 두 개 정의했습니다. 전자는 정적 HTML을 반환하기만 할 뿐이고, 후자가 이번 예제의 핵심이 되는 server-sent events 전송 핸들러입니다. 필요한 헤더를 설정한 다음에는 루프 안에서 소수를 출력하고 Flush()를 호출하는 처리를 반복하고 있습니다. data:와 여기서는 사용하지 않지만 event: 등 server-sent events의 문법에 따라 텍스트를 출력하고 Flush()를 호출할 뿐입니다. 1초에 하나씩 표시하기 위해 대기 시간을 걸었습니다.

브라우저가 닫히면 CloseNotify 채널로 정보가 옵니다. 소수 채널과 종료 통지 채널에서 활성화된 것을 선택하는 Go 언어의 구문이 예제 속에 있는 **select**문입니다.

마지막이 뷰가 되는 HTML입니다. server-sent events로 화면을 갱신하는 부분에서는 MVC 프레임워크인 Mithril을 사용했습니다. 트랜스컴파일러 등은 사용하지 않으므로 이대로 동작합니다.

예제 9-5 뷰(index.html)

```
<!DOCTYPE html>
<html>
    <head>
        <meta charset="UTF-8">
        <meta name="viewport" content="width=device-width, initial-scale=1" />
        <title>소수</title>
        <script src="//unpkg.com/mithril/mithril.js"></script>
        <script src="//unpkg.com/mithril-stream"></script>
    </head>
    <body>
        <div id="root"></div>
        <script>
        const component = {
          oninit: function(vnode) {
              this.primes = stream([]);
              const sse = new EventSource('/prime');
              sse.onmessage = (event) => {
                  this.primes().splice(0, 0, JSON.parse(event.data));
                  m.redraw();
              };
          },
          view: function() {
            return m("div", [
              m("ul", this.primes().map((prime) => {
                return m("li", {key: prime.id}, prime.number);
              }))
            ]);
          }
        };
        m.mount(document.getElementById("root"), component);
        </script>
    </body>
</html>
```

언제나처럼 서버 프로그램을 실행하면 `localhost:18888`에서 대기를 시작합니다. 브라우저로 액세스해봅시다.

이 예제는 간결하게 표현하려고 클라이언트와 서버가 일대일로 되어 있습니다. 실제로는 채팅 방 등 웹을 방문하는 여러 사용자 간 정보를 공유하기 위해 사용하는 경우가 많겠지요. 그룹 간 사용자에게 데이터를 보내고자 사용자마다 만든 메시지, 클로즈 알림 채널을 배열로 관리해 메시지를 브로드캐스트하는 구조 등을 만들게 될 것입니다.[2] 웹소켓 절에서 소개하는 예제 코드에 이 방을 다룬 예제가 있습니다.

9.3.2 클라이언트 구현

클라이언트를 Go 언어로 구현할 수도 있습니다. server-sent events는 구분 문자가 줄바꿈이라는 것을 미리 알고 있는 청크 형식이므로, 6장에서 소개한 클라이언트 구현 방법 중 간편한 방법으로 구현할 수 있습니다.

예제 9-6 server-sent events 클라이언트

```go
package main

import (
    "bufio"
    "bytes"
    "context"
    "fmt"
    "io"
    "net/http"
    "os"
)

type Event struct {
    Name string
    ID   string
    Data string
}
```

----

2 실행 가능한 예제도 있습니다. *https://github.com/kljensen/golang-html5-sse-example*

```go
func EventSource(url string) (chan Event, context.Context, error) {
    req, err := http.NewRequest("GET", url, nil)
    if err != nil {
        return nil, nil, err
    }
    ctx, cancel := context.WithCancel(req.Context())
    res, err := http.DefaultClient.Do(req)
    if err != nil {
        return nil, nil, err
    }
    if res.StatusCode != 200 {
        return nil, nil, fmt.Errorf("Response Status Code should be 200, but %d\n",
res.StatusCode)
}
    events := make(chan Event)
    go receiveSSE(events, cancel, res)
    return events, ctx, nil
}

func receiveSSE(events chan Event, cancel context.CancelFunc, res *http.Response) {
    reader := bufio.NewReader(res.Body)
    var buffer bytes.Buffer
    event := Event{}
    for {
        line, err := reader.ReadBytes('\n')
        if err != nil {
            close(events)
            if err == io.EOF {
                cancel()
                return
            }
            panic(err)
        }
        switch {
        case bytes.HasPrefix(line, []byte(":ok")):
            // skip
        case bytes.HasPrefix(line, []byte("id:")):
            event.ID = string(line[4 : len(line)-1])
        case bytes.HasPrefix(line, []byte("event:")):
            event.Name = string(line[7 : len(line)-1])
        case bytes.HasPrefix(line, []byte("data:")):
            buffer.Write(line[6:])
        case bytes.Equal(line, []byte("\n")):
            event.Data = buffer.String()
```

```
                buffer.Reset()
                if event.Data != "" {
                    events <- event
                }
                event = Event{}
            default:
                fmt.Fprintf(os.Stderr, "Parse Error: %s\n", line)
                cancel()
                close(events)
            }
        }
    }
}

func main() {
    events, ctx, err := EventSource("http://localhost:18888/prime")
    if err != nil {
        panic(err)
    }
    for {
        select {
        case <-ctx.Done():
            return
        case event := <-events:
            fmt.Printf("Event(Id=%s, Event=%s): %s\n", event.ID, event.Name, event.
Data)
        }
    }
}
```

조금 길긴 하지만 HTTP 연결 부분(EventSource()), 내부 처리로 server-sent events를 파싱하는 메서드(receiveSSE()), 이 메서드를 이용하는 클라이언트 코드(main()) 세 가지로 구성되어 있습니다.

파싱 처리는 개행 코드 단위로 구분해 Event 구조체에 넣어 채널로 보내고 있을 뿐입니다.

클라이언트 코드 측에서 통신이 끊겼을 때(ctx.Done() 채널에서 수신했을 때)는 자바스크립트 API처럼 다시 연결할 수도 있습니다.

```
for {
    select {
    case <-ctx.Done():
        fmt.Println("Connection close from server")
        events, ctx, err = EventSource("http://localhost:18888/prime")
        if err != nil {
            panic(err)
        }
        continue
    case event := <-events:
        fmt.Printf("Event(Id=%s, Event=%s): %s\n", event.ID, event.Name, event.Data)
    }
}
```

9.4 웹소켓

Go 언어용 웹소켓 구현은 몇 종류나 있습니다. 준표준 라이브러리(golang.org/x/net/websocket)도 있지만, 이 준표준 라이브러리의 README에는 비 추천이라고 쓰여 있습니다. 대체 라이브러리로 추천되는 것이 Go 언어의 웹 애플리케이션 프레임워크 Gorilla에서 제공하는 웹소켓 구현입니다. 이 라이브러리는 서버와 클라이언트의 기능을 다 갖추고 있습니다.

• https://github.com/gorilla/websocket

웹소켓은 간단히 구현할 수 없으므로, 이들 라이브러리를 소개합니다. 1장에서도 설명했지만, 서드파티 라이브러리와 준표준 라이브러리를 이용할 때는 미리 다운로드할 필요가 있습니다.

[외부 라이브러리 설치]

```
$ go get github.com/gorilla/websocket
```

이미 소스 코드 안에서 사용 중이라면 일괄적으로 다음 커맨드로 가져올 수 있습니다.

```
$ go get
```

사용법은 소개하지만, 이 라이브러리에는 이미 예제가 잔뜩 들어있으므로 이 책에서 새로 예제를 만들어 소개하진 않겠습니다.

9.4.1 서버 구현

웹소켓의 송수신을 구현하는 단순한 예제, echo[3]를 보고 예제 코드를 학습합시다.

서버는 이제까지 등장한 HTTP 서버의 핸들러 함수 내에서 프로토콜을 업그레이드하고, websocket.Conn의 포인터형 변수 c를 가져옵니다.

예제 9-8 서버의 HTTP 핸들러 내에서 업그레이드

```go
var upgrader = websocket.Upgrader{} // use default options

func echo(w http.ResponseWriter, r *http.Request) {
        c, err := upgrader.Upgrade(w, r, nil)
        if err != nil {
                log.Print("upgrade:", err)
                return
        }
        :
}
```

이 Upgrade() 메서드에서 실시하는 것이 핵심이지만, 이미 6장에서 설명한 내용 이상은 없습니다.

필수 헤더를 몇 개 꺼내 검증한 후, 프로토콜 업그레이드 절에서 소개한 http.Hijacker 메서드로 내부 소켓을 추출합니다.

예제 9-9 Upgrade() 메서드의 내용

```go
h, ok := w.(http.Hijacker)
var rw *bufio.ReadWriter
netConn, rw, err = h.Hijack()
```

---

3 https://github.com/gorilla/websocket/tree/master/examples/echo

다음과 같은 응답 헤더를 포함하는 통신 응답을 작성합니다. 그다음은 이 소켓을 직접 사용해 응답을 반환합니다. 이것으로 업그레이드 완료입니다. *websocket.Conn은 net.Conn과의 호환성은 없지만, 비슷한 메서드를 몇 가지 갖추고 있습니다.

```
HTTP/1.1 101 Switching Protocols
Upgrade: websocket
Connection: Upgrade
```

업그레이드 완료 후, 통신에서 주로 사용하는 메서드는 다음 두 가지입니다. 메시지 종류를 받고 반환하는 것 이외에는 net.Conn의 Read(), Write() 메서드와 같습니다.

[사용 방법]

```
// 쓰기 메서드
ws.WriteMessage(messageType int, data []byte) error

// 읽기 메서드
ws.ReadMessage() (messageType int, data []byte, err error)
```

메시지 종류는 [표 9-2]와 같습니다.

표 **9-2** 메시지 타입

상수	값	의미
websocket.TextMessage	1	UTF-8 문자열
websocket.BinaryMessage	2	바이너리 데이터
websocket.CloseMessage	8	클로즈 요청
websocket.PingMessage	9	하트비트(통신이 가능한지 확인하는) 통신 송신
websocket.PongMessage	10	하트비트 수신

일반 메시지에는 websocket.TextMessage와 websocket.BinaryMessage를 사용합니다.

그 이외의 제어 명령은 주로 통신 접속과 종료에 관한 것입니다. websocket.CloseMessage는 통신을 종료한다는 의도를 전달합니다. websocket.PingMessage와 websocket.PongMessage

는 한 세트로 사용합니다. 통신이 끊기지 않았음을 전달하려고 클라이언트에서 서버에 정기적으로 PingMessage를 보냅니다.

PongMessage는 수신용으로 사용하는 ID로 송신에는 사용하지 않습니다. [예제 9-10]과 같이 이벤트 핸들러를 설정해두면, 상대편에서 메시지를 보냈을 때 지정된 작업을 수행합니다. 이 코드는 채팅 예제에서 추출한 것입니다. 정기적으로 하트비트[4]가 전송되면 소켓의 타임아웃 설정을 덮어 씁니다. 만약 클라이언트에서 통신이 끊어지면 제한 시간이 갱신되지 않게 돼, 타임아웃으로 소켓이 자동으로 닫힙니다.

예제 9-10 Pong 이벤트 핸들러

```
conn.SetPongHandler(
    func(string) error {
        conn.SetReadDeadline(
            time.Now().Add(pongWait));
        return nil}
)
```

9.4.2 클라이언트 구현

클라이언트 코드도 Go 언어의 표준 라이브러리 net.Dial을 본뜬 API로 간단히 접속할 수 있게 됐습니다.

[웹소켓의 클라이언트 코드]

```
c, _, err := websocket.DefaultDialer.Dial(u.String(), nil)
```

URL을 인수로 전달하면, 서버 절에서 소개한 것과 같은 *websocket.Conn 소켓이 반환됩니다. 나머진 서버와 완전히 똑같은 API를 사용해 양방향 통신을 할 수 있습니다.

클라이언트에서 하는 일은 서버와 마찬가지로 6장에서 소개한 프로토콜 업그레이드입니다.

---

4 심박이라는 의미로 생존 확인을 위해 정기적으로 보내는 신호입니다. 내장 기기에서는 응답이 없을 때 강제로 리셋하는 워치독 타이머(Watchdog timer)라는 비슷한 기능이 있습니다.

net.Request 구조체를 사용해 GET의 HTTP 요청을 상대의 URL이 가리키는 서버에 보냅니다. 응답으로 스테이터스 코드 101이 오는지 확인한 후, 필요한 헤더를 가져와 클라이언트의 소켓 구조체를 초기화합니다.

9.4.3 방의 구현

server-sent events든 웹소켓이든 커뮤니케이션을 위해 이용한다면 뭔가 방[room] 기능을 구현해야 합니다. '방'은 온라인 게임의 개념입니다. 방에서 멤버끼리 실시간 통신하고 게임을 합니다. 게임을 플레이하는 팀의 최소 단위입니다. 이 예제에서는 같은 URL에 액세스한 사람은 같은 방에 들어가지만, 대규모 서비스면 방에 들어가는 멤버를 선택하기 위한 로비도 필요합니다.

Gorilla의 chat 예제[5]에서는 'Hub'라는 이름의 방을 구현합니다.

예제 9-12 방 구현

```
type Hub struct {
    // 등록된 클라이언트
    clients map[*Client]bool
    // 클라이언트가 보내는 메시지
    broadcast chan []byte
    // 클라이언트의 등록 요청
    register chan *Client
    // 클라이언트의 말소 요청
    unregister chan *Client
}

// 초기화 후에 goroutine으로 실행되는 메서드
func (h *Hub) run() {
    for {
        select {
        case client := <-h.register:
            h.clients[client] = true
        case client := <-h.unregister:
            if _, ok := h.clients[client]; ok {
                delete(h.clients, client)
                close(client.send)
```

---

5 *https://github.com/gorilla/websocket/blob/master/examples/chat*

```
                }
        case message := <-h.broadcast:
            for client := range h.clients {
                select {
                case client.send <- message:
                default:
                    close(client.send)
                    delete(h.clients, client)
                }
            }
        }
    }
}
```

초기화 시 클라이언트 목록을 관리하는 **map**과 클라이언트가 보내는 비동기 메시지를 수신하는 채널이 세 개(메시지, 등록, 말소) 있습니다. 메시지 브로드캐스트 채널에 메시지를 보내면 관리하는 모든 클라이언트의 소켓에 포워드합니다. 접속 및 종료 처리도 하고 있습니다.

> **NOTE_** 이 장에서는 WebRTC에 관해서는 언급하지 않았습니다. 이유는 다음과 같습니다.
>
> • WebRTC 사양 자체가 아직 안정되지 않고 변경이 자주 된다.
> • Go 언어용 라이브러리도 확실하게 안심하고 사용할 것이 없다.
>
> 현재는 '소스 코드를 보고 학습하는' 수준에는 이르지 못했고, 직접 라이브러리를 찾거나 잘 동작하지 않을 때 문제를 해결하기도 하고, 경우에 따라서는 라이브러리를 수정할 필요까지 있습니다. 책에 쓴 내용도 언제까지 유효할지 보증할 수 없습니다. 또한 통신 기기의 토폴로지 구성도 지금까지 소개해온 HTTP 서버와 브라우저라는 조합과는 크게 다르며, 다루기가 쉽지 않습니다. 얼마나 어려운지 알려면 볼룬타스 씨의 '업무에서의 WebRTC'라는 글[6]을 참고하세요.

---

6 *https://gist.github.com/voluntas/379e48807635ed18ebdbcedd5f3beefa*

9.5 마치며

이 장에서는 HTTP/2, server-sent events, 웹소켓을 소개했습니다.

HTTP/2 내부 구현은 복잡하지만, Go 언어 API 레벨에서 보면 서버 푸시 등 최소 변경으로 이행할 수 있다는 것을 배웠습니다. server-sent events는 6장에서 소개한 청크 방식, 웹소켓은 6장에서 소개한 내용의 업그레이드라는 것도 배웠습니다. server-sent events와 웹소켓의 경우, 클라이언트는 HTML 위에서 동작하는 자바스크립트로 하는 것이 용도의 대부분을 차지하겠지만, Go 언어로도 동작시킬 수 있었습니다.

HTTP 관련 프로토콜을 대부분 Go 언어를 통해 학습했습니다. 실제로는 편리한 라이브러리를 통해 접하는 경우가 많을 것이라고 생각하지만, Go 언어라면 저수준 레이어까지 바로 확인할 수 있습니다.

다음 장에서는 각 장의 공통 주제인 보안과 REST API 사용법을 배웁니다.

## CHAPTER 10

보안: 브라우저를 보호하는 HTTP의 기능

인터넷이 일반화되기 전에는 크랙이라고 하면 실행 파일 등에 감염된 컴퓨터 바이러스에 의한 것으로, 파괴 그 자체를 목적으로 했습니다. 그 후 컴퓨터의 편리성이 향상됨에 따라 공격 방법이 다양해졌습니다. 예를 들어 CD-ROM이나 USB 등의 자동 실행 기능이 윈도우에 추가되자 그 기능을 악용한 공격이 이루어졌습니다. 인터넷과 브라우저 덕분에 많은 일이 가능해졌지만, 그와 동시에 많은 공격 수단이 허용됐습니다. 보안 허점을 찔러 임의의 프로그램을 실행하는 컴퓨터 자체를 노리는 기존 공격도 있었지만, 브라우저가 많은 일을 해낼 수 있게 되면서 일상적으로 쇼핑을 하거나 이메일과 소셜 네트워크에서 개인 정보를 교환하게 되자, 컴퓨터가 아닌 브라우저를 표적으로 삼는 사례도 증가했습니다.

이 장에서는 몇 가지 일반적인 보안 사안에 대해 어떤 메커니즘에서 발생는지, 어떻게 방지할 것인지, 브라우저가 어떻게 그 공격을 저지하려고 하는지 소개합니다.

10.1 기존의 공격

우선 기존 공격 방법을 가볍게 정리합니다. 이 '기존'이라고 하는 것은 브라우저를 겨냥한 공격이 아니라는 뜻으로 필자가 부르는 것일 뿐, 일반적인 분류는 아니라는 점에 주의하십시오. 기존형은 브라우저 외부인 OS에 접근하는 것이 특징입니다.

컴퓨터에 위협을 주는 소프트웨어를 '맬웨어malware'라고 합니다. 맬웨어는 증식 방법이나 목적에 따라 여러 가지로 분류됩니다.

증식 방법으로는 다른 실행 파일 등을 감염시켜 감염된 파일이 실행되면 다른 프로그램에도 자기를 복제해서 증가하는 '컴퓨터 바이러스'와 적극적으로 네트워크 장비나 OS의 보안 취약점을 공격해 감염을 펼치는 '웜worm'이 있습니다. USB 메모리 같은 자동 실행 구조를 악용하거나 언뜻 분간하기 어려운 파일 이름(setup.exe 등)이나 오피스 애플리케이션의 매크로 등을 이용하기도 합니다. 어떤 프로그램이든 실행되지 않으면 의미가 없으므로, 이 맬웨어들은 사용자가 의도하지 않아도 실행되도록 계획합니다. 바이러스처럼 다른 프로그램을 변조해, 그 프로그램을 시작할 때 실행되는 일도 있습니다. 웜의 경우 숙주가 없을 수도 있습니다. 이 경우 OS 부팅 스크립트나 레지스트리에 자신을 등록합니다.

공격 방법도 몇 가지로 나눌 수 있습니다. 예전에는 단순히 OS를 부팅할 수 없게 만들거나 속도가 느려지게 하는 등 파괴가 목적인 것이 있었습니다. 그 이외에는 OS 설정을 마음대로 바꿔 프록시 서버를 설정해서 통신 내용을 훔쳐보거나 키 입력을 기록해 암호를 훔치려는 것도 있습니다. 또 외부에서 원격 조작하기 위해 백도어를 설치하는 맬웨어도 있습니다. 이런 맬웨어는 특정 웹사이트의 서비스를 방해할 목적으로 일제히 대량의 요청을 보내버리는 DDoS 공격의 발판이 될 수도 있습니다. 키 입력을 기록하는 것을 '키로거', 백도어를 만드는 것을 '트로이 목마'라고 부르는 등 행동에 따라 다양한 분류가 있습니다. 단 공격 수법이 서서히 인지되어 이름이 붙은 것도 있어, 이름이나 정의가 경우에 따라 다를 수 있습니다.

기존형으로 부르지만, 오래돼 더는 사용되지 않는다는 뜻은 아닙니다. 브라우저 플러그인의 보안 허점 등을 통해 언제든 컴퓨터에 대한 공격이 이루어질 수도 있습니다. 다음에 소개할 브라우저를 노린 공격의 전 단계로서 웹 서버에 침입해 전송할 데이터를 악의적인 스크립트로 변경하거나 데이터베이스에 액세스하여 사용자 정보를 훔칠 수 있습니다. 현재도 표적형 공격 메일로 대표되는 악성 프로그램을 전송해 이루어지는 공격은 중대한 위협 중 하나이며, 웹 서비스 개발자가 서비스를 보호하는 데 위협이라는 점은 변함이 없습니다.

10.2 브라우저를 노리는 공격의 특징

최근 웹 개발자들 사이에서 화제가 되는 일이 많은 것은 브라우저를 노리는 공격입니다. 브라우저는 원래 '열람용 애플리케이션'이므로, OS 영역에서 뭔가를 하는 것은 아닙니다. 언뜻 보면 기존형과 비교할 때 큰 피해가 생길 일이 없을 것처럼 생각될지도 모릅니다. 하지만 브라우저는 다른 서비스에 연결하는 '창'입니다. 브라우저가 표적이 되고 브라우저에 저장된 다양한 웹사이트의 로그인 정보가 노출될 경우, 페이스북이나 라인 등 외부 서비스에 저장된 개인 정보 혹은 대화 내용 등을 도둑맞을 수 있습니다. 그 때문에 인터넷 쇼핑몰이나 인터넷뱅킹 등에서 금전적 피해가 발생하는 일도 있고 트로이 목마를 이용한 디도스 공격에 악용되는 일도 있습니다.

'브라우저를 노린다'고 했지만, 브라우저 자체의 취약점뿐만 아니라, 브라우저가 열람하는 서비스에서 보내는 HTML 및 자바스크립트의 취약점도 공격 대상이 됩니다. 웹 서비스에서는 최근 두드러지게 발전한 프론트엔드 기술과 여러 사이트를 가로지르는 계정 연계, HTTPS/HTTP의 혼재 등 개발자가 알아야 할 사양의 복잡성이 증가하고 있습니다. 개별 보안 기능이 강력해도, 웹 서비스 등 구현상의 실수나 착각 등으로 보안에 구멍이 생깁니다.[1] 정규 웹사이트에서 HTTP를 통해 전송된 문서 안에 함정이 설치되기도 합니다. 컴퓨터 바이러스나 웜 프로그램 코드, 시스템 설정 변경과 같은 흔적이 남지 않습니다. 그 대신 통신 로그 기록을 보고 의심스러운 사이트로의 액세스가 없는지 확인하거나 다운로드할 콘텐츠를 확인하는 등 새로운 보안 대책이 필요합니다.

브라우저 벤더는 보안에 민감합니다. HTTP 사양에는 보안에 대한 배려가 많이 포함되어 있습니다. 2장 리퍼러 설명에서도 소개했지만, 기존 기능이라도 보안을 고려하여 기능이 수정되는 경우도 있습니다. 이 장에서는 잘 알려진 공격 방법과 그에 대항하기 위한 HTTP 사양을 소개합니다.

> **NOTE_ 세션 토큰 또는 쿠키**
>
> 브라우저 세션을 유지하는 방법으로 널리 사용되는 기술이 쿠키입니다. 서버와 브라우저의 관계를 고유하게 결정하는 것은 '토큰'이라고 합니다. 또한 브라우저가 인증되고 사용자 고유의 콘텐츠에 대한 통행 증표로 사용되는 열쇠 역할을 하는 것은 다음과 같이 다양한 이름으로 불립니다.

---

[1] 앞서 소개한 『Bulletproof SSL and TLS』에서는 '보안은 파괴되는 것이 아니라 우회된다'라고 표현되어 있습니다.

- 세션 토큰
- 세션 쿠키
- 세션 키
- 세션 ID
- 액세스 토큰

일부 OAuth 2 등 브라우저 이외도 대상으로 하는 것에서는 액세스 토큰으로 용어가 정해져 있는 것도 있습니다. 모두 약간의 뉘앙스 차이는 있지만 대체로 비슷한 뜻으로 사용됩니다. 이 장에서는 쿠키에 저장되는 고유 ID 데이터(문자열)를 세션 토큰, 세션 토큰을 담는 상자를 쿠키로 설명합니다. 이것을 빼앗기면 로그인된 것으로 취급되어 방어 기구가 단번에 벗겨지므로 보안의 핵심이라고 할 수 있습니다.

10.3 크로스 사이트 스크립팅

크로스 사이트 스크립팅은 많은 공격의 기점이 되는 공격 방법입니다. 웹 서비스 개발자가 가장 먼저 주의해야 할 것입니다. 게시판 등 사용자 입력 콘텐츠에서 사용자가 입력한 내용을 아무런 필터링 없이 공개하는 것이 가장 발생하기 쉬운 시나리오입니다. '이름을 넣어주세요'라는 텍스트 상자가 있고, 거기에 데이터를 입력했다고 합시다. 그 이름은 다른 사용자도 볼 수 있습니다. 웹 서비스 쪽 프로그램에서 입력된 값을 전혀 확인하지 않고 HTML에 그대로 넣어 출력할 경우, 이름 대신 악의적인 스크립트가 삽입된 채로 게시되면 그 콘텐츠를 보는 사람의 브라우저에서 그대로 실행됩니다. 이를 '크로스 사이트 스크립팅cross-site scripting', 줄여서 XSS라고 합니다.

실제로 다음과 같은 내용이 삽입됐다고 하면, 이름을 볼 때마다 경고 대화 상자가 표시됩니다.

```
<script>alert("☠");</script>
```

다른 모든 공격의 기점이 될 수 있기 때문에, XSS는 지금부터 소개할 공격 중에서도 가장 위험한 것이라고 말할 수 있습니다.

예를 들어 투입된 스크립트가 쿠키에 액세스되면, 다른 서버로 전송되어 쿠키 정보가 유출됩니다. '로그인됨'이라는 세션 토큰을 도둑맞으면, 사용자 ID와 암호가 없어도 '로그인 상태'를 가

로챌 수 있습니다. 또한 로그인 폼이 해킹되어 사용자가 입력한 정보를 다른 서버로 전송해버리거나 피싱 사이트로 전송되는 등 온갖 위험이 있습니다.

서버 측의 방어 방법에는 여러 가지 있습니다. 사용자가 입력한 내용을 그대로 HTML로 출력하는 일은 하지 맙시다. 사용자 입력은 악의적인 입력이 들어올 것으로 보고 그대로 출력하지 않도록 합니다. 입력 데이터가 오염됐다고 생각하고[2] 깨끗하게 만들고 나서 이용하는 것을 이전에는 '새니타이즈(살균 처리)'라고 불렀습니다.[3] 새니타이즈는 입력 시점에서 무독화하는 인상을 주지만, 현재는 출력 직전에 깨끗하게 하는(이스케이프하는) 방법이 일반적입니다. 여기서 말하는 출력은 HTML이 될 수도 있고, 외부 프로세스 실행 시의 인수, 데이터베이스에서 실행할 SQL이 될 수 있습니다. 마지막 두 가지는 각각 커맨드 인젝션, SQL 인젝션으로 불리며, HTML의 XSS 이상으로 큰 문제를 일으키는 원인이 됩니다. 출력처에 따라 필요한 이스케이프 처리는 각각 달라지지만, 템플릿 엔진과 플레이스 홀더는 대부분 안전한 출력을 보장해줍니다. 적절한 라이브러리를 사용함으로써 개발자의 실수를 줄일 수 있습니다.

10.3.1 유출 방지 쿠키의 설정

XSS의 다음 방어선으로 2장의 쿠키를 설명할 때 소개한 것처럼 httpOnly 속성을 부여하는 방법이 있습니다. 이 속성을 부여하면 자바스크립트에서 액세스할 수 없는 쿠키가 됩니다. XSS 공격자는 자바스크립트를 사용합니다. 자바스크립트에서 액세스할 수 없는 정보에는 접할 수 없기 때문에 자바스크립트에 의한 세션 토큰 누설의 위험을 줄일 수 있습니다.

10.3.2 X-XSS-Protection 헤더

X-XSS-Protection 헤더를 사용하면 HTML의 인라인에서 스크립트 태그를 사용하는 경우 등 명확하게 수상한 패턴[4]을 감지합니다. X-가 붙은 비공식 헤더이지만, 인터넷 익스플로러, 크롬, 사파리 등의 브라우저가 지원합니다. 단 콘텐츠 보안 정책에서 인라인 자바스크립트를 제

---

2 최근 화제에 오르지 않지만 루비에서는 이 생각을 밀고 나간 오염 플래그, 보안 레벨 등의 기능을 예전부터 짜넣고 있습니다.

3 도쿠마루 히로시의 일기 '나쁜 새니타이즈, 좋은(?) 새니타이즈 그리고 예외 처리' *http://blog.tokumaru.org/2012/04/bad-sanitization-good-sanitization-and.html*(일본어)

4 *http://stackoverflow.com/questions/2051632/ie8-xss-filter-what-does-it-really-do*

한하면, 현대 브라우저에선 문제가 없다는 이유로 파이어폭스는 지원하지 않습니다.[5] 단순한 패턴 매칭에 의한 판정이므로, 문제가 없는 코드 패턴을 '문제 있음'으로 판정하는 이른바 긍정 오류false positive가 될 가능성이 있습니다. 따라서 운영 중인 사이트에 도입할 때는 지금까지 동작했던 기능이 동작하지 않게 되어 수정이 필요할 수도 있습니다.

[X-XSS-Protection 헤더 설정 예]

```
X-XSS-Protection: 1; mode=block
```

10.3.3 Content-Security-Policy 헤더

Content-Security-Policy 헤더[6]는 웹사이트에서 사용할 수 있는 기능을 세밀하게 ON/OFF를 할 수 있는 강력한 기술로 W3C에 의해 정의됐습니다.[7] 웹사이트에 필요한 기능을 서버에서 설정하여 XSS처럼 자바스크립트가 예상치 못한 동작하는 것을 억제합니다.

또한 브라우저 환경에서는 헤더로 옵트인되지만, 크롬 OS 등에서 사용되는 크롬 앱은 Content-Security-Policy 지원이 필수로 되어 있습니다.

디렉티브가 열 종류 이상 정의되어 있으며, 크게 네 가지로 분류할 수 있습니다.

우선 HTML에서 로드하는 각종 리소스 파일의 사용 권한을 설정하는 지시문입니다. 브라우저는 정의된 범위를 넘어선 액세스를 오류로 처리합니다.

표 10-1 리소스 파일의 액세스 권한을 설정하는 디렉티브

지시문	제한 대상
base-uri	도큐먼트의 base URI(상대 경로의 시작점)
child-src	Web Worker, <frame>, <iframe>으로 이용할 수 있는 URL
connect-src	XMLHttpRequest, WebSocket, EventSource와 같은 자바스크립트로 연결할 출처
font-src	CSS의 @font-face에서 로드할 웹 글꼴

---

[5] https://wiki.mozilla.org/Security/Guidelines/Web_Security#X-XSS-Protection

[6] https://developer.mozilla.org/en-US/docs/Web/HTTP/Headers/Content-Security-Policy

[7] https://www.w3.org/TR/CSP

지시문	제한 대상
img-src	이미지와 파비콘을 로드할 출처
manifest-src	매니페스트를 로드할 출처
media-src	<audio>와 <video>를 제공하는 출처
object-src	플래시나 자바 애플릿 등 기타 플러그인에 대한 제어
script-src	자바스크립트를 로드할 출처
style-src	읽기 가능한 스타일시트를 로드할 출처

[예제 10-1]처럼 세미콜론으로 구분해 각 지시문을 나열합니다. 각 항목에는 로드 허가를 나타내는 키워드, 데이터 속성과 URL을 뒤로 배치해 갑니다.

예제 10-1 리소스 액세스 권한에 관한 CSP 설정 예

```
Content-Security-Policy: img-src 'self' data: blob: filesystem:;
                         media-src mediastream:;
                         script-src 'self' https://store.example.com
```

데이터 속성은 [표 10-2]에 나열한 값을 설정할 수 있습니다.

표 10-2 Content-Security-Policy로 리소스에 대해 설정할 수 있는 데이터 속성

키워드/데이터 속성	설명
none	로드를 금지한다.
self	같은 출처를 지정한다.
unsafe-inline	스크립트 및 인라인의 <script> 태그, 이벤트 핸들러의 자바스크립트: 표기, 인라인의 <style>을 허가한다. 이름 그대로 XSS의 위험이 있다.
unsafe-eval	문자열을 자바스크립트로서 실행하는 eval(), new Function(), setTimeout() 등의 실행을 허가한다. 이것도 XSS의 위험이 있다.
data:	data URI를 허가한다.
mediastream	mediastream:URI 허가한다.
blob:	blob:URI를 허가한다.
filesystem:	filesystem:URI를 허가한다.

후반의 데이터 속성은 그다지 친숙하지 않을지도 모르지만, **mediastream:** 데이터 속성은 HTML5 스트리밍에 사용합니다. **data:** 데이터 속성은 BASE64로 인코딩 된 이미지 파일의 문자열을 <image> 태그의 소스로 설정하거나 CSS 텍스트에서 이미지 데이터를 삽입하여 이미지를 표시할 때 사용합니다.

자원 이외의 설정을 할 지시문도 있습니다.

표 10-3 리소스 이외의 Content-Security-Policy 설정

지시문	인수의 종류	제한 대상
referrer	no-refferer, no-referrer-when-downgrade, origin, origin-when-cross-origin, unsafe-url	리퍼러의 동작을 변경한다. 2장의 리퍼러 내용을 참조.
report-uri	URL	브라우저에서 위반 사항을 탐지하면, 지정된 서버로 JSON 형식으로 전송한다.
reflected-xss	allow, block, filter	반사형 크로스 사이트 스크립팅으로 불리는 공격에 대한 필터를 활성화한다.

Content-Security-Policy는 브라우저가 실시하는 검사입니다. 오류는 클라이언트 쪽에 표시되지만, 서버 개발자가 그 오류 정보를 직접 볼 수는 없습니다. 오류 보고서를 보낼 곳을 지정해 클라이언트가 오류 정보를 통지함으로써 서버 개발자도 클라이언트에서 발생한 문제를 알 수 있습니다. **report-uri:**의 위반 보고서를 수집해주는 무료 웹 서비스도 있습니다. 다음 절에서 소개하는 HTTP 공개 키 피닝pinning의 보고서 수집도 합니다.

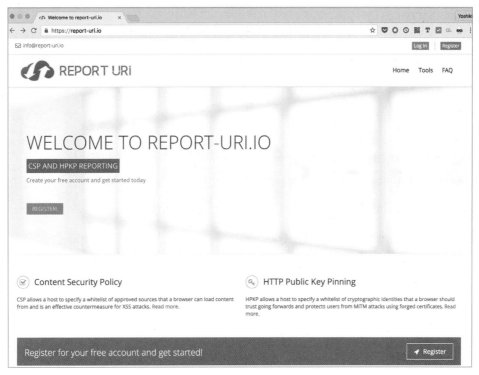

그림 10-1 REPORT URI

일괄로 보안 설정을 해주는 지시문도 있습니다.

표 10-4 일괄로 보안을 향상시키는 지시문

지시문	인수의 종류
default-src	리소스의 액세스 범위 일괄 설정. 개별 설정이 우선된다.
sandbox	팝업, 폼 등의 허용 설정. HTML의 <iframe>의 sandbox 속성과 같은 것을 지정한다.
upgrade-insecure-requests	HTTP 통신을 모두 HTTPS로 변경한다.

Content-Security-Policy 헤더는 XSS 대책의 강력한 수단이 되는 기능이지만, 너무 강력해 정상적인 웹사이트의 동작을 방해할 수 있습니다. 회사의 보안 부서가 열심히 너무 일하면 일하기 어려워지는 것과 비슷합니다. 따라서 단계적으로 이행하기 위한 기구가 제공되고 있습니

다. 이 헤더 대신에 Content-Security-Policy-Report-Only 헤더를 사용하면 검사는 하지만 동작은 멈추지 않게 됩니다. 인라인 스크립트를 모두 중지하면, 구글 웹로그 분석이 작동하지 않거나 합니다. 자바스크립트 콘솔과 보고서 출력을 보고 웹사이트에 필요한 기능을 확인하면서, 조금씩 기능을 허용해 나갈 수 있습니다.

10.3.4 Content-Security-Policy와 자바스크립트 템플릿 엔진

자바스크립트가 널리 사용되고, 서버에서 하던 많은 일을 브라우저 환경에서 처리하게 되었습니다. 그 하나는 클라이언트 사이드에서의 HTML 템플릿이 있습니다.

다양한 템플릿 라이브러리가 있지만, 필자가 내부 구현까지 건드린 적이 있는 Hogan.js[8]를 다룹니다. Hogan.js는 트위터가 만든 자바스크립트용 템플릿 엔진입니다. Mustache라고 하는 템플릿 엔진과 같은 문법을 지원하지만, 고속으로 동작합니다. 그대로 실행할 수도 있지만 '템플릿 컴파일'을 하면 더욱 빨라집니다. 컴파일하면 템플릿을 해석해 내부 함수를 호출하는 소스 코드를 생성하고, 최종적으로 new Function을 사용해 함수를 동적으로 생성합니다. 이로써 실행 시에 파싱 처리가 필요 없어지고, 옵션 전개와 문자열 결합에 특화되므로 문자열을 빠르게 생성할 수 있습니다. 사전에 컴파일해서 자바스크립트 소스 코드로 만들어두는 '프리 컴파일'도 있습니다.

이와 비슷한 사례로 자바스크립트 프레임워크인 Vue.js[9]가 있습니다. 버전 2.0에서는 런타임 버전과 독립실행형 버전 두 가지로 출시됐습니다. 둘 사이의 차이는 다음과 같습니다.

- 독립실행형 버전은 template 옵션에 문자열로 HTML 템플릿을 작성할 수 있다. 이 템플릿은 실행 시에 자바스크립트 코드로 변환되고 new Function을 사용해 render() 메서드가 만들어진다.
- 런타임 버전은 template 옵션을 사용할 수 없다. 사전에 vue-loader(WebPack용) 및 vueify(Browserify용)에서 자바스크립트 소스 코드를 브라우저 환경용에 최적화하고 사전에 render() 메서드를 만들어둘 필요가 있다.

당연한 일이지만, new Function은 CSP의 unsafe-eval 지시문에서 허용하는 문자열의 함수

---

8 *http://twitter.github.io/hogan.js*
9 *https://kr.vuejs.org/index.html*

동적 생성에 해당하므로 사용할 수 없습니다. 따라서 이런 템플릿 엔진은 Content-Security-Policy를 따를 때 장애가 됩니다. 이처럼 빠른 속도를 자랑하는 라이브러리나 프레임워크를 사용할 때는 사전에 프리 컴파일해서 자바스크립트 코드로 변환해둘 필요가 있습니다. 자바스크립트의 UI 프레임워크인 Riot.js[10]도 CSP 지원 버전과 템플릿 컴파일러 버전이 모두 패키지에 포함되어 있습니다.

10.3.5 Mixed Content

최근에는 웹의 HTTPS화가 진행되고 있지만, 광고나 외부 서비스가 제공하는 콘텐츠 등으로 HTTP가 뒤섞이는 수가 있습니다. 요즘 브라우저는 이런 'Mixed Content'의 경우 오류 또는 경고를 내보내게 되어 있습니다. EV SSL 인증서를 설정해도 경고가 표시되므로, 서비스 제공자로서는 어떻게든 수정하고 싶은 문제일 것입니다.

근본적으로 모든 것을 HTTPS로 수정하는 이외의 대처 방법 중 하나로서, Content-Security-Policy 헤더의 upgrade-insecure-requests 지시문을 사용하는 방법이 있습니다. 이 지시문을 사용하면 이미지 등의 링크가 http://로 시작되는 URL이라도 https://라고 적혀 있는 것처럼 가지러 갑니다.

[HTTP로 기술되어 있어도 HTTPS로 취득 (1)]

```
Content-Security-Policy: upgrade-insecure-requests
```

지금까지 소개하지 않았지만, HTML의 메타 태그에 Content-Securty-Policy를 기술할 수도 있습니다.

[HTTP로 기술되어 있어도 HTTPS로 취득 (2)]

```
<meta http-equiv="Content-Security-Policy" content="upgrade-insecure-requests">
```

이 밖에도 완전히 차단해버리는 방법도 있습니다.

---

10 *http://riotjs.com*

[Mixed Content를 오류로 처리한다]

```
Content-Security-Policy: block-all-mixed-content
```

좀 더 상세한 정보는 구글 웹사이트에 적혀 있습니다.[11]

10.3.6 교차 출처 리소스 공유

오리진(출처, 도메인) 사이에 자원을 공유하는 방법이 바로 교차 출처 리소스 공유[cross-origin resource sharing](CORS)입니다. W3C에서 규격화됐습니다.[12] 리소스(자원) 공유라는 것은 XMLHttpRequest나 Fetch API에 의한 액세스를 말합니다. 이들 API를 이용하는 액세스는 Content-Security-Policy 헤더의 connect-src: 지시문으로도 제어할 수 있으나, CORS는 외부 서비스의 액세스 제한을 엄격하게 하기 위한 것입니다.

CORS를 한마디로 설명하면 클라이언트에서 서버로 액세스하기 직전까지의 권한 확인 프로토콜입니다. CORS는 흔히 'API를 제공하고 싶지만 CORS 때문에 할 수 없다'는 식의 이야기에서 자주 등장하지만, 원래는 보안을 위한 기능입니다. 단 보호 대상은 클라이언트가 아니라 API 서버입니다. 웹 API는 가치 있는 정보를 제공하므로 허가하지 않은 웹사이트에서 이용되는 '무임승차'를 방지해야 합니다. 복잡해 보이고 무엇을 위한 기술인지 이해하기 어려운 부분도 있지만, 이 전제를 머릿속에 넣고 읽어나가면 이해하기 쉽습니다.

덧붙여 이런 CORS의 흐름은 자바스크립트 소스에는 나타나지 않습니다. [예제 10-2]와 같은 fetch() 함수 등의 이면에서 암묵적으로 이루어집니다.

예제 10-2 CORS가 이면에서 이루어지는 통신 예

```
fetch('https://api.external.com, {
    method: 'PATCH',
    mode: 'cors',
}).then(function (response) {
    // 요청이 지날 때 호출되는 콜백
});
```

---

11 *https://developers.google.com/web/fundamentals/security/prevent-mixed-content/fixing-mixed-content*
12 *https://www.w3.org/TR/cors*

요청한 조건이나 서버의 응답에 따라 통신할 수 있는지 판정됩니다. 클라이언트에서 봤을 때,
상세한 오류 검사를 생략한 대략적인 흐름은 다음과 같습니다.[13] 결과적으로는 '통신 실행'과
'실패' 두 가지입니다. 실패는 자바스크립트의 NetworkError 예외 등이 됩니다.

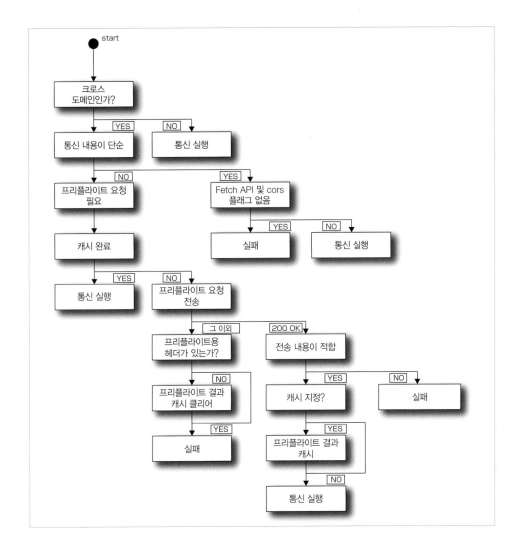

흐름은 simple cross-origin request와 프리플라이트 요청을 수반하는 actual request 두
종류로 크게 나눌 수 있습니다. 프리플라이트 요청은 실제 통신 전에 권한을 확인하려 보내는

---

13 서버 관점의 흐름은 다음의 블로그 참고. *http://koiroha.blogspot.jp/2014/09/cross-origin-resource-sharing.html*

요청입니다. 먼저 simple cross-origin request가 되는 조건은 다음 세 가지입니다.

- HTTP 요청 메서드가 단순 메서드(GET, POST, HEAD 중 하나)
- 헤더가 모드 심플 헤더(Accept, Accept-Language, Content-Laungauge, Content-Type 이외는 제외)
- Content-Type을 포함하는 경우, 그 값이 application/x-www-form-urlencoded, multipart/form-data, text-plain 중 하나

이 조건에 맞지 않는 경우 프리플라이트 요청이 필수입니다. 프리플라이트를 할 때 클라이언트는 다음과 같은 헤더를 붙여 OPTIONS 메서드로 전송합니다.

- Access-Control-Request-Method 요청 헤더
  통신을 허용하길 원하는 메서드 지정

- Access-Control-Request-Headers 요청 헤더
  허용하길 원하는 헤더를 쉼표로 구분해 나열

- Origin 응답 헤더
  통신 출처 웹 페이지의 도메인 이름을 지정

조금 전 흐름도에서 언급하지 않은 것이 하나 있습니다. 그것은 바로 쿠키입니다. 크로스 오리진 통신은 기본적으로는 쿠키를 송수신하지 않습니다. 클라이언트에서 보내기로 설정한 Fetch API(credentials: 'include')와 XMLHttpRequest(xhr.withCredential=true)에서 서버가 허가하는 경우에만 보냅니다.

서버 측은 허용하는 통신 내용을 아래 헤더를 사용해 브라우저 측에 전달합니다. 허용하지 않는 경우는 각각의 헤더가 부여되지 않거나, 스테이터스가 401 Forbidden으로 반환되기도 합니다.

- Access-Control-Allow-Origin 응답 헤더
  통신을 허용할 오리진 이름. 쿠키를 이용하지 않을 때는 와일드카드(*)로 모든 도메인을 일괄적으로 허용하기도 한다. 그렇지 않은 경우는 요청한 오리진 이름이 명시된다.

- Access-Control-Allow-Method 응답 헤더
  대상 URL에 허용되는 메서드 이름. 프리플라이트 요청이 필요 없는 간단한 메서드는 생략

될 수 있다.

- **Access-Control-Allow-Headers** 응답 헤더
  대상 URL에 허용되는 헤더 이름 목록. 프리플라이트 요청이 필요 없는 간단한 헤더는 생략될 수 있다.

- **Access-Control-Allow-Credentials** 응답 헤더
  쿠키 등의 자격 증명을 서버가 받는 것을 허용할 때 부여된다. 값으로는 **true**만 설정할 수 있다.

- **Access-Control-Expose-Headers** 응답 헤더
  허용이 아니라 서버에서 반환하는 응답 헤더 중 스크립트에서 참조할 수 있는 헤더 이름 목록을 반환한다.

웹 브라우저는 이 정보들을 바탕으로 실제로 보내려는 내용과 비교해 통신할 수 있는지 판단합니다. 만약 보내고 싶은 내용이 모두 허용된다면 실제로 통신을 시작합니다. 부적합하면 오류를 반환합니다.

프리플라이트 요청은 요청 전에 매번 전송되는 것은 아닙니다. 통신 내용을 일정 기간 캐시해서 통신을 생략하는 방법도 사양에 포함되어 있습니다. 이 지시에는 다음 헤더를 사용합니다.

- **Access-Control-Max-Age** 응답 헤더
  Cache-Control을 사용한 캐시와 마찬가지로 캐시 가능한 초 수를 서버에서 클라이언트로 전달한다.

10.4 중간자 공격

중간자 공격man-in-the-middle attack(MITM)은 프록시 서버가 통신을 중계할 때 통신 내용을 빼내 정보가 누설되는 문제입니다. 요즘은 전 세계적으로 무료 와이파이를 통한 인터넷 이용이 증가하고 있습니다. 만약 무료 와이파이 중 악의적으로 설치된 액세스 포인트가 있다면, 인터넷 접속 경로로 패킷을 도청당해 통신 내용이 새어나갈 수 있습니다. 사용자 ID와 암호, 세션 토큰이 유출되면 다른 정보도 유출될 수 있습니다. 또한 콘텐츠를 마음대로 변경할 수도 있게 됩니

다. 2015년 3월 깃허브에 발생한 디도스 공격은 아무 악의가 없는 사용자가 읽어 들인 자바스크립트가 변조돼 2초마다 깃허브 API에 액세스하는 코드가 삽입되었고, 결국 대량의 액세스를 발생시켜 서비스가 정상적으로 이루어질 수 없는 상태가 된 적이 있습니다. 그 밖에도 브라우저가 전송한 요금 결제 처리를 여러 번 실행해서 사용자에게 금전적 피해를 주는 것도 있을 수 있습니다.

HTTP 그대로 웹사이트의 로그인 폼을 이용해 로그인하면, 사용자 이름과 암호를 도둑맞게 됩니다. 로그인을 시도하지 않아도 세션 토큰을 훔쳐가면, 보호받아야 할 정보에 액세스를 허용하게 됩니다. 이런 중간자 공격을 방지하려면 HTTPS(TLS)를 이용하는 수밖에 없습니다. TLS는 '통신 경로를 신뢰할 수 없는' 상태에서도 보안을 유지하면서 통신할 수 있게 하는 메커니즘입니다. 이로써 통신 내용 감청, 통신 변조, 클라이언트와 서버의 의도하지 않은 요청 전송 등을 방지할 수 있습니다. 그러나 4장 '4.2.9 TLS가 보호하는 것'에서 설명한 대로 보호하는 것은 '통신 경로'뿐이므로, 서버에 대한 해킹이나 브라우저에 대한 XSS에는 주의할 필요가 있습니다.

세션 토큰이 쿠키로 저장되어 있어, 조건(URL)이 맞으면 전송 요청 시 쿠키가 부여됩니다. XSS에서 소개한 바와 같이 서버가 쿠키를 부여할 때 secure를 지정해 TLS로 통신 경로가 보호될 때만 전송하므로 중간자 공격에 대한 내성이 높아집니다.

10.4.1 HSTS

중간자 공격에 대항하는 HTTP의 기능 중 하나가 **RFC 6797**에 정의된 **HTTP Strict Transport Security**(HSTS)입니다. HSTS는 서버 측에서 '앞으로 접속할 때 HTTPS로 접속해 달라'고 전달하는 기능입니다. 서버에서 HTTP를 통해 접속을 요청하고 싶을 때는 다음과 같은 헤더를 응답 헤더에 부여합니다. includeSubDomains가 브라우저에 서브 도메인도 대상임을 전달합니다. 물론 이 헤더를 반환할 때 동시에 리디렉션할 수도 있습니다.

```
Strict-Transport-Security: max-age=31536000;includeSubDomains
```

브라우저 내부에는 이 헤더를 보낸 URL의 데이터베이스가 있습니다. 브라우저가 지정된 사이트에 액세스할 때 자동으로 HTTPS 사이트에 접속하러 갑니다. 유효 기간 동안만 이 지시가 생존합니다. 여기서는 31,536,000초=1년간 전송할 것을 브라우저에 의뢰합니다.

HSTS에는 단점이 있습니다. 처음 연결할 때는 아직 HTTPS로 접속하라는 서버의 지시가 도달하지 않은 상태입니다. 그래서 첫 접속은 HTTP로 통신이 이루어집니다. 이 상태에서 악의적인 프록시가 리디렉션 URL을 변조하면, 브라우저가 피싱 사이트로 유도될 가능성이 있습니다. TLS에는 서명이 있어서 변조되면 탐지할 수 있지만, 첫 번째 접속이 HTTP를 통해 이루어질 경우 브라우저에서 공격을 탐지할 수 없습니다.

이 문제를 해결하기 위해 새로운 방호벽이 추가됐습니다. 크롬은 처음부터 이 데이터베이스를 설정해두려고 정보를 수집합니다. 웹사이트에 신청[14]해두고 최신 브라우저를 다운로드하면, 처음부터 HTTPS로 접속하게 됩니다. 여기에 신청한 정보는 크롬, 파이어폭스, 사파리, 인터넷 익스플로러 11, 엣지, 오페라의 각 브라우저에서 사용됩니다. RFC에는 없지만, 이곳에 신청한 경우에는 preload 지시문을 Strict-Transport-Security 헤더에 부여합니다.[15]

HTTPS에 대한 중간자 공격에는 한 가지 맹점이 있는데, 중간자의 인증서가 승인되면 합법적으로 HTTPS 통신의 비밀을 깰 수 있게 됩니다.[16] 인증기관 설정 실수나 크랙으로 부적절한 인증서가 발급되는 사건이 몇 건 발생했습니다. 중국의 워사인이 서브 도메인을 가진 것만으로 부모 도메인의 인증서를 발급해버리는 실수를 했던 것이 2016년 9월에 발각됐습니다.[17] 이렇게 되면 사용자가 본래 허용된 것보다 큰 권한을 가질 수 있게 된다는 문제가 있습니다. 이 문제를 해결하기 위해서는 다른 방법이 필요합니다. 그 방법이 바로 다음에 소개할 HTTP 공개 키 피닝입니다.

10.4.2 HTTP 공개 키 피닝

2015년 4월 **RFC 7469**로 공개된 보안 기능이 HTTP 공개 키 피닝HTTP Public Key Pinning (HPKP)입니다. 4장의 TLS 설명에서 인증서에는 디지털 서명을 위한 공개 키가 붙어 있다고 소개했습니다. 이 공개 키를 사용해서 인증서를 검증합니다.

---

14 *https://hstspreload.appspot.com*
15 *https://developer.mozilla.org/ja/docs/Web/Security/HTTP_Strict_Transport_Security#Preloading_Strict_Transport_Security*(일본어)
16 *http://qiita.com/yuba/items/00fc1892b296fb7b8de9*(일본어)
17 *http://gigazine.net/news/20160901-wosign-fake-certificate*(일본어)

피닝은 핀으로 고정한다는 의미입니다. 배포된 인쇄물을 냉장고에 붙여두는 것과 같습니다. 공개 키 목록을 처음 액세스할 때 받아와서 로컬에 핀으로 꼽아 저장해둡니다. 두 번째 이후로 액세스할 때는 서버가 보낸 인증서의 공개 키와 고정해둔 공개 키를 비교해 사이트 인증서가 무단으로 변경되지 않았는지 확인합니다.

이 구조도 HSTS와 비슷한 생애주기를 따릅니다. 먼저 올바른 공개 키 정보를 서버에서 Public-Key-Pins 응답 헤더를 사용해 보냅니다. 이 헤더는 max-age 지시문으로 유효 기간을 설정할 수 있습니다. 또한 HSTS와 마찬가지로 처음에는 정확한 정보가 없으므로 처음 방문했을 때 이미 서버가 공격자의 손에 떨어진 경우에는 올바로 판정할 수 없습니다. HSTS에는 사전에 HTTPS로 접속해야 하는 사이트 목록을 브라우저에 설치해두는 기능이 있었습니다. HTTP 공개 키 피닝도 그와 마찬가지로 사전에 몇 개 웹사이트 인증서에 포함된 공개 키를 설치할 수 있습니다. 여기까지가 HSTS와 같은 부분입니다.

헤더는 다음과 같은 형식으로 되어 있습니다.

```
Public-Key-Pins:
    pin-sha256="0xspFxElSm3yYCqgHiixhaQBkhnkz7GIx+rgPOYmVcU=";
    pin-sha256="UcVmYOPgr+xIG7zknhkBQahxiiHgqCYy3mSlExFpsx0=";
    max-age=86400 ; includeSubdomains
```

서버는 공개 키 피닝 기술을 사용해 공개 키를 여러 개 등록할 수 있습니다. 어느 웹사이트가 가지고 있는 인증서도 최소 두 개의 인증서가 관계하고 있습니다. 웹사이트의 인증서에 서명한 중간 인증기관의 인증서 및 그 인증기관의 부모가 되는 루트 인증기관의 인증서입니다. 때에 따라서 중간 인증기관은 여러 개 있습니다. 자신의 인증서 공개 키뿐만 아니라 다른 인증서의 공개 키를 넣어둘 수 있습니다. 그러나 가장 견고한 것은 자신의 인증서입니다. 이 밖에 RFC에는 '최소한 하나 백업의 공개 키를 넣어둘 것'이라고 되어 있습니다. 이에 관해서는 후술합니다.

브라우저가 처음 서버에 액세스하면 Public-Key-Pins 헤더를 받습니다. 브라우저는 이 정보를 기록해둡니다. 그다음 서버에 액세스해 TLS 통신을 시작하기 전 서버에서 인증서를 받는 타이밍에서 확인합니다. 이전에 기록해둔 공개 키 목록에 서버 인증서의 공개 키가 포함되어 있으면, 인증서가 손상되지 않은 것을 확인할 수 있습니다. 공개 키가 목록에 없을 때는 그 부모가 되는 인증서의 공개 키를 테스트합니다. 이처럼 루트 인증서까지 추적하고 공개 키가 포함되어 있으면 인증서는 문제가 없다고 판단합니다.

백업을 포함한 여러 인증서를 등록하는 이유는 그 인증서가 만료되거나 기타 이유로 재발급이 필요할 때 서비스를 멈추지 않기 위해서입니다. 브라우저가 일단 웹 서버에 액세스할 때 정규 및 백업 공개 키 정보를 저장합니다. 정규 공개 키가 만료되어도 공개 키 피닝에 등록된 백업 서명 인증서가 대신 설정되어 있으면 브라우저는 자신이 기록한 공개 키 목록과 일치하므로 서버의 인증서가 올바르다고 판단할 수 있습니다. 백업이 없는 경우 새 인증서를 정상적으로 만들어도 공개 키 목록과 일치하는 것이 없어져버리기 때문에 브라우저는 잘못된 인증서와 구별할 수 없습니다. 그렇게 되면 max-age로 설정한 기한이 만료될 때까지는 회선이 차단된 것과 같은 상태가 됩니다.

지시문은 다음 네 가지입니다.

- pin-sha256: 공개 키의 sha256에 의한 해시 값을 BASE64로 텍스트로 만든 것
- max-age: 유효 기간(초). 필수 지시문
- includeSubdomains: 서브 도메인도 대상으로 한다.
- report-uri: 브라우저에서 오류를 탐지했을 때 오류 정보를 보고할 URL

report-uri는 Content-Security-Policy와 같습니다. 또한 이 지시문과 마찬가지로 오류 탐지 시 접속을 차단하는 것 외 보고만 하는 Public-Key-Pins-Report-Only 헤더도 있습니다. 이 경우 max-age는 무시됩니다.

jxck 씨의 블로그[18]에는 HPKP를 실제로 설정한 깃허브의 사례가 적혀 있습니다. 깃허브에서는 실제 서비스(리프)가 아니라 중간 인증기관 이상의 인증서가 기술되어 있습니다. Let's Encrypt 등 기간이 짧은 인증서를 다룰 기회가 많아질 것으로 생각하지만, 그보다 상위의 인증기관은 유효 기간이 길어 자주 갱신할 필요가 없어집니다. 단 기한이 없는 것은 아니므로 헤더 갱신 작업은 필요합니다. 실제로 시험한 결과에 관해서는 jovi0608 씨의 블로그[19]에 적혀 있습니다.

MITM 공격에는 OS의 보안 취약점을 이용한 악성 코드가 OS가 관리하는 키체인에 부정한 인증서를 등록하는 방법도 있지만, 안타깝게도 클라이언트 환경에 저장된 인증서 방어에는 사용할 수 없습니다.

---

18 *https://blog.jxck.io/entries/2016-04-09/public-key-pinning.html*(일본어)
19 *http://d.hatena.ne.jp/jovi0608/20140902/1409635279*(일본어)

10.5 세션 하이재킹

세션 하이재킹은 이름 그대로 웹 서비스의 세션 토큰을 훔쳐 웹사이트에 로그인하는 공격입니다. 일반 웹 서비스의 경우, 처음에 사용자 이름과 암호를 입력받은 후 로그인했음을 나타내는 언뜻 무작위로 보이는 세션 토큰을 쿠키로 브라우저에 보냅니다. 브라우저가 이 쿠키를 저장하면 두 번째 이후 액세스부터는 사용자 이름과 암호가 필요 없어집니다. 이 세션 토큰을 도난당하면 로그인된 상태로 웹사이트에 액세스할 수 있으므로 사용자 이름과 암호가 유출된 것과 같은 상태가 됩니다. 예를 들어 쇼핑 사이트에서 자유롭게 무단으로 쇼핑할 수 있게 됩니다.

쿠키를 훔치는 행위의 발판이 되는 것이 크로스 사이트 스크립팅과 중간자 공격입니다. 다음과 같은 방법으로 이러한 공격으로부터 자신을 보호하는 것이 세션 하이재킹을 피하는 효과적인 수단입니다.

- HTTPS화
- Set-Cookie: httpOnly, secure

10.5.1 오래된 세션 관리와 세션 고정 공격

세션 관리란 사용자의 클라이언트를 식별하는 일입니다. 이를 위해 옛날부터 다양한 방법이 채택됐습니다. 클라이언트가 가진 고유한 ID를 사용하는 방법이 예전에는 자주 사용됐습니다.

피처폰에서 자주 사용한 방법은 개체 식별 번호라는 단말기의 고유 ID를 사용한 식별 방법입니다. guid=on으로 친숙한 도코모 등 다양한 단말기에서 이용했습니다.[20] 이와 유사한 것으로 웹 브라우저와는 관계가 없지만, iOS 7 이전 버전에서 사용할 수 있었던 단말기 식별 번호 UDID와 iOS 8부터 사용할 수 없게 된 맥MAC 주소를 이용한 단말기 식별 방법이 있었습니다. 맥 주소는 통신 인터페이스의 식별자로 사양 상는 고유한 주소입니다. 따라서 OS의 API를 사용해 맥 주소를 읽어 들이고, 그것을 요청에 세션 토큰처럼 첨부하는 방법이지만 iOS 8부터는 맥 주소가 임의로 생성되므로 클라이언트 식별에는 사용할 수 없게 됐습니다.

'얼굴', '이름' 같은 것만 개인 정보가 아닙니다. 정보를 연결한 결과, 개인을 식별할 수 있다면 그 또한 개인 정보입니다. 단말기 식별 번호는 A라는 사이트에서도 B라는 사이트에서도 사용

---

20 *http://memorva.jp/memo/mobile/uid_utn.php*(일본어)

하는 단말기가 같으면 동일합니다. A라는 사이트가 단말 식별 정보와 이름을 데이터베이스로 가지고, B라는 사이트가 단말 식별 정보와 주소를 데이터베이스로 가지고, C라는 사이트가 단말 식별 정보와 얼굴 사진을 데이터베이스로 가지고 있다고 합시다. 이 세 개의 데이터베이스를 입수할 수 있다면 단말 식별 정보로 특정인의 얼굴과 주소와 이름을 알 수 있습니다.

애플이 금지한 것과 같은 개인 정보 보호 문제뿐만 아니라 보안 문제도 있습니다. 피처폰의 경우 단말 식별 정보는 유저 에이전트 안의 문자열에 삽입되거나 헤더에 기록되기도 했습니다. 이 정보를 읽고 사칭하는 것은 간단합니다. 이 정보는 사용자가 자유롭게 변경할 수 없습니다. 결국 공격자에 친절하고 지키기가 어려운 방법입니다. 당시 피처폰에는 와이파이 접속이 없었고, 글로벌 IP 주소 범위가 정해져 있었기에 IP 필터링으로 공격을 막을 수도 있었지만, 오늘날은 다른 방법을 사용해야 합니다.

다른 방법으로는 세션 토큰의 URL 삽입도 있습니다. 이것도 오래된 피처폰에서는 쿠키를 쓸 수 없기 때문에 사용된 방법입니다. JSESSIONID나 PHPSESSIONID라는 이름의 키에 저장했습니다. URL은 리퍼러로서 전송되는 정보이며, 사용자가 직접 복사해서 SNS 등에 붙이면 세션 토큰이 유출됩니다. 서버 구현이 나쁘고(URL에 삽입하는 시점에서 좋지 않지만), 로그인 전후로 세션 토큰이 변화하지 않는 구현인 경우에 문제가 발생합니다.

공격자가 작성한 세션 토큰을 포함하는 URL을 통해 액세스하게 함으로써, 작성한 문자열이 정규 세션 토큰으로 업그레이드해버립니다. 결과적으로 이 세션 토큰을 아는 공격자에도 자유로운 접근을 허용하고 맙니다. 이 방법을 세션 고정화 공격이라고 합니다.

10.5.2 쿠키 인젝션

스테이트리스한 HTTP에서 브라우저의 상태를 보존하는 쿠키는 편리한 반면, 항상 공격의 위험과 등을 맞대고 있습니다. 쿠키에 특화된 공격 방법도 발견됐습니다. 쿠키 인젝션도 그중 하나입니다.

쿠키 인젝션은 쿠키의 사양을 역으로 취한 방법으로 HTTPS 연결을 우회할 수 있습니다. 발표 당시의 공격 수법[21]은 HTTPS로 은닉된 도메인(예: *example.com*)의 쿠키에 대해 HTTP

---

21 모모이로 테크놀로지 'Cookie Injection을 이용한 HTTPS 하이재킹 조사' *http://inaz2.hatenablog.com/entry/2015/10/01/225202*(일본어)

가 아닌 다른 하위 도메인(예: *subdomain.example.com*)으로부터 덮어 쓰거나, 보다 URL의 상세한 쿠키를 설정함으로써(예: *example.com/someapp*) 원래 HTTPS로 지정된 도메인의 쿠키를 무효화하고 세션 고정화 공격의 발판으로 하는 것입니다. 앞서 설명한 피처폰의 세션 고정화 공격은 브라우저의 쿠키를 사용할 수 없다는 제한 때문에 발생하기 쉬운 상황에 있었습니다. 브라우저에서 쿠키를 사용하는 경우라도 로그인 전후에 서버가 세션 ID를 재할당하지 않으면, 이런 방법으로 외부에서 세션 토큰을 설정할 수 있게 되므로 주의가 필요합니다.

2017년 3월, 크롬 및 파이어폭스는 쿠키 인젝션에 대한 대책이 마련되어 있습니다.

서브 도메인에서 재구성할 수 없게 되어 있고, 동일한 도메인이라도 secure가 붙은 쿠키는 HTTP에서 덮어 쓸 수 없습니다. RFC화를 위한 초안도 작성되어 있지만, 다른 브라우저에는 아직 구현되지 않았습니다.[22]

10.6 사이트 간 요청 위조

지금까지 살펴본 바와 같이, HTTP는 원칙적으로 스테이트리스합니다. GET으로 브라우저가 폼을 가져오는 것과 그 폼에 값을 저장하고 POST하는 요청이 전혀 다른 나라에서 전송되더라도 또는 POST만 전송되더라도 결과에 차이가 없습니다. 예를 들어 이미지 태그에 URL이 적혀 있으면 브라우저는 해당 URL에 액세스하려고 합니다. 이때 GET으로 데이터를 변경할 수 있는 API가 있으면[23] 이 '악의적인 이미지 태그'만으로 그 API가 악용됩니다.

본인이 의도하지 않은 서버 요청을 관계없는 페이지나 사이트에서 보내게 할 수 있습니다. 실제로 요청을 보내는 것은 공격자가 아니라 피해 사용자이며, 웹 브라우저가 유도된 페이지에 대해서도 쿠키를 발행하므로 로그인 상태는 유지됩니다. 이로써 피해 사용자의 권한으로 임의의 조작을 실행할 수 있게 됩니다. 이 피해자에게 의도하지 않는 조작을 하게 만드는 공격이 바로 사이트 간 요청 위조cross-site request forgery(CSRF)입니다.

일본에서도 다른 사용자에게 살해 예고를 하도록 조작해서 무고한 사람을 범인으로 만드는 사건이 일어난 적이 있었습니다. 이때도 CSRF가 이용됐습니다.

---

22 Chrome Platform Status 'Strict Secure Cookies' *https://www.chromestatus.com/feature/4506322921848832*
23 이는 나쁜 방식으로 원래는 이렇게 사용하지 않습니다.

10.6.1 CSRF 대책 토큰

CSRF를 방지하는 방법으로는 HTTP 스테이트리스성을 제한하는 방법이 자주 사용됩니다. 폼을 설정할 때 숨겨진 필드(type이 hidden인 필드)에 무작위로 생성한 토큰을 집어넣고, POST 요청을 받은 서버 쪽에서 올바른 토큰이 포함되지 않은 모든 요청을 거절하는 방법 등이 있습니다. 웹 애플리케이션 프레임워크에는 이 토큰을 생성하거나 토큰을 검증하는 미들웨어가 포함되어 있을 것입니다.

브라우저 쪽에서는 CSRF 대책 토큰인지 아닌지 신경 쓰지 않고, 전송된 폼을 그대로 반환하기만 하므로 특별한 기능을 필요로 하지 않습니다.

덧붙여 각 사용자의 고유한 값이라고 하면 세션 토큰이 떠오르지만, 세션 토큰을 CSRF 대책 토큰으로 사용해서는 안 됩니다.[24] 쿠키는 httpOnly로 보호할 수 있지만, CSRF 대책 토큰 구현 방법으로 자주 사용되는 것은 숨겨진 필드이므로 보호하지 못하고 자바스크립트에서 쉽게 접근할 수 있습니다. mala 씨의 gist 보고서에도 있습니다만, HTML 파일에는 누설 방법이 많이 있습니다. 유용하다고 생각해서 넣은 웹사이트 클리핑 도구도 그것을 사용할 때는 외부 서버로 HTML 파일이 전송됩니다. 만약 세션 토큰이 CSRF 대책 토큰과 같다면 세션 하이재킹의 위험이 높아집니다.

XSS 대책과 동일하지만, 웹 애플리케이션 프레임워크에서 제공하는 구조를 그대로 사용하는 것이 가장 안전합니다. 세션 토큰과는 다른 토큰을 자동으로 생성해줍니다.

10.6.2 SameSite 특성

크롬에서는 쿠키에 SameSite 속성을 부여할 수 있습니다. 이 속성을 부여하면 요청을 보내기 전의 페이지가 같은 사이트에 없는 한 쿠키를 보내지 않게 됩니다. 이렇게 하면 무관한 사이트에서 요청할 수 없으므로 CSRF를 방지할 수 있습니다. RFC화를 위한 초안이 작성되어 있으며, 작자로는 모질라 멤버가 있어 파이어폭스도 적극적으로 지원하고 있지만, 다른 브라우저에서는 아직 구현되어 있지 않습니다.

---

24 *https://gist.github.com/mala/9086206*(일본어)

10.7 클릭재킹

클릭재킹clickjacking 사례는 두 가지 모두 IFRAME을 이용합니다.

하나는 트위터 등 자주 사용되는 웹사이트를 투명하게 하여 악의적인 페이지 위에 겹치는 방법입니다. 사용자가 볼 때는 악의적인 페이지가 표시됩니다. 예를 들어 '클릭으로 추가 정보 표시'와 같은 클릭 유도 버튼을 자주 사용하는 웹사이트에서 로그아웃, 소셜 네트워크 공유 등의 버튼에 맞춰 배치함으로써 사용자가 인지하지 못한 채 유도된 작업을 하게 됩니다. 사이트 간 요청 위조와 같은 공격이 실제 사이트에 대해 직접 실행됩니다.

다른 하나는 반대로 자주 사용되는 웹사이트를 아래에 표시하고 그 위에 투명한 레이어로 악의적인 페이지를 표시함으로써 사용자에게 정규 페이지라고 사칭해 악의적인 페이지를 조작하게 하는 것도 있습니다.

10.7.1 X-Frame-Options 헤더

IFRAME 내부에 표시될 뿐이지 웹사이트 쪽에서 보면 사용자의 조작은 평소와 같으므로, 사이트 간 요청 위조 같은 조치는 취할 수 없습니다. 브라우저의 클릭재킹 방지 기능으로는 X-Frame-Options 헤더가 있습니다. 악용되는 것을 막고 싶은 정규 사이트 쪽에서 이 헤더를 전송하면 페이지가 IFRAME 내에서 이용되는 것을 방지합니다.

- DENY: 프레임 내에서 사용되는 것을 거부한다.
- SAMEORIGIN: 동일한 URL 이외의 프레임 내에서 사용되는 것을 거부한다.
- ALLOW-FROM http://example.com: 지정한 URL에서 호출될 때만 프레임 내 표시를 허가한다.

브라우저는 이 헤더를 보고 적절하게 표시를 거절함으로써 사용자를 보호합니다.

10.8 리스트형 계정 해킹

최근 맹위를 떨치는 공격 방식이 리스트형 계정 해킹입니다. 보안에 취약한 웹 서버가 해킹당해 사용자 ID 및 일반 텍스트로 저장된 비밀번호가 유출되면, 같은 이메일 주소와 비밀번호를 돌려쓰는 사용자의 보안은 무효가 된다는 것입니다.

지금까지 소개한 공격 수법은 어떤 형태로든 클라이언트와 서버의 통신에 개입했습니다. 리스트형 계정 해킹은 그런 실제 통신과 관계없이 보안이 뚫립니다. 지금까지 소개한 사례에서 통신 개입에 대항하는 브라우저의 기능(헤더)도 소개했지만, 브라우저가 통신에 관여하지 않는 이상 브라우저의 기능으로 막을 수는 없습니다.

현재 실용화된 방법은 세 가지입니다. 2단계 인증과 지오로케이션, 시간당 액세스 제한 등입니다.

최근 다양한 웹 서비스에서 지원하기 시작한 것이 2단계 인증two-factor authentication(2FA)입니다. 2단계 인증은 ID와 비밀번호에 다시 본인만 알 수 있다고 생각되는 코드를 입력합니다. 이 코드는 다른 응용 프로그램을 사용해 생성한 코드입니다. 대개 60초 정도만 유효한 코드를 발행하고 이 코드를 사용하여 인증합니다. 코드 생성은 Google Authenticator 등 전용 프로그램을 사용할 수 있습니다. 이 방식은 **RFC 6238**로 규격화되어 있습니다. 은행이 발행하는 일회용 암호도 같은 것이지요. 그 밖에는 하드웨어 토큰도 사용됩니다. ID와 비밀번호 이외에 본인만 사용할 수 있는 물리 장치를 사용하면, ID와 비밀번호가 도난당해도 무단 액세스로부터 보호할 수 있습니다. 2단계 인증 정보는 이사오 시미즈 씨의 키타 기사[25]에 잘 정리되어 있습니다.

확실성은 떨어지지만 필자가 본 것은 지오로케이션을 사용하는 방법입니다. 이 방법은 6장에서도 소개했지만, IP 주소에 사용해 얻은 위치 정보로 필터링을 실현합니다. 주로 생활하는 장소에서 떨어진 곳에서 접속하면 접속을 일단 보류하고 다시 인증하는 수도 있습니다. 단 꼼꼼하게 체크하려고 하면 할수록 정밀도가 높은 위치 정보가 필요합니다. 공격자와 공격 목표의 물리적 위치가 가까우면 막을 수 없습니다.

그 밖에 같은 IP 주소에서의 로그인 액세스 수 제한, 로그인 실패 시 대기 시간 증가, reCAPTCHA 등을 도입해 로봇을 이용한 대량의 로그인 시도를 방지하는 방법도 있습니다. 악의를 가진 사용자가 로그인에 도전하는 횟수를 줄이면 공격에 걸리는 시간이 늘어나므로 공격이 성공할 확률을 줄일 수 있습니다.

물론 사용자가 신경 써서 서비스마다 다른 암호를 설정하는 것이 가장 견고한 보안 대책입니다.

---

25 "SameSite' cookie attribute' *https://www.chromestatus.com/feature/4672634709082112*(일본어)

10.9 웹 애플리케이션을 위한 보안 가이드라인

다양한 보안 대책을 위한 브라우저 기능을 소개했습니다. 이 책에서 소개한 기능은 아래와 같습니다.

- X-Frame-Options 헤더
- Content-Security-Policy 헤더
- Strict-Transport-Security 헤더
- Public-Key-Pins 헤더
- Set-Cookie 헤더(2장 참조)
- CSRF 대책 토큰
- 2단계 인증
- 지오IP (5장 참조)
- X-Content-Type-Options 헤더(인터넷 익스플로러 8용, 1장 참조)
- X-XSS-Protection 헤더 (인터넷 익스플로러 8용)

웹 서비스에 관한 보안 치트 시트[26] 등도 찾으면 바로 나옵니다. IPA(정보처리추진기구)에서도 가이드라인[27]을 제공합니다. 이 장을 읽고 어떤 종류의 공격이 있는지 그리고 브라우저는 어떻게 속는지 이해했다면, 이런 자료들도 바로 이해할 수 있을 것입니다. 보안에 대한 책도 많이 있습니다.

10.10 웹 광고 및 보안

TV 광고는 프로그램을 시청하는 사람의 취향이 거의 같다고 전제하고, 모두에게 똑같은 광고를 일률적으로 내보내는 구조였습니다. 반면에 웹 광고는 거기에서 한 걸음 더 나아가 같은 사이트에서도 사용자마다 광고를 다르게 내보낼 수 있습니다. 효율적으로 사용자의 관심을 끄는 광고를 내보내려면, 어떤 사용자가 무엇에 관심이 있는지 정보를 얻는 것이 이상을 실현하는

---

26 *http://qiita.com/isaoshimizu/items/5ca25efebdc5ecee7d9b*(일본어)

27 *https://www.owasp.org/index.php/HTML5_Security_Cheat_Sheet*

열쇠입니다.

그러나 취미 정보라는 무형의 정보를 얻을 수는 없습니다. 그러므로 방문한 URL 목록을 가져와 사용자의 취향을 추정합니다. 사용자가 방문한 웹사이트의 정보를 모아서 가져올 수는 없습니다. 그래서 시행되는 것이 광고가 사용자에게 ID를 할당하고, 광고 업자가 추적하는 웹사이트를 사용자가 방문했다는 정보를 기록해 점을 연결함으로써 사용자의 열람 기록을 복원하는 기술입니다.

현재 사용되는 측정 방식에는 크게 두 종류가 있습니다. 쿠키 기반 측정 도구의 경우 사용자에 대해 고유한 ID가 부여되므로, 클릭하고 3개월 이상의 전환 성과까지 가져올 수 있습니다.

또 다른 방식은 핑거 프린트(지문) 방식으로 불립니다.[28] 단말기의 브라우저 버전 정보와 IP 주소, 지역 정보, 기종 정보 등 온갖 수단을 동원해서 사용자를 세밀하게 카테고리화합니다. 쿠키 기반과 달리 완전하게 사용자를 특정할 수는 없습니다. 쿠키 같은 것을 단말기 쪽에 설정할 필요가 없고, 관측하기 쉬운 데이터로 언제든지 생성할 수 있는 장점이 있지만 2주가량 지나면 핑거 프린트 생성에 사용한 정보가 바뀌어 성과가 잡히지 않습니다. 이 방식에 관해서는 나중에 소개합니다.

문제는 사용자가 방문한 웹사이트의 기록 정보가 개인 정보에 해당한다는 것입니다. 이력를 복원하기 위해 개인에게는 ID가 할당됐습니다. 단독으로는 의미를 이루지 않아도, 조합해서 개인을 추정할 수 있는 것은 개인 정보라고 할 수 있습니다. 웹 브라우저 업체는 개인의 사생활을 보호하는 방향으로 기능을 강화하고 있습니다. 웹 광고의 역사는 보안과 투쟁의 역사입니다. 사용자 정보를 완벽하게 특정할 수 있는 형태로 얻을 방법은 점점 없어지고 있습니다. 현재 광고의 전환을 확실하게 측정할 수 있는 방법도 없습니다. 만약 있다고 해도 브라우저 벤더는 그 구멍을 막으러 달려오겠지요. 광고 게재는 점점 장인의 영역에 들어오고 있습니다. 쿠키 방식이나 핑거 프린트 방식과 같은 측정 도구의 주제를 이해하고 성과를 상상력으로 보충하면서 개선할 필요가 있습니다.

웹이 아닌 모바일 앱의 예를 소개하면, 일단 애플의 단말에는 고유한 ID와 UDID가 많은 기업이 그것을 사용자를 식별하는 데 사용했습니다. 현재 애플은 누구나 재설정하거나 거절할 수 있는 광고의 IDFA^{Identification For Advertisers}를 제공하기 시작했습니다.[29] 애플은 기본적으로 개인

---

28 https://www.ipa.go.jp/security/vuln/websecurity.html(일본어)
29 http://blogs.itmedia.co.jp/jinmsk/2013/10/cookieidfingerp-da3d.html(일본어)

정보 보호에 엄격한 정책을 가지고 있습니다.

10.10.1 서드파티 쿠키

2장에서 소개한 쿠키는 퍼스트파티 쿠키라고 합니다. 브라우저가 액세스한 서비스가 해당 서비스 내에서만 유효한 쿠키를 써넣는 것입니다. 이것은 쓰기 전, 읽어 오기 전이 제어되고 있기 때문에 문제는 없습니다. 그러나 광고 등의 용도로 외부 서비스에서 읽을 수 있는 쿠키를 삽입해, 사이트를 넘어서 행동 추적을 가능하게 해주는 쿠키가 있습니다. 그것이 서드파티 쿠키입니다.

서드파티 쿠키는 액세스한 사이트(A.com)와 다른 사이트(B.com)의 쿠키입니다. `<img>` 태그로 참조된 이미지를 반환할 때 Set-Cookie 헤더를 포함하는 방법[30] 태그 `<iframe>`으로 폼을 만들어 전송하는 방법, 팝업 창을 표시하는 방법, 자바스크립트로 `postMessage()`를 이용해 다른 사이트를 열려 있는 윈도우와 정보를 교환하는 방법[31] 등이 있습니다.

B.com에 쿠키가 저장되어 있기 때문에 사용자가 직접 B.com을 방문하는 경우라면, B.com 서버로 쿠키가 직접 전송되며, 그 시점에서 사용자가 과거에 방문했던 정보를 모아서 가져올 수 있습니다.

B.com이 광고 업자로, 직접 사용자가 방문하지 않는 경우도 있습니다. A.com과 C.com에서 사용자를 식별하는 경우에는 `<iframe>`을 사용합니다. 이 `<iframe>` 내부는 B.com과 같아서 모두 B.com의 쿠키가 전송됩니다. 쿠키를 사용하여 페이지가를 넘어 식별할 수 있습니다. 다만 A.com과 C.com 사이트 관리자는 B.com의 정보를 알 수 없습니다.

사용자가 특정 페이지를 봤다는 정보를 얻을 수 있으면, 그 정보를 실마리로 방문 사이트의 경향을 서버 B.com이 알게 됩니다. 마찬가지로 다양한 사이트의 페이지에서 정보를 수집하고 동일한 사용자가 방문한 페이지의 이력을 통합하면 더 상세한 사용자의 모습을 그릴 수 있습니다.

서드파티 쿠키는 이처럼 사용자가 인식하지 않는 곳에서 추적된다는 개인 정보 보호 문제가 있습니다. 사파리는 쿠키에 대한 기본 설정이 '방문한 웹사이트 허용'으로 되어 있으며, 여기에서

---

30 `http://blogs.itmedia.co.jp/jinmsk/2013/10/idfaidfa-7baf.html`(일본어)
31 `http://www.ic.daito.ac.jp/~mizutani/ict/tracking_cookie.html`(일본어)

설명한 것처럼 방문한 사이트 이외의 도메인 쿠키는 모두 거절합니다. 다른 브라우저도 설정에서 쿠키 취급을 변경할 수 있습니다. 인터넷 익스플로러는 P3P[Platform for Privacy Preferences Project]라는 설정을 사용함으로써 개인 정보 보호 강도를 변경할 수 있습니다.

10.10.2 쿠키 이외의 대체 수단

클라이언트를 고유하게 식별하는 수단으로 가장 많이 사용되는 방법이 쿠키에 세션 토큰을 기록하는 방법입니다. 쿠키의 경우 보안 강도에 따라 무시하거나 재설정하거나 확인하는 수단도 있지만, 다른 방법으로 재설정하기 어려운 쿠키 흉내를 낼 수 있습니다. 이를 좀비 쿠키[zombie cookie]라고 합니다. 자바스크립트를 사용해 이러한 쿠키를 조작하는 라이브러리로 에버쿠키 evercookie[32]도 있습니다.

- HTML5의 각종 스토리지(세션, 로컬, 글로벌)
- ETag
- 임의로 생성한 이미지
- 기타 플래시나 실버라이트, 자바 애플릿 등의 저장 영역

각종 스토리지의 경우, 서버에 액세스해 ID를 취득하고 브라우저의 쿠키 영역이 아니라 브라우저가 따로 준비한 스토리지에 저장함으로써 쿠키와 같은 기능을 실현합니다. ETag의 경우는 절대로 변하지 않는 이미지 파일 등의 ETag에 사용자 ID를 넣어 클라이언트에 전송함으로써 실현합니다. 클라이언트는 페이지를 표시하기 위해 캐시의 유효성을 확인합니다. 이때 서버에 ETag 정보를 보내기 때문에 부지불식간에 쿠키와 같은 처리가 이루어집니다. 자바스크립트에서 캔버스 등을 사용하면, 임의로 생성한 이미지로부터 픽셀 단위로 색 정보를 추출할 수 있으므로 ID 값을 여러 픽셀의 색 정보로서 삽입합니다. 단 사이트마다 캐시가 나뉘어 있는 사파리에서는 이 방법은 사용할 수 없습니다.

이러한 수단을 사용하면 어느 샌가 ID가 삽입되어 행동이 감시당할 우려가 있습니다. 보안 설정에서 쿠키를 제한해도 막지 못하고 삭제하려고 했을 때도 기대한 대로 지워지지 않는 등 개인 정보 보호에 문제가 있습니다.

---

32 *http://www.samy.pl/evercookie*

10.10.3 구글 애널리틱스

광고 이외에도 사용자 식별에 의미가 있는 경우가 있습니다. 사용자의 방문 기록을 가져오는 구글 애널리틱스Google Analytics가 바로 거기에 해당됩니다. 구글 애널리틱스의 경우 웹사이트에 자바스크립트를 설치합니다. 자바스크립트 코드를 사용해 웹사이트는 자신의 도메인 안에서 움직인다는 전제로 퍼스트파티 쿠키로서 ID 정보를 쿠키에 저장합니다.

구글 애널리틱스와 웹 광고는 정보의 범위가 크게 달라집니다. 구글 애널리틱스는 설치된 도메인 내에서 사용자의 움직임만 파악할 수 있으면 (그러나 정확하게) 목적을 달성할 수 있습니다. 웹 광고의 경우는 설치된 서버 범위를 넘어 다양한 서비스에서 사용자 ID로 정보를 수집합니다.

퍼스트파티 쿠키이므로 구글 애널리틱스에 액세스할 때는 사용자를 식별하는 ID는 구글 측에 전송되지 않습니다. 이 정보는 HTML의 `document.cookie`로 얻을 수 있는 상태로 설정되므로 구글에서 제공하는 자바스크립트 코드로 읽을 수 있습니다. 이 자바스크립트 코드가 유사 서드파티 쿠키로서 서버에 전송됩니다.

10.10.4 사용자를 특정하지 않고 추정한다

익스페리언의 AdTruth[33]에서 사용하는 방법은 쿠키 등으로 ID를 브라우저에 심어서 이용하는 방법과는 다릅니다. IP 주소나 브라우저가 보낼 유저 에이전트 정보 등 외부에서 관측할 수 있는 정보를 바탕으로 단말기의 동일성을 추측하는 방법으로, 핑거 프린트 방식이라고 합니다. 사용자 인증과 달리 광고에 필요한 속성 정보를 대략적으로 얻을 수 있으면 되므로 고유하게 인식하지 않아도 된다고 본 방법입니다. 광고 이외에 응용하기는 어렵겠지요.

클라이언트 쪽에는 어떠한 정보도 가지지 않고, 서버 쪽에서 추정 한 ID를 바탕으로 광고를 게재합니다. 메커니즘은 지오IP에 가깝다고 할 수 있습니다. 익스페리언의 웹사이트에 따르면 다음과 같은 정보를 바탕으로 하고 있다고 합니다. 도메인은 지오IP에 가까운 정보일 것입니다.

- CPU, 시스템 설정 언어, 유저 에이전트, 사용자 설정 언어, 기본 언어 설정
- 브라우저 애플리케이션 코드명, 브라우저 이름, 버전, 언어

....

33 *http://stackoverflow.com/a/4702110/1709902*

- 브라우저 플러그인
- 시스템 시각, 스크린 설정, 폰트 높이
- 도메인, 로컬 시간, 시간대

그러나 이 기법은 미국에서는 잘 동작하는 것 같지만, 일본에서는 정확도에 문제가 있습니다. 미국은 본토에서만 시간대가 네 개가 있고, 사용되는 언어도 여러 개 입니다. 또한 안드로이드 단말의 비율이 비교적 많기 때문에, 속성 정보를 이용해 클러스터로 나눴을 때의 모집단은 작아집니다. 일본의 경우는 시간대가 하나고, 언어도 90% 이상 일본어이며, 소재지도 대도시에 집중되어 있습니다. 또한 스마트폰 점유율에서 아이폰 비율이 매우 높은 특수한 시장 특성도 추정을 어렵게 합니다.

10.11 마치며

이 장에서는 웹에서 대표적인 보안 사안을 일부 소개했습니다. 예전부터 컴퓨터에 직접 작용해 제어권을 빼앗거나 정보를 훔치던 악성 코드와는 달리, 요즘은 컴퓨터에 전혀 흔적이 남지 않는 공격이 대부분입니다.

이 장에서 소개한 사례는 HTTP 헤더 등에서 대응책이 제공되는 것으로 한정했습니다. 웹 보안 문제는 역사가 오래됐습니다. HTTP/1.1을 다룬 4장에서 소개한 크로스 사이트 추적 등 현재 브라우저에서는 발생하지 않는 문제도 예전에는 있었습니다. 편리함을 희생시키지 않는 범위에서 브라우저도 속속 대책을 취하고 있습니다. 이 장에서 소개한 바와 같이 기능과 절충이 필요한 것은 헤더 등에서 권한을 적절히 부여해 피해를 줄이거나 방지하는 방향으로 브라우저는 진화해왔습니다.

보안은 서버에서 적절히 헤더를 설정하고 브라우저가 적절히 구현한다고 모두 해결되는 것은 아닙니다. 악성 코드가 컴퓨터에 프록시 서버를 설치하고 동시에 루트 인증서를 등록해버리면 중간자 공격의 대상이 되고, 웹 서비스 측에서 아무리 손을 써도 보안에 큰 구멍이 뚫린 상태가 됩니다.

이 책의 집필 중에도 다양한 미들웨어와 언어의 라이브러리가 긴급 업데이트를 발행했습니다. 이처럼 소프트웨어를 적절하게 업데이트하고 보안에 구멍이 나지 않게 하려면 웹 응용 프로그램을 제대로 구현하는 등 많은 일을 제대로 처리해야 합니다. 보안 진단 서비스 업체와 계약해 점검하는 것도 때로는 필요합니다.

## CHAPTER 11

클라이언트 시점에서 보는 RESTful API

지금까지 웹 브라우저와 같은 HTTP 통신을 curl 커맨드와 Go 언어를 사용해 실행하는 방법을 배웠습니다. 이 장에서는 Go 언어 특유의 주제로서 Go 언어에서 RESTful API를 이용하는 코드 작성 방법을 학습합니다.

이 책의 콘셉트는 '브라우저 관점에서 학습하는 HTTP'이므로 서버 개발자 입장에서 REST API를 구현하는 방법론 및 API 디자인 소개는 하지 않습니다. 이와 관련해선 따로 『RESTful 웹 서비스』(정보문화사, 2008)나 서문에서 소개한 『Web API: The Good Parts』 등의 책을 참조하십시오. 좋은 API는 클라이언트에서도 사용하기 쉬운 API입니다. 서버 개발자도 이 장을 읽으면 '이렇게 해두는 게 더 쉽겠다'는 힌트를 얻을 수 있을 것입니다.

11.1 RESTful API

10년쯤 전에 매시업이라는 단어가 많이 사용됐습니다. 구글 지도를 비롯해 클라이언트에서 처리할 수 없는 대용량 데이터, 날씨 정보 등 관측 시스템에서 보내는 실시간 정보를 취급하는 웹 서비스가 많이 만들어졌습니다. 이러한 서비스는 웹 브라우저에서 사용하는 것을 전제로 만들어졌지만, API도 제공하고 있어 웹 서비스를 조합해 사용할 수도 있습니다. 웹 서비스를 결합해 새로운 부가가치 창출 방법을 '매시업'이라고 합니다. 이렇게 웹 서비스의 인터페이스로서 HTTP를 기반으로 한 서버/클라이언트 간 통신이 널리 이용되게 되었습니다.

REST[representational state transfer]는 로이 필딩 씨가 2000년에 네트워크를 기반으로 하는 소프트웨어 아키텍처 논문에서 발표한 것입니다.[1] 필딩 씨는 HTTP 책정에도 관여했고, 아파치 웹 서버 프로젝트의 공동 설립자 중 한 사람이기도 합니다. REST는 매시업이 활발하게 이루어지게 되고, 웹이 브라우저에서 웹 애플리케이션 간의 연계를 위한 것으로 용도가 넓어지면서 알려지고 사용되기 시작했습니다. 구글의 디자인 가이드[2]에 따르면, 2010년에는 전 세계의 네트워크를 통해 공개된 API의 74%가 REST API로 되어 있습니다.

REST는 HTTP 신택스를 프로토콜의 토대로 사용했는데, 통신의 시맨틱도 HTTP를 따르자는 생각입니다. 대략적으로 다음과 같은 특성을 가지고 있습니다.

- API가 웹 서버를 통해 제공된다.
- GET/users/[사용자 ID]/repositories처럼 경로에 메서드를 보내 서비스를 얻는다.
- API가 성공했는지 스테이터스 코드로 클라이언트에 알려준다.
- URL은 리소스의 위치를 나타내는 표현이고, 서비스의 얼굴로서 중요하다.
- 필요에 따라 GET 매개변수, POST의 바디 등 추가 정보를 보낼 수도 있다.
- 서버에서 오는 반환값으로는 JSON 또는 XML과 같은 구조화 텍스트나 이미지 데이터 등이 반환되는 경우가 많다.

클라이언트 관점에서는 서버에 다음과 같은 것을 기대할 수 있습니다.

- URL은 리소스의 계층을 나타낸 경로로 되어 있다. 명사로만 구성된다.
- 리소스에 대해 HTTP 메서드를 보내 리소스 취득, 갱신, 추가 등의 작업을 한다.
- 스테이터스 코드를 보고 요청이 제대로 처리됐는지 판정할 수 있다.
- GET 메서드는 여러 번 호출해도 상태를 변경하지 않는다.
- 클라이언트 쪽에서 관리해야 할 상태가 존재하지 않고, 매번 요청을 독립적으로 발행할 수 있다.
- 트랜잭션은 존재하지 않는다.

REST 원칙을 준수한 것을 RESTful이라고 표현합니다.

---

1 https://www.ics.uci.edu/~fielding/pubs/dissertation/top.htm
2 https://cloud.google.com/apis/design

11.1.1 REST API와 RPC의 차이

웹 서비스의 인터페이스 설계 아키텍처는 REST만이 아닙니다. 5장에서는 XML-RPC와 JSON-RPC도 소개했습니다. RPC에 따른 API와 REST에 따른 API는 설계 철학이 다릅니다.

RPC의 경우 URL은 하나로, 요청할 때 서비스 이름과 메서드 이름을 전달해 '무엇을 할 것인가' 지정합니다. 객체지향적 관점에서 설명하면, 웹 서버를 통해 공개된 정적 오브젝트의 인스턴스를 URL을 통해 발견하고 그 메서드를 호출한다고 비유할 수 있습니다. 호출하는 창구는 URL 하나이며, HTTP 메서드는 모두 POST입니다. 서버에 대한 요청(객체지향적인 메서드와 매개변수)은 모두 바디에 넣어 보냅니다. HTTP 서버의 로그를 보더라도 동일한 URL에 대한 액세스가 있다는 것밖에는 알 수 없겠지요.

REST로 정보를 갱신할 때는 수정된 리소스를 첨부해서 '이걸로 덮어쓰라'고 전송합니다. GET으로 가져올 수 있는 실제 리소스 이외에는 모두 메타데이터입니다. 메타데이터의 취득과 수정은 헤더로 합니다.

RPC의 경우는 데이터든 메타데이터이든 똑같이 다룹니다. 변경이나 응답은 전용 명령을 사용합니다. 실제 동작은 API로 구현하기 나름이지만, 리소스 자체를 그대로 전송하는 디자인은 거의 없겠지요.

애플리케이션에 따라 어떤 표현이 다루기 쉬운지 일률적으로는 정할 순 없습니다. 최근에는 드롭박스가 API를 버전 업하며 REST API를 버리고 RPC로 변경했다는 소식[3]이 화제가 됐습니다.

11.1.2 Web API와 트랜잭션

RPC의 경우 트랜잭션과 비슷한 API를 제공할 수도 있지만, 트랜잭션이 필요한 단위로 원자적인 API를 제공하는 것이 지금의 현실적 해법입니다.

JSON-RPC는 여러 요청을 배열로 모아 동시에 발행할 수 있습니다. 키 값 스토어 Redis API의 멀티를 사용하면 여러 명령을 묶어 동시에 실행할 수 있습니다. RPC가 모두 이러한 호출을

---

3 'HTTP API 설계 방향' 참고. *https://medium.com/@voluntas/http-api-%E3%81%AE%E8%A8%AD%E8%A8%88%E6%96%B9%E5%90%91-7ccaca671d9d#.vymbv8ex*(일본어)

지원하는 것은 아니지만, 이렇게 여러 명령을 원자적으로 (도중에 끼어들지 못하게) 실행하면 간단한 트랜잭션처럼 다룰 수 있습니다. 데이터를 가져와서 가공하고 다시 데이터베이스에 넣으려면 여러 명령을 묶는 것만으로는 실현할 수 없어, 도중에 인터럽트가 발생해 병렬 처리 특유의 문제가 일어날 가능성이 있습니다.

레디스는 루아Lua를 사용해 서버 측에서 처리함으로써 이런 경우에 대처할 수 있게 되어 있습니다. 또한 몽고DBMongoDB는 단순한 증가보다도 복잡한 데이터 가공을 하나의 쿼리 호출로 할 수 있게 되어 있습니다. 그러나 둘 다 클라이언트와 서버 양쪽에서 API 구현이나 이용에 드는 수고가 적지 않습니다. 트랜잭션이 필요한 경우에는 그에 상응하는 복잡한 구현이 필요합니다.

중요한 것은 가능한 한 원자 레벨로 API를 나누는 것입니다. 여기서 소개한 레디스와 몽고DB는 일반 저장소로서 작은 단위의 API가 제공되지만, 웹 API는 가급적 한 번에 끝내는 것이 중요합니다. 특히 RPC의 경우 아파치 스리프트Thrift나 구글 gRPC 등 서버와 클라이언트의 소스 코드 생성기를 사용해 구현하는 경우가 많습니다. 이런 경우에는 여러 요청을 동시에 발행할 수도 없습니다. 이 점은 HTTP도 마찬가지입니다. HTTP도 한 번의 액세스에 하나의 메서드가 호출됩니다. 복수의 요청을 원자적으로 실행할 수는 없습니다. HTTP/2에서는 호출 순서와 API 서버에서 처리되는 순서 또는 응답이 돌아오는 순서가 같다는 보증도 없어집니다.

클라이언트 입장에서는 모아서 한꺼번에 처리하고 싶은 대상이 있다고 해도, 그에 해당하는 API가 반드시 있고, 그 API 하나만 호출하면 필요한 일을 할 수 있는 형태가 이상적입니다. 하지만 이 이상에도 제약이 있습니다. 『Web API: The Good Parts』에서는 다수의 불특정 개발자를 위한 API를 LSUDSlarge set of unknown developers라는 말로 설명합니다. 다수가 사용하는 API에서는 유스 케이스를 좁힐 수 없어, 아무리 해도 크기가 작은 API 집합으로 할 수밖에 없습니다. 설계자는 사용성, 성능, 유스 케이스의 범위 등 트레이드오프를 고려해서 설계해야 합니다.

11.1.3 HATEOAS

HATEOASHypermedia As The Engine Of Application State는 REST의 일부인 '인터페이스의 일반화'를 사양으로 만든 것입니다. 리소스 간의 관련 정보와 리소스의 조작 링크를 응답에 포함시킴으로써 리소스의 자기서술력을 향상시킵니다. REST API의 성숙도 수준에서 최상위에 위치합니다.[4]

---

4 https://www.infoq.com/jp/news/2010/03/RESTLevels(일본어)

위키피디아의 HATEOAS 항목에서 예제 응답을 인용합니다.[5]

```
HTTP/1.1 200 OK
Content-Type: application/xml
Content-Length: ...

<?xml version="1.0"?>
<account>
    <account_number>12345</account_number>
    <balance currency="usd">100.00</balance>
    <link rel="deposit" href="https://somebank.org/account/12345/deposit" />
    <link rel="withdraw" href="https://somebank.org/account/12345/withdraw" />
    <link rel="transfer" href="https://somebank.org/account/12345/transfer" />
    <link rel="close" href="https://somebank.org/account/12345/close" />
</account>
```

위 예제의 XML 중 <link> 태그로 주어진 정보가 HATEOAS를 위해 추가된 것으로, 이 오브 젝트에 대해 실행할 수 있는 작업과 관련 오브젝트의 링크를 포함합니다. 이 정보에는 각 작업 을 위한 URL이 기술됩니다. 이 예제는 데이터에 대한 조작이 적혀 있지만, 관련 리소스에 대한 링크를 포함할 수 있습니다. 이 데이터는 XML 형식이지만, JSON이라도 링크와 링크의 이름 (리소스에서 본 작업명 등)을 부여해 같은 내용을 표현할 수 있습니다.

완전한 HATEOAS가 실현됐다면, 클라이언트는 홈페이지에서 데이터와 작업을 나타내는 링 크 목록을 얻을 수 있습니다. API에 대한 사전 지식이 전혀 없어도 링크를 따라가는 것만으로 API의 기능을 충분히 사용할 수 있게 되는 것입니다. 사용자가 브라우저로 웹사이트를 탐색할 때도 페이지의 내용을 보고 링크를 따라가며 원하는 페이지를 찾습니다. 그런 일을 API가 할 수 있게 되는 것이 HATEOAS가 이상으로 하는 상태입니다.

실제 HATEOAS 활용 사례를 보면 사전 지식이 전혀 없는 상태에서의 탐색은 아직 실현되지 않았습니다. 데이터를 반환할 때 링크를 따라가 관련 정보를 모아 하나로 만들거나[6] 클라이언 트가 UI 생성 시 활용[7]하는 등의 사례는 있지만, 현재는 서비스 일부를 구성하는 클라이언트 (브라우저의 자바스크립트나 마이크로서비스의 백엔드 서비스를 묶는 BFF[Backend for Frontend]가

5 단 이 예제는 동사가 URL에 들어가서 '이게 과연 REST일까?' 하는 의문이 남습니다. *https://en.wikipedia.org/wiki/HATEOAS*

6 Cookpad의 블로그. *http://techlife.cookpad.com/entry/2014/09/08/093000*(일본어)

7 넥세디의 ERP5

해석하는 것이 전제입니다.

11.1.4 RESTful와 REST-ish

REST API는 계층화된 리소스로 HTTP의 신택스와 시맨틱스를 지킨 API 구조를 갖추는 것을 이상으로 합니다. 이 중 'HTTP 신택스'는 언어가 제공하는 HTTP 요청 라이브러리 등을 사용해 쉽게 지킬 수 있지만, URL의 리소스 구조나 메서드 선택, 응답 형식이 REST의 개념과 일치하지 않을 가능성이 있습니다.

예를 들어, URL에 동사가 들어가거나 /api 문자가 들어가고, 포맷을 나타내는 문자(/json)나 버전이 들어가는 등 원래는 리소스의 주소여야 하는 URL에 불필요한 정보가 들어가는 사례도 볼 수 있습니다. REST를 제안한 필딩 씨는 이렇게 설계된 웹 서비스가 'REST'를 자칭하면, 격렬하게 공격하는 것으로도 유명합니다. 최근 포화에 노출된 것은 마이크로소프트 API[8]입니다. 필딩 씨의 말을 빌리면 'REST라고 하지 말고, 그냥 HTTP API로 부르라'는 것입니다. 무엇이 문제였는지 구체적인 설명은 없었지만, 아마 버전 번호가 경로에 들어간 점이 문제된 것으로 생각합니다.

REST의 맥락에서는 버전이나 형식은 **Accept** 헤더로 넣어 HTTP와 마찬가지로 니고시에이션하는 것이 최고라고 알려져 있습니다. 마이크로소프트의 사례는 버전의 전환 조치로서 여러 버전을 동시에 지원하는 경우로 버전별로 다르게 작동하는 API를 완전히 URL에서 나누어 관리를 쉽게 하려고 원칙에서 벗어난 선택을 한 것으로 여겨집니다.

기본적으로는 REST를 지키고 싶지만, 완전히 RESTful하게 됐는지 자신이 없을 때가 있습니다. 그런 때는 'REST-ish(REST 스타일) API'라고 부르는 방법이 있습니다. 'REST-ish API 구축 방법' 슬라이드[9]를 요약하자면 다음과 같은 문장으로 압축할 수 있습니다.

로이의 분노에 시달리지 않기 위해 당신이 할 일은

자신의 API에 'REST API'라는 이름표를 달지 않는 것이다.

---

8 https://www.infoq.com/news/2016/07/microsoft-rest-api
9 https://docs.google.com/presentation/d/1xul-mmrOeilaFX733Dxgl6UYxB7X-bFy6JUqcEGipvM/edit#slide=id.p

11.2 메서드

REST API를 이용할 때는 서비스가 지정하는 메서드를 사용합니다. 기본적으로 사용하는 메서드는 다음 표에 정리한 일곱 종류입니다.

표 11-1 REST API를 이용할 때 사용하는 메서드

메서드	안전	멱등	요청 시 바디	설명
GET	○	○		데이터 취득
POST			○	데이터 신규 작성
PUT		○	○	데이터 갱신(리소스가 이미 있을 때)
DELETE		○		리소스 삭제
PATCH			○	차이에 따른 데이터 갱신(리소스가 이미 있을 때)
HEAD	○	○		GET 메서드에서 바디를 뺀 것
OPTIONS	○	○		사용할 수 있는 메서드 목록. CORS에서 사용된다.

이 중 자주 사용되는 것이 위의 네 가지입니다. HTTP/1.1에서 추가된 TRACE와 CONNECT 메서드는 API 액세스에는 사용하지 않습니다. 또한 PATCH도 일단 사용할 수는 있지만, 그다지 사용되는 것을 본 적이 없습니다. HEAD는 헤더만 가져오고, OPTIONS는 주로 보안을 설명할 때 소개한 CORS(교차 출처 리소스 공유)의 프리플라이트 요청에 사용됩니다. 모두 애플리케이션에 필요한 데이터 취득이 아니라 통신 방식을 확인하는 메서드이므로 API를 사용할 일은 거의 없습니다. 단 HATEOAS를 구현할 때는 OPTIONS는 메서드를 알기 위한 통합 인터페이스로 활용될 가능성이 있습니다.

HTTP 사양에서 메서드의 분류에는 '안전'과 '멱등'이라는 두 가지 지표가 있습니다. '안전'은 실행해도 리소스를 변화시키지 않는 것입니다. 여러 번 호출해도 서버 측 리소스가 파괴되지 않습니다. '멱등'은 서버의 리소스는 변경되지만, 몇 번을 실행해도 결과가 바뀌지 않는다는 것입니다. 안전한 메서드는 멱등성도 갖추고 있습니다. GET, HEAD와 OPTIONS는 안전한 메서드고, PUT 및 DELETE는 한 번 실행한 것을 여러 번 실행해도 결과가 변하지 않는 멱등한 메서드라고 정의되어 있습니다. RESTful한 API에서도 이 규칙을 따라야 합니다.

1장에서 바디를 설명할 때 마지막에 소개한 대로 바디의 전송을 지원하지 않는 메서드로도 전송할 수는 있지만 해서는 안 됩니다. 또한 5장에서 소개한 XMLHttpRequest는 GET과 HEAD에서 바디를 지정해도 무시됩니다.[10]

HTML의 폼은 GET과 POST만 지원하는 경우도 있고, GET과 POST만 이용하는 API 서버도 있습니다. 헤더 등 어떠한 방법으로 PUT이나 DELETE라는 것을 메시지에 싣고, 실제 메서드는 POST를 사용할 수 있습니다. 엄밀하게는 이 방식을 오버로드 POST라고 합니다.[11] 사용자 정의 메서드를 사용하는 구글의 API 디자인 가이드에서는 경로 뒤에 ':**메서드 이름**' 문자열을 추가해 표현하는 방법을 제안합니다.[12]

```
POST /v3/events:clear
GET /v3/events:batchGet
```

11.3 스테이터스 코드

스테이터스 코드는 HTTP 문맥 그대로입니다. 1장에선 간단히 언급했지만, 이 장에서는 몇 가지를 골라서 소개합니다. WebDAV의 스테이터스 코드는 여기에서 다루지 않습니다. 브라우저를 이용할 때 스테이터스 코드의 숫자를 자세히 보는 일은 드물 것입니다. 아마도 200번대, 400번대와 같은 식으로 묶어 대략적으로 알고 있을 것이라고 생각합니다. 하지만 API를 이용할 때 스테이터스 코드는 상세한 오류 내용이나 서버의 상황을 전해주는 귀중한 정보원이 되므로, 지금까지 이상으로 스테이터스 코드에 신경을 쓰게 됩니다.

오류 발생 시 어떤 스테이터스 코드를 반환할 것인지는 서비스에 따라 차이가 있고, 오류 유형별로 반환할 스테이터스 코드 목록을 문서로 제공하기도 합니다.

---

10 *https://developer.mozilla.org/en-US/docs/Web/API/XMLHttpRequest/send*
11 'RESTful 웹 서비스'에서는 이것도 RESTful이라고 설명합니다.
12 *https://cloud.google.com/apis/design/custom_methods*

11.3.1 100번대(정보)

우선 100번대 스테이터스 코드를 소개합니다. 100번대 스테이터스 코드는 성공이나 실패가 결정되기 이전 상태라는 것을 나타냅니다.

- **100 Continue**: '4.8 바디 송신 확인'에서 소개한 스테이터스 코드. 송신하기 전에 헤더만 보내서 허가를 구하러 온 클라이언트에 서버가 접수했다는 사실을 전달한다.
- **101 Switching Protocols**: '4.5 프로토콜 업데이트'에서 소개한 스테이터스 코드. 클라이언트가 의뢰한 HTTP 이외의 프로토콜로 변경을 서버가 접수했을 때 반환된다. 이 스테이터스 코드도 API에서는 사용되지 않는다.

둘 다 바디는 포함하지 않습니다.

또한 HTTP/2의 서버 푸시를 위한 힌트 정보를 반환하는 **103 Early Hints**[13]가 현재 책정 중입니다.

11.3.2 200번대(성공)

정상 종료했을 때는 200번대의 응답이 반환됩니다.

- **200 OK**: 정상 종료. 가장 자주 보는 응답이다.
- **201 Created**: POST 메서드에 대해 반환될 가능성이 있다. 작성에 성공했을 때 반환된다.
- **204 No Content**: DELETE 메서드에 대해 반환될 가능성이 있다.
- **206 Partial Content**: 5장에서 소개한 '5.2 다운로드 중단 및 재개'에서 사용되는 상태 코드이다.

---

13 *https://kazuho.github.io/early-hints*

이 중에서 주의할 것은 204 No Content입니다. 이 스테이터스 코드일 때는 응답에 바디가 포함되지 않습니다. 또한 여기서 소개하지 않은 스테이터스 코드가 세 개 있습니다. 202 Accepted는 서버는 접수했지만 실제 처리가 완료되지 않은 때 반환됩니다. 203 Non-Authoritative Information은 요청 자체는 성공했지만, 중계 프록시가 신뢰할 수 없는 정보로서 부여하는 스테이터스 코드입니다. 205 Reset Content는 서버에서 클라이언트의 화면을 재설정하고 초기 상태로 하도록 요청하는 스테이터스 코드입니다. 어느 것이나 API의 응답으로 사용될 일은 드물겠지요.

11.3.3 300번대(리디렉트)

300번대 스테이터스 코드는 리디렉션 및 캐시의 변경이 없을 때의 통지에 사용합니다. 리디렉션은 1장의 '1.6 리디렉션'에서, 캐시는 2장의 '2.8 캐시'에서 소개했습니다. 마찬가지로 REST API에서 사용하는 일은 별로 없을 것입니다.

305 Use Proxy는 현재는 추천하지 않습니다. 또한 306은 결번되었습니다.

11.3.4 400번대(클라이언트 오류)

400번대 스테이터스 코드는 클라이언트에서 기인하는 오류입니다. 요청할 URL이 틀렸거나 필요한 헤더가 부족할 때, 바디의 형식이 틀렸을 때 등에 반환됩니다.

표 11-2 400번대 스테이터스 코드

상태	용도
400 Bad Request	클라이언트의 요청에 문제가 있을 때 반환된다. 다른 구체적인 스테이터스 코드에 해당되지않는 경우 등에 사용된다.
401 Unauthorized	인증이 필요할 때 반환된다.
403 Forbidden	금지된 리소스에 액세스했을 때 반환된다. 404를 반환하는 사이트도 있다.
404 Not Found	리소스를 찾을 수 없을 때 반환된다.
405 Method Not Allowed	허용되지 않는 메서드를 사용했을 때 반환된다.

상태	용도
406 Not Acceptable	2장에서 소개한 콘텐트 니고시에이션 결과, MIME 타입, 표시 언어, 문자 세트, 압축 포맷 등 하나에서 서버와 클라이언트 양쪽이 이해할 수 있는 형식을 찾지 못했을 때 반환된다.
407 Proxy Authentication Required	프록시 인증 필요. 클라이언트는 우선 프록시와 인증할 필요가 있다.
408 Request Timeout	서버가 기다렸지만, 요청이 기대한 대로 오지 않았을 때 반환된다.
409 Conflict	동시에 쓰는 등 서버가 요청을 수행할 때 충돌이 일어나 정상적으로 처리가 이루어지지 않았을 때 반환된다. HTTP/1.1에서는 비슷한 상황에서 사용하는 428도 추가되었다.
410 Gone	원래 있었던 리소스가 없어졌을 때 반환된다. 404를 반환하는 사이트도 있다.
411 Length Required	필요한 콘텐츠의 길이를 지정하지 않았다. Content-Length 헤더가 없는 경우에 반환된다.
412 Precondition Failed	사전 조건에 실패한 경우에 반환된다.
413 Payload Too Large	바디 크기가 서버의 허용치를 넘을 때 반환된다.
414 URI Too Long	URL 길이가 서버 허용치를 넘을 때 반환된다. RFC 7231에서 추가됐다.
415 Unsupported Media Type	지정된 미디어 타입이 지원하지 않을 때 반환된다.
416 Range Not Satisfiable	2장에서 소개한 범위 지정 다운로드에서 지정된 범위가 무효인 때 반환된다.
417 Expectation Failed	Expect 헤더는 바디 송신 확인에서 소개한 100-Continue 이외의 값을 허용하지 않는다. 그 밖의 값을 넣으면 이 오류가 된다.
421 Misdirected Request	서버에 요청된 스키마를 지원하지 않을 때 반환된다. HTTP/2의 RFC 7540에서 추가됐다.
426 Upgrade Required	4장 프로토콜 업그레이드에서 소개한 대로 다른 프로토콜로 변경하도록 클라이언트에 요청할 때 반환된다.
428 Precondition Required	사전 조건이 틀렸을 때 반환된다. RFC 2685에서 가정한 상황은 409 Conflict와 비슷하다. 먼저 GET한 것을 가공해서 PUT할 때, 도중에 다른 사람이 변경했다면 오류로 한다. 사전 조건이란 것은 변경 전 데이터의 ETag를 가정한다.
429 Too Many Requests	대량의 요청을 보냈을 때 오류로서 반환된다. 예를 들어 구글의 서비스에 API는 초당 10회까지 제한이 있다. 이 제한을 넘는 빈도로 요청을 보내면 이 오류 코드가 반환된다.
431 Request Header Fields Too Large	요청 헤더 크기가 지나치게 클 때 반환된다.
451 Unavailable For Legal Reasons	법적인 이유로 접근이 거부됐다. 403 Forbidden의 특수한 경우이다.

아래 스테이터스 코드는 정의되어 있지만, 브라우저가 어떻게 행동해야 하는지 사양은 RFC에 없습니다.

표 11-3 스테이터스 코드

상태	용도
402 Payment Required	금전 지불이 필요한 때 반환된다.

열린 외부 개발자에게 공개된 웹 API라면, 이 정의에 준해 스테이터스 코드를 구분하고 오류 응답을 반환할 것으로 기대됩니다. 또한 오류의 자세한 정보가 JSON 또는 XML 형식으로 바디에 저장되는 것도 많을 것입니다. **RFC 7807**의 'Problem Details for HTTP APIs'에서는 오류의 상세 정보를 JSON 형식으로 돌려주는 공통 어휘집으로서 application/problem+json이라는 Content-Type을 정의했습니다.

폐쇄적인 특정 스마트폰 앱 API라면 정보를 숨겨 **400 Bad Request**만 사용하고, 자세한 오류를 기록하지 않는 경우도 있습니다. 오류 메시지를 통해 API 사양을 추측할 수 있는 단서 제공을 방지하기 위해서입니다.

11.3.5 500번대(서버 오류)

500번대 스테이터스 코드는 서버 오류입니다. 다양한 종류가 있지만, 클라이언트의 요청에는 문제가 없기 때문에 서비스를 받으려면 서버가 복구될 때까지 기다리는 수밖에 없습니다.

표 11-4 500번대 스테이터스 코드

상태	용도
500 Internal Server Error	서버 내부 오류
501 Not Implemented	서버가 기능을 아직 구현하지 않았다.
502 Bad Gateway	서비스에 이르는 동안의 게이트웨이나 프록시 서버가 요청을 거부 한 경우 반환한다. AWS의 로드 밸런서가 대상 서버와 통신에 실패했을 (응답을 해석할 수 없을) 때도 반환한다.

상태	용도
503 Service Unavailable	서버가 시작되지 않는 등의 경우에 프록시 서버와 로드 밸런서가 반환한다. 유지 보수 작업 중에 이 스테이터스 코드가 반환될 수도 있다.
504 Gateway Timeout	서비스에 이르는 동안의 게이트웨이나 프록시 서버가 최종 목적지 서버에 도달할 수 없어 타임아웃됐을 때 반환된다.
505 HTTP Version Not Supported	지원하지 않는 HTTP 버전을 요청했을 때 반환된다.
509 Bandwidth Limit Exceeded	통신대역폭을 다 썼을 때 반환된다.

11.4 바디

응답 바디에는 서버로부터 반환된 정보가 저장됩니다. 웹 API가 공개되기 시작한 무렵은 거의 XML이었지만, 최근에는 JSON을 사용하는 경우가 늘어나고 있습니다. [그림 11-1]은 구글 트렌드[14]에서 출력한 비교 그래프입니다.

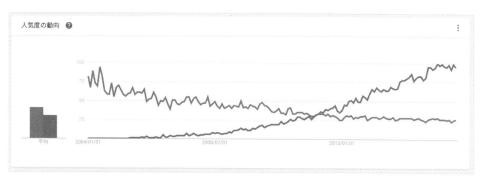

그림 11-1 구글 트렌드를 이용한 XML API와 JSON API의 비교

RESTful API의 엄격한 규칙을 따른다면, Accept: application/json 헤더를 부여하고 서버와 니고시에이션하는 것이 관습이지만, JSON만 지원하는 경우라면 Accept: application/json을 부여하지 않아도 서버는 응답해줄 것입니다.

---

14 *https://developer.github.com/v3/issues/#reactions-summary-2*

11.5 실제 REST API 살펴보기(PAY.jp)

지금까지 REST API를 접해 본 적이 없거나 아직 사용법을 몰라서 꺼리신 분도 있다고 생각합니다. REST API를 사용하지 않고, 자신이 사용하는 언어의 클라이언트 라이브러리를 먼저 찾는 사람도 많겠지요. 지금까지 학습한 지식으로 이전보다 원활하게 읽을 수 있게 된 것을 확인해봅시다. 깃허브나 슬랙 등 많은 서비스가 REST API를 제공합니다. 브라우저로 조작할 필요가 있었던 작업을 자동화할 수 있습니다.

PAY.jp라는 결제 플랫폼이 있습니다. 이 서비스의 문서를 인용하면서 함께 읽어보겠습니다. 앞에서 HTTP를 소개할 때 빠진 내용도 적절히 보충합니다. 사용만 한다면 이미 Go 언어의 SDK가 있으므로 이 절처럼 REST API 설명을 읽고 스스로 전송 방법을 생각할 필요는 없지만, 적당한 학습 소재이기에 선택했습니다.

인증

PAY.JP API를 이용하려면 사용자 등록을 하고 API 키를 취득해야 합니다. 테스트 키는 실제 결제 처리를 하는 서버에 접속되지 않고, 실제 결제 정보로서 계산되지 않습니다. 정식 키는 신청을 한 후 사용할 수 있습니다.

우선 인증에 대해 설명합니다. REST API는 서비스 제공자의 서버에서 실행됩니다. 물론 서버 비용, 전기 요금 및 통신비 등 유지비가 들어가므로, 어떤 형태로든 사용량을 제한하는 서비스가 대부분입니다. 깃허브 API 등 정보를 얻을 때는 인증을 하지 않고 사용할 수 있는 것도 있지만, 동일한 IP 주소에서 시간당 이용 횟수 같은 간단한 제한을 실시하고 있습니다.

이번처럼 순수 API 액세스에서는 PAY.jp에서도 이용되는 액세스 토큰(키)을 사용하는 방식도 자주 쓰입니다. API 이용자는 서비스 웹사이트에 로그인하면 액세스 토큰을 생성하고 다운로드할 수 있습니다. 이 액세스 토큰을 API 액세스 시 어떤 매개변수로서 전달해 인증합니다. 클라이언트가 가진 정보에 부분적으로 액세스할 때는 5장에서 소개한 OAuth2가 자주 이용됩니다.

인증이라고 하면 우선 떠오르는 것이 사용자 ID와 암호를 사용한 인증일 것입니다. 액세스 토큰을 사용하는 방식은 직접 사용자 ID와 암호를 사용하는 방식에 비해 장점이 있습니다. 만일 토큰이 유출되어도 토큰 단위로 무효로 할 수 있습니다. 사용자 ID를 무효로 하면 이후의 복구가 힘듭니다. 중간층을 한 층 늘려서, 토큰이 유출됐을 때의 위험과 피해를 최소화하는 것이라고 할 수 있습니다.

토큰을 어떻게 서비스에 전달할지는 서비스에 따라 차이가 있지만, PAY.jp는 BASIC 인증의 사용자 이름으로 전달합니다. 암호는 비어 있습니다. BASE64로 인코딩된 액세스 토큰을 `Authorization` 헤더에 넣어 서버에 전달합니다.

그 이후의 설명을 살펴봅시다.

프로토콜

보안을 위해 PAY.JP 대한 모든 API 통신은 반드시 HTTPS로 실시하세요.

메서드

PAY.JP API 에 대한 요청은 GET, POST, DELETE의 세 종류의 HTTP 메서드를 사용할 수 있습니다.

응답 형식

API의 응답 데이터는 모두 JSON 형식으로 반환됩니다.

이미 설명한 내용뿐입니다. HTTPS로 통신하는 부분은 URL을 https로 하면 완료됩니다. 메서드 지정은 3장에서 소개했습니다. 응답은 JSON 형식으로 되돌아옵니다. JSON의 파싱을 구현해야 합니다.

오류 핸들링은 건너뛰고 다음의 페이지네이션 설명을 살펴봅시다.

모든 상위 레벨 API 리소스에서는 페이지네이션을 지정해 데이터를 가져올 수 있습니다. 예를 들어 최근의 결제 정보 열 개를 가져오고 싶을 때는 `limit=10`이라는 쿼리를 추가합니다.

쿼리는 GET 매개변수입니다. `limit`와 `offset` 두 가지를 지정합니다. 40번째 요소부터 20개의 데이터를 요청하려면 URL 끝에 다음과 같은 매개변수를 추가합니다.

[페이지네이션 URL]

```
https://api.pay.jp/v1/customers?limit=20&offset=40
```

지금까지의 설명을 이해한 독자라면, 실제 API 액세스 부분이 가장 간단해 보일 것입니다. API 액세스는 다음과 같이 정의됩니다.

[고객 정보 가져오기]

```
GET https://api.pay.jp/v1/customers/:id
```

이 가운데 `:id` 부분에 고객 ID가 들어갑니다. 예제에 테스트용 액세스 토큰과 테스트용 고객 ID가 들어간 스니펫이 있습니다.

```
$ curl https://api.pay.jp/v1/customers/cus_121673955bd7aa144de5a8f6c262 \
    -u sk_test_c62fade9d045b54cd76d7036:
```

1장, 2장에서 설명을 위해 사용한 crul 커맨드가 그대로 사용되고 있습니다. API 이용에 관해서 고민할 데는 이제 없을 것입니다. API 이용에 있어서 필요한 정보는 JSON 해석뿐입니다.

> **NOTE_** Go 언어를 이용한 JSON 해석의 자세한 설명은 부록 A를 참조하세요.

11.6 실제 REST API 살펴보기(깃허브)

다음으로 깃허브의 API에 액세스해보겠습니다. 실제로는 구글이 Go 언어용 깃허브 API 액세스 라이브러리[15]를 제공하므로, 이렇게 직접 액세스해볼 필요는 없을지도 모르지만, 모범 코드가 있으니 잘 모를 때 확인해볼 수 있습니다. 공부하기에는 딱 좋겠지요. 깃허브 API는 다음 사

---

15 *https://github.com/google/go-github*

이트에 정보가 잘 정리되어 있습니다.

- *https://developer.github.com/v3*

11.6.1 왜 깃허브인가

깃허브 API에 액세스할 때, **GET** 계통의 정보 취득 메서드이고, 게다가 공개 정보라면 로그인과 사용자 인증이 필요하지 않습니다. 그러나 같은 글로벌 IP 주소에서의 요청은 시간마다 정해진 횟수만큼만 할 수 있다는 제한[16]이 있습니다. 인가를 하면 정보를 변경하는 API를 이용하거나 IP 주소의 횟수 제한을 완화할 수 있습니다.

인증 방법은 토큰을 사용하는 방법과 OAuth2를 사용하는 방법이 있습니다. 토큰은 PAY.jp 에서 설명한 방법과 같습니다. 웹사이트에서 토큰을 만들고 헤더에 부여합니다.

```
$ curl -H "Authorization: token (여기에 복사한 token 문자열) "https://api.github.com/
users/whatever
```

여기서는 OAuth2 액세스에 도전해봅니다. OAuth2의 순서는 대체로 동일하므로 방법만 알면 G 스위트 등 다양한 서비스를 이용할 수 있게 됩니다. 엄밀하게는 말하면 OAuth2는 인증이 아니라 API를 사용하는 도구에 필요한 권한을 허용하는 '인가'입니다.

OAuth2를 다루는 준표준 라이브러리를 가져옵시다. 또 5장에서 소개한 바와 같이 OAuth2 로 허가할 때는 브라우저를 사용해서 인증 공급자 페이지에서 허가합니다. 브라우저를 오픈하는 멀티 플랫폼 라이브러리도 넣어둡니다.

```
$ go get golang.org/x/oauth2
$ go get github.com/skratchdot/open-golang/open
```

우선 깃허브 웹사이트에서 애플리케이션을 만듭니다. 사용자 설정을 열고, **Developer settings** 중 **OAuth applications**을 선택하고 적당한 애플리케이션을 만듭니다. **Authorization callback URL**에 http://localhost:18888을 입력하는 것 말고는 어떤 값을 설정해도 괜찮습니다. 만들 때 표시되는 clientID와 clientSecret는 나중에 사용합니다.

---

16 2017년 2월 기준 한 시간당 60회. 등록하면 5천 회가 됩니다.

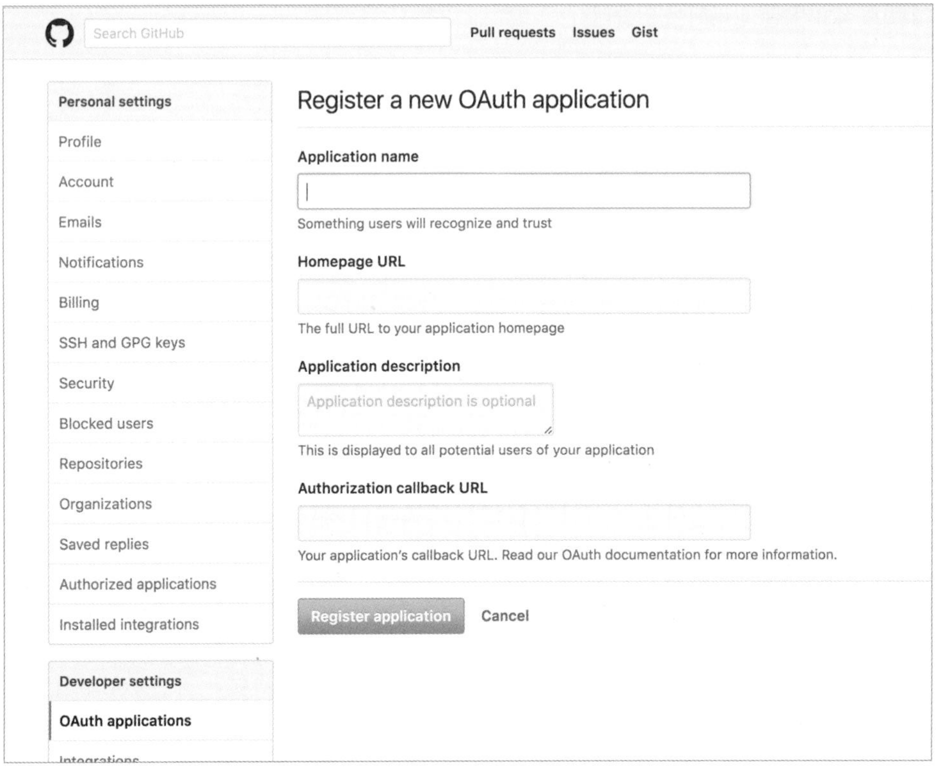

그림 11-2 OAuth 애플리케이션 등록 화면

다음으로 스코프를 선택합니다. 대체로 어느 사이트에나 스코프 목록이 있습니다. 여기서는 사용자의 이메일 정보를 취득하는 스코프 `user.email`과 투고 스코프 `gist`를 사용하기로 합니다. 선택한 스코프는 프로그램 내에서 서비스에 보내는 요청에 기술해서 보냅니다.

```
https://developer.github.com/v3/oauth/#scopes
```

[예제 11-1]이 OAuth2 인가를 하고, 액세스 토큰인 JSON 파일을 가져오는 코드입니다.

예제 11-1 OAuth2 인가

```go
package main

import (
    "context"
```

```go
        "encoding/json"
        "fmt"
        "github.com/skratchdot/open-golang/open"
        "golang.org/x/oauth2"
        "golang.org/x/oauth2/github"
        "io"
        "net/http"
        "os"
        "strings"
)

// 깃허브에서 가져온 내용을 붙여 넣는다
var clientID = "xxxxxxxxxxxxxxx"
var clientSecret = "xxxxxxxxxxxxxxxxxxxxxxxxxx"
var redirectURL = "https://localhost:18888"
var state = "your state"

func main() {
    // OAuth2 접속 정보
    conf := &oauth2.Config{
        ClientID:     clientID,
        ClientSecret: clientSecret,
        Scopes:       []string{"user:email", "gist"},
        Endpoint:     github.Endpoint,
    }
    // 이것을 이제부터 초기화한다
    var token *oauth2.Token

    // 로컬에 이미 저장됐는가?
    file, err := os.Open("access_token.json")
    if os.IsNotExist(err) {
        // 첫 액세스
        // 우선 인가 화면의 URL을 취득
        url := conf.AuthCodeURL(state, oauth2.AccessTypeOnline)

        // 콜백을 받을 웹 서버를 설정
        code := make(chan string)
        var server *http.Server
        server = &http.Server{
            Addr: ":18888",
            Handler: http.HandlerFunc(func(w http.ResponseWriter, r *http.Request) {
                // 쿼리 매개변수에서 code를 추출하고 브라우저를 닫는다
                w.Header().Set("Content-Type", "text/html")
                io.WriteString(w, "<html><script>window.open('about:blank','_self').
```

```
        close()</script></html>")
                    w.(http.Flusher).Flush()
                    code <- r.URL.Query().Get("code")
                    // 서버도 닫는다
                    server.Shutdown(context.Background())
                }),
            }
            go server.ListenAndServe()

            // 브라우저로 인가 화면을 연다
            // 깃허브의 인가가 완료되면 상기 서버로 리디렉트되고
            // Handler가 실행된다
            open.Start(url)

            // 가져온 코드를 액세스 토큰으로 교환
            token, err = conf.Exchange(oauth2.NoContext, <-code)
            if err != nil {
                panic(err)
            }

            // 액세스 토큰을 파일에 저장
            file, err := os.Create("access_token.json")
            if err != nil {
                panic(err)
            }
            json.NewEncoder(file).Encode(token)
        } else if err == nil {
            // 한 번 인가를 하고 로컬에 저장 완료
            token = &oauth2.Token{}
            json.NewDecoder(file).Decode(token)
        } else {
            panic(err)
        }
        client := oauth2.NewClient(oauth2.NoContext, conf.TokenSource(oauth2.NoContext,
    token))
        // 이곳에서 다양한 처리를 한다
    }
```

우선은 접속 정보가 들어있는 구조체 **oauth2.Config**을 설정하고 있습니다. **Endpoint**는 인증 제공자의 URL입니다. Go 언어의 API에는 주요 서비스의 URL이 들어 있으므로, 필요한 패키지를 **import**해서 지정합니다. 여기서는 깃허브 패키지를 로드합니다.

• *https://godoc.org/golang.org/x/oauth2#pkg-subdirectories*

액세스 토큰을 가져오는 흐름은 다음과 같습니다.

1. 인가 화면의 URL을 가져온다. 어느 권한(범위)이 필요한지 등의 정보를 깃허브에 문의해서 일회용 URL을 얻는다. 여기서는 state 매개변수를 전달하고 있다. 이는 임의의 문자열로, 이 코드에서는 생략됐지만 리디렉트할 때도 넘어오므로, 이걸로 기대한 요청의 리디렉트인지 판정한다

2. 인가 화면의 URL을 브라우저로 연다. 허가하면 설정 화면에서 지정한 URL(http://localhost:18888)로 리디렉트한다.

3. 리디렉트된 페이지(이 프로그램 내에서 실행 중인 웹 서버가 표시)에 쿼리 문자열로 토큰 교환용 코드가 넘어온다.

4. 토큰 교환용 코드를 사용해 OAuth2 서버에 다시 문의해서 액세스 토큰을 가져온다.

이미 저장되어 있을 때의 흐름은 단순히 JSON을 로드하기만 하면 되므로 설명은 생략합니다.

마지막으로 oauth2.NewClient를 호출합니다. 이 클라이언트는 3장에서 소개한 http.Client 입니다. 평소처럼 GET이나 POST로 전송하면, 인가 정보 헤더를 부여해주는 점만이 다릅니다. 3장에서 학습한 요청의 조립법을 구사하면 API를 사용할 수 있습니다.

예제 11-2 http.Client 작성

```
client := oauth2.NewClient(oauth2.NoContext, conf.TokenSource(oauth2.NoContext,
token))
```

여기서는 두 번째 인수로 conf.TokenSource() 함수를 사용했습니다. 이 함수를 사용하면 리프래시 토큰을 사용해 액세스 토큰의 재취득을 자동화합니다. 구글 서비스도 깃허브도 액세스 토큰은 한 시간으로 만료되지만, 로그인 상태를 갱신함으로써 한 번 얻은 액세스 토큰을 서버에서 무효화될 때까지 자유롭게 사용할 수 있게 됩니다.

11.6.2 API 정보 취득의 액세스

그럼 API를 이용해봅시다. 개발자 사이트에 URL과 필요한 인수, 반환값이 적혀 있습니다.

• *https://developer.github.com/v3/*

우선 메일 주소를 가져와봅시다. **GET** 메서드로 가져오면 바디에 JSON 형식으로 들어갑니다. [예제 11-3]의 코드로 콘솔에 표시됩니다.

예제 11-3 이메일 표시

```
// Email 취득
resp, err := client.Get("https://api.github.com/user/emails")
if err != nil {
    panic(err)
}
defer resp.Body.Close()
emails, err := ioutil.ReadAll(resp.Body)
if err != nil {
    panic(err)
}
fmt.Println(string(emails))
$ go run oauth2_sample.go
[{"email":"yoshiki@shibu.jp","primary":true,"verified":true}]
```

11.6.3 정보 갱신 API 액세스

다음은 gist에 투고해봅시다. 게시할 때는 **POST**로 JSON을 보냅니다. 이번에는 이미 만들어진 JSON을 리터럴로 전달합니다. 반환값도 gist의 다양한 정보가 포함된 JSON으로 되돌아옵니다.

• *https://developer.github.com/v3/gists/#create-a-gist*

이번 코드에서는 작성한 파일의 URL만 가져오고, 조금 전과 같은 **open.Start()** 함수를 사용해서 작성 페이지를 브라우저로 열고 있습니다.

예제 11-4 gist에 투고

```
// gist 투고
gist := `{
```

```go
      "description": "API example",
      "public": true,
      "files": {
        "hello_from_rest_api.txt": {
          "content": "Hello World"
        }
      }
}`
// 투고
resp2, err := client.Post("https://api.github.com/gists", "application/json", strings.
NewReader(gist))
if err != nil {
    panic(err)
}
fmt.Println(resp2.Status)
defer resp2.Body.Close()
// 결과를 해석한다
type GistResult struct {
    Url string `json:"html_url"`
}
gistResult := &GistResult{}
err = json.NewDecoder(resp2.Body).Decode(&gistResult)
if err != nil {
    panic(err)
}
if gistResult.Url != "" {
    // 브라우저로 연다
    open.Start(gistResult.Url)
}
```

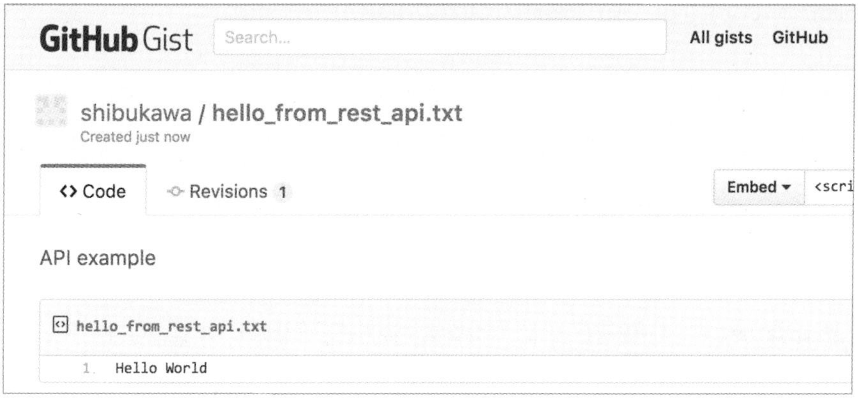

그림 11-3 gist에 자동 투고한 결과

11.7 REST API에 액세스할 때 주의할 점

11.7.1 타임아웃

조금 전 클라이언트를 작성할 때는 oauth2.NoContext를 넘겨줬습니다. 이 Context는 취소 처리, 시간 만료 등을 통일적으로 처리하는 방법으로서 Go 언어 1.7부터 도입됐습니다. 비동기인 여러 기능을 실행하거나 Goroutine를 넘어선 처리를 실행할 때 바텀업으로 타임아웃 처리를 하려고 하면, 읽기 편한 코드를 쓸 수 없습니다. 또한 여러 부분으로 나누어진 처리를 할 때도 Context 자체가 데이터를 가질 수 있도록 되어 있어, 세션 간에 공유하는 데이터 등을 가지게 할 수 있습니다.

[예제 11-5]의 코드는 2초 후에 타임아웃됩니다. 함수를 빠져나올 때 cancel()을 호출합니다. 정상 종료 시에는 마지막에 반드시 cancel()을 호출합니다.

예제 11-5 context를 사용한 타임아웃

```
import (
    "context"
)

func timeout() {
    ctx, cancel := context.WithTimeout(context.Background(), 2*time.Second)
    defer cancel()

    // 타임아웃 기능이 있는 클라이언트
    oauth2.NewClient(ctx, conf.TokenSource(ctx, token))
    :
    // 긴 처리
}
```

타임아웃 시간이 아니라 종료 시간을 지정하는 context.WithDeadline(), 혹은 마감 시간은 없지만 언제든 취소할 수 있게 취소 함수만 반환하는 context.WithCancel()도 있습니다.

context.WithValue()를 사용하면, 키 값 저장소로 데이터를 저장해둘 수 있습니다.

11.7.2 액세스 수 제한

어떤 웹 서비스든 1초당 호출 횟수의 상한이 정해져 있습니다. 대개 1초에 10회 정도로 설정되어 있을 것이라고 생각합니다. 그 이상의 요청을 보내면 **Rate Limit Exceeded** 등의 오류가 돌아옵니다. 액세스 속도를 조정하는 패키지가 준표준 라이브러리에 있습니다. 여기선 토큰 버킷[17]을 구현했습니다.

- *https://godoc.org/golang.org/x/time/rate*

표준 라이브러리가 아니므로 지금까지처럼 따로 설치해줍니다.

```
$ go get golang.org/x/time/rate
```

기본적인 코드는 [예제 11-6]과 같이 됩니다.

예제 11-6 rate 패키지를 이용한 액세스 수 제한

```go
package main

import (
    "time"
    "context"
    "golang.org/x/time/rate"
)

func main() {
    // 1초당 상한 횟수
    RateLimit := 10
    // 토큰의 최대 보유 수
    BucketSize := 10
    ctx := context.Background()
    e := rate.Every(time.Second/RateLimit)
    l := rate.NewLimiter(e, BucketSize)

    for _, task := range tasks {
        err := l.Wait(ctx)
        if err != nil {
            panic(err)
```

---
[17] *https://en.wikipedia.org/wiki/Token_bucket*

```
        }
        // 여기서 태스크를 실행한다
    }
}
```

---

rate.Every()에 전달된 기간마다 토큰이 부활합니다. Wait() 메서드로 토큰을 하나 소비합니다. 토큰의 최대 보유 수는 처리 시간, 병렬 수, 작업 편차 등의 영향은 있지만, 1초당 상한선과 같으면 문제가 될 일은 많지 않습니다.

rate 패키지는 고기능 패키지입니다. 복수의 토큰을 소비하고 편차가 있는 경우에도 대응할 수 있게 되어 있습니다.

11.8 마치며

HTTP를 소개하는 책의 마지막 마무리로서 REST API를 활용하는 방법을 소개했습니다. REST의 기본 개념, RPC와의 차이점, HATEOAS에 대해서도 언급했습니다. 또한 API 액세스가 되면, 엄격한 적용이나 해석이 필요해지기 십상인 메서드와 스테이터스 코드도 복습하거나 보충했습니다. 문서를 보면서 Go 언어 코드를 완성해가는 과정도 살펴봤습니다. 비록 일본어로 쓰여진 PAY.jp를 예로 들었지만, 기본을 이해하면 영어로도 어렵지 않습니다. URL, 인수, 입출력 샘플. 이것만 있으면 코드를 작성하는 데 필요한 충분한 정보를 얻을 수 있습니다.

OAuth2 인가와 타임아웃 및 유량 제한에 관해서도 언급했습니다.

Go 언어의 JSON 파싱

최근의 언어처리계라면 대부분 JSON 파싱은 표준 라이브러리로 처리할 수 있습니다. Go 언어도 표준 라이브러리에 encoding/json 패키지가 있어, JSON을 파싱할 수 있습니다.

대부분 JSON 파서는 객체형과 사전형 등 내장형 인스턴스를 생성하지만, Go 언어의 JSON 파서는 그와는 달리 미리 만들어놓은 구조체에 대응하는 파서로 되어 있습니다. 정적 형지정 언어와 잘 맞는 좋은 패키지입니다.

물론 구조체와 궁합이 좋은 데이터만 있는 건 아닙니다. 어떤 키가 있는지 사전에 알 수 없는 데이터도 있습니다. 예를 들어 검색 엔진용으로 키워드별로 출현하는 행이 목록이 된 JSON이 있고, 또한 키워드가 문서에 따라서 변하는 경우는 곤란합니다. 이런 경우는 일반 데이터형으로 변환할 수도 있습니다.

우선, Go 언어에서 가장 많이 사용되는 구조체를 이용한 파싱을 소개합니다.

A.1 Go 언어의 구조체 태그를 사용한 JSON 파싱

도서 정보 JSON을 구조체로 변환합니다. parse_json_to_struct 코드에선 먼저 Book이라는 도서 정보 구조체를 만들고 있습니다. Book 구조체는 일반 멤버 변수 선언과 달리, 태그라는 어노테이션이 부여되어 있습니다. 이것으로 JSON의 키와 매핑합니다.

```go
package main

import (
    "encoding/json"
    "fmt"
)

type Book struct {
    Title  string `json:"title"`
    Author string `json:"author"`
}

var jsonString = []byte(`
[
    {"title": "The Art of Community", "author": "Jono Bacon"},
    {"title": "Mithril", "author": "Yoshiki Shibukawa"}
]`)

func main() {
    var books []Book
    err := json.Unmarshal(jsonString, &books)
    if err != nil {
        panic(err)
    }
    for _, book := range books {
        fmt.Println(book)
    }
}
```

태그를 선언하지 않아도 위의 JSON이면 문제없이 읽을 수 있습니다. Go 언어에서 구조체의 공개 멤버는 대문자로 시작하므로, 대·소문자를 임의로 결정한 것이 아닙니다. Go 언어의 encoding/json 패키지는 JSON 문자열 생성에도 사용할 수 있는데, 이때 JSON의 키가 변수명에 맞게 대문자로 시작하는 Title이 되어버렸습니다. 또한 이름이 소문자로 시작하면 encoding/json 패키지가 그 멤버를 무시하므로 읽지도 쓰지도 않습니다. 그다지 대문자를 키로 사용할 일은 없을 것이라고 생각하므로 적어도 읽기와 쓰기 모두 하는 경우는 태그를 선언합시다.

구조체 태그에는 몇 가지 추가된 표기법이 있습니다.

---

json: "-"
입출력 시에 무시한다. 임시 캐시 데이터를 구조체 안에 보관하고 싶은 경우에 지정한다.

Json: "키 이름, omitempty"
입력에는 상관없지만, 출력할 때 빈 값면 그 키를 통째로 생략한다.

대부분 이런 규칙만으로 실현할 수 있지만, 어떤 경우에는 완전하게 대응할 수 없습니다. 그런 경우 대해서는 다음 절 이후에서 자세히 설명합니다.

A.1.1 생략됐는지 또는 제로 값인지 판정한다

Go 언어는 변수를 반드시 기본값으로 초기화합니다. 숫자 값인 경우는 0, 문자열이면 빈 문자열 ""로 초기화됩니다. 날짜를 나타내는 변수로 1부터 12까지 정수가 들어가는 것이 확정된 변수를 제외하고 JSON에 수치 0이 들어 있었는지 그렇지 않으면 생략된 것인지를 구별할 수 없습니다. 예를 들어 데이터의 차이를 JSON으로 받은 경우에 곤란집니다. 예제를 소개하겠습니다.

edit_history_go는 제품의 편집 이력을 보관하는 구조체입니다. 서버는 변경된 값만 JSON으로 반환합니다.

예제 2 상품 편집 이력 구조체

```go
type EditHistory struct {
    ID    int    `json:"id"`
    Name  string `json:"name"`
    Price int    `json:"price"`
}
```

이 구조체에 json.Unmarshal을 사용해 값을 읽어오면, 가격이 0으로 설정된 것인지, 애초에 JSON에 포함되지 않았는지 구별할 수 없습니다. edit_hisotry_pointer처럼 포인터 변수로 만들어두면, JSON에 포함되지 않은 경우는 nil인지 판정할 수 있게 됩니다.

```go
type EditHistory struct {
    ID      int     `json:"id"`
    Name    *string `json:"name"`
    Price   *int    `json:"price"`
}

if history.Price != nil {
    // JSON에 값이 들어왔다
    fmt.Println(*history.Price)
}
```

A.1.2 특별한 형 변환을 하고 싶을 때

JSON과 프로그램에서 다루고 싶은 표현이 항상 같은 것은 아닙니다. JSON에는 날짜를 나타내는 데이터형이 없지만, 프로그램 안에서는 각 언어의 날짜 표현 클래스나 구조체를 사용하고 싶은 경우를 생각해볼 수 있습니다. PAY.jp의 API에서도 서버가 보내는 데이터는 에폭 초이므로, 프로그램 언어의 날짜 형식으로 바꾸고 싶어질 것입니다.

그런 때는 직접 형을 정의하고 UnmarshalJSON() 메서드를 정의해서 형 변환을 구현할 수 있습니다. Go 언어에서 이 메서드를 가진 구조체는 json.Unmarshaler 인터페이스를 충족합니다. Go 언어의 파서는 이 인터페이스를 가진 오브젝트에서는 이 변환 메서드를 사용합니다.

convert_type이 이를 구현한 코드입니다.

예제 4 JSON을 로드할 때 형 변환을 해서 로드하는 날짜형

```go
type DueDate struct {
    time.Time
}

func (d *DueDate) UnmarshalJSON(raw []byte) error {
    epoch, err := strconv.Atoi(string(raw))
    if err != nil {
        return err
    }
    d.Time = time.Unix(int64(epoch), 0)
```

```
        return nil
    }
```

우선 **type** 선언으로 **time.Time**이 들어간 **DueDate** 형을 만들었습니다. 이것으로 **time.Time**의 메서드도 모두 이용할 수 있게 됩니다.

다음으로 **UnmarshalJSON()** 메서드를 재정의합니다. 이 메서드에는 바이트열이 전달되므로, 그 형의 규칙에 따라 해석하고 인스턴스를 초기화합니다. 여기 전달되는 값은 에폭 타임이므로 먼저 초를 나타내는 수치 형으로 변환하고, **time.Unix()** 함수로 **time.Time** 구조체의 오브젝트를 생성합니다. 마지막으로 삽입된(기본으로 형 이름과 같은 이름의 인스턴스 변수가 만들어집니다) 변수에 할당하고 있습니다.

이 구조체를 이용한 샘플이 use_duedate입니다. 문자열이나 숫자 등과 마찬가지로 구조체의 멤버로서 설정하고 태그를 부여하면 이 변환이 사용되게 됩니다.

예제 5 DueDate를 이용한다

```go
package main

import (
    "encoding/json"
    "fmt"
    "strconv"
    "time"
)

// 이곳에 앞에서 설명한 DueDate 형의 정의를 기술한다

type ToDo struct {
    Task string  `json:"task"`
    Time DueDate `json:"due"`
}

var jsonString = []byte(`[
    {"task": "유치원등원", "due": 1486600200},
    {"task": "에릭슨연구회에 간다", "due": 1486634400}
]`)

func main() {
```

```
    var todos []ToDo
    err := json.Unmarshal(jsonString, &todos)
    if err != nil {
        panic(err)
    }
    for _, todo := range todos {
        fmt.Printf("%s: %v\n", todo.Task, todo.Time)
    }
}
```

UnmarshalJSON()를 구현하는 위치는 개개의 데이터 형뿐만 아니라, 하나 위 계층의 ToDo 구조체에 부여할 수도 있습니다.

A.2 JSON 응용하기

Go 언어로 JSON을 다루는 방법의 기본을 살펴봤습니다. 하지만 이 기본 형태로는 다룰 수 없는 사례도 있으므로 응용할 수 있는 방법을 몇 가지 소개합니다.

A.2.1 출력 시 출력을 가공하기

json_output처럼 구조체의 인스턴스를 json.Marshal()에 전달하면 JSON을 출력할 수 있습니다.

[JSON으로 출력하기]

```
d, _ := json.Marshal(Book{"눈을 뜨자！ JavaScript", "Cody Lindley"})
log.Println(string(d))
// {"title":"눈을 뜨자！ JavaScript","author":"Cody Lindley"}
```

구조체에 붙인 태그는 읽기뿐만 아니라 쓰기에도 이용됩니다.

UnmarshalJSON()을 정의해 읽기 처리를 사용자화한 것처럼 MarshalJSON() 메서드를 정의하면 쓰기 처리도 사용화화할 수 있습니다. ToDo에 종료 플래그 Done을 더해서 출력 시에 완료 항목은 JSON에서 제외하도록 해봅시다.

ToDo 배열을 ToDoList라는 형으로 선언하고, 이 형의 MarshalJSON을 정의합니다. Go 언어에서는 type을 이용해 기존의 형 등을 바탕으로 새로운 형을 만듭니다. 배열도 형으로 만들 수 있습니다. 조금 전에 만든 Due 구조체에도 출력 변환 함수도 만들어둡니다. 이 코드에서는 Done 플래그가 꺼진 항목만 배열을 만들어 출력합니다.

예제 6 MarshalJSON의 정의

```go
// 날짜 시리얼라이즈
func (d *DueDate) MarshalJSON() ([]byte, error) {
    return []byte(strconv.Itoa(int(d.Unix()))), nil
}

type ToDoList []ToDo

// 리스트를 필터링해서 시리얼라이즈
func (l ToDoList) MarshalJSON() ([]byte, error) {
    tmpList := make([]ToDo, 0, len(l))
    for _, todo := range l {
        if !todo.Done {
            tmpList = append(tmpList, todo)
        }
    }
    return json.Marshal(tmpList)
}
```

이 코드를 사용하려면, []ToDo를 캐스팅하고 나서 json.Marshal()을 호출합니다.

```go
d, _ := json.Marshal(ToDoList(todos))
```

여기서는 2단계로 시리얼라이즈 처리를 시행하고 있습니다. 하나는 ToDoList에 의한 필터링입니다. 또 하나는 항목 내부의 DueDate에 의한 에폭 타임으로의 변환 처리입니다. 필터링에서는 내부에서 또 json.Marshal()을 호출합니다. 계층화된 구조로, 약간 수정하고 싶은 경우는 수정된 오브젝트를 만들어 다시 실행함으로써 실현할 수 있습니다. 또는 JSON 조각으로 완전한 바이트 열을 만들어 반환할 수도 있습니다. DueDate 구조체에서는 정수 바이트 열을 만들어 반환합니다.

ToDoList 마지막에서 json.Marshal을 호출합니다. 여기서는 ToDoList 형이 아니라, []Todo 형에 대해 호출하므로 무한 루프가 되진 않습니다.

A.2.2 상황에 따라 형이 변하는 JSON 파싱

JSON이 단순한 구조체에 매핑할 수 있으면 되지만, API에 따라서는 유연한 해석이 필요한 경우도 있습니다. 예를 들어 11장에서 다룬 PAY.jp의 API에서는 다른 API에서 발생한 변경 정보에 대해서 모든 이벤트가 발생합니다. 반환되는 JSON의 data 속성은 이벤트 종류에 따라 달라집니다. 결제 이벤트라면 Charge의 JSON이, 고객 정보 갱신이면 Customer의 JSON이 data 속성에 할당됩니다. 이 이벤트처럼 전혀 무관한 오브젝트가 하나의 변수에 들어가는 것은 드문 일이고, API로서 이용되는 빈도도 높지 않을지 모르지만, JSON이라는 데이터를 다룰 때 객체지향으로 설계된 공통 인터페이스를 공유하는 다른 종류의 오브젝트가 들어가는 경우는 있을 수 있습니다.

이 경우는 json.Unmarshal()와 json.RawMessage로 극복할 수 있습니다. pay_event는 PAY.jp의 예제를 가공해 작게 만든 것입니다. type 속성의 값이 data 속성을 결정하는 것으로 합니다.

예제 7 data 부분의 형이 종류에 따라 크게 바뀌는 예제

```
{
  "created": 1442288882,
  "data": {
    "email": null,
    "id": "cus_a16c7b4df01168eb82557fe93de4",
    "object": "customer"
  },
  "id": "evnt_54db4d63c7886256acdbc784ccf",
  "object": "event",
  "type": "customer"
}
```

형이 정해지지 않은 데이터는 json.RawMessage로 해둡니다. 이것은 []byte의 별칭입니다. 파

싱 도중에 일시정지한 상태가 일단 저장됩니다. 나머지는 고객형이나 결제형 등 종류별 변환 메서드를 준비해두면 사용자는 파싱된 데이터를 이용할 수 있습니다.

예제 8 data 형이 정해지지 않은 이벤트 정보

```go
type Event struct {
    Created EpochDate       `json:"create"`
    Data    json.RawMessage `json:"data"`
    Id      string          `json:"id"`
    Object  string          `json:"object"`
    Types   string          `json:"type"`
}

// data를 고객으로 간주해서 분석하고 반환한다
func (e Event) GetCustomerData() (*Customer, error) {
    if e.Type !== "customer" {
        return nil, fmt.Errorf("자료형은 customer가 아니라 %s", e.Type)
    }
    customer := &Customer{}
    err := json.Unmarshal(e.data, customer)
    if err != nil {
        return nil, err
    }
    return customer, nil
}
```

만약 공통 인터페이스를 제공한다면, 공개용과 읽기 쓰기용 구조체를 나눠 대응할 수 있습니다. **Data**에는 공통 인터페이스를 가진 구조체가 들어갑니다. 이쪽이 코드는 길어지지만, Go 언어가 갖춘 형에 의한 분기를 이용할 수 있으므로 이용하는 쪽 코드는 Go 언어다워집니다.

예제 9 data의 형이 정해지지 않은 이벤트 정보

```go
// 공개용 구조체
type Event struct {
    Created time.Time
    Data    EventData
    Id      string
    Object  string
}
```

```go
// 소문자로 외부에 공개하지 않는 JSON 읽기 쓰기용 구조체
type tmpEvent struct {
    Created EpochDate        `json:"create"`
    Data    json.RawMessage `json:"data"`
    Id      string           `json:"id"`
    Object  string           `json:"object"`
    Type    string           `json:"type"`
}

func (e *Event) UnmarshalJSON(raw []byte) error {
    // JSON 읽기 쓰기용 구조체로 일단 파싱한다
    tmp := &tmpEvent{}
    err := json.Unmarshal(raw, &tmp)
    if err != nil {
        return err
    }
    e.Created = time.Time(tmp.Created)
    e.Id      = tmp.Id
    e.Object  = tmp.Object
    // Data 내부의 형에 따라 각 구조체의 인스턴스를 생성
    switch tmp.Type {
    case "customer":
        customer := &Customer{}
        json.Unmarshal(tmp.Data, customer)
        e.Data = customer
    case "charge":
        charge := &Charge{}
        json.Unmarshal(tmp.Data, charge)
        e.Data = charge
    }
}
```

A.2.3 일반 데이터형으로 변환

좀 더 간단하게는 구조체 선언을 하지 않는 방법도 있습니다. Go 언어에서 베리언트 형으로서 사용되는 **interface{ }** 형을 사용하면, 파서가 JSON의 데이터 구조에 맞는 인스턴스를 생성 해줍니다.

```go
func main() {
    var books []interface{}
    err := json.Unmarshal(jsonString, &books)
    if err != nil {
        log.Fatal(err)
    }
    for _, book := range books {
        log.Println(book)
    }
}
```

이 사례에서는 JSON에 어떤 배열이 들어 있다는 것을 전제로 interface{ } 배열을 전달하고 있습니다. 물론 오브젝트가 오는 것을 알고 있으면, map[string]interface{ }를 사용할 수도 있습니다. 원시형인 float64, string, bool도 사용할 수 있습니다. JSON 규격에서는 자바스 크립트와 같은 형을 사용하기에 수치는 float64밖에 없습니다. 따라서 정수로 다룰 수가 없습니다.

실제 코드 안에서 처리하려면 형 변환을 해야 합니다. Go 언어의 형 변환에는 크게 두 종류가 있습니다. 특정 형식이 올 것을 알고 있을 경우는 변수 하나로 결과를 받을 수 있지만, 만약 다른 형의 데이터가 들어오면 오류를 일으켜 프로그램이 종료되어버립니다. 두 번째 형식이라면, 만약 다른 형이 들어온 경우에는 ok 변수에 false가 들어가는 대신 프로그램이 비정상적으로 종료되진 않게 됩니다.

어느 형이 오는지 모르는 때는 switch 문을 사용할 수 있습니다. JSON을 트리형 데이터의 표현에 이용하는 경우는 이 방법을 사용하게 될 것입니다.

예제 10 Go 언어의 세 가지 캐스팅 방법

```go
// 특정형으로 캐스팅하기 (1)
bookList := books.([]interface{})

// 특정형으로 캐스팅하기 (2)
bookMap, ok := book.(map[string]interface{})

// switch문
switch v := value.(type) {
case bool:
    log.Println("bool", value)
```

```
case float64:
    log.Println("float64", value)
case string:
    log.Println("string", value)
case map[string]interface{}:
    log.Println("map", value)
case []interface{}:
    log.Println("array", value)
}
```

A.2.4 JSON 스키마

Go 언어의 JSON 라이브러리는 구조체에 대한 매핑을 하므로, 바르게 변환될 것이라고 기대할 수 있을 것입니다. 하지만 불행히도 그것을 보장하는 기능은 없습니다. 읽어들인 JSON과구조체의 키가 일치하지 않아도, JSON 문법이 이상하지 않은 이상 오류가 발생하지 않습니다. 예상대로 키가 있는지 검증은 구조체에 대한 매핑이 아니라 스키마를 사용한 확인이 필요합니다. JSON의 스키마 검사는 JSON 스키마[1]가 현재 사실상의 표준입니다.

Go 언어의 표준 라이브러리에는 없지만, JSON 스키마 검증을 시행할 타사 라이브러리가 있습니다.

• *https://github.com/xeipuuv/gojsonschema*

한마디로 JSON 스키마라고 하지만, 'JSON Schema Core (구조의 정의)', 'JSON Schema Validation (제약의 부여)', 'JSON Hyper—Schema (리소스의 URI 표현이나 링크 등)' 세 가지 규격으로 구성되어 있고[2] gojsonschema는 앞의 두 가지를 지원합니다. gojsonschema가 지원하는 버전은 v4이지만, 현재는 v5가 개발 중이며 IETF에서 RFC화를 목표로 하고 있습니다.

비표준 라이브러리이므로 먼저 **go get**으로 가져옵니다.

```
$ go get github.com/xeipuuv/gojsonschema
```

---

1 *http://json-schema.org*
2 'JSON Schema Draft v.4의 규격서를 읽다' *http://blog.wktk.co.jp/ja/entry/2016/01/19/json-schema-draft-v4*(일본어)

*json-schema.org*에서 예제를 인용합니다.

예제 11 JSON 스키마로 검증하는 JSON

```
{
    "id": 1,
    "name": "A green door",
    "price": 12.50,
    "tags": ["home", "green"]
}
```

스키마 예제는 몇 가지 있지만, 다음 스키마를 예제로 사용합니다.

예제 12 JSON 스키마 예제

```
{
    "$schema": "http://json-schema.org/draft-04/schema#",
    "title": "Product",
    "description": "A product from Acme's catalog",
    "type": "object",
    "properties": {
        "id": {
            "description": "The unique identifier for a product",
            "type": "integer"
        },
        "name": {
            "description": "Name of the product",
            "type": "string"
        },
        "price": {
            "type": "number",
            "minimum": 0,
            "exclusiveMinimum": true
        }
    },
    "required": ["id", "name", "price"]
}
```

이 스키마는 Product 객체에 대한 스키마를 정의하고 있습니다. 이 스키마에서는 필수 요소로서 세 가지 속성이 있습니다. id는 정수, name은 문자열, price는 소수 포함하는 수치로, 최소가 0(음수가 아니다)입니다.

이 스키마를 해석하고 확인하는 코드가 schema_checker_code입니다.

예제 13 JSON 스키마를 실행하는 코드

```
package main

import (
    "fmt"
    "github.com/xeipuuv/gojsonschema"
    "io/ioutil"
)

func main() {
    // 스키마를 파일에서 읽어온다
    schema, err := ioutil.ReadFile("schema.json")
    if err != nil {
        panic(err)
    }
    schemaLoader := gojsonschema.NewBytesLoader(schema)

    // 검증 대상 파일을 파일에서 읽어온다
    document, err := ioutil.ReadFile("document.json")
    if err != nil {
        panic(err)
    }
    documentLoader := gojsonschema.NewBytesLoader(document)

    result, err := gojsonschema.Validate(schemaLoader, documentLoader)
    if err != nil {
        panic(err)
    }

    if result.Valid() {
        fmt.Printf("The document is valid\n")
    } else {
        fmt.Printf("The document is not valid. see errors :\n")
        for _, desc := range result.Errors() {
            fmt.Printf("- %s\n", desc)
```

```
            }
        }
    }
```

이 코드가 하는 일은 단순해서 스키마를 읽어온 다음 'gojsonschema.Validate()' 함수로 확인합니다. 이 책에서는 기본적인 기능을 실행했을 뿐이지만, 로드할 때의 Loader나 확인 방법 등 이 패키지에서는 여러 가지 방법을 제공합니다.

JSON으로 구조체를 만들 때 자동 생성 도구를 소개했는데, JSON을 넘기면 그에 대응하는 기본적인 JSON 스키마를 반환하는 도구도 있습니다.

- *http://jsonschema.net*

후기

최근 소프트웨어 개발에선 웹 기술과 지식이 필요한 분야가 늘어나고 있습니다. 서점에 진열된 프로그래밍 기술서는 대부분 웹 서비스 개발을 목표로 하고 있으며, GUI 애플리케이션이라도 외부 서비스를 이용하는 일이 늘어나고 있습니다. 심지어 IoT 등 임베디드 기기도 인터넷에 연결하는 경우가 늘어나고 있습니다.

필자가 웹 관련 코드를 작성하게 된 것은 파이썬 웹 플랫폼 Zope 2부터로, 그 후에도 터보 기어와 토네이도, 장고 등 프레임워크에 의존해서 웹 서비스를 만들었습니다. 처음에는 프로토콜 등의 레이어에 신경 쓰기보다 레퍼런스를 보며 '프레임워크 사용법 조사하는 일'에 중점을 두었고, 다른 서비스를 사용할 때도 파이썬용 등으로 제공되는 SDK를 설치함으로써 어떻게든 해쳐왔습니다. 세밀하게 처리하고 싶어서 HTTP 관련 작업을 하고 싶을 때는 그때마다 인터넷에서 조사하는 정도였습니다.

이 책을 쓰게 된 직접적인 계기는 구글 크롬 개발자 도구에서 'Copy as cURL'이라는 기능을 본 일입니다. 브라우저가 서버에서 파일을 가져오기 어려울 때 HTTP 액세스를 curl 커맨드의 인수로서 클립 보드에 복사하는 기능입니다. 크롬의 이 기능을 사용하면, 예를 들어 사용자가 브라우저로 했던 서비스 이용 조작을 바탕으로 자유롭게 리플레이할 수 있게 됩니다. 이 명령으로 소스 코드를 생성할 수 있으면, 비 프로그래머 사이에서 가장 인기가 있다고 생각되는 프로그래밍 입문 환경인 엑셀의 '사용자 행동을 기록하고 매크로 언어로 만드는 기술'을 웹에서도 실현할 수 있을 것으로 생각해, cURL as DSL이라는 도구를 만들어봤습니다.

• https://shibukawa.github.io/curl_as_dsl

curl은 HTTP 클라이언트입니다. 실제로 어떤 매개변수가 있고, 어떤 요청이 되는지, 그 요청에 대해 브라우저와 서버는 어떻게 행동하는지 RFC 등을 찾아가면서 도구를 구현했습니다. 브라우저의 행동이 정리된 책이 필요했지만, 서버 관점의 책 혹은 HTTP 프로토콜의 기본을 다룬 책밖에 없어서, 도구를 구현하면서 메모를 남기기 시작했습니다. 전자책으로 만드는 이야기는 2016년 초부터 있었고, 여름을 지나서 출간할 계획이었지만, 집필하는 동안 알고 싶은 내용이 늘어나면서 집필 기간도 길어졌습니다.

책을 쓰기 시작한 동기와 책을 선택해주신 독자 여러분에게 무엇을 전달하고 싶은가는 또 다른 문제입니다. 그래서 이 책을 읽고 나면 최신의 다양한 웹 주제를 따라잡을 수 있는 기초 실력이 생기는 책이 되기를 바라며 정리했습니다. 단순히 프로토콜 수준에서 상향식으로 설명하는 것은 'RFC 다이제스트'와 다르지 않습니다. 그러므로 웹의 진화를 '속도'와 '보안'이라는 두 개의 큰 기둥으로 하고, 프로토콜이 간단했던 시대에서부터 기능 추가 변천을 더듬어가는 구성을 하기로 결정했습니다. 각각의 항목도 사용자 관점에서 무슨 일이 실현되는 것인지 전해지도록 썼습니다.

속속 등장하는 새로운 기능도 '완전히 새로운 파괴적 혁신'이 아니라 과거의 기능으로는 실현할 수 없거나 문제가 있어 그에 대한 연속적인 진화의 다음 단계로서 등장합니다. 각 기능이 어떤 목적을 가지고 만들어졌는지 알면 이 책 출판 이후에 나오는 기술도 그 연장선에서 적은 노력으로 이해할 수 있습니다.

이 책을 집필하면서 필자가 느낀 점은 HTTP의 역사는 소프트웨어 엔지니어링 역사의 축소판이라는 것입니다. 출발점은 연구 문서 관리를 혁신하는 데서 시작했습니다. 단순한 기능 확장뿐 아니라 장대한 사용이 이루어진 경우를 통해 새로운 기능이 만들어지고, 다양하고 혁신적인 개조에 의해 지금 모습이 생겨났습니다. 또한 구현됐지만 표준화되지 않았거나 표준화됐지만 보급되지 않은 것도 있습니다. HTTP는 전자메일 등으로부터 물려받은 '헤더' 구조를 교묘하게 이용함으로써, 호환성을 유지한 채로 서버와 클라이언트 사이에서 최적의 데이터 전송을 니고시에이션하거나, 캐시 등 많은 기능을 실었습니다. TLS 암호화 제품군의 개념도 마찬가지입니다.

HTTP 통신의 고속화와 안전성 향상이라는 단순한 목표를 달성하고자 다양한 일이 실천되어 왔습니다. HTTP 자체를 아는 것도 중요하지만, 이런 시행착오의 역사를 아는 것은 HTTP를 넘어 다양한 분야에 응용할 수 있는 식견을 줄 것입니다.

INDEX

INDEX

INDEX

INDEX